SHAREHOLDER BEHAVIOR MANAGEMENT

股东行为治理

王中杰/著

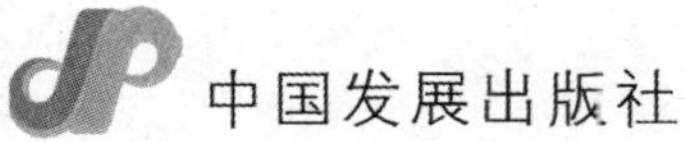

图书在版编目（CIP）数据

股东行为治理/王中杰著. —北京：中国发展出版社，2011. 11

（公司治理系列丛书）

ISBN 978-7-80234-662-8

Ⅰ. 股… Ⅱ. 王… Ⅲ. 股份有限公司—股东—研究 Ⅳ. F276. 6

中国版本图书馆CIP数据核字（2011）第056814号

书　　　名：股东行为治理
著作责任者：王中杰
出 版 发 行：中国发展出版社
（北京市西城区百万庄大街16号8层　100037）
标 准 书 号：ISBN 978-7-80234-662-8
经　销　者：各地新华书店
印　刷　者：北京广益印刷有限公司
开　　　本：720×1000mm　1/16
印　　　张：23
字　　　数：342千字
版　　　次：2011年11月第1版
印　　　次：2011年11月第1次印刷
定　　　价：48.00元
咨 询 电 话：（010）68990625　68990692
购 书 热 线：（010）68990682　68990686
网　　　址：http://www.develpress.com.cn
电 子 邮 件：drcpub@126.com

序 言

一

我和我的团队连城国际顾问公司，用了整整10年的时间，寂寞而执著地研究同一个问题——公司治理。

在疯狂逐利的今天，公司治理被戏称为公司上市融资的“敲门砖”，甚至“遮羞布”；研究公司治理也被公认为“无利可图”。但是，21世纪随着经济全球化发展，国际资本大鳄早早定好了所谓的“游戏规则”。中国企业跃跃欲试，满面春风地走出去，却郁闷纠结而归，甚至泪流满面，节节失利；众多高智商者创立了高科技技术领先的“巨人”企业，却因制度建设的“侏儒”而陷入困顿；层出不穷，却永远长不大，是小企业之瓶颈；诸如以上难题亟待研究与解决，预示着公司治理将大有可为。

公司治理是企业家战略博弈的工具，是老板与经理和谐共处的润滑剂，是企业做强做大、基业长青的利器，更是企业经济效益与社会效益双赢的保障。

公司治理对中国企业实践具有很高的指导价值。目前市面上诸多公司治理专著，介绍了国际模式、国际流派以及国际案例等，但操作性、实用性不足。连城顾问公司治理丛书，就是要将我们十余年的研究成果公之于众，为中国企业提升竞争力贡献微薄之力。

我对公司治理的兴趣可以追溯到二十多年前。我做公司财务十几年，从一个成本会计到财务处长再到总会计师（财务总监）。一次公司董事会议让我陷入深思：当时董事会正为一个车间工艺师的调配争论不休，董事长问我为什么一言不发，我耿直地回答：这个问题主管生产的副总经理就可以决定，何必在董事会上“兴师动众”呢？董事长不以为然，并发表一番高见教诲我。此后，我竟鬼使神差地辞掉上市公司财务总监，成立连城国际顾问公司，专门研究公司治理。

2001 年连城国际顾问公司战略定位在公司治理领域，我和我的研究团队首先建立了上市公司董事会治理数据库，经过一年的潜心研究，发布了“2002 年中国上市公司董事会治理蓝皮书”，系统而全面地分析了国内上市公司董事会治理现状，并首次提出了 8 大问题及解决建议。

这本蓝皮书送给证监会有关领导审，被给予了很高评价，他们称赞这本蓝皮书的研究抓住了公司治理核心——董事会——具有很高的学术研究参考价值和董事会管理实战价值。这本蓝皮书也成为国内很多学界研究公司治理的最重要参考资料、有关数据引证最多的专著。

同时，我们在国内财经媒体发布了“2002 年中国上市公司董事会治理排名榜 100 强”，引起了业界的关注。2003 年的上市公司董事会治理研究，学习借鉴国际著名机构标准普尔经验，结合中国实际，完善了公司治理评价模型，并运用这个公司治理评价模型分析了中关村科技等 5 家典型上市公司，引起资本市场的广泛关注。2004 年的上市公司治理研究更是发布了中国上市公司治理指数和上市公司个股治理评级。同时发布了“十佳十差董事会”，也由此引起有关上市公司某些人士的所谓“抨击”，个别不法分子甚至破坏了连城顾问的网站。

“路漫漫其修远兮，吾将上下而求索”，从“2002 年中国上市公司董事会治理排行榜”发布至今，10 年来我和我的团队从未停止过研究与发布，而且研究发布的榜单从上市公司的董事会治理发展到股东行为治理、公司经营治理、公司财务治理、公司内控治理和公司社会责任治理，全面揭示国内上市公司治理的现状，探索中国公司治理的路径。

2001 ~ 2004 年，研究主要从关注一个点——董事会研究，再由点到面拓展到公司治理研究——上市公司宏观层面的治理研究。当时国内的此类研究甚少，我的学术交流对象主要是国际上的学者和机构。2003 年美国标准普尔公司和世界银行公司治理官员先后来访，给予我们高度评价与项目合作，我还受邀参加了若干公司治理的国际学术会议。中国证监会上海证券交易所委托连城顾问研究“中国上市公司董事会治理评级研究”课题。3 年研究的沉淀与积累，确立了我和我的团队在国内公司治理研究领域的重要地位和董事会研究的奠基人地位。

2005 年，我和我的团队思考公司治理评级模型对于中国企业尤其是上市公司治理的指导意义，提出了治理的基本目标和最终目标以及治理的基本对象和特定对象，寻找公司治理的解决方案。2005 年 8 月，我们首次给中央企业中国网络通讯股份公司、中银国际等一批海外上市的中央企业提供公司治理高端培训，真正开启了中国企业与企业家关注公司治理之门，告别了公司治理的学者研究时代。

本套公司治理系列丛书一共有 6 本，分别是《股东行为治理》、《董事会治理》、《公司经营治理》、《公司财务治理》、《公司内控治理》及《公司社会责任治理》。这 6 本书是连城顾问近 10 年来公司治理理论研究成果的总结，构成了公司治理研究的理论框架体系。其中，连城顾问将股东行为治理、董事会治理及公司经营治理归为治理主体，将财务治理、公司内控治理及公司社会责任治理归为治理目标，其中公司财务治理为基础目标，公司内控治理及公司社会责任治理为核心目标。治理主体和治理目标的创新性提出，是契合中国企业实际和具有实际可操作性的方法论模型。

二

1. 股东行为治理是基础治理，其目标是保证目标公司能够独立经营

《股东行为治理》一书介绍了企业产权理论的主要流派，阐述了股东权利的平衡方式、股东行使权利的主要方式以及股东大会的运作与管理，介绍了掌握企业实际控制权的控制人的行为方式，对各类股东的权利和义务进行了专门论述，全书共六章。

第一章主要论述了股东作为现代产权制度下企业产权所有者的概念，在本章中涉及产权基本理论、现代产权制度、现代企业制度以及国内外现代产权理论的主要学派观点。

第二章论述了股东与公司之间的关系、股东的权利义务、股权市场以及股权结构对于企业制度安排的重要性。

第三章专门讨论了股东会议的法律地位和有关法律规定，以及怎样开好股东会议。本章区分了股东会会议类别，讨论了股东会议的权力及召开的有效性，结合第四章控制人的有关内容来研读，对于收购企业获得控制权有着参考借鉴的价值。

第四章分为三部分：第一部分介绍了控制类型、控制人的权力及其控股权效应，尤其是对控股权市场的介绍更显出控制人的竞技舞台如火如荼的并购较量；第二部分介绍了控制人治理所采取的各种战略手段以及绝对控股与相对控股的利与弊；第三部分介绍了如何限制控制权权力的无限膨胀、规范控制人行为的路径与完善法律环境，以及股权分散化对于现代企业治理的好处。

第五章从法理上对股东应该承担哪些责任进行了简述，并对有关法律条文进行了归纳总结和解释，分别介绍了股份公司控制人、机构投资者、普通股东的责任与义务，对股东承担债务的责任以及股东平等社会关系的责任也进行了叙述。

第六章是在连城顾问数据库中采集数据予以分析。主要分析了我国上市公司总股本和各公司第一大股东数量结构、公司高管的兼职情况、股权控制及业务控制状况，在股东的义务和责任方面则以股东大会和对外担保的情况加以统计分析。

2. 董事会治理是企业经营决策有效落实的基本治理

在现代企业法人治理结构体系中，董事会是法人治理的核心。董事会是为了减轻经营者与股东利益冲突而存在的重要公司内部治理机制，董事会治理水平是整个公司法人治理结构水平的缩影。

《董事会治理》从理论到操作实务进行了系统地阐述，并提出了连城顾问独有的董事会治理模式，详细论述了董事会从构建到进阶卓越董事会的演进过程，提出了董事会五型角色及高效董事会的运作方式，最后对现代企业战略董事会的构建与运行进行了模型化描述。

第一章主要介绍关于董事会研究的基础理论如管家理论和代理理论，对知名研究机构的观点进行了归纳比较，并首次提出连城顾问独具特色的董事会理论体系及当代董事会模型——董事会发展的四阶段和三大角色。

第二章主要论述如何成为一名合格的公司董事：首先要明确的是董事的角色与职责；然后对董事长、执行董事、独立董事、董事会秘书的分工与责任进行了详细描述；接着提出了董事三大修炼——战略视角的“高飞鹰”、职业权威的“镇山虎”以及忠诚勤勉的“看门狗”；最后提出了董事会绩效考核的原则与标准，以及连成顾问的评价模型。

第三章对董事会的重要性和董事会的组建过程及演进过程进行了细致的分类描述，提出了构建卓越董事会的方法步骤。

第四章重点介绍了董事会的会议种类、会议制度及议事规则。

第五章提出了如何构建卓越的战略性董事会——从董事会构建进行战略布局开始，突出了战略决策和董事会成员的构成；在战略董事会实际操作技巧层面则介绍了投资战略评价与财务审计的技巧，以及董事会与投资者股东、利益相关者沟通的技巧。

第六章对上市公司董事会成员的学历年龄情况作了统计分析，在董事会构成方面对董事会人数、独立董事的比例、董事兼职经理层的情况等进行了统计分析，在董事会召开会议情况方面对会议次数、独立董事出席情况分别进行了统计分析，在董事会激励方面以其年薪、持股情况为指标进行分析，在董事会勤勉与忠诚方面以董事会被处罚和独立董事提出异议为指标进行分析。

3. 公司经营治理的核心是保证公司内部与外部各种经营契约的执行力

《公司经营治理》主要从六个核心层面进行阐述，包括：经营者治理理论、契约精神、经营者任免机制、经营者运营机制及核心能力、经营者激励机制、经营者约束评价机制。

第一章从经营者治理的意义和概念出发，简要叙述了通行的公司治理的主要观点和有关经营者治理最新的前沿理论；并且将公司治理理论的研究脉络进行了分类梳理，从理论的历史发展时间上及各种视角的空间上为读者提供了简明的理论轮廓。

第二章给出了契约理论的法理描述——契约关系于企业的重要性、企业内外部契约体系的建立以及契约文化的建立。

第三章从实务操作角度论述了从经营者的岗位设立到经营者的选用方

式、企业领导的过渡更迭以及经营者的培养和成长机制，等等。

第四章提出以企业经营者为核心进行运营的企业机制，是企业运营机制的重要组成部分。本章同时给出了企业 CEO 核心能力建设的基本要点——战略执行力、危机管理能力以及经营管理创新能力。

第五章叙述了有效的经营者激励机制，重点介绍了薪酬、股权和利益保障三个主要激励方式：在薪酬激励方面主要介绍了年薪的制度设计和高薪的激励；同时介绍了各种先进的股权激励模式，尤其是股票期权的国外模式与国内的制度设计；对于经营者利益保障提供了制度及法律层面的建议和社会组织的建设范例。

第六章介绍了传统的企业财务指标评价法，财务指标的选取与科学运用及其真实性分析。本章还介绍了三种领先的企业绩效评估实用方法：关键业绩指标法 KPI、平衡计分法 BSC、经济增加值 EVA 方法。

第七章按控制人类型分类和按企业资产规模分类来显示不同企业的差别。涵盖了四个涉及公司经营治理的主要方面：一是上市公司经营者基本素质分析，包括年龄结构、学历结构、专业结构三个基本指标变量；二是上市公司任免机制分析，包括任职方式分析、职务多重性分析、任期年限分析三个方面；三是上市公司经营者激励机制分析，包括经营者薪酬分析、经营者股权激励分析、经营者薪酬与业绩关联度分析；四是上市公司经营者行为分析，包括经营者违规数量和对经营者处罚两部分。

4. 公司财务治理确保公司经营业绩的真实性

财务治理作为公司治理框架中存在和运行的一个重要系统，在公司治理中处于核心地位，是公司治理的灵魂。

第一章对公司财务治理理论的发展始末进行了介绍，使读者能对财务治理有一个宏观而全面的了解。接下来分别从会计控制、财权优化、反舞弊机制的建立、财务评价、盈余分配五个方面对公司财务治理理论进行了较为详细的阐述。

第二章从会计准则控制、会计组织、会计核算控制三个方面对公司治理中会计控制进行了介绍。会计控制是公司财务治理的重要组成部分，加强会计控制是保护企业资产安全完整、保证会计信息的真实、保证各部门经济活动协调有效地运转的必要条件。

第三章分别了介绍股东、董事会、经理、员工及其他利益相关者的财权内容，并提出优化建议——发挥企业财权的激励与约束作用，是公司财务治理的核心。财权配置的效率直接决定着企业的运营效率和各方利益的分配。

第四章对反财务舞弊的相关要点进行了详细阐述：第一节详细说明了建立反舞弊机制对公司治理的必要性；第二节详细介绍了利用会计方法进行舞弊、关联交易舞弊、地方政府协助舞弊、虚构经济业务舞弊这几种常见的舞弊方式。反舞弊首先要从及时发现舞弊开始，而大多数的舞弊行为是不能从账面一眼看出来的，这就要通过关联交易剔除法、不良资产剔除法等特殊方式来识别；进而，还要通过内部控制机制和外部监督机制的建立和运用来有效地防范财务舞弊行为。

第五章对财务评价的分析方法及其指标进行了详尽的解释。财务评价的分析方法通常包括偿债能力分析、营运能力分析、盈利能力分析、发展能力分析几个方面。

第六章主要介绍了企业盈余管理。企业在进行盈余管理时，可以在一定程度上有选择地偏向众多利益相关者中某一方或几方的利益。公司的利益相关者主要有政府、股东、经理、员工、债权人，他们的利益牵制构成了公司的盈余管理结构。每一方利益相关者对企业的正常运转都至关重要，企业必须在日常管理中公平地处理各方的利益，使各方利益达到有机统一。

第七章按照行业类型、区域类型、控制人类型、资产规模类型对我国上市公司进行了分类，并依次从上市公司成长能力分析、上市公司现金分红情况分析、其他应收/应付款分析、上市公司年报信息披露治理分析、上市公司财务审计情况分析五个方面进行了详尽的统计分析。

5. 公司内控治理是提升企业风险控制能力的优秀治理

《公司内控治理》一书分为九章。

第一章详细介绍了内部控制思想的起源及其发展历程，分别从古代内部控制、近代内部控制、现代内部控制及21世纪内部控制四个发展时期进行阐述；描述了内部控制各个重要发展阶段的概念、内涵，以便读者全面理解内部控制的发展脉络。

第二章重点介绍进入21世纪以来，国内外内部控制理论的最新发展情况，包括欧、美、日等主要西方国家内部控制理论的发展，以及我国内部控制的研究现状和执行现状。

第三章重点讲解内部控制设计的原则、内部控制的划分方式、内部控制的设计步骤、内部控制的形式设计、货币资金控制系统设计以及内部控制设计步骤案例。

从第四章到第八章，依据内部控制的五要素顺序，结合我国证监会、银监会等政府五部委2010年联合发布的《企业内控指引》的本土化实际情况，依次对内控五要素进行了详细分析与描述。

第四章内部控制环境分析了公司治理机制、组织结构及权责分派、人力资源政策、企业文化这些企业发展的“软环境”。

第五章讲述了内部控制与风险管理的关系、传统的风险管理与全面风险管理的基本原理与区别，提出了风险管理的三道防线——流程层面、结构层面、监督层面，介绍了各种不同的财务风险预警技术以及COSO框架下的风险评估技术。

第六章从内部控制实施的方法措施的角度，依次阐述了约束控制、业务控制、激励控制、监督控制以及业绩评价控制的操作方法。

第七章描述了内部控制信息沟通的渠道和机制，分析了我国内部控制信息与沟通的主要要求。

第八章介绍了我国内部控制的各项监督职能的实现方式、内部控制的主要评估方法以及最新的IT内控风险预警体系的构建与运行方法。

第九章分析了体现企业内部控制状况的重要指标，具体包括内控报告、派现与诉讼情况分析、资产负债情况分析、经营控制情况分析、关联交易情况分析4大类指标及12项分级指标。

6. 公司社会责任治理是卓越治理，是企业受到尊敬与长寿的保证

《公司社会责任治理》一书共有七章。

第一章主要介绍了企业社会责任的定义、当前国际社会对企业社会责任的共识及最新的低碳经济理念，同时介绍了企业融入社会责任的战略模式。

第二章介绍了国际权威社会责任认证标准、具有全球影响力的社会责任行业标准以及国外领先企业在公司治理当中将社会责任体系纳入企业治理的两种模式——董事会决策模式和经理层决策模式。

第三章重点介绍全球报告倡议组织（GRI）针对可持续发展报告的编写提出的原则、指标体系以及目前我国的企业社会责任报告的编写基本方式，最后简要介绍了部分企业编写报告的案例。

第四章介绍了企业社会责任的社会监督，包括非政府组织在促进企业社会责任方面的作用，并举例介绍了国际上一些知名组织机构关于履行社会责任的做法。

第五章介绍了社会责任投资（SRI）在西方的产生和发展，同时介绍了目前在资本市场具有代表性的 SRI 指数。

第六章介绍了中国企业的社会责任治理的发展历程，中国企业社会责任治理发展趋势，包括企业社会责任的倡导者、发布企业社会责任报告的企业、目前我国有关企业社会责任的法规和规范性文件。

第七章从国内上市公司社会责任分析（有无社会责任报告）、上市公司职工工作效率（职工人数、职工工资、劳动效率）、上市公司环保成本分析、上市公司社会价值分析（纳税情况、对外捐赠情况、每股社会贡献值）4 个大类指标及 8 个分级指标进行了详尽分析。

本套公司治理系列丛书构成了一个完整的公司治理理论体系，连城顾问不仅在理论研究方面有着深厚的积淀，而且积极探索实证研究方法，以务实的研究精神力求将理论研究与实证研究完美结合。连城顾问研究团队根据公司治理理论研究的突破，以国内上市公司披露的年报、政府监管部门的信息披露及国家公布的相关宏观经济数据为研究对象，恰当地运用数学工具，对公司治理理论进行了严密而完备的指标体系和数学模型研究，以充分保证连城顾问在公司治理实证研究方面的权威性。

三

为了分析对中国上市公司治理现状，连城顾问设计了以“连城方法论”为基础的公司治理评级模型。本模型采用定性与定量相结合的方法，对各级指标进行量化，并采用层次分析法确定各级指标权重值，同时对指标权重值的合理性进行了检验。在评级指标体系、各级指标权重值确立的基础上，建立了公司治理评级模型，并把公司治理评级模型应用于对公司治理现状的评价、分析——对上市公司治理状况进行排名。

1. 问题的提出与假设

在公司治理实施过程中，公司治理的评价已为理论界和实践界所瞩目。因为良好的公司治理的实现是建立在科学的治理评价基础之上。对于上市公司而言，公司治理质量是决定其竞争力的关键因素。为及时发现中国上市公司的治理问题和治理水平的变化，反映中国上市公司治理状况，实践上迫切需要建立一个适合我国国情的、综合性、全面性、权威性的上市公司治理评价体系。由于我国的市场经济环境与成熟市场还有相当大的差距，国际上普遍公认的治理原则只能作为参考，而不能作为标准和依据。连城顾问借鉴国际公司治理实践，与时俱进地改进了评价方法和评价体系，提出了中国上市公司治理评价体系，并建立了公司治理评级模型。公司治理评级模型涵盖上市公司的股东行为治理、董事会治理、公司经营治理、公司财务治理、公司内控治理、公司社会责任治理六大领域，综合反映上市公司治理状况。

对上市公司治理进行评价，无论对监管部门还是对投资者，或者是对上市公司本身，都有着重要的意义，能够成为反映其治理水平的晴雨表；为投资者从治理和管理的深度挖掘上市公司的潜在价值提供依据；为上市公司发现董事会治理问题并根据存在的问题进行自查和反思提供理论指导；为证券监管部门在公司治理制度建设方面提供有益的参考；同时，通过评价结果的公布，进一步强化市场声誉对上市公司的约束与监督。

在构建公司治理评级指数模型中，由于研究的资料均来源于上市公司年报、中报、季报等定期公告和临时公告以及政府监管部门公开披露的有关信息，我们假定这些信息是真实的。在考虑数据的可操作性时，我们在数据的收集中尽量使用量化指标，对某些定性的信息采用数学分析工具进行量化，使得整个评分考核过程切实可行，并保证考核结果的可对比性。

2. 模型假设

公司治理评价的关键在于评价指标的重要性系数（指标权重值）的确定，指标的重要性系数体现了各要素对综合评价的影响程度，对评价结论起着举足轻重的作用。指标权重的合理与否直接影响着模型的合理性。

我们假设主观赋值和客观赋值相结合的层次分析法所确定的权重值评价结果，明显不同于主观赋值法，亦明显不同于对各级评价指标一视同仁、不区分其重要性程度的平均赋值法。

根据假设，在评价指标重要性系数的选择上我们采用层次分析法确定各级指标权重。该方法是一种定性与定量分析相结合的决策分析方法，可以把复杂问题中的各种因素通过划分为相互联系的有序层次，使之条理化，并把数据、专家意见和分析者的主客观判断直接而有效地结合起来，就每一层次的相对重要性给予定量表示，并根据 *AHP* 的一致性检验标准（$CR > 0.1$），对每一层的诸多因素进行两两比较，建立判断矩阵，确立评价指标的权重值。

3. 模型的建立

为方便运算，首先对一级指标、二级指标、三级指标进行编码。编码结构为：目标层指标—准则层指标—措施层具体指标，六大目标层指标采用一位编码，序号为 F_n（$n = 1, 2, 3, 4, 5, 6$）；准则层指标也采取一位编码，序号为 10 以内的自然数序列 F_{nN}（$N = 1, 2, 3, 4, 5, 6, 7, 8, 9$）；措施层具体指具体指标采取一位数编码，序号为 10 以内的自然数序列 F_{nNM}（$M = 1, 2, 3, 4, 5, 6, 7, 8, 9$）。

根据评价指标的选择，评价标准的确定，确定权重方法的选取，可构建出如下我国上市企业公司治理评级指数模型和目标层一级指标模型。

（1）公司治理评级指数模型

$$I = \sum_{n=1}^{6} \alpha_n F_n (n = 1,2,3,4,5,6)$$

其中，I 为上市公司综合治理指数，α_n（$n = 1, 2, 3, 4, 5, 6$）为各评价指标权重值，F_n 为股东行为治理、董事会治理、公司经营治理、公司财务治理、公司内控治理、公司社会责任六个一级指标指数值。

（2）**目标层一级指标模型**

$$F_n = \sum_{N=1}^{m} F_{nN} \cdot q_i$$

其中，F_n 为第 n 项目标层公司治理评价指标的指数值，F_{nN} 为第 n 项目标层评价指标下的第 N 个二级指标指数值，m 为目标层下具体指标即二级指标个数，为目标层下各指标的权重，且 $\sum_{i=1}^{m} q_i = 1$。

股东行为治理指标通过营运独立性、股东会有效性、关联及交易、控制人规范、股东参与度等五个二级指标进行量化分析。

董事会治理指标通过勤勉与忠诚、董事会会议、信息披露、战略决策效果、董事会财技五个二级指标进行量化分析。

公司经营治理指标通过契约精神、任免机制、运行机制、激励机制、业绩评价五个二级指标进行量化分析。

公司财务治理指标通过会计政策、盈余管理、反财务舞弊、财权优化、主营持续增长率五个二级指标进行量化分析。

公司内控治理指标通过内部环境、风险评估、控制措施、信息与沟通、监督检查五个二级指标进行量化分析。

公司社会责任治理指标通过经济责任、员工参与度、投资者关系、社区与环境、社会价值五个二级指标进行量化分析。

4. 模型的计算分析

根据上述所建立的公司治理评级模型，将各级指标权重值带入，可以计算出各上市公司综合治理指数以及股东行为治理、董事会治理、公司经营治理、公司财务治理、公司内控治理、公司社会责任治理六个方面的指数，为对中国上市公司治理状况进行全面的分析提供了依据。在连城顾问公司治理系列丛书中，我们应用评级模型，从不同行业、不同区域，对上市公司进行比较分析，发现并研究公司治理中的规律，在得出评价总分的基础上，对上市公司治理质量进行了综合排名，以及对股东行为治理、董事会治理、公司经营治理、公司财务治理、公司内控治理、公司社会责任治理六个方面进行了单榜排名。

5. 模型的检验与实践

我们分别采用主观赋值法、平均赋值法（对各级评价指标一视同仁不区分其重要性程度）、层次分析法（主观赋值和客观赋值相结合）三种方法对上市公司治理状况进行设计，三种不同方法确定的指数以及上市公司治理序列排名均有不同。采用 Wilkes 带符号的等级检验法对三种评价结果在显著性水平 5% 的条件下进行检验，发现三种方法存在显著的差异。

在上市公司治理状况评价中，主观赋值法一致性太差，而平均赋值法没有突出国际公认的公司治理中董事会治理的核心作用。本系统采用层次分析法对指标权重进行赋值，其评价结果客观地反映了上市公司治理的现状，假设检验的结论支持了我们的观点。

10 年来，我们通过这套方法论先后给 60 余家中央企业提供公司治理实务培训、董事会运作培训，不断检验着、完善着这套公司治理的方法论。面对娃哈哈宗庆后与法国达能股权“激烈鏖战”，我曾用这套方法论写了一篇较长篇幅的博客，深刻分析了宗庆后得失及中国企业公司治理缺陷与出路等，虽然得到了国际上几位学者企业家的支持与认同，但还是淹没在国民“口诛笔伐”的声讨中，幸运的是再一次检验着这套公司治理方法论的实用价值。

本套公司治理系列丛书的顺利出版凝聚着连城顾问研究团队多年的心血，在此，衷心感谢公司研究人员毕仁飞、杨志刚、王宇等人的辛勤工作。同时，我们期待着与读者朋友共同交流探讨公司治理，并欢迎广大读者朋友提出宝贵建议，以使我们的研究工作不断精益求精，更好地服务于社会和企业。

王中杰

2011 年 9 月 18 日

目录 contents

第一章

现代产权理论

本章导读

股东作为现代产权制度下企业产权所有者的概念，其行为是由所持产权而产生的根本利益所决定。治理股东行为，把握核心的产权问题犹如纲举目张，抓住了问题的主要线索，其他问题则迎刃而解。产权理论是主要的经济学理论，属于法律层面的问题，在宏观视野下，与国家权力和制度息息相关。这就是通常所说的建立在一定生产力、生产关系之上的经济基础决定上层建筑，上层建筑又对生产关系乃至生产力具有反作用力的简单辩证的政治经济学原理。由产权理论引发的一个巨大庞杂的经济与法律理论综合体系，是公司治理的理论基础。

本章涉及产权基本理论、现代产权制度、现代企业制度以及国内外现代产权理论的主要学派观点，同时还有经济学与法学交叉的理论，从行为学等多学科上探讨的股东行为理论。这些理论学术性较强，并且多有应用于各国法律实践，比如美国哈佛学派、芝加哥学派等，美国有关反垄断经济法律制定与修改的理论依据来源就是这些学派的研究结果。由于理论观点较多且深奥，用很短的篇幅来涵盖实不可能，所以本章选择主要的观点理论加以简述。读者可以沿着本章提供的逻辑线路，从基本概念延伸到各个理论分支将产权的本质认识清楚，其他的理论展开就好理解了。现代产权理论是多年实践与理论探索的结晶，有关产权的经济理论方面就有多位诺贝尔经济学奖的学者，这说明其在经济学中的重要地位。在我国产权问题源于国有企业的改革，西方则较早地从学术上进行了探索，但也是源于对企业运营现象的观察。所以在理解这些理论时要始终与具体的实际相联系，与企业的运作、与国家的法律政策相联系，才能明了其中的奥妙。

企业产权

一、现代企业产权制度

现代企业在运营治理过程中，首先碰到的是企业资产归谁所有问题，也就是企业产权问题。在我国继中国共产党十五次代表大会提出“现代企业制度”后，在十六届三中全会上又进一步提出了“现代产权制度”的概念，使得国有企业改革越来越深入。由于新的产权理论还没有引起足够重视，理论和实践中存在沿用旧的理论解释当今问题的现象，造成行动混乱；再有大中型国有企业的法人治理结构建立刚起步，还很不规范，中小企业的改革在产权结构及处置方面还很模糊，存在若干不当之处。这也是实践中碰到深层次问题必然要面对的认识困境。虽然新《公司法》完善了许多地方，但相关法律仍需要完善，以现代产权制度的新观念、新要求、新规范，重新审视国企，深化改革，是十分必要而又紧迫的事情。在世界经济结构调整的机遇下，完善国家的企业产权基础，增强治理效率十分必要。

1. 现代企业制度

现代企业制度是指当今世界通行的企业体制规范。在建立社会主义市场经济过程中，必然要使经济运行的主体企业公司适合于通行的体制惯例，才能与世界经济接轨。尤其在大型企业集团的跨国运营和组建上，没有企业制度的基本改革，就无法适应全球经济一体化的浪潮。国企改革初始，国有企业占国民经济绝大部分，因此建立现代企业制度必然主要针对国有企业改革。

中共十四届三中全会的《关于建立社会主义市场经济体制若干问题的决定》将现代企业制度概括为“产权清晰、权责明确、政企分开、管理科学”。这十六个字包括四个方面的内容：一是产权的性质及其归属必须清晰。二是要从资产的所有权和经营权分离和建立规范的法人治理结构上实现权责明确。三是政府要转变职能，不再直接管理和插手企业事务，由企业在市场中按照市场规律运行和约束。四是企业要通过对其自身的经营活动实施科学的管理，不断提高企业经营管理的水平，提升企业经营效益。

2. 现代产权制度

现代产权制度是与社会化大生产和现代市场经济相适应的产权制度，是实现现代企业制度的核心内容，是公司治理的最高层次，也是本书的理论逻辑起点。西方国家由于企业所有权和经营权的分离，对产权的研究起步早且深刻细致，因而导致公司治理体系的形成。我国为进一步深化经济体制改革，在中共十六届三中全会《关于完善社会主义市场经济体制若干问题的决定》中将产权归纳为“归属清晰、权责明确、保护严格、流转顺畅”。这十六个字包括四个方面的内容：一是“归属清晰”不再单指狭义的所有权归属清晰，即现代企业制度中的“产权清晰”，而是指广义所有权中占有权、使用权、收益权、支配权四项权能的明确，并为相关法律法规所认定。二是产权具体实现过程中各相关主体权利到位、责任落实，股东及其代表董事会等各层级的委托代理关系权责分明。通过法律和契约关系，明确规定产权主体对财产能做什么，不能做什么，及必须尽的义务和责任。三是维护产权关系上要“保护严格”。这实际上是对各个产权主体的利益进行维护的要求，产权关系需要通过法律使其制度化，建立具有强制力的约束规则，各种性质、各种形式的产权、企业出资者一律受法律的严格保护，以显示公平的原则。四是财产权利配置上要“流转顺畅”，保证产权主体有权力按照自己的意愿来配置其权利，依法在市场上自由流动、有效运营。财产能够顺畅流转，才能实现良好的市场价值，这也是对产权市场的环境建设提出的要求。

3. 现代企业制度与现代产权制度的关系

有效的产权结构与建立良好的公司治理结构同等重要。现代企业制度与现代产权制度同属于公司经营治理的范畴，但是它们是不同层次的制度体系，前者包含了后者，后者是前者的核心内容，且更注重法律层面的制度建设。二者相互联系可概括为现代产权制度，这决定了现代企业制度的核心特征，是现代企业制度的根本。它们一般区别是：

①前者仅是一种企业制度，包括企业生存过程中的产权活动和经营管理的全部内容；后者是市场经济条件下的规范产权的法律制度和体制规定的总称，仅包括与产权活动相关的内容。

②前者针对的主体对象是国有企业；后者则是涵盖各种不同所有制的企业及国家机关、团体、事业等社会单位在内的产权制度。

③现代企业制度与现代产权制度都强调产权分明、责权明确，为所有者与经营者委托代理制实行扫清了体制障碍，而现代产权制度则进一步增加了产权的交易、保护和规范的市场流动等方面的内容，使其更为完整，更接近于实现前沿的现代产权理论。

二、产权基本含义

1. 产权的界定

产权理论是美国新制度经济学派（芝加哥学派）创立的经济学理论体系，主要研究资本主义制度下产权的界定和交易，它的渊源可追溯到19世纪末、20世纪初的旧制度经济学派。1991年诺贝尔经济学奖得主科斯(R. Coase)1937年发表的《企业的性质》、1960年发表的《社会成本问题》等论文被公认为西方产权理论的开创之作。其后，科斯理论的拓展者德姆塞茨（Demsetz）、威廉姆森（Williamson）、阿尔钦（A1chian）、菲吕博滕(Furubotn)和佩杰威齐（Pejovich）、斯蒂格勒（Stigler）、张五常等为丰富与发展产权理论作出了重要贡献。而诺思（North）则在新制度经济学中成为制度变迁理论、新产权理论的代表。

具体关于产权的定义，理论界还没形成一直的看法。代表性的观点有以下几种：德姆塞茨认为：“产权是一种社会工具，其重要性就在于事实上它能帮助形成一个与其他人进行交易时的合理预期。产权的一个主要功能是为实现外部效应更大程度的内部化提供动力。”诺斯指出：“产权本质上是一种排他性的权利。”阿尔钦则认为：“产权是一个社会所强制实施的选择一种经济品的使用的权利。”上述定义都是从一个方面指出产权的含义。目前法律界和经济学界普遍接受的是菲吕博腾和佩杰威齐在《产权与经济理论：近期文献的一个综述》中总结的产权定义："产权不是指人与物之间的关系，而是指由物的存在及关于它们的使用所引起的人们之间相互认可的行为关系。产权安排确定了每个人相应于物时的行为规范，每个人都必须遵守他与其他人之间的相互关系，或承担不遵守这种关系的成本……社会中盛行的产权制度可以描述为界定每个在稀缺性资源利用方面的地位的一组经济和社会关系。"这个定义突出地说明了产权是人与人之间的关系，产权理论就是探索解决这种人与人关系的理论，确定人对产权对象各种权利约束的行为规范的产权界定、安排和保护等，突破了传统新古典经济只关注特定制度下资源的最优配置界限。

2. 产权界定的两个基本特征

产权界定问题的研究是产权理论的一个核心部分。科斯在交易费用论中说明了在现实世界初始产权的界定对资源优化配置或产值最大化有至关重要影响，并呼吁法律界根据社会理性来判定产权的归属。巴泽尔（Barzel）则看到产权界定过程存在着两个显着特征：一是产权界定具有相对性，产权界定的清晰程度具有相对性，产权常常不可能完整地被界定，因为完全界定产权的成本太高。而一般产权理论观点是产权界定清晰是交易的前提，产权界定清楚了，就让市场去运作。二是产权界定具有渐进性，就是说产权界定过程是一个演进的过程。如果交易的成本太高，人们就不会愿意花费成本去界定这些资源的权利，随着资源新价值被发现，花费代价界定产权变得有利可图，人们就会对权利作进一步的调整。例如一个土地所有者，将其所有的一块土地租出，地里有些青苗，价值较小，不足以在合同中明确规定，因而对它忽略不计。在合同执行期间，又发现该青苗具有很高的市场价值，由于青苗的产权归属未明确，就可能产生有关产权冲突。解决这种冲突的过程，就是产权进一步界定的过程。

这一演进过程的性质是诺斯从经济史观形式提出的。巴泽尔则是从他现实经济生活中观察到产权的渐变过程，强调了产权价值的新发现，特别是相对于产权界定成本的新价值是产权演变和更加彻底界定的主要诱因。因而，对于"产权明细，权责分明"，国有企业产权的界定其理论依据就在于此，当国有财产的代理者发现国有资产新的价值后，就会可能停止出售转让，申明其权力归属。

3. 现代产权制度的意义

产权制度是经济制度集合中最基本、最重要的制度，产权理论的发展有助于揭示人类历史上交易费用的降低和各种经济组织形式的替换，并且与国家理论、意识形态理论成为制度变迁理论的三块基石。现代产权制度是与社会化大生产和现代市场经济相适应的产权制度。我国的产权从私权到公权的界定也是一个渐进的过程，应用现代产权理论，国有企业的产权界定和各类产权主体的界定可以作出合理解释，就如同《公司法》规定的企业法人资格一样，赋予了公司法律人格，将一定范围的股东产权规定在公司的人格之中。国有资产延续以前所有制的传统，可以将其资产规定在一个法人人格体中。在这些经济理论和相关法理研究的基础上，我国现代企业制度从“产权清晰、权责明确、政企分开、管理科学”到专门针对解决产权核心问题“归属清晰、权责明确、保护严格、流转顺畅”的改革方针，也是一个渐进的过程。这种理论认识的深化，对于国有资产产权制度的改革和各类企业乃至事业单位制度规范化建立意义重大。

（1）现代产权制度是我国当代基本经济制度

现代产权制度理论拓展了原有国有企业产权认识的局限性，实现依法保护各类产权，保障各类产权合法流动，促进资源的有效配置和企业的快速发展。生产关系中的所有制关系是我国基本经济制度的基本问题。产权制度是所有制的根基。没有先进的产权制度作依托，公司治理就不能达到完善状态，企业参与现代国际竞争就没有治理结构对等的优势，发展和完善基本经济制度的宏伟构想就不能实现。

（2）现代产权制度规范化有利于市场经济循序渐进

现代产权制度为组建规范的公司制、股份制企业提供了操作平台。公司制、股份制企业包含了不同所有者和不同所有制的产权主体。不同产权主体以股份制形式进行产权融合，能够使企业规模迅速发展，发挥不同产权主体出资人的比较优势，提高企业的竞争力，同时也使公有制经济有效地实现。企业的规范运作将加快我国的市场经济的成熟度，促进市场的繁荣发展。

（3）现代产权制度能促进国有资产高效运行

传统的国有企业的产权制度在激励企业提高竞争能力和盈利能力方面缺乏动力与效率，缺少应有的机制约束所有者和经营者的越权和侵权行为，致使大量国有资产长期以来在低效的产权制度下运行。现代产权制度的进一步认识在理论上填补了国有资产所有人由虚到实的理论空白，建立企业法人治理结构解决了出资人缺位的法律地位问题，以产权多元化、发展混合经济为深化经济体制改革的战略重点，能够使国有资财发挥优势，提升增值效益，提高运行质量。

（4）现代产权制度的流动性能提高国家资产配置绩效

现代产权制度通过推动资本的流动和重组，盘活国有存量资本，达到资产配置的效率化，在流转中发现新的价值，由于明晰化产权的保证，而使国有资产适配的其他资产达到合理状态，共同保值增值，资本得到扩充，效益得到最大化。

总之，现代产权制度是对我国十几年来社会主义市场经济实践的重要认识进步，为国有企业改革、现代公司治理、增加企业竞争力打下了基础，对中国市场经济系统理论的再创新，对国民经济持续、健康、快速的发展，以及国有企业改革和各类企业治理规范化进一步向纵深发展，都将起到重要的指导作用。

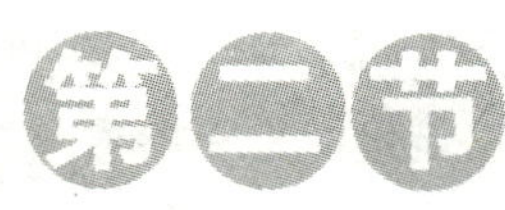

现代产权理论前沿综述

一、现代产权理论简介

现代产权理论是对正统经济理论众多批判理论中极具代表性的一种。西方现代产权理论研究中，不仅包括被人们称为产权学派的贡献，还包含了法经济学、公共选择学派自由竞争学派等诸多学派众多学者的贡献。

现代产权理论是新制度经济学框架之下的理论分支，新制度经济学是在对新古典经济学的反思和批判中发展起来的。19 世纪末由凡勃伦、康芒斯等人创立和发展的早期制度经济学，从一开始就摒弃了新古典的分析范式，用历史主义的方法来透视制度因素的作用和影响。而新制度经济学派却是在新古典范式之内发展起来的，继承了新古典经济学的核心假定、方法和工具，如理性经济人假定、稳定偏好、均衡和最大化分析等，但是却以产权、经济组织和制度变迁理论去考察经济问题，从而大大拓展了经济学的研究视野。在新古典经济学的分析框架之下，研究资源配置的效率时，产权被作为已知不变的制度参数。而新制度经济学则将产权制度、交易费用、经济组织等视为亟待解决的关键性变量，并侧重研究效率的性质和结果如何与这些变量相联系。

现代产权理论的突出代表者为科斯，他所致力考察的不是经济运行过程本身，而是经济运行背后的财产权利结构；他所运用的研究方法不是数学、效用主义的边际分析，而是典型的制度分析，并通过对某些经济现象的分析来阐述隐含在这些现象背后的经济运行规则及规定这些规则的制度基础。

现代产权理论的基本观点是：现实经济中，市场经济往往存在“外部性问题”，市场机制本身存在着缺陷；外部性的产生是由于私人成本与社会成本的不相等，即社会成本大于私人成本，从而导致了社会福利的损失或低效。因此在市场的运行过程中，产权界定和合理配置占有重要地位。产权是用来界定人们在经济活动中如何受益、如何受损以及他们之间如何进行补偿的相关规则，是收益权和控制权相结合的有机体。为了说明产权的重要性，现代产权理论引入了“交易费用”（Transaction Cost）这一概念。科斯最早提出了交易费用的概念，但是却没有指出交易费用的原因和性质。威廉姆森进一步发展了科斯的交易费用理论，威廉姆森认为交易费用是比较经济制度孰优孰劣的决定性因素。任何一种体制、组织制度在其运行过程中都要产生交易费用，交易费用的高低是衡量各种体制优劣的尺度。著名的科斯定理认为只要交易费用为零，同时允许自由交易，产权的初始安排对效率没有影响。现代产权理论的核心就是要研究如何通过界定、变更和安排所有权来降低或者消除市场运行中的交易费用，以改善资源配置的效率。

现代产权理论认为能够有效实现外部性内在化的产权制度安排是有

效率的产权形式。私有产权就是将资源的支配、使用、转让以及收入的享用权界定给一个特定的人，他可以不受任何约束，采取任何一种他认为合适的方式来支配、使用或者转让这些资源。而公有产权则意味着任何成员都有权分享这些权利，这样就消除了产权的排他性和可让渡性，产权共同拥有难以排除利益的“搭便车”现象和共同体内成本和收益的不对称性，控制权和收益权处于分离状态，公有产权下的个体都想分得公有产权的收益而不愿意多付出努力，在产权的共同体内，所有者众多、利益多元，要达成一个最优行动的谈判成本很高，公有产权导致了更大的外部性，因而是无效率的产权形式。而在私有产权下，收益和成本都是由所有者承担的，这种收益和成本的对称性消除了公有产权之下的外部性，保证了激励机制的有效性。

按照标准产权理论的逻辑，只有私有产权才是边界清晰、最有效率的产权形式。因为私有产权形式下收益权和控制权的有机结合能够产生有效的激励机制。问题是即使产权明晰了，但并不用于企业经营、形成资本、产生效益，缺少了收益，其潜能仍没有发挥，也就不具完全的功能。产权边界清晰的最大作用是用来交易，产生利益，单纯的买卖产权也不具实际增值的效果，因此要用一种法律形式来使其成为资本。诺贝尔经济学奖获得者赫尔南多·德·索托发现的资本的秘密正是在于此，他认为：资本的形成是一个隐蔽转换的过程，“西方国家的正规所有权制度着手把资产加工成资本所采用的方法是，仔细描述资产在经济和社会中最有利用价值的方面，使它们在记录系统中得到确认，然后极富成效地对其进行组织，并收录在所有权凭证中。西方国家还用一套详细而精确的法律条文来管理这个过程。”① 通过资本的经营产生收益，这就是现代的公司制企业，它是一种受法律保护的社会组织实体，具有法律人格的意义。公司产权的主体出资人股东是多元化的，因此产权明晰对于资本的收益、剩余索取权的实现就显得十分重要了。一旦某些股东经营者侵犯了他人的利益，就可以通过揭去公司的面纱的方式，还原于个人股东的行为，来保护其他所有者的权益。

---

① ［秘鲁］赫尔南多·德·索托著，王晓冬译：《资本的秘密》，江苏人民出版社 2001 年版，第 37～38 页。

二、现代产权理论主要流派

1. 不完全契约与剩余控制权

如果视科斯为旧现代产权理论的代表，那么新现代产权理论的代表人物则是格罗斯曼、哈特和莫尔（Grossman、Hart、Moore），他们把企业所有权理解为剩余控制权，认为企业剩余控制权的配置是企业理论研究的核心，企业是非人力资产的联合，谁拥有非人力资产就自然地拥有企业所有权——剩余控制权，这种权利能够驱动人力资产。对于人力资产，他们认为人力资本所有者同时应当拥有非人力资本，以避免专用人力资本被非人力资本套牢，这样才能最大的激励专用性人力资本投资。GHM 产权理论（格罗斯曼和哈特，1986；哈特和莫尔，1990；哈特，1995）考察了不完全契约中的控制权安排问题，强调用对事前投资激励的扭曲来理解所有权的安排，认为所有权是唯一的控制权安排。把所有权与控制权理论建立在不完全契约理论的基础之上，该分析方法已成为企业理论研究的主流。

股东积极主义者孟克斯（Monks）则认为，所有权一般来说是“拥有禀赋、金钱和其他能力（对技术和产业进步来说是关键性的）的组织的必不可少的要素”①，具体而言是股票所有权。通过公开发行股票来实现“所有权”的多元化，使资本可以为现代产业提供财政支持。

2. 外在性、效率与产权

哈罗德·德姆塞茨（Harold Demsetz）是西方产权学派和新制度学派的杰出代表，他对产权的解释为：①产权附着物上。②产权和交易联系在一起。③产权是人和人之间的一种关系。产权是对人们行为权利和责任的界定，是人们之间相互认可的行为关系。④完备的产权是复数，至少代表一组权利，或者说是一个产权束，主要包括使用权、收益权和转让权，产权束中内含的各项权利可以分解、转让（全部或部分），也可以和别的产权束中的权利重组。⑤产权的价值决定交换物品的价值。⑥产权和外在性密切相关。

产权的主要功能就是“引导人们在更大程度上将外在性内在化”。这里

---

① 罗伯特·孟克斯（Robert Monks），尼尔·米诺（Nell Minow）著，杨介棒译：《监督监督人：21 世纪的公司治理》，中国人民大学出版社 2006 年版，第 89 页。

的外在性指的是由某种有益或有害效应转化而来的，并且“总含有某个人或某些人因这些效应而得益或受损”。外在性的存在意味着一些费用和收益不会被资源利用者考虑在内，因而也就形不成有效利用资源的动力，导致效率的损失。于是，需要对外在性进行“内在化”，内在化的基本途径就是确立产权——“建立一种一经确立即可交换的所有权权利”，产权确立后，人们便可据此确立各自的行为和利益边界，并对部分权利进行交易，交易的最终结果是资源流向最有效的使用者手中。当内在化外在性的收益大于其成本时，产权就会产生。

3. 巴泽尔共同财产、延留义务理论

巴泽尔的产权理论因其观点新颖、思想深刻和方法独特而备受关注，《产权的经济分析》一书发展了新制度经济学，是其产权理论的成果总结，其主要理论：

一是有关产权界定的两个基本性质。前面产权界定部分已经提及。

二是有关产权界定的四个问题。①关于界定产权的力量。界定产权的力量与其说来自法律，不如说来自与企图争夺产权的他人作斗争的个人，而这些个人受到来自产权预期收益的充分激励。②关于产权界定的方式。除了政府和法律的界定，实际上产权界定的方式有多种。当一部分财产的权利落入公共领域时，人们攫取这些价值的方式的多样化就构成界定产权方式的多样化。③关于产权界定的困难。界定产权的困难在于界定产权过程中需要花费成本。④关于产权界定的原则。“所有权最优配置的总原则是：对资产平均收入影响倾向更大的一方，得到剩余的份额也应该更大”①。

三是对新制度经济学的发展。企业的存在基于以下两个方面的原因：一是共同财产问题，二是延留义务问题。共同财产问题是指在生产过程中，由于许多人共同使用一些物品，物品的产权常常是被分割的。延留义务问题是指一些高价值的交易在销售完成之后，卖方要提供某种担保，其责任仍然继续。如果没有卖主的信誉和担保，买者会对货物进行充分检查直到自己确信商品值得才会购买。延留义务虽然并不唯一地依赖组织，但组织的确是保障其实施的有效机制。将有延留义务的交易活动置于企业内部，保障问题便可

---

① 巴泽尔：《产权的经济分析》，上海三联书店 1997 年版，第 8 页。

顺利解决。

4. 演化产权理论

演化产权理论吸收了演化经济学思想，是对经典产权理论的批判性继承与进一步发展。它延续了经典理论的研究对象和研究内容，突出了演化理论下的结构分析、主体差异分析、动态分析和模型的实验模拟分析，在扩展了研究范畴和深度的同时摒弃或修正了一些传统理论的观点。

面对当今经济发展的挑战，传统理论的解释力逐渐下降。20 世纪 80 年代确立并得到迅速发展的演化产权理论，为产权理论的深化和发展提供了新的契机、研究视角和方法。

演化产权理论在自身不同于新古典的视角下重新研究传统理论无法解释或解决的问题，特别是在产权定义和功能、产权结构与分类、产权界定、产权配置的效率、产权变迁内在机制、产权的非市场因素等方面显示出独特的研究角度。

（1）产权结构与分类

产权在结构分类上有私有产权、共有产权、公有产权等几种形式。具体特性和功能见表 1－1。

表 1－1　　不同产权类型性质比较

	私有产权	共有产权	国有产权
规模	小	资源、人数和规模有限	全区域范围
产权主体	个人	国家或集体	
主体界定	清晰	主体模糊或尚没界定	国有产权的部分无法清晰界定
范畴		集体范围内的公共资源或尚未界定产权的私人资源	留在公共领域形成国有产权
属性	排他性和竞争性	非排他性和非竞争性	非排他性和非竞争性
流转	交易和转让		个人不能进行交易、转让
支配方式	个人支配	限定使用	任何人使用
保值增值激励	强	不强，搭便车	不强，搭便车
交易成本	低	大	大

(2) 产权配置效率动态研究与演化的内在机制

产权安排的效率一直是产权理论研究的核心内容之一，而演化的内在传导机制基本上是沿着“追求帕累托最优（传承新古典的方法论）—次优效率与制度保护（最优无法实现而出现变异）—产权制度的效率与资源配置的效率（内在秩序与协调）—产权界定与配置效率的动态变化（选择与变迁）”的路径发展。

巴泽尔指出，最优效率的产权界定过程会影响交易成本的大小，获得、转让、交易、保护产权和信息搜寻这些构成交易成本的费用，特别是信息成本的存在始终使交易成本大于零；另外，由于商品的属性是多样的和难以确定的，即使界定了产权也是不经济的。巴泽尔对传统理论基础的冲击是提出长期追求的均衡状态无法实现，使得传统理论学派开始探索怎样的方式保证经济的效率。

(3) 产权的非市场因素

影响产权配置的非市场因素主要有宗教信仰、风俗习惯、伦理道德、意识形态、行政垄断或干预、法律公正等，这些都影响着市场机制的发挥、产权安排配置的效率以及产权主体的激励。演化理论则充分考虑非市场因素对现代产权效率的影响，尤其是历史原因形成的路径依赖和制度遗传、社会道德与市场机制博弈过程，并能深入分析产权配置的短期扭曲和长期趋势。

演化产权理论解决了不少传统理论无法解释或解释乏力的问题，更加靠近和符合经济现实。演化产权理论的贡献在于：

第一，强调了产权外部市场与非市场因素对产权变迁的影响。演化产权理论认为产权制度本身会随着微观主体交易行为的多样化、博弈主体与环境的变化、宏观经济制度的变迁和人文社会等一系列非市场因素的影响发生变迁。

第二，协调与关注制度变迁过程拓展了传统均衡观的视野。演化产权理论在产权意义上的资源配置的依据是环境、技术、道德、宗教等影响产权效率的外部市场和非市场因素的变迁，产权结构种类发生动态变化，是调整过程的产物。

第三，对产权研究的假设前提有了变化。演化理论把人的个体思想和异质性、学习与能力以及博弈多方动态调整战略加到产权交易双方实现效率配置和价值增值中，强调产权主体在交易过程中发生的学习和信息搜索行为，更加全面地考察产权主体的作用。

5. 新产权理论

(1) 寻租理论、利益集团理论和国家理论的融入

早期的产权理论仅仅是微观层次的分析，而忽视了中观层次和宏观层次的分析，注重产权的经济效率分析，而忽视了产权的社会和政治方面的问题。从多个层面引入寻租理论、公共选择学派理论、利益集团理论与国家理论的产权理论称为新产权理论。

从理论上来讲，仅仅用交易成本方法分析产权问题是不够的。诺思分析了制度研究的三种方法，即交易成本方法、寻租方法及奥尔森(Mancur Olson)的分利集团框架。把这三种方法有机地结合起来是新产权理论发展的切入点。新产权理论的意义在于，它可以解释诺思提出的一个问题，即为什么历史上人类社会选择的产权大多数是低效的。诺思也可以看做是新产权的代表人物。经济增长的乏力被归咎于“无效的产权”，而无效产权又来自控制国家机构的人的寻租企图和计量及交易成本问题的存在。

第一，利益集团。

在纯粹的私有产权加上市场经济的体制与国家之间存在一个中观层次，或者说就是奥尔森所说的集体行动，这种集体行动往往会形成分利集团。如果个人或企业追求利益最大化（即寻利），这就是新古典经济学所讲的完全竞争市场。但事实上，个人或企业还有追求垄断、反对竞争、寻求特权的趋势。个人或企业有双重动机，一方面有在市场上追求利润最大化的动机（即寻利），另一方面也有追求租金最大化的动机（即寻租）。

国家的利益集团或寻租理论是一种广泛用于解释经济史中产权结构变化的方法。该方法集中考察产权变化的再分配效应。一个群体为使产权发生有利于其成员的特殊变化，可能会投资于游说、投资于政治捐款。尽管这种产权安排给国民收入总水平带来负面影响，情况仍然有可能发生。寻利是提高全社会的效率之举，但是当存在分利联盟时，个人追求自身利益最大化的结果并不是社会利益最大化，而是集团利益的最大化。

第二，国家与产权的关系。

国家与产权的关系是一个比较复杂的问题，可以从三个方面来看：一是国家提供有效的产权问题。二是国家与产权的相互关系，即一方面国家会影

响产权的形成，包括产权的保护等；另一方面，产权又会转过来影响国家及其政治制度等。三是建立一个有利于有效产权制度构建的政府。

所谓的私有产权、共有产权和国有产权，实质上是将一种经济物品使用选择的权力（即排他性的使用权、收入的独享权、自由的转让权）界定给了不同的行动团体。私有产权就是将资源的使用与转让以及收入的享用权界定给了一个特定的人。共有产权则意味着在共同体内的每一成员都有权分享这些权利，它排除了国家和共同体外的成员对共同体的任何成员行使这些权利的干扰。而国有产权在理论上是指这些权利由国家拥有，用可接受的政治秩序来决定谁可以使用或不能使用这些权利。

在新制度经济学看来，一种产权结构是否有效率，主要看它能否为在它支配下的人们提供将外部性较大的内在化的激励。不同产权安排的运作成本是不一样的。共有产权节约了类似于私有产权的界定和执行成本，但是产生了更高的类似于"租耗"（是在侵蚀制度、违背规则的条件下产生的一种不必要的损耗）的其他形式的交易成本，公共领域里全部资源的价值也叫做"租"。按照西方产权理论分析，租金一般都存在于公共领域，公共领域的产权私有化过程也是交易成本产生的过程。当某一公共领域的产权形成以后，寻租就失去了意义。因为公共产权私有化的过程也是一个租金内在化的过程。私有产权的产生和行动尽管带来了交易成本，但是它减少了公共领域由于缺乏产权约束而带来的租耗。可以把公共领域产权界定过程看做一个寻租过程。从长远和动态的过程来看，公共领域的私有产权形成以后，其交易和行动主要是一个交易成本问题了。但在非私有产权制度下，公共领域的租金分配过程主要是一个设租与寻租的博弈过程。这种租耗（或者成为制度运行费用）可能会远远高于私有产权下的交易成本①。

公共领域的产权人格化过程，也就是界定国有产权的过程，这里由于国家政权强制其转化是零成本的，界定完成后，同样也使寻租失去意义，即使产权发生流转，也是产权市场中所有者之间的对等转换，要么转换成货币形式，要么转换成其他产权，因而也就消失了寻租可能和通过产权的界定为私人所有而侵吞国有资产的可能。因此界定清楚的产权结构的成本只是公平市

---

① R·科斯，A·阿尔钦，D·诺斯等：《财产权利与制度变迁——产权学派与新制度学派译文集》，上海三联书店2003年版。

场交易的成本，通过讨价还价达到产权资本的效率最优。唯一成本来源是在经营者市场中寻找合适代理人经营者并施以激励的成本。

(2) 企业结构与控制链和终极控制人

关于企业的范围及其组织结构问题。一直到20世纪90年代末，新产权理论并没有过多探讨企业的范围问题。哈特和霍姆斯特姆（Hart & Holmstrom, 2002）认为企业的新产权理论强调了企业的所有权（即企业的界限）的决定是为了鼓励关系特殊性的投资活动。这一理论更适用于所有者管理的企业，而不是大公司。为了解决这一问题，他们扩展了新产权理论的模型。主要观点就是既然资产的所有者在决定资产的使用上不是无成本的，他可以把这个决策委托给他人。也就是说，在企业中有“一个指令链”，企业中的个人处在这个链条的不同位置，而他们的位置决定了各自所有的权利。主要的一个假定是“决策只能通过所有权进行转达，而且即使在事后也不是可契约化的”①。

所有权可以划分为直接所有权和间接所有权。直接所有权是指终极控制者直接拥有的股份，而间接所有权是指终极控制者通过其控制的其他合法实体和企业而拥有的股份。根据控制权的集中程度，可将公司划分为股权分散型与股权控制型两类。股权分散型是指一个公司没有任何具有明显控制地位的所有者，而股权控制型则指公司股权集中程度相对较高，沿着控制链可以追溯到终极控制者。

近年，国外学者在股权结构、控制权结构等领域不断有新的发现。拉·波塔（La Porta）等发现除英国和美国之外世界各地普遍存在股权集中现象，提出终极控制权理论，在现金流权与控制权分离方面取得了开创性研究成果，证明了控制权、现金流权和公司价值之间的非线性关系，且投资机会高低对现金流权激励效应有非对称影响。实证研究发现，现金流水平低于均值时，不具有激励效应，而高于均值时，则具有激励效应；相对控制权水平时，控制权具有侵占效应，绝对控制权水平时，控制权水平和公司价值无关；当投资机会大时，现金流权具有激励效应，而投资机会小时，现金流权不具有激励效应。控股股东现金流权的激励效应来自于对控股股东侵占行为的抑

① 《中国产权市场增长的宏观经济效应》，《中国企业报》2009年11月19日。

制，现金流权水平越高，控股股东侵占获得私人收益所损失的分红收益越多，从而一定程度上抑制了侵占。

拉波塔认为，大股东可以通过多重控制链来实现对一家公司的实质控制，终极控制者的现金流权是直接所有权与控制链中形成的间接所有权之和，而控制权则是直接投票权与控制链中最小的间接投票权之和。终极控制股东可以利用很少的资源获取公司的控制权。控制性大股东的类型也存在广泛的差异性，终极控制者主要包括政府、家族、公众公司和机构等。

6. 广义产权理论

常修泽是我国长期研究产权理论的专家，在大变革的时代，面对国内、国际的新情况、新矛盾，他提出了广义产权理论。他以开阔的视野，用战略思维的方式，高屋建瓴地对产权理论进行了梳理，提出了多种新的观点，现简要概括为如下几个方面：

第一，针对我国当前改革发展中的若干体制难点，明确提出了六个“绕不开”：①国民共富，绕不开物权、股权、债权和智权；②社会平衡，绕不开劳权和其他人力产权；③打破垄断，绕不开垄断行业特许经营权；④农村改革，绕不开土地流转权和抵押权；⑤创新立国，绕不开各行各业的技术产权；⑥永续发展，绕不开资源产权和环境产权。

第二，提出并阐述了关于广义产权论的三点基本要义：①横向上“广领域”产权，即从企业产权领域拓展到劳动力产权和管理产权领域，进而又拓展到资源环境产权领域。②纵向上“多权能”产权，即从单边“初始所有权”拓展到“多权能”权利体系，包括垄断行业特许经营权、土地流转权等，其中垄断行业特许经营权竞争特别值得关注，有可能是垄断行业改革的关键所在。③内核里“四联动”系统，即包括产权界定—产权配置—产权交易—产权保护的“四位一体”制度体系。由此，提出了一个“广领域、多权能、四制度联动”的广义产权理论体系。常修译的广义产权论在学术上的突出进展就是突破了“狭义产权论”，提出并系统阐述了关于广义产权论的理论体系①。

---

① 高尚全：《体制改革需要引入新的产权理论——读常修泽新著〈广义产权论〉》，《北京日报》2009年12月7日。

第三，详细论证了广义产权的四大制度效应，包括：①有对内涵型发展的制度效应；②对社会公平的制度效应；③对可持续发展的制度效应；④对人本发展的制度效应。这些分析，从产权的角度为我国转变发展模式提供了理论支撑。

7. 超产权理论

超产权理论（Beyond Property Right Theory）是基于对产权理论的有效性的怀疑而提出来的。针对产权理论的不足，泰腾郎（Tittenbrun，1996）、马丁和帕克（Martin & Parker，1997）等学者，以竞争理论为基础提出超产权论（Beyond Property - Right Argument）。他们认为超产权论比私有化产权论更具理论的内在逻辑性与实证解释的说服力，并进一步发展和丰富了产权论的基本观点。

超产权理论有两项基本内容，一是企业治理，二是竞争理论。超产权理论认为企业效益主要与市场结构有关，即与市场竞争程度有关。超产权理论在接受了“产权论”对产权作用的分析的基础上，更加强调“外部环境”的竞争对企业绩效的作用。在竞争比较充分的市场上，企业私有化后的平均效益有显著提高；在垄断市场上，企业私有化后的平均效益改善不明显。它的理论主线是：市场竞争是主要的激励平台，市场竞争是一种生存激励，企业面临生存或解散的关口，它将驱动企业改善机制，提高竞争力。企业长期发展取决于治理机制能否不断改善来适应市场竞争。改变产权不等于企业治理机制就一定会向促使企业效益提高的方面转换，市场竞争才是企业治理机制向效益方面改善的根本保证条件。

超产权论把竞争作为激励的逻辑起点，依据是20世纪90年代发展起来的竞争理论（Vicker，1996）。竞争理论具体内容有四部分：竞争激励论、竞争发展论、竞争激发论和竞争信息完善论。这些竞争理论不仅为超产权论发展“竞争激励”提供了理论基础，同时还为把企业治理机制从产权中分离出来提供了依据。在考虑竞争因素后，市场进化的长期最终效应是治理机制不受产权归属所决定。这契合了法马（Fama，1980）所说的“企业产权归属对现代工业企业并不意味着什么”。但是，这种长期结论并不排斥产权影响治理机制的短期结论。因为在短期内，市场竞争尚未达到均衡态，企业之间仍存在着机制与效益的差异，这种差异很可能受产权归属或其他因素影响，但这种差异终将被竞争消除掉。

超产权理论的主要突破有：①超产权理论拓展了产权论对企业绩效决定因素的视野，丰富发展了产权论；②超产权理论阐明了自然人私有企业和公共企业相比，孰优孰劣的前提条件，尤其是国有企业改革成功的先决条件；③超产权理论阐明了竞争的作用，超产权论指出，竞争具有激励努力、完善信息、发展企业和进化市场四大功能；④超产权理论强调的竞争激励与治理机制，比产权论在实证解释方面更具有内在的自洽性，既能解释私有企业的成功，也能解释国有企业的不败。

8. 马克思产权理论的现代化

中国建立现代产权制度的理论是以发展、解释的马克思产权理论为指导，以延续公有制为线索的改革。马克思产权理论的核心是：产权是指财产权；财产所有权具有排他性；法权关系是反映经济关系的意志关系，法权关系的内容是由经济关系决定的；所有权是所有制的法律形态；财产关系是生产关系的法律用语；财产权并不是单一的权利，而是一组权利的组合体；在财产权这一组合体中，财产的各种权利可以是统一的，也可以是分离的，这种分离具有各种形式①。马克思实际上已经触及了财产关系和生产关系之间存在的本质联系，述及了财产权是生产关系的法律表现。在社会制度和产权变迁这个问题上，马克思主义产权理论始终坚持辩证唯物主义和历史唯物主义方法论，更多重视对产权关系质的研究，认为促进社会制度和产权变迁的根本动因是生产力与生产关系、产权主体之间的社会矛盾相互运动的结果。

三、经济学与法学交叉理论

1. 企业控制权司法实践

由于企业控制权的司法实践理论依据的转变，经济学派的理论重心也发生了从哈佛学派到芝加哥学派微妙的转变。西方关于企业控制权典型的司法实践是美国的反垄断法，该项法律主要的理论依据是结构主义理论。结构主义理论学派也称为哈佛学派，是19世纪末产生于美国的一种经济学流派，由

---

① 刘结霞，王琳：《中西产权理论比较的启示（1）》，http://www.lunwenda.com，2009-06-02

哈佛大学的经济学家所创立。该学派认为：如果较高的市场份额和进入障碍是市场垄断绩效的原因，反垄断法就应该禁止造成集中水平提高和进入障碍增加的垄断性企业并购，以维持竞争性的市场结构；反垄断法关注的重点应该是市场结构而不是市场行为。具体到企业并购的案件中，就是要求在审查市场的集中度和参与企业并购的市场份额后决定是否对并购进行干预。

结构主义理论以维护市场的自由竞争为目的，对企业并购主张采取严厉的制约，事实上是将权力给予政府来判断市场竞争结构是否合理，它是宏观调控的经济模式的思想基础。结构主义的理论模型是“结构—行为—绩效”，它支配美国并影响其他西方国家反垄断法长达80年之久（自19世纪末到20世纪70年代），从美国早期的谢尔曼法、克来顿法到1968年美国司法部发布的《企业合并指南》，都体现了企业并购市场控制理念。

20世纪70年代，一些学者开始检讨企业并购案件处理的社会经济效果，批评最高法院的判决违背了市场规律，阻碍了经济规模的合理集中；反垄断法的实施存在预期困难，对中小企业的保护和对理想市场环境的理解不正确。同时，结构学派的理论也有了某种程度的修正，逐渐放弃以市场结构的改变作为检验企业行为合理与否的唯一评判标准，而置入关注企业自身动机和行为评价的因素，反垄断法的理论基础面临重建①。

由于结构主义理论分析方法指导政府干预和控制企业的并购活动，公司的控制权市场未能快速发育成长。从20世纪80年代初开始，美国经济学界和法学界对反垄断立法进行了广泛而深刻的研讨，对反垄断法中的结构主义思想体系进行了系统地清理，其中最为著名的理论学派便是法律经济学派。这一学派主要代表人物是芝加哥大学的教授，素称芝加哥学派。芝加哥学派最有影响力的代表人物是波斯纳，他在《法律的经济学分析》一书中对哈佛学派的反垄断理论进行了细致地批判，否定了市场结构、市场行为和市场绩效之间的联动关系，反对政府从宏观角度出发对企业并购进行规模性地干预。波斯纳及其他芝加哥学派的理论家如博克、德穆塞茨等认为反垄断法的目的应该单一，并以经济效率作为评价和决定是否干预企业并购的依据。芝

① 曹士兵：《反垄断法研究》，法律出版社1996年版，第56页。David J. Gerber：American Law In a Time of Global Interdependence：U. S National Reports To The XVITH International Congress of Comparative，American Journal of Comparative Law，Fall，2002.

加哥学派的理论从根本上改变了80年代以前的反垄断立法的价值学说，使整个竞争法开始重新定位，法律经济学的理论取代结构主义成为美国企业并购控制政策的主要依据。

受芝加哥学派理论的深刻影响，1982年，美国司法部对1968年《企业合并指南》进行了重大修改，并于1984年、1992年进行了两次修订。大大放宽了政府干预企业合并的条件，把经济效率作为评价合并与收购是否适当的标准。市场集中度和市场份额的数据仅仅作为分析并购对市场竞争性产生影响的一个出发点，而政府是否干预的决定性要素是进行综合的经济效益分析，主要考虑两个基本点：一是市场进入是否形成了不可克服的障碍；二是并购企业的效率。因为并购可以提高企业的效率并由此提高企业的竞争力，反垄断法只是干预一些具有严重反竞争效果的并购，而不妨碍大多数企业的并购①。

此后，美国公司的并购活动空前增多，大公司之间的并购案数量与日俱增。在这种背景下，一些本应干预的并购行为，因为并购活动存在可以预见的效率提高，政府一样予以认可，如1996年发生的世界第一大民用飞机制造公司美国波音公司和世界第三大民用飞机制造公司美国麦道公司合并案，造就了全球民用和军用飞机制造的“帝国”公司，仅波音公司的市场份额就已经超过启动反垄断调查程序的数据点的两倍之多，然而美国政府以维护国家安全为由予以支持。大的合并案还有艾克森石油公司和美孚石油公司的860亿美元的合并案、2000年时代华纳与美国在线的合并等。日本于2004年7月发生的两家银行合并为全球最大银行的案例，也都说明在控制权集中的公司并购行为中，反垄断法的政策倾向已偏向经济效率而非市场结构。

有经济学家认为企业并购的基本动因在于获取企业的控制权增效，即指通过获取企业控制权改变治理团队以促进企业效率的提高和获得企业价值增大的效果。健全而有活力的控制权市场对于公司管理层形成了强大的外部监管，其正面的价值是明显的。1999年曾有240位经济学家公开致信给美国总统，请求美国政府撤销证据不足的反垄断起诉，以利自由竞争法则的贯彻。

---

① 王晓晔：《企业合并中的反垄断问题》，法律出版社1996年版，第134页；苏力：《波斯纳及其他》，法律出版社2004年版，第9～16页。

经济学家们认为："反垄断法本来是用来对付垄断者的'高价格、低质量'行为的，但是现在情况恰恰相反，消费者前所未有地享受着不断降低的价格以及不断提高的质量。一些竞争对手，日子越来越难过，便转向政府寻求行政帮助。最近政府针对微软、英特尔、VISA 与万事达卡的反垄断诉讼，始作俑者都不是消费者，而是竞争对手。"①

近二十年来，在美国公司控制权转让市场所经历的两次大的浪潮带动下，世界各国的公司收购与合并活动发生频繁。这种情况不仅促成了公司控制权市场的某种繁荣，对公司治理表现出正面的改善效果，而且对世界范围内的产业结构调整和全球经济的健康运行起到了支持和保障作用。企业并购活动的深层动机是复杂的，其中之一是争夺控制权并进而争夺资源、市场和生产力，改变妨碍自身发展的生存竞争环境。

2. 法和金融学理论

长期以来，法律与经济的关系多为经济学家所忽视。20 世纪 90 年代中后期，拉波塔（La Porta）、洛配兹·西拉内斯（Lopez - de - silanes）、安德烈·施莱弗（Andrei Shleifer）和罗伯特·维什尼（Robert W. Vishny）四位学者，在法学界、金融学界都有很深的造诣，并与哈佛大学都有一定的渊源。其中，拉波塔与西拉内斯均从哈佛大学经济学博士毕业，先后任教于哈佛大学，施莱弗为哈佛大学经济系琼斯讲座教授，维什尼现为芝加哥大学商学院格利切尔讲座教授。

他们第一次明确将法律因素引入到解释金融发展和经济增长的具体研究中，建立"法和金融学"理论。由于经常一起署名发表文章，学界简称 LLSV 组合。他们的理论成就体现在两大领域：一是法与金融宏观理论，二是法与金融微观理论。

LLSV 范式认为，法律起源决定金融发展。该范式在金融学界产生了较大影响，学者们从不同角度、运用不同的方法进行了研究，并得出了不同的结论，如金融发展决定法律变革论、执法效率决定金融发展论、法律移植决定经济发展论和法律内生于经济发展论等。

---

① 石午虹：《企业并购中的反垄断规制——以效率为中心》，《法学的诱惑》，北京大学出版社 2003 年版，第 517 ~ 553 页。

对于法律与金融有密不可分的联系，LLSV 的一个基本结论是："一个好的法律环境可以有效地保护潜在的资金供给者，使他们愿意为证券市场提供资金，从而推进证券市场的发展。"通过两大法系法律发达程度对金融发展影响的实证分析。LLSV 理论的另一个基本结论是："比起那些源自大陆法系国家特别是法国大陆法系国家，源自英美法系传统的国家趋向于更大程度地保护投资者。"因而，英美有较发达的金融市场。

3. 投资者保护与企业价值

对投资者保护和大股东控制代理问题的研究已经成为法学和经济学的一个重要分支。一国的法律体系，特别是对投资者的保护程度及对市场结构、公司治理结构、政府系统的有效性等，具有基础性的影响。最近的研究表明，不同国家金融系统许多重要的差异是由于法律对投资者保护程度的差异造成的。一个国家投资者法律保护程度是其金融市场发展的重要决定因素。适当的投资者保护能够阻止、控制人的掠夺行为，并是解决代理问题的一个重要途径。投资者法律保护体系不仅能够阻止控制人和经理人的掠夺行为，而且是决定股权结构、公司治理、资本市场的宽度与深度、投资效率等的重要因素。研究发现，有效的投资者保护能够提升企业价值。严格完善的法律体系能够在一定程度上制约内部人控制的私人收益，投资者愿意向具有良好法律保护的企业支付更高的价格，投资者保护有助于促进证券市场的发展。

四、股东行为理论

产权理论由于核心点之一侧重交易及其费用，量化研究不易，使其应用于实际当中有困难之处。而如果换个角度看，侧重交易的产权理论实际上是对人们经济行为的分析。卖和买，是对物品产权转换的双方认可的行为，是对同一价值的认可；可以以契约的方式，也可以以钱易货或以物易物，还可以以劳动交换劳动，以劳动交换权利。如某学生为一家电影院进行假期劳务服务换取了在电影院看电影的权利。在交易中可以有各式各样的行为，其关键是对产权的价值评价（包括标准）交易双方认可。所以，通过产权持有者的行动能够发现其对经济效益的影响，因而在理论上从行为的角度可以分成主动的和被动的行为之间、强势的和弱小的行为之间、有利的和无利的行为之间、集体的和个人的行动之间、股东之间以及股东与董事会管理者之间的相互博弈。通过这些研究，使股东的行为理论应用更为切实可行，很多立法依据的就是对行为的束缚，从而保证公平的产权交换和利益的维护。

1. 集体行动与搭便车理论

奥尔森在集体行动的研究领域，创造性地引入了传统经济学的个体主义方法论，并用理性人的假定，提出与传统利益集团理论相反的观点，认为理性的自利个人不会积极主动地发动集体行动、提供集体物品以满足所属集团或组织的需要。不同规模和性质的集团对其成员行为有不同影响。集团越大，它提供的集体物品的数量就会越低于最优数量。在集体物品的获取方面，小集团比大集团更有优势。在有共同利益的小集团中，存在着少数“剥削”多数的倾向。对于解决搭便车困境问题，只有一种独立的和“选择性”的激励会驱使潜在集团中的理性个体采取有利于集团的行动。

搭便车被定义为，“高排他成本物品的非贡献使用者被称为搭便车者”（艾伦·斯密德，2006）。搭便车者区分为冒险搭便车者、无意搭便车者和非自愿搭车者。冒险搭便车者是指，在小集团的策略性谈判过程中，宁愿放弃未来的可能较大份额而谋求眼前的最大份额的集团成员。无意搭便车者，则是大集团中依据理性计算而选择坐享其成的理性的个体成员。而非自愿搭车者，则被定义为在高排他成本和管理结构下，不得不支付他们不需要的物品费用的人（愿意支付的费用低于价格）。

奥尔森研究了各种集团的个人可以采取的行为的成本和收益，具体不同集团行为特点分类比较见表1－2所示。

表1－2　不同集团行为特性比较

集团类型	组　成	个体之间关系	企业间关系	集体物品提供
大集团		增进集团利益的人获得的集团总收益的份额就越小	有利于集团的行动得到的报酬就越少	能获得一定量的集体物品，其数量远远低于最优水平的

续表

集团类型	组　成	个体之间关系	企业间关系	集体物品提供
大集团	由理性人组成的规模比较大的集团	任一个体，或集团中成员的任何（绝对）小子集能获得的总收益的份额就越小		越不可能出现可以帮助获得集体物品的寡头卖方垄断的相互作用
		集团成员的数量越大	组织成本越高	一般不会为自己提供哪怕是最小数量的集体物品
小集团	理性人组成的规模比较小的集团	个人从集体物品获得的个人收益超过了提供一定量集体物品的总成本		存在着相当程度的不平等的小集团中，即在成员的"规模"不等或对集体物品的兴趣不等的集团中，集体物品最有可能被提供
排外集团（市场集团）	追求排他性的利益，主要指市场中的竞争性企业集团	成员具有公认的相互依赖和寡头卖方的相互作用的特点	1. 纯粹垄断集团，独占整个市场的垄断性企业 2. 寡头垄断集团，占据市场绝大多数份额的少量企业或企业集团	集体物品（更高的价格）带来的收益在供给上是固定的

续表

集团类型	组　成	个体之间关系	企业间关系	集体物品提供
相容集团（非市场集团）	相容性的利益	讨价还价或策略性的相互作用没有那么普遍和重要	原子式集团，无一家企业对其他企业有显著影响	大集团中普遍存在较严重的搭便车现象，不能很好地为自己提供集体物品，集体物品带来的收益在供给上是不固定的 小集团在提供公共物品上有极大的优势
特权集团（小集团）		每个成员或至少其中的某个人受到激励提供集体物品，即使他得承担全部成本	对应市场集团的寡头卖方垄断中介集团	
中介集团（中规模集团）		没有一个成员获得的收益份额使他有动力单独提供集体物品，其成员数量并没有大到成员间彼此注意不到其他人是否在帮助提供集体物品	对应市场集团的寡头卖方垄断	
潜在集团（大集团）		某个成员的行为不会对其他人产生明显影响，成员不会受到任何激励来为获取集体物品而行动	原子式集团，对应非市场集团	

2. 股东积极主义

公司治理领域最基本的问题莫过于“谁具有决策权”。股东被当作位低权轻的被动投资者的年代已经一去不复返，如今，投资者在公司占有至关重要的一席，他们要求拥有公司重要决策发言权的呼声越来越高。

（1）股东积极主义的基本行为

股东积极主义是一种通过行使股东权利而向公司管理层施压的一种投资策略，行使股东积极主义的股东就被称为积极股东。积极股东的诉求有财务方面的，也有非财务方面的。积极股东希望能够通过行使股东积极主义影响公司的决策，从而实现自己的诉求。最为常用的几种法律手段有股东提案，委托投票权争夺战，致管理层公开信等。

各国的公司法以及有关上市公司的规定赋予了股东各种各样的权利，股东可以通过行使这些权利来向公司管理层表达自己的意见。授予股东公司治理权力的趋势日益显著，特别是针对机构投资者和大股东，如私募股权投资公司。关于股东权益行为的争论有：

一是绝对多数表决标准的采用。在美国，传统的董事选举一般采用“相对多数表决法”，比对手获得相对更多股东支持即可。现在，股东要求采用“绝对”表决，包括英国在内的一些国家都采用这一董事选举方式，但很多美国公司对此强烈反对。

二是股东是否有权利参与高管薪酬议定。美国的法律规定：即使某项决议在股东大会多数票通过，对董事会仍不具有约束力。美国证券交易委员会甚至还规定：股东不具备对高管薪酬决议的投票权。这些都引发了新的议题——是否该加大股东决议对董事会的约束力。

此外，一些股东还积极要求增加社会性议题的提议权，如温室气体的排放、气候变化对欠发达国家的影响、研发可持续能源、国家性医保计划等企业社会责任方面的议题。

（2）机构股东积极主义

由于各国公司法对提起股东提案的股东持股数有要求，机构股东在行使股东积极主义方面较之个人股东更有优势，而且机构股东行使股东积极主义的收益也更大。对机构投资者积极主义研究结果大多趋向于机构投资者的股东积极主义可以改善公司治理。机构投资者的股东积极主义在恰当的制度环境中可以发挥积极的作用，成为一种有效的公司治理机制。20 世纪 80 年代以来，以养老基金为代表的机构投资者的投资策略开始从一味地奉行“华尔街准则”和“用脚投票”的被动投资策略，发展为主动地、“用手投票”去参与公司治理的积极投资策略，从“保持距离”型投资策略向“控制导向”型投资策略转变，从无监控的向有监控的、从不掌握信息的到掌握信息的投资策略转变，从而由股东消极主义走向股东积极主义。

3. 大股东控制行为理论

大股东控制已经成为当前经济学界和财务学界理论和实证研究的热点问题之一。最新的研究成果表明，现代公司的所有权结构完全不同于被广泛接受的“贝利—米恩斯命题”，特别是在那些对股东保护程度较弱的国家。当股权集中达到一定程度时，控股股东能够对企业实施有效控制，最基本的代理问题将从投资者与经理人之间的利益冲突转移到控股股东和小股东之间的利益冲突。现代公司权力结构中有相当一部分呈现出大股东控制的特征。大股东有足够的权力控制上市公司，并通过影响上市公司的各种决策来为其谋取私利，从而导致控股股东具有以小股东为代价来掠夺公司财富的强烈动机和能力，即使小股东有权利得到与他们投资股份相对应的现金流权。关于投资者保护和作用，研究的焦点已经不是经理人员的代理问题，而是大股东从小股东攫取私有收益的问题。大股东掠夺行为也成为各国公司治理中尖锐的问题。

目前，以所有权集中和控股股东为基础的研究使得公司治理研究进入了新阶段，成为公司治理研究的主流方向之一。这些研究主要集中在控制权分离模式、控制权私有收益、大股东控制对公司价值的影响、投资者保护等方面。

（1）大股东控制权与现金流权分离，加大了控制权

许多研究成果发现，大股东往往通过掌握相对较少的现金流权来实现对公司的实质控制。公司控制权通过投票权来衡量，公司现金流权通过所有权来衡量。大股东的控制权与现金流权出现高度分离，控股股东在上市公司中的控制权一般都超过其现金流量权。从全球范围来看，终极控制者往往通过金字塔控股结构、交叉持股和双重股权 3 种机制来构建一个复杂的控制链和强化控制权增长，造成控制权和现金流权的严重分离，从而奠定了谋取私有

收益的基础。

（2）大股东控制的激励效应和隧道效应

大股东控制会产生两种显著的效应：控制权的激励效应和隧道效应。控制权的激励效应是指，大股东通过有效监督管理层或直接参与经营管理来提升公司价值，使所有股东按其拥有的股份等比例获得收益。控制权的隧道效应是指，控制性股东凭借对企业的控制权以获取隐性收益，并降低公司价值。这种为大股东独吞的收益就是控制权私有收益。无论是发达国家还是发展中国家，均存在着大股东侵占小股东利益的行为，但私有收益的表现形式存在差异，并且在不同国家大股东利益侵占的程度也不同。

与"隧道行为"相关联的现象是大股东的"资产注入"或"支持行为"。在某些情况下，大股东也可能为上市公司提供支持和帮助。Friedman（2003）等认为，大股东并不总是掏空公司，他们也有"支持"公司的时候。大股东对公司的掏空和支持是对称的，即大股东既有把资源从公司转移出去的动机，也有向公司提供私人资源的动机。

第二章

股东与股权

本章导读

股东这个古老而又现代的概念，它究竟与公司是怎样的关系，公司的股东有哪些类型，股东在公司中有哪些权利，股东的利益怎样维护，谁能代表出资者，谁来代表股东，出资者与股东对等吗，股权结构对于企业的制度安排重要性在何处，股权市场提供给企业和股东于哪些机会，谁能为股东做出有效的服务……这一连串的问题，都是本章要给予回答的。当然这些给出的答案在解决实际问题时可能显得过于肤浅，但是，在这里强调的是给大家若干只“猎枪”（方法）和一些“子弹”（信息），供读者自己在实践中寻找解决问题的方案。无论是公司的大股东还是小股东，关注的视角和焦点可能不一样，但他们都在以某种方式关注着自己的利益，尤其是股权市场的变化。大股东可能更关注公司股权结构的变化及控制权的情况，小股东更关注公司的股票市值表现，而股权结构设计的经营者则更关心合适的股权结构给公司带来的效益，这些都会对利益格局有所调整。本章案例用平安公司股权结构演变来说明公司具有适合的股权治理结构能够使股东感到放心。

股东类型

“股东”在英文中为“shareholder”，意味股份所有者的意思。股东概念没有统一的界定，但是股东身份的取得是在其公司有效成立后，而公司的成立又赖于股东出资、出产权的各种行为。股东和公司是局部和整体相辅相成的关系。除非由其自身性质、法律的禁止性规定或内部章程的具体约定不得成为股东的，所有自然人、法人和其他组织都有成为股东的资格。

一、成为股东方式

股东身份的获得有原始获得和继受获得两种。原始获得是指按照法律规定直接取得股东身份，原始获得可分为公司成立时获得和公司成立后取得。继受获得是指通过公司原始股东处获得公司股份的所有权而获得公司股东身份，继受获得可分为因转让获得和因法律规定的事实而获得。

1. 公司成立时获得原始股东身份

出资人在出资公司设立成功后，依法取得股东身份。这种股东身份是原始股东。通过合并或分立的新公司中的股东身份都属于原始股东，这种通过合并或分立成立的公司需要按照我国有关的法律规定程序进行。

2. 公司成立后取得原始股东身份

公司成立后取得原始股东身份是指投资者在公司增发或发行新股时通过认缴出资或认购股份取得的股东身份。通过购买公司可转换公司债等方式获得公司新发行股份也是公司成立后取得原始股东身份。

（1）有限责任公司通过认缴增资取得股东身份

增资是公司为扩大经营规模、拓展业务、提高公司资本信用，按照法律规定增加公司注册资本的行为。增资有增加股份数额和增加股份金额两种。只有增加股份数额的方式，才能使公司的外部人通过认缴出资取得该公司的股东身份。《公司法》规定，有限公司由董事会制订增资计划，召开股东会，经代表 2/3 以上表决权的股东表决通过，增资后还要修改公司章程，并报公司登记机构办理变更登记。

（2）股份有限公司成立后通过认购新股取得股东身份

发行新股是指股份有限公司成立后经批准发行的股份，包括增发和配股两种形式。配股是向原股东配售股票，增发是向全体社会公众公开发售股票。只有增发才能使公司外部人通过认购新股原始取得股东身份。

股份有限公司发行新股需要严格的审核批准程序，要求条件较高，并且有《证券法》《上市公司新股发行管理办法》规范公司的发行新股行为。

3. 因转让继受获得股东身份

转让继受股东身份是由于买卖、接受赠与、股权交换、受遗赠等基于原股东自愿的方式从公司的原股东手中受让股份而产生的股东身份。吸收和合并时采用股权交换的方式，被吸收方原股东成为吸收方新股东的形式也是继受获得股东身份形式。

获得股东身份的人可以处置自己拥有的股份，由于股权具有财产的形式，股东对其拥有占有、收益、处置的权力。有限公司由于相近的人际关系，对外来股东有一定距离，除非他们对外来新股东较熟悉。因此，在原股东股权转让方面需要慎重，法律也规定了较高的转让门槛：需 50% 以上的股东同意才能转让，同时其他股东还有优先购买权。而股份有限公司的资合性使股份转让较为自由方便，股份有限公司的票证制，通过股票的转让即成为继受股东。只是对于一些特别持股的股东，法律规定有转让的限制，如公司高管持股，其转让时间、数量都受到限制，以保护其他股东的利益。而受让人也有一定的限制，如证券监督管理机构人员，证券审计、评估、法律人员等，也受到买卖他们所服务公司股票的限制，以防止掌握股票交易信息的人员进行内幕交易。

股票分为记名股票和不记名股票。公司向发起人、法人发行的股票，是记名股票，记载发起人、法人的名称或姓名。无记名股票没有记载姓名，只有公司记载编号及发行日期。记名股票采用背书的方式转让；无记名股票转让，股东只要将股票转给受让方即可；证券交易所则采用集合竞价的方式转让。

4. 因法律规定继受取得股东身份

因法律规定的事实而取得股东身份的主要包括因为继承、共同财产分割、法院强制执行、实现质押权等非基于原股东自愿的事件和行为而继受取得股东身份。公司吸收合并时，如果被吸收公司是其他公司的股东，吸收公司因吸收而取得其他公司身份的也是继受获得。

除公司章程规定外，这些股东身份继受条件都是法律规定的，由相关法律保护。对于继承股东身份，如果公司章程没有做出限制按《公司法》第七十六条规定，自然人股东死亡后，其合法继承人可以继承股东资格。股份有限公司在此情况下，同样由其合法继承人继承。因继承发生股东变更，应当相应修改章程，并将修改后的章程或章程修正案、股东出资变更等事项向工商行政管理部门进行备案和申请变更登记。

共同财产分割属于家庭财产或合伙人财产，按照法律规定分割后，原来不是公司股东的一方取得股票或股权后，成为公司股东，公司同样需要进行章程修改。

根据债权人申请法院强制执行债务人的股权和股份进行转让的情况，发生股东变更。在尊重其他股东优先购买权的情况下，法院强制转让股权可采取拍卖、变卖或其他方式，公司原股东以外的人购买该股权，就取得了该公司的股东身份。

实现质押权是指债务人或第三人将其股权、股票作为权利质押的标的，当债务人届期不履行债务时，质权人有权将该权利依法转让而获得优先受偿。出质的股权或股票被折价抵债或拍卖、变卖后，取得股权或股票的人相应获得公司股东身份。

二、公司股东种类

1. 国有股东

“国有出资人”和“国有产权代表”是国有出资人制度的重要概念。“国有产权代表”应该定义为以国有“股东”身份行使国有产权职能的自然人，包括国有资产管理机构的自然人和国有资产管理机构派遣到企业治理中行使产权职能的代表，在实践中具体指中央和地方国资委、中间层公司和国有企业董事会中行使国有产权职能的官员。

国有资产管理体系中处于顶层和核心地位的国有资产管理机构是国资委。国资委的职责设定是比较明确的。《企业国有资产监督管理暂行条例》明确规定，国有资产监督管理机构“不行使政府的社会公共管理职能”，只“对所出资企业履行出资人职责”，也就是要做国有企业的“股东”。

要想国资委真正像“股东”一样行事，应当尝试革新现有的“股东”与“官员”职能的一统模式。在西方有效的公司治理机制中，立法、执法和考核都不应该是“股东”的职能。立法应该交给人大去做，执法应该交给法院去做，考核由董事会去做。国资委将这些以往分散于各部委的职能和相应机构统于一身，严格地说只能作为国有资产管理机构的角色由“政府部门”向“股东”转变的过渡步骤。国资委想只做“股东”，就应该只负责国有产权代表的选拔、任免与考核，也就是抓好董事会人选，行使监督责任，抓一些股东该管的资本运营重大决策。

2. 法人股东

法人股东亦称单位股东，是指以公司或集团（机构）名义占有其他企业股份的股东。法人是依法经过国家相关部门登记注册的、具有法律人格的社会组织。法人股东是一个组织作为抽象的依法拟制的实体，其权利义务的行使承担，需通过具体人的行为来完成，方式为派出股东代表，凭授权委托手续代表其完成，后果由组织承担。

公司法人股东中数量最多的一类是企业法人。一般依法设立的各类企业法人均有权对公司投资，成为公司的股东，而没有专门的限制。我国《公司法》第十五条规定：“公司可以向其他企业投资；但是，除法律另有规定外，不得成为对所投资企业的债务承担连带责任的出资人。”企业法人对公司出资成为公司股东的前提是具有民事权利能力。该企业法人必须依法存续，即企业法人应当具备《民法通则》规定的条件，未依法办理核准登记手续，不存在被撤销、解散、宣告破产或其他终止企业法人的情况。对于非企业法人的股东资格，法律进行了限制。但是，依据 1999 年 6 月 29 日国家工商总局第 173 号文规定："社会团体（含工会）、事业单位，具备法人资格的，可以作为公司股东或投资开办企业法人，但按照中共中央、国务院的规定不得经商办企业的除外。"

3. 自然人股东

自然人股东是具有公民身份的个人投资者，在其进行公司投资以后，通过公司所在地的工商局注册进行公司股权登记，就成为自然人股东。自然人股东是一个具体的人，个人享有并直接行使股东权利且承担义务，如参加股东会、表决、查阅财务会计资料、领取股票红利等。

自然人是在自然状态下出生的人。基于自然出生而依法在民事上享有权利和承担义务的个人。自然人在社会学中指脱离母体后还没有经历社会化过程的人，只具有人的自然属性，而不具有人的社会属性。基于出生而为民事权利和义务主体的人，在中国和其他一些国家称为公民。在我国公民在民事法律地位上和自然人同义，但公民仅指具有一国国籍的自然人，而自然人还包括外国人和无国籍人。

三、机构投资者

1. 机构投资者特征

机构投资者（Institutional investors）是指在金融市场从事证券投资的法人机构，主要有保险公司、养老基金和投资基金、证券公司、银行等。

机构投资者从广义上讲是指用自有资金或者从分散的公众手中筹集的资金专门进行有价证券投资活动的法人机构。在西方国家，以有价证券投资收益为其重要收入来源的证券公司、投资公司、保险公司、各种福利基金、养老基金及金融财团等，一般称为机构投资者。其中最典型的机构投资者是专门从事有价证券投资的共同基金。在中国，机构投资者目前主要是具有证券自营业务资格的证券经营机构，符合国家有关政策法规的投资管理基金等。

在证券市场发展初期，市场参与者主要是个人投资者，即以自然人身份从事有价证券买卖的投资者。20 世纪 70 年代以来，西方各国证券市场出现了证券投资机构化的趋势。有关统计数据表明，机构投资者市场份额 70 年代为 30%，90 年代初已发展到 70%，机构投资者已成为证券市场的主要力量。

机构投资者与个人投资者相比，具有以下几个特点：

(1) 专业化投资管理

机构投资者一般具有较为雄厚的资金实力，在投资决策运作、信息搜集分析、上市公司研究、投资理财方式等方面都配备有专门部门，由证券投资专家进行管理。从理论上讲，机构投资者的投资行为相对理性化，投资规模相对较大，投资周期相对较长，从而有利于证券市场的健康稳定发展。个人投资则没有这样的知识优势，短期行为较浓。

(2) 组合式投资结构

证券市场是一个风险较高的市场，机构投资者入市资金越多，承受的风险就越大。为了尽可能降低风险，机构投资者在投资过程中会进行合理投资组合，机构投资者庞大的资金也为建立有效的投资组合提供了可能。个人投资者由于自身的条件所限，难以进行投资组合，相对来说，承担的风险也较高。

(3) 投资行为规范化

机构投资者是一个具有独立法人地位的经济实体，投资行为受到多方面的监管，相对来说，也就较为规范。为了保证证券交易的“公开、公平、公正”原则，维护社会稳定，保障资金安全，国家和政府制定了一系列的法律、法规来规范和监督机构投资者的投资行为。同时投资机构本身通过自律管理，从各个方面规范自己的投资行为，保护客户的利益，维护自己在社会上的信誉。

机构投资者视其参与公司治理的程度可划分为四种类型，见表2-1。

表2-1　　机构投资者四种类型

	一类股东	二类股东	三类股东	四类股东
积极方面	在财务和投票两个方面均积极	财务方面被动，投票积极	财务方面积极，投票不积极	财务和投票均不积极
典型机构	巴菲特、LENS及其他积极管理的公共退休基金	CAlPERS、纽约州共同退休基金及其他投资指数化积极参与投票的基金	许多银行的信托账户和大多数公司（私人）养老基金	大多数货币经理，股市交易技术分析派
行为类型	投资治理型	治理型	财务型	交易者

2. 机构投资者参与公司治理

机构投资者一般只注重证券市场的投资，早期较少参与公司治理，后来出现股东积极主义思想，使一些机构投资者参与上市公司的治理。股东积极主义是一种通过行使股东权利向公司管理层施压的一种投资策略，行使股东积极主义的股东就被称为积极股东。积极股东的诉求有财务方面的，也有非财务方面的。积极股东希望能够通过行使股东积极主义影响公司的决策，从而实现自己的诉求。

股东积极主义最早出现在20世纪70年代的美国资本市场。美国的养老基金最早采用了这样一种投资策略，最为著名的就是加州公职人员退休基金组织（CALPERS），总资产达到2300亿美元，在选择投资对象时，采用数量筛选、质量评估、对话过程“三步法”流程识别那些长期业绩低下并缺乏良好治理实践的公司，以改进其治理结构水平和业绩水平。

各国的公司法以及有关上市公司的规定赋予了股东各种各样的权利，股东积极主义有了法律武器，则可以通过行使这些权利来向公司管理层表达自己的意见。最为常用的几种法律手段有股东提案、委托投票权争夺战、致管理层公开信等。由于各国公司法对提起股东提案的股东的持股数有要求，机构股东在行使股东积极主义方面较之个人股东更有优势，而且机构股东行使股东积极主义的收益也更大。

表2-2 中外机构投资者比较

特点类型	外国机构投资者	中国机构投资者
基金种类	在OECD（经济合作与发展组织）国家中，机构投资者一般包括养老基金、保险公司、开放式基金、封闭式基金、对冲基金、投资银行、商业银行、证券公司以及各类捐赠基金等	证券投资基金
投资者资金量大小	资金量大到其交易行为足以影响一段时期某只股票价格的投资者，其中包括个人大户	每支基金平均600亿至800亿元规模

续表

特点类型	外国机构投资者	中国机构投资者
投资者身份或组织结构	QFII 符合有关条件，经中国证监会批准投资于中国证券市场，并取得国家外汇管理局额度批准的中国境外基金管理机构、保险公司、证券公司以及其他资产管理机构	将机构投资者限定为与个人相对应的一类投资者即法人，具体体现是开设股票账户的法人；从事股票交易权利的证券公司和证券投资基金管理公司；可以参加股票交易、但操作受到限制的“三类企业”，即国有企业、国有控股公司和上市公司；缺乏明确法律规定或权利义务不具体的法人，如“三资”企业、私营企业、未上市的非国有控股的股份制企业、社团法人，等等
业务活动的专门性	强调机构投资者的主营业务应主要集中在证券投资活动方面	我国几乎未能对此加以关注
金融投资能力	隐含有在金融领域尤其是证券投资领域有丰厚的理性判断能力和操作技巧等先决条件	条件模糊
机构投资者起源动力	来源于市场投资者的需要，是一种市场的自发行为	政府出于自己的某种需要而推动的
机构投资者的发展环境	本质上是金融创新的产物，有规模足够大的国内市场供其运作	基本上是由政策推动，缺乏适应的生存空间
金融风险规避	普遍地使用金融衍生工具	机构投资者抵御风险的能力低，系统性风险占据了总风险的大部分，衍生工具少

续表

特点类型	外国机构投资者	中国机构投资者
操作模式	1. 个人股票计划（PEP）和个人储蓄账户（ISA）。PEP 和 ISA 都是可以享受一定免税优惠的个人储蓄和投资计划 2. 伞型基金与分割资本投资信托（SPLITS） 3. 风险投资信托 VCT，主要包括创业板 VCT、高科技 VCT 和一般 VCT 三种类型 4. 交易所交易基金或一揽子股票转托凭证（XXDR）	能够供投资者购买的基金品种十分有限，基金公司操作模式雷同

机构投资者应转化投资理念，积极参与上市公司治理，在机构投资者和资本市场之间建立互相促进的良性发展机制。充分发挥机构投资者在公司治理、市场创新方面的作用，促进资本市场的深化，资本市场功能的完善和效率的提高，改善上市公司质量。机构投资者只有放弃短期交易行为，关注公司的长期发展，并积极参与公司的治理，才能推动企业的长期稳定发展，从而取得长期投资价值回报。机构投资者参与公司治理，对公司经理人员积极有效的监督，在保护自身利益的同时，客观上也起到了保护证券市场上中小投资者的作用。机构投资者对于动员零星储蓄向投资转化、优化公司治理、发挥证券市场的社会功能和正常运作都起着重要作用。国外成熟证券市场的发展历程表明，散户比例大的市场投机倾向较强，而各类机构投资者的发展一定程度上有利于引导资本市场投资者进行价值投资和长期投资。

美国 LENS 基金则是以公司治理为导向的投资选择原则，该公司由著名公司治理活动股东积极主义者家孟克斯（Monks）创建，被称作第一家公司治理基金。其投资选择程序如图 2－1 所示。

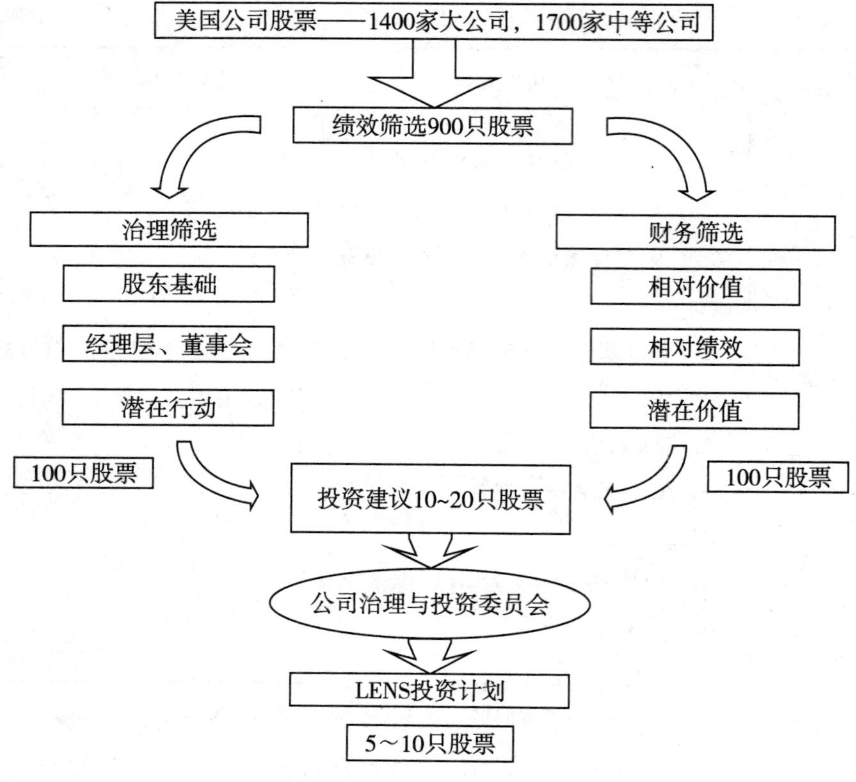

图2－1 LENS基金公司投资筛选程序

股东权利

一、股东权利类别

股东权利是指在按公司法注册的企业中，企业财产的一个或多个权益所有者拥有哪些权利和按什么方式、程序来行使权利。相对于企业的所有权、产权、出资人权利而言，股东权利是最清楚、明确的权利。股东权利由法律规定，在不同的国家，股东权利可能会有所差别；即使在同一个国家，不同类型公司的法律规定的股东权利也不一样。在中国，法律规定股份有限公司的股东可通过股东大会“决定公司的经营方针和投资计划”；而在美国，法律规定开放型公司（相当于中国的股份有限公司）的股东权利基本上限于投票选举董事和调整资本结构等事项，没有决定经营方式和投资计划的权利，但封闭型公司的股东可以通过协议限制董事会的所有决定权，甚至可取消董事会由股东直接经营。

股东权力种类根据股东权的内容，可以分为自益权和共益权两类。这是最基本的分类。自益权是指股东以自己的利益为目的而行使的权利，如请求分红的权利，请求分配剩余财产的权利。这类权利无需其他股东的配合即可以行使。共益权是指股东参与公司经营管理的权利，但客观上是有利于公司和其他股东的，如表决权、查阅权这类权利一般需要结合其他股东一同行使。自益权主要是指财产权，共益权主要是指管理公司事务的参与权，它们共同构成完整的股东权。股东参与权主要通过组织的参与、经营管理决策表决的参与，以参加股东大会行使表决权的方式实现，其中核心的参与权是提案权。

具体财产权方面有股东身份权、资产收益权、优先受让和认购新股权、转让出资或者股份的权利；管理参与权方面有参与决策权，选择、监督管理者权，知情权，提议、召集、主持股东会临时会议权。其中，财产权是核心，是股东出资的目的所在，管理参与权则是手段，是保障股东实现其财产权的必要途径。

根据我国《公司法》股东权利具体内容及股东权利分类见表2－3。

表2－3　股东权利具体内容及股东权利分类表

类型	股东权利种类	股东权利内容	《公司法》条款
财产权…自益权	股东身份权	有限责任公司成立后，应当向股东签发出资证明书；有限责任公司应当置备股东名册	第三十二、第三十三条
	资产收益权	公司分配当年税后利润时，应当提取利润的10%列入公司法定公积金。公司法定公积金累计额为公司注册资本的50%以上	第一百六十七条、第三十五条

续表

类型	股东权利种类	股东权利内容	《公司法》条款
财产权：自益权		的，可不再提取。公司的法定公积金不足以弥补上一年度公司亏损的，在依照前款规定提取法定公积金和法定公益金之前，应当先用当年利润弥补亏损。公司在从税后利润中提取法定公积金后，经股东会或股东大会决议，可以从税后利润中提取任意公积金。公司弥补亏损和提取公积金、法定公益金后所余利润，有限责任公司按照股东的出资比例分配，股份有限公司按照股东持有的股份比例分配，但股份有限公司章程规定不按持股比例分配的除外	
	优先受让和认购新股权	经股东同意转让的股权，在同等条件下，其他股东有优先购买权。两个以上股东主张行使优先购买权的，协商确定各自的购买比例；协商不成的，按照转让时各自的出资比例行使优先购买权。公司新增资本时，股东有权优先按照实缴的出资比例认缴出资。但全体股东约定不按照出资比例优先认缴出资的除外	第七十二条、第三十五条
	转让出资或股份的权利	股东持有的股份可以依法转让。股东转让其股份，应当在依法设立的证券交易场所进行或者按照国务院规定的其他方式进行	第一百三十九条
管理参与权：共益权	参与决策权	股份有限公司股东大会由全体股东组成。股东大会是公司的权力机构。股东出席股东大会会议，所持每一股份有一表决权。股东大会作出决议，必须经出席会议的股东所持表决权过半数通过。但是，股东大	第九十九条、第一百零四条

续表

类型	股东权利种类	股东权利内容	《公司法》条款
管理参与权——共益权		会作出修改公司章程、增加或者减少注册资本的决议，以及公司合并、分立、解散或者变更公司形式的决议，必须经出席会议的股东所持表决权的2/3以上通过	
	选择、监督管理者权	股东大会选举董事、监事，可以依照公司章程的规定或者股东大会的决议，实行累积投票制	第一百零六条
管理参与权——共益权	知情权	股东有权查阅公司章程、股东名册、公司债券存根、股东大会会议记录、董事会会议决议、监事会会议决议、财务会计报告，对公司的经营提出建议或者质询	第九十八条
	提议、召集、主持股东会临时会议权	董事会不能履行或者不履行召集股东大会会议职责的，监事会应当及时召集和主持；监事会不召集和主持的，连续90日以上单独或者合计持有公司10%以上股份的股东可以自行召集和主持	第一百零二条

除上述权利之外，股东还有诉讼的权利，其中包括：①以自己名义向侵犯公司或股东利益的人提起诉讼，《公司法》第一百五十二条规定的股东委托代表诉讼和股东直接诉讼。两者的区别主要在于前者侵犯的是公司的利益，后者侵犯的是股东的利益。②打破公司僵局的法律对策的权利，出现公司僵局可以请求法院解散公司，所谓“公司僵局”，是指公司股东、董事之间矛盾激化，导致股东会、董事会等公司机关不能按照法定程序作出决策，从而使公司陷入无法正常运转甚至瘫痪的状况。新《公司法》第一百八十三条针对公司僵局作出了股东可以请求强制解散公司的规定。股东诉讼的法律保证是一种法律救济形式，当股东利益受到较大损害时，法律赋予股东的权力，以挽救股东的损失。

二、股东权益模式

由于现代公司制企业所有权和经营权分离，公司的实际运营者并不在最终极意义上承受公司的成败。从各种可能的力量来源看，股东与公司之间的利益一致性最为明显，因此发挥股东参与公司事务的积极作用无疑会有助于维护公司的整体利益，一系列现实性要求在股东参与权体制的建构中参与权的授予及限制是同时要考虑的。

股东的基本权利有资产所有权、资产收益权、公平交易权。资产所有权是转移的占有和使用权，已经通过股份化分的形式转化成其他权利的部分权利。公平交易权指投资者和其他市场主体居于平等的法律地位，享有平等的交易机会，平等地受到法律保护；投资收益权是指股东的投资收益既包括股票的股息与红利，也包括买卖证券所获得的资本利得。

1. 股东参与权

如上所述股东的参与权范围较宽，较为常见的是知情权、建议权、质询权和监督权。股东提案权和表决权两项主要权能在下面两个部分说明。

《公司法》第九十八条规定："股东有权查阅公司章程、股东名册、公司债券存根、股东大会会议记录、董事会会议决议、监事会会议决议、财务会计报告，对公司的经营提出建议或者质询。"本条是关于股份有限公司股东知情权的规定，在实质上法定了股东知情权。股东出席股东大会、对审议事项行使表决权，需要对公司的相关情况有一定的了解。然而，股东不直接参与公司的日常管理，对公司经营状况并不了解，因此需要一定的途径获取相应的资料。知情权的规定就为股东了解公司状况提供了可能，有利于股东权益的实现和保护。由于公司的经营状况直接关系到股东的利益，规定股东有权就公司经营提出建议和质询，有利于集思广益和公司管理机关改善经营。

股东的质询权是规定在董事、监事、高管人员义务里面，《公司法》第一百五十一条明确地规定："股东会或者股东大会要求董事、监事、高级管理人员列席会议的，董事、监事、高级管理人员应当列席并接受股东的质询。"这就规定了董事、监事、高级管理人员列席股东大会的权利与义务，而且要在会上接受股东质询。我国《公司法》在质询权方面的规定还算相对简单，一般的国家还规定质询的范围是什么，质询所产生的被质询人的说明义务问题，不履行说明义务应该如何解决等。

对于参与权中的董事、监事的选举主要通过股东信得过的代理者进入董事会、监事会，达到权利延伸的目的。

2. 股东提案权

(1) 股东提案权法理

在所有权与经营权两权分离的情况下，股东作为出资人股东虽然享有公司最终所有人的地位和权力，但股东已不能直接介入公司的经营管理。中小股东与经营阶层面对面沟通的最重要的途径是出席股东大会行使表决权。在现代各国公司法中，召集股东大会并决定所需议决的事项仍是董事会的一项基本职能。对少数股东来说，他们不仅有权参与股东大会，还希望就关系到公司发展和自身利益的问题提出自己的议题。但是股东按持有公司股份的多少决定其对公司经营决策的影响大小，中小股东根本无法决定股东大会的议程和议题，对于股东大会的事项，他只有选择对议题同意与否的权利，而没有选择议题的权利。我国《公司法》修改前的股份有限公司召开股东大会，同样议题和决议事项都由大股东确定好了，往往授权董事会安排、决定股东大会的议程和议决事项，这同时也为控股股东控制股东大会提供了机会，因为董事会中的多数成员通常是由控股股东提名或委派的，小股东只能被动进行表决，不利于保护小股东利益。为了保护中小股东的利益，保证他们的意思有在股东大会上讨论决议的机会，赋予少数股东以提案权就成为公司法必须面对的问题。对于这种情况，英、德、日、美等国均承认股东提案权，以保障中小股东在股东大会上的发言权。

我国新《公司法》第一百零三条规定了股份有限公司股东临时提案制度。有了这样的规定，小股东面对大股东的议题和决议事项便有了应对办法，有利于小股东利益维护，使股东的提案有了公平议决的机会，而体现了股东之间的平等。

从法理上来看，股东大会为股东的自治组织、“公司的权力机构”，不应受制于董事会，一定数目以上的股东在董事会所提议案之外增加议案，是自然的权利。由于股东大会上的所有意思决定的效果终究是要归属于股东，股东才是对股东大会决议持有最大的利害关系的人，从而由股东提出议案应该是自然现象。

公司作为一种社团性经济组织，必须在贯彻公司大股东规则的前提下有效地保护好公司小股东的利益，股东提案权在确保资本多数决原则的前提下，赋予公司小股东对公司事务的参与权，使小股东能够在股东大会上发表自己的意见，向大股东和董事会表达对于公司管理的观点，可以在一定程度上实现对小股东权益的保护，并在一定程度上避免董事会专权。这样就确保了公司内部权利的分享和制衡。股东大会议案的提出往往决定了股东大会审议和决议的内容。因此，议案提出权是公司治理结构中非常重要的问题，直接反映出公司治理结构是否完善。作为公司出资人的股东能否或怎样提出议案是判断公司治理结构是否完善的一项标准，反映出公司内部是否存在股东会对董事会、监事会的监督、制约功能，公司管理人员是否尊重股东的正当、合法权利。

(2) 股东提案权内容与实施条件

股东提案权是指符合一定资格的股东，有权提出符合形式要件的提案，载于公司寄交给各股东委托书征求资料之中，作为各股东行使投票权时的参考，以维护投票权的公平行使。股东行使提案权能保护少数股东和公司利益之间的平衡，规定股东提案权条件的，也能有效地防止少数股东凭该权利干扰公司的管理。各国立法在赋予股东一定的提案权的同时，均对其提案权予以适当的限制，以免无谓的提案反而使公司苦于应对，影响公司的效率及稳定性。由于大型公司股权分散、股东人数众多，限定股东会决议事项的范围及赋予董事会经营权已成为趋势。

针对中小股东在股东大会上的提案权困境而新设了股东临时提案权。我国新《公司法》第一百零三条规定："单独或者合计持有公司 3% 以上股份的股东，可以在股东大会召开 10 日前提出临时提案并书面提交董事会；董事会应当在收到提案后 2 日内通知其他股东，并将该临时提案提交股东大会审议。临时提案的内容应当属于股东大会职权范围，并有明确议题和具体决议事项。"

新《公司法》规定的股东提案权对中小股东保护的加强主要体现在：一是将行使该项权利的股东的合计持股比例要求降低为 3%，将此项权利赋予更为广泛的股东，充分保障股东行使权利；二是从平衡股东各方利益出发，限定了该项权利行使的时限和形式，保证董事会能够及时了解和通知其他股东；三是限定了临时提案的内容、议题和议决事项；四是设定了董事会的及时通知股东和提交审议的义务，《公司法》要求在 2 日内完成通知以保障其他股东的知情权，并负责提交提案，没有提及董事会对股东提案的审查，提案的合法性、适当性和关联性则由提案股东负责。

美、日、德、法四国关于股东行使提案权的规定具有相似的法律要件，见表2－4。

表2－4　　四国法律对股东提案权的规定

提案程序规定	1. 保有股份数	2. 股份保有期间	3. 提案的内容范围	4. 提案权行使程序	5. 公司对提案的措施
美国	比例性标准和绝对数标准相结合		该条所列13种情形下，不将提案列入。例如：提案事项依发行公司所在地法股东非属证券持有人决议事项，或如执行该决议将造成违反联邦法、州法、或证券管理委员会发布关于委托书的规则，或其关于公司运营的提案其金额低于公司最近年度总资产的5%且少于最近年度净利及总销售额的5%而对公司营运无重大影响，或其提案与公司提案相反，或与其他提案人的提案重复，或该提案一切曾被讨论，或为主要人事改选案，或是针对现金/股票股利发放特定金额的提案		
日本	比例性标准和绝对数标准相结合	6个月以上保有		股东大会的6周前为止，应向董事会书面提交提案内容	

续表

提案程序规定	1. 保有股份数	2. 股份保有期间	3. 提案的内容范围	4. 提案权行使程序	5. 公司对提案的措施
德国	比例性标准和绝对数标准相结合	6个月以上保有		股东应在公布股东大会召集后一周内向公司提交一份附有理由的反对建议	对股东大会应当做出决议的议事日程中的每一个议题，董事会或监事会应在议事日程公告中就做出决议提出建议。对未按规定予以公布的议题，股东大会不得做出决议。董事会在股东大会召开前于联邦公报公布的有关事项中，应包括股东提出的建议

续表

提案程序规定	1. 保有股份数	2. 股份保有期间	3. 提案的内容范围	4. 提案权行使程序	5. 公司对提案的措施
法国	比例性标准 5%			股东的新提案应自召开股东大会的通知或公告发出之日起 7 天内提交公司，公司则应当在股东大会召集之日前 7 天内以与股东大会召开通知的相同方式送达或公告	公司应当在股东大会召集之日前 7 天内以与股东大会召开通知的相同方式送达或公告股东新提案。如果未预先通知或公告，股东大会的召集便存在瑕疵，其所做出的决议是无效的或可撤销的
法律规定	日本商法典 223 条，法国商事公司法 160 条			德国股份公司法 欧盟第 5 号公司法	欧盟第 5 号公司法

3. 股东会议股东表决权

股东的表决权是股东表达根本意思的直接实现形式，是公司治理的基本民主方式。表决权是股东的一项重要权能，但是由于股权结构的多样性和现代企业股东分散性的特点，股东的表决权的作用会受到限制或忽略，这是由于一股一权“以出资比例分配表决权”造成的，中小股东的权益容易受到大股东的侵害。正是由于这种原因，为顾及中小股东的权益，各国发明了较为公平的投票表决制度，如积累投票制。

（1）有限责任公司股东表决权

有限责任公司属资合公司（兼属人合公司），以出资多少为基础和标准决定股东的利益分配和风险分担。有限责任公司的这种构造和内在特性，使其在股东相互关系上必然以股东平等原则为基本指导思想。而股东平等原则具体表现在股东表决权上，就是所谓的“以出资比例分配表决权”。同时，有限责任公司既然是资合公司，则在决定公司意思方面，并不根据股东作为个人的意愿，而是依赖全体股东按照少数服从多数的原则形成决议。我国新《公司法》既体现了股东平等原则，又兼顾股东意思自治原则，第四十三条对有限责任公司的股东会议规定：“股东会会议由股东按照出资比例行使表决权；但是，公司章程另有规定的除外。”该条的规定体现了上述原则，在公司章程中没有对行使表决权规定的情况下，就按照出资比例行使表决权，若章程中有规定，则章程的规定优先。

（2）股份有限公司股东表决权

对于股份有限公司来说，股东出席股东大会会议，所持每一股份有一表决权。但是，公司持有的本公司股份没有表决权。公司在减少注册资本、与持有本公司股份的其他公司合并、将股份奖励给本公司职工等情况下，公司可以持有本公司的股份，本公司持有的股份没有表决权。

三、股东权利委托

在股东委托权的行使上，董事会或经理层的逆向选择，往往削弱股东的权力，增加董事会经理层的控制权，这样有可能使中小股东利益受损，这对于股东积极主义的观点是格格不入的。中小股东由于代理成本问题，在行使委托权时，通过权利代理中介达到一致集体行动，实现权力制衡，以消减大股东控制人的控制权利益。代理权争夺作为控制权市场的重要组成部分，被称作上市公司外部治理的一大利器，代理权争夺是不同利益主体通过争夺股东的委托表决权以获得股东大会的控制权，实现更改董事会、管理层或公司战略的行为。

代理权征集机制通过集中分散的中小股东的投票权，能够缓和股东之间存在的集体行动问题。从理论上来看，任何人只要收集足够多的投票代理权，便可以在股东大会享有相应的发言权，从而约束公司经营者的行为。因而它成为股东参与公司治理的方式之一。

我国上市公司的代理权争夺始于20世纪90年代，随着公司制度的兴起而被中小股东作为维护自己权益、选举自己的代言人进入公司治理层的重要武器。2001年山东胜利股份投票代理权的争夺①，正式揭开了这一制度在我国上市公司实践的序幕。我国新公司法第一百零七条规定："股东可以委托代理人出席股东大会会议，代理人应当向公司提交股东授权委托书，并在授权范围内行使表决权。"这就使投票代理权有了法律依据，中小股东将会有更多的话语权。

1. 委托投票

公司投票代理权制度（Proxy，亦称委托投票权制度），是上市公司或公众公司股东通过代理人在股东大会上行使投票权的法律制度，是现代公司治理中的一项重要法律制度。我国上市公司已开始呈现股权分散化发展趋势，建立和完善我国投票代理权制度具有重要的现实意义。

20世纪30年代以来，美、德、日等发达国家纷纷建立起本国公司投票代理权制度。对发达国家的投票代理权制度比较研究表明，该制度的有效运作需以分散化公司股权结构为前提条件。这些发达国家立法措施主要包括：

---

① 2000年3月25日，广州市通百惠服务有限公司（下称通百惠）作为上市公司胜利股份的第二大股东，为争夺公司的控制权，向胜利股份全体社会公众股股东公开征集出席股东大会投票代理权。在这之前，胜利股份第一大股东山东胜邦企业有限公司（下称胜邦企业）持有胜利股份17.35%的股份，通百惠则持股16.67%，二者持股相差0.68%。公开征集获得了社会公众股股东的热烈响应，通百惠共征集到授权委托1500份，约3200万股，其中有效委托26257781股，占公司总股本的10.96%。这是我国证券市场第一次真正意义上的代理权征集事件。由于胜邦企业及其关联股东所持股份为29.16%，仍比通百惠自有股份及受托股份多，因此在3月30日的股东大会上，通百惠所提名的董事、监事均未当选，其通过公开征集投票代理权以控制上市公司的目的也以失败而告终。

①禁止购买投票权，如果征集者以金钱或其他报酬形式给予公司股东以换取其投票权，将被认为是非法的；②对征集者的资格作出限制，要求征集者必须是公司持股达到一定数额、持股超过特定期限的股东；③对征集的投票代理权的数量进行限制，规定征集者征集的投票权代理权不得超过公司发行在外股份的一定比例；④对代理投票的期限进行限制，禁止设定不可撤销的投票代理权；⑤对代理权征集过程中的信息披露作出强制性规定，要求征集者必须披露与代理权征集有关的信息。

日本和德国两个国家的代理权规则相对更为宽松，但股东却很少利用代理权征集机制。而美国虽然在 1992 年对代理权规则进行重大改革，但统计资料表明，1981～2003 年每年发生的代理权征集事件基本保持在 20～40 件，改革前后的情况并未有显著变化[①]。

2007 年美国引发的全球性金融危机让股东们遭遇了数万亿美元的损失，美国人开始质疑董事会是否已尽其职。人们从股东利益出发，开始思考公司和董事会的责任与义务。美国证券交易委员会曾在 2003 年和 2007 年两次拟修改代理投票规则，但终因争议过多而撤回了该项提议。SEC 的新提案允许股东提名 1～2 名董事，为代理权争夺提供了一次选择的机会。如果新规则的提议得以通过，股东只要持股比例达到一定数额（大公司为 1%，中型企业为 3%，小企业为 5%），即可在公司的代理材料中提名自己支持的候选人。由于存在股东投票代理权之争，美国证券监管委员会在通过股东投票代理权使用规则时，遭到反对意见的劝阻，监管倡导者认为应该使美国企业少受投资者影响，而反对者认为此举妨碍了股东选举董事的权利[②]。相比较 1992 年 SEC 的降低代理权成本的决定加大了对管理层的约束力，这次决定则放松了

---

① see, georgeson & shareholder, shareholder proposal and proxy contest: annual corporate governance review, 2003, figure 16, at http//www. georgeson. com.

② 世华财讯报道，2007 年 11 月 28 日美国证券监管委员会（Securities and Exchange Commission, SEC）无视来自参众两院民主党人的劝阻，以 3 票对 1 票通过涉及股东权利的有争议议题，允许公司拒绝股东在年会上使用投票代理权，监管倡导者称，此举可以使美国企业少受投资者的影响。SEC 委员会唯一的一名民主党委员纳扎雷斯称，SEC 此举妨碍了股东选举董事的权利。参议院银行委员会主席，康涅狄克州民主党人克里斯多福·多德和其他几名民主党议员曾力劝 SEC 在该委员会存在一名民主党委员空缺的情况下不要制定新规则。此外，纳扎雷斯还计划于未来几个月内离职。众议院金融服务委员会（House Financial Services Committee）主席，马塞诸塞州民主党人巴尼·弗兰克 28 日发表声明称，SEC 此举将使股东无力影响对股东关切的问题反应迟缓的独立委员会。

管理层的约束。

根据美国证券交易委员会（SEC）的官方网站，随着代理投票规则的出台，公司董事的提名方式可能会出现重大转变。代理投票规则中的相关条款允许股东在公司的代理投票表决中提出反对候选人的名字。理论上讲，上市公司的董事由股东选举，但实际上，通常是由管理层提名一位单一的候选人，毫无争议。尽管股东有权在年度股东大会上提名反对候选人，但不过是亡羊补牢，因为多数股东已在会前通过代理模式进行了投票表决。但也有反对者认为，此举会导致公司吸收不合格的董事成员，理由是即使股东的出发点是好的，也未必有能力提名合适的候选人。候选董事得知道商业运作是怎么回事，能够为管理层提供咨询建议，会阅读财务报表，等等，只有管理层最清楚该提名具备何种素质的候选人，而股东虽然也关心公司治理与建设，但局限于信息匮乏，只能是心有余而力不足。

2. 代理权争夺影响因素

（1）影响代理权争夺的立法模式

世界上许多国家都是在《证券交易法》和《委托书使用规则》规定代理权争夺的有关事项。直接影响代理权的因素是这些立法。

（2）投票权的征集方式影响

2002 年 1 月 7 日我国证监会颁布的《上市公司治理准则》第 10 条规定，投票权征集应采取无偿的方式进行。社会调查显示，有偿征集可能会影响投票代理权制度设计目的实现。投票代理权机制的目的在于便利股东参与公司治理，促进良好公司治理机制的实现。

（3）代理权争夺的费用

从公司治理层的角度看，印刷和邮递会议通知以及委托投票书的费用和代理委托本身的费用，无疑应由公司来支付。由于不经过代理委托的请求，就不可能达到股东会议的法定人数，所以这些费用是合法费用。在非争夺性的代理权征集中，公司治理层的利益和股东们的利益是一致的。

（4）股东较为消极

假如股东对现任治理者不满，则“用脚投票”，出售他们持有的股票。现任股东一般是已决定与现任治理者在一起的股东，所以他们一般总是倾向于现任治理者。

(5) 没有公司的补偿

在代理权争夺的过程中，公司治理层任命几个代理人，由他们代理股东参加股东大会投票，股东被劝诱委托这些治理层利益代表者作为代理人，而这种劝诱股东的成本往往由公司财务承担，治理层以此巩固其控制权。但如果持异议者想最终当选，则他们必须自己承担一笔可观的费用，而治理层却用公司财富来承担。这种不公平的竞争将限制有能力的股东去进行控制权的争夺，从而使得原治理层的控制权得以巩固。

(6) 持异议股东与其他股东的接触有限

一般现任治理者把握着现有的股东名册，持异议股东一般要通过其他途径才能得到股东名册，因而与其他股东接触是有限的。

3. 代理权相关政策法规

构建我国投票代理权制度时应考虑确立备案制监管模式、明确信息披露的要求、禁止有偿征集、充分保护股东建议权、明确有效委托方式。

鼓励更多机构或个人借助代理权争夺对上市公司治理层施加压力，是具有现实价值的治理意义。首先，尽管中国内地上市公司股权高度集中，但根据在关联交易中的回避原则，控股股东一般不得参与表决，因此，通过代理权争夺，中小股东就可以在关联交易中保护自身利益。其次，代理权争夺的兴起，可以改变小股东消极投资的理念，使股东更积极地参与对经理人的监督。

完善代里权争夺制度可以从几个方面入手：①股东知情权具体化。进行代表权争夺者必须向投资者提供所有重要事项。②设定征集人的资格条件。征集者持有较多股份，可以显示其严厉性和可信度，从而减轻征集过程中的逆向选择。③规范委托书格式与内容。委托书说明材料必须先于或同时与授权书发给股东，必须披露有关利害关系等，以限制代理权滥用，克服持异议者与投资者之间的信息不对称。④规范请求与争夺程序。应规定有关资料须在公开发送给股东之前，送中国证监会审查；投票代理材料必须向所有股东发送；持异议者有权获得公司全体股东名单等，使代表权争夺按规范程序进行。

四、中小股东权益保护

在资本多数决原则下，中小股东的意志往往被大股东的意志所遮蔽，他们的诉求常常得不到体现，大股东会利用其股本优势和对董事会及管理层的控制，很容易做出有利于自身的决策，虽然可同时有利于其他股东。但是当大小股东的利益发生冲突时，小股东的利益就会受到侵害，得不到保障。

1. 大股东侵蚀中小股东利益

在公司治理中，小股东往往处于弱势地位，其利益很容易受到内部人和大股东的侵害，其原因主要有几个方面：一是“搭便车”问题，由于存在众多的独立股东，每一个人的作用对公司而言都无关紧要，中小股东依赖大股东对公司管理层的监督。二是内部人和大股东常常漠视小股东的利益，在资本多数决制度下，大股东往往利用公司制度的种种便利，“合法”地限制和剥夺小股东的权利，能通过“隧道效应”掏空公司。三是“理性的冷漠”，即是指在股权分散的情况下，由于存在信息不对称的客观事实，每一个小股东为参与公司决策都必须付出一定的成本去对信息收集加工，但其受益往往不能弥补或者完全弥补成本，在这种情况下，一个理性的股东会对积极参与公司决策采取冷漠的态度。

小股东受到的损害主要包括两个方面：一是由于公司管理层的机会主义行为而给所有股东造成的损失，其中包括小股东所要承担的代理成本部分。二是控股股东对公司资源的公开掠夺，从而严重损害小股东利益。正因为小股东的权利的易损性，采取途径有效保护小股东的利益就显得更加迫切和重要，尤其是对法律环境不健全的我国而言。

在一股独大的控股股东治理情况下，大股东与公司内部管理人员联手，通过关联交易等手段无偿占用上市公司资金，为保留公司在资本市场上的相应资格，编制出虚假报告欺骗中小股东。当不法分子成为控股股东时，将会用各种手段疯狂地掠夺公司财产，侵吞其他股东利益。大股东侵蚀中小股东利益手法大致有以下几种：

①庞大的集团先注册登记一个同名但性质不同（集团有限责任公司变为股份公司）的公司，由集团注入资产推动股份公司上市融资，集团顺当地成为上市公司的母公司、第一大股东，然后上市公司通过配股、分红等隧道效应将资源回送给集团，留给市场的上市公司最后只剩下一个债务负担相当沉重的“壳”，这个债务“壳”却要中小股东一起来负担。

②用上市公司的对外担保变相圈钱。大股东勒令上市公司为其提供债务担保或质押，结果大股东将担保或质押来的资源挥霍殆尽，作为担保或质押

方的上市公司最终被一同端上被告席偿还大股东的债务。

③通过大量的关联方交易或重组，将集团的劣质资产或者价值很低的资产通过所谓“评估”变为优质资产转让给上市公司，以抵冲集团对上市公司的欠款或直接套回上市公司的资金，金额巨大。

④直接占用上市公司资金。很多控股股东通过直接借款方式长期占用上市公司的巨额资金，大股东占用已成为证券市场的顽疾。

⑤恶意派现。股利分红是国外上市公司常用的一个政策，但在股权高度集中的情况下，它也演变成大股东损害小股东利益的一种手段。我国上市公司恶意派现的主要手段有三种：一是用贷款发红利；二是用募集资金来分红，甚至只对老股东分红，“掠夺”新股东；三是大股东伪造上市公司业绩，巨额分红后转让股权。

2. 中小股东权益保障机构

中小股东权益保障委员会从2007年起对上市公司的中小股东权益保障状况进行年度调查与评估，认为“建立多层次的中小股东权益保障体系，是树立投资者信心，从而有效地促进中国资本市场健康发展的必由之路”[①]。在《2009年度中小股东权益保障评价报告》中以2009年度中国沪深两市市值最大的300家上市公司为研究对象，对其中小股东权益保障问题进行了系统评估。评估侧重点是知情权、公平交易权和资产所有权、决策参与权（包括表决权、股东大会提案权、临时股东大会召集权、质询权等）、投资收益权（包括股票的股息与红利、买卖证券所获得的资本利得）。评估结果：2009年度300家上市公司中小股东权益保护评价综合平均得分54.50分。最高分为78.38分，最低分为20.25分。

从股东的知情权、参与权和收益权的三权落实情况看，知情权的总体情况表现尚好，平均得分63.15分，达到了及格水平。股东的资产收益权和管理参与权的表现不容乐观，分别获得52.50和50.1分。

结果表明，经过监管部门和上市公司的不断努力，信息披露质量和透明度不断提高，在信息披露的准确性、信息的深度和广度等方面取得了明显的进步。

在参与权方面得分最低，大股东和董事会牢牢掌握着董事、监事和独立

---

① 鲁桐，常蕊：《2009年度中小股东权益保障评价报告》，《商务周刊》，2010年3月3日。

董事的提名权，中小股东没有机会参与公司高管的提名。

在投资收益方面，上市公司现金分红率偏低一直是我国股市的一大顽疾，一些上市公司甚至自上市以来十多年间从不向股东派发现金红利。2009年上市公司的分红现状并没有太大的改观。

该研究报告建议在如下四个方面加以改进：①严格规范上市公司的重大信息披露行为，增强对内幕交易的打击力度，提高违规成本。②建立对控股股东表决权的限制制度，落实社会公众股东类别表决机制。③落实现金分红政策完善税收制度，取消上市公司红利税。④完善投资者保护救济制度。

3. 中小股东权益保护理论

中小股东权益保护不仅仅是实际操作层面的问题，而且有其深刻的理论渊源。从理论深层上看待中小股东权益保护问题，才能认识到中小股东权益保护的真正的重要性和广泛的影响性。

（1）经济民主理论

中小股东权益保护广义来讲首先是经济民主的要求。经济学家认为：经济民主所关心或反映的便是财富的平等，它的政策目标是重新分配财富并使经济机会与条件平等化。法学家认为：所谓经济民主，不过是人们在一定的经济关系中享有的某种自主的权利，是人处于主人的地位分享经济利益。因此，经济民主的基本内涵是指在充分尊重经济自由的基础上，通过公众平等参与、多数决定、保护少数的机制，在共同体内实现财富、机会、权力的均衡。

（2）社会公平理念

社会公平的要求同样适用于中小股东权益保护。社会公平含义中，竞争公平和分配公平是首要的和优先的原则，差别待遇仅仅是他们的必要补充和深化。社会公平理念对少数股东权益保护的意义主要体现在差别待遇的正当和合理深化上。

行为经济学的理论研究和人们的社会实践表明：人是有同情心的，人不仅关心自己的利益，也会关心别人的利益，而且人具有内在的公平偏好；人的认知能力是有限的，有限的认知能力需要人们的认知互补，这样就为人们在经济活动中的互惠与合作提供了可能性，而公平、互惠正是构建控股股东与中小股东互惠机制的基本思想。

所谓公平互惠偏好就是一种条件合作行为倾向，关键在于对对方意图的信念或判断，对善意行为进行回报，而对恶意行为进行惩罚。经济学家特别是行为经济学家运用博弈论的分析方法对公平互惠理论进行了大量研究。诸如最后通牒博弈、礼物交换博弈、公共品投资博弈及信任博弈等可控研究实验的发展，发现绝大部分受试验者显示出了非公平规避、互惠等社会偏好。研究表明，现实中的个人行为不仅受到追逐个人利益的动机所引导，而且还受到包括对于公平的追求在内的社会偏好的影响。

Rabin（1993）建立的博弈分析模型是公平互惠理论的经典研究。他的一个突出贡献是把公平定义为“当别人对你友善时你也对别人友善，当别人对你不友善时你也对别人不友善”，并且对这种概念给予明确的规定，即“如果你在损失自己效用的情况下去增进别人的效用，就被定义为你对别人友善；如果你在损失自己效用的情况下去损害别人的利益，就被定义为你对别人不友善”。心理学的诸多实验表明，人的行为在许多情形下是遵循这种公平规则的，特别是在按照这种规则作出反应所可能造成的潜在物质利益损失不太大的情况下更是如此。这项理论应用于中小股东互惠有着现实意义。

（3）关系契约理论

根据关系契约理论，现代社会的众多契约关系中，当事人双方可能是由特殊人格群体组成的，相互地位比较确定而且反差鲜明，据此若任由契约双方自己确定相互间的权利义务关系，势必导致一些不公平的结果出现。因此，关系契约理论主张根据当事人在契约关系中的不同地位来要求他们承担不同的义务。大股东和中小股东的关系即是如此。

（4）公共选择理论

公共选择理论认为：假定每个人都是理性的，他们都在既定的约束下追求自身福利或效用的最大化。一旦某项活动或福利的实现至少需要两个人才能完成，便出现了集体行动问题。一般而言，集体行动的目的也在于使参与集体行动者的共同利益最大化。对于中小股东而言，要取得集体维护自己权益的行动成本十分昂贵，而且很困难，而此时政府行为是有能力的行为。通过政府对大股东的约束和对市场机制的完善，达到中小股东所不能集体达到和获得的权益。公共选择学派的理论对于政府的强制介入提供了理论上的支持，同时也为中小股东的集体沉默提供了可能的选择性刺激的分析。

4. 投资者权益保护

(1) 完善投资者保护法律

法律解释理论认为，完善的法律是控制权的有效替代机制。我国经济法存在很多空白和漏洞，致使中小投资者的合法利益得不到基本的保障，完善相关法律既是当务之急，也是长远之计。缺乏有效的法律保护，建立良好的公司治理机制无异于“空中楼阁”。

①司法应该适度介入公司治理领域。市场经济就是法治经济，在市场经济成熟国家，公司管理领域的纠纷主要通过自律和司法获得解决，因此普通法系国家（地区）法院的权限很大，可以比较宽泛地介入到公司纠纷的领域中。随着市场经济的成熟，政府对经济领域的过度管制必然会削弱，行政权力退出公司治理领域后的空白应由司法权力来补足，否则，纠纷解决的空白点会给公司股东以及相关利益人带来很大的损失。因此我国应当借鉴普通法系国家公司法的经验，适当扩大司法权力介入的领域，在立法层面明确司法介入的范围、方式和程度等。

②建立和完善股东诉讼制度。国外法律和公司治理实践表明，股东派生诉讼是十分重要的公司治理机制，没有派生诉讼相配套，公司管理者受托义务，乃至公司治理作用将大打折扣。《公司法》第二十条、第二十一条规定了管理者损害赔偿责任、明确董事、监事、经理执行公司职务时违反法律、行政法规或者公司章程的规定、滥用法人权利、关联交易等给公司造成损失的，应当承担赔偿责任。2002 年最高人民法院发布了《关于受理证券市场因虚假陈述引发的民事侵权案件有关问题的通知》，规定了涉及小股东诉讼的程序等重大问题。

(2) 完善相关监管制度

①完善独立董事制度。2001 年 8 月，中国证监会发布了《关于在上市公司建立独立董事制度的指导意见》，全面引入独立董事制度。实践中，独立董事并没有实现制度设计的初衷，我国独立董事制度存在的问题主要是独立性不够，上市公司独立董事在履行职责时，会不同程度地受到控股股东和实际控制人的影响。因此，需要完善独立董事的选任程序，进一步扩大独立董事的数量，同时还要完善独立董事对公司重大事务的知情权、发表意见的权力保障制度。

②完善强制信息披露制度。信息的透明度是制约大股东对小股东权益剥

夺的有效手段，尽管我国《证券法》对信息披露作出了强制规定，并对需要披露的重大事项作出了列举。但一方面缺乏对信息披露主体进行有效的法律约束；同时由于行政干预和资本市场缺乏足够的竞争，另一方面这些规则自身的操作性差，强制信息披露制度还存在许多问题。完善强制信息披露制度，首先要适当扩大信息披露范围，特别要加强公司治理方面的信息披露；其次要细化信息披露环节；再次要加强中介机构对信息披露的监管作用。

③完善关联交易的监管。当前，关联交易是大股东盘剥小股东利益的主要途径，尽管中国证监会的系列制度中都有对此的规定，也初步建立了利害关系人回避表决和信息披露制度，但关联交易问题却并没有得到缓解。鉴于我国上市公司70%的关联交易是与其控股母公司之间发生的现状，为了有效保护小股东的利益，我国可以借鉴国外的“揭开公司面纱原则”、“深石原则”，尤其是德国的“推定的关联企业学说”，在具体司法实践中应用。

股权结构、效率与市场

一、股权结构设计

公司的股权结构涉及公司的成本控制、股东权益、融资结构以及税赋分担，是股东之间相互制约和平衡的基本保障。尽早建立规范的股权结构和完善的股权流转机制，有利于实现股东利益和公司利益的最大化。

1. 民营企业有限公司股权结构设计原则

投资人在公司设立之初就应当考虑股权结构问题，尽量避免出现不当股权结构。

（1）股权结构设计基本原理

制定好股东协议和公司章程，是公司事先设计的重要环节，这是公司治理的根本依据，这种契约是受相关法律保护的，制定、设计要严谨，切合各方利益。设计基本注意事项有：其一，公司章程尽量吸收股东协议的内容，保留股东协议，两者条款避免冲突，并且在股东协议和公司章程里面都明确载明两者出现不一致的时候的处理方式。其二，首次制定的公司章程全部吸收股东协议中关于股东权益及公司治理的内容，并明确约定章程中的重大条款的修改必须经全体股东一致同意。

在股东权益的设计中对股东知情权、股东控制权、股权转让三个重要权益的细节需要精心设计、预先约定。

股东知情权是股东实现财产权益的最重要条件。如果股东滥用知情权，会给公司的商业秘密带来威胁，需要对股东知情权进行保密约定。

股东对公司的控制，主要表现为参加股东会。这方面，法律留给股东自治的空间很大，需要解决的问题也很多。比如：董事、监事、董事长、副董事长及经理如何产生？需要股东对此做出适合自己公司的约定。其中最主要的权益原则是资合与人合双重决定，决策比例在股本上需要2/3股东的股本总计最低数为限。假设A、B、C三个股东，并不是三等分持股，在决策比例上就应限定其中最低的两个股东的股份合计所占总数量的比例为决策通过比例。

对股权转让预先约定是资本流动性的重要条件，我国现行公司法对有限公司的股权转让态度是：对股东之间的内部转让不做任何限制；向股东之外的转让股权，适当限制以保证公司的人合性，但是最终不限。同时允许公司章程对股权转让另作规定。

由于股东之间内部转让股权对公司股权结构影响极大，对其他股东的权益影响极大，公司控制人会发生极大转化。股权转换除利益分配发生变化外，决策权还应按上述的原则施行，这就保证了人合的原则随股份变化仍然能够保持原有设计理念。

避开易引发冲突的股权设计。最容易导致毁灭性矛盾的股权结构主要有两种：平衡型股权结构和平均分散型股权结构。

典型的平衡股权的难题：两个人股份相当，对财产权利和控制权利的行使力度一样，积极的一面是，两个人力度一样大，可能互不相让；消极的一面，也可能互相观望——反正赔了也有你的一半。

只要存在两个大股东，两个大股东对公司的影响都非常大，就属于平衡股权，在平衡股权结构下，两个大股东相争，有时候甚至连关闭公司的决定也无法做出，形成所谓的“公司僵局”。

平均分散的股权结构一旦产生股东矛盾，也可能是致命的。这种股权结构，导致该公司即便是小事情也难以决定。由于股权平均分散，没有人能真正地行使控制权，极易产生搭便车的心态。在这种股权结构下，只有产生一个英雄，有极大的人格魅力并大公无私，公司才有希望。

（2）有限公司股权结构设计原则

结构决定功能，现实中没有绝对完美或者正确的股权结构，关键在于适合公司内外环境，实现想要达到的功能，这些基本原则如下：

①决策效率原则。最好有大股东，但大股东不绝对控股，必须要有相对大股东对公司负最终责任，在资本力量不是很强大的情况下，公司的主要管理者最好占大股。相比平衡股权和平均分散股权，民营企业一股独大更有助于公司发展。民营企业股东一般不会出现缺位，反而具有一股独大的独特优势：财产权利和控制权利相对统一，不容易发生矛盾；控制成本低，决策效率高。

②股东参与原则。其他股东有参与的积极性，有参与的必要，也有参与的力量。

③控制利益与基于股权的财产利益一致原则。有助于避免非股东（或者小股东）控制人绑架股东利益。在资本力量足够强大的情况下，公司的主要管理者可以占小股或者不占股份。股权不宜过早分散，那样大股东积极性降低，小股东积极性也不高。

2. 新公司股权结构设计

股权分配是公司利益实现的基础，一般公司创业初期股权结构比较单一，分配比较明确，几个投资者按照出资多少分得相应的股权利益。但是，随着企业的发展，股权结构会发生变化，分配上会产生种种利益冲突。

（1）取得控股股东的简单方式

①直接实际出资达 50% 以上是最有效的方式。

②直接实际出资没有达到 50%，但股权比例最大，再通过吸收关联公司

股东、密切朋友股东、近亲属股东等形式，以联盟形式在公司形成控股局势。

这两种方式，均是在同股同表决权基础上进行的简单设计。

（2）表决权设计变更的控股股东

股东之间没有利害关系，实际出资也未达到50%以上，不能形成股东之间的联盟的情况下，想要对公司进行控股，就要在公司成立之初，在公司章程的起草方面下工夫，通过公司章程扩大己方的表决权数，这样的设计就突破了同股同表决权的常例。

实现这个股权设计的目的，一般情况下是己方有一定的市场优势或技术优势或管理优势，通过这些优势弥补投资资金上的不足，换取表决权。现实操作中，很多技术型、市场型、管理型投资者忽略这一点，而使自己在公司的后续运作中难以施展手脚，从而使应有的技术、市场和管理优势未在公司运作中实现利益最大化。

（3）股东权利的弱化或强化

常规的股权设计遵循的是同等出资同等权利，但遇有隐名股东、干股等情况下，如果不对股东权利进行弱化或强化，一旦显明股东、干股持有人依公司法诉求其完整股东权利时，损害的不仅仅是实际投资人的利益，同时也将公司推向危险的境地。在实践中需要运用章程、股东合同等形式予以约束，明确相关股东之间的权利取舍。只有在公司成立之初做相应的股东权利设计，才可以有效地避免今后产生纠纷。

股东权利的弱化或强化同样适用于公司吸收优秀的技术型、市场型、管理型人才进入公司，通过给予一定的股东权利留住优秀人才，这已经是国外一些公司常用的手法。

在设计股东权利的弱化或强化时，首先要做到符合法律的要求，其次必须以合法的形式予以明确，可以用章程、合同等形式，同时要把握好各项股东权利的精确设计。

（4）股东会及董事会职权和表决权事项的设计

每个公司的实际情况千差万别，公司在设计股权结构时，应该通盘考虑一些重大事项决策归属的表决部门以及表决程序。有些封闭式的公司就规定股东对外转让股权时，要求全体股东2/3的表决权通过以维护公司的人合性。有限责任公司体现了资合性和人合性，在公司成立之初，投资者应充分考虑自己的投资目的、投资额、投资所占公司比例，结合自己的各项优势对股权结构进行深入的分析考虑，这样不仅仅为股东个人利益，也为公司今后稳健发展奠定坚实的基础。

3. 企业集团股权设计

托姆森和佩德森（1998）对欧洲12个国家的100家大公司股权结构研究发现存在6种不同特点的公司股权结构①，主要归纳如表2－5。

表2－5　　公司股权结构对应的产业分布

股权结构的特点和含义	股权结构对应的主要产业分布
股权高度集中的个人或家族式公司：个人或家族拥有不少于50%的股权	食品生产和加工、纺织业、皮革、日用金属器皿、食品零售、百货业、中介服务、房地产等
股权高度分散的股权分散型公司：没有一个股东拥有超过20%的股权	糖业、肉制品、红酒和各类非酒精类饮料业、发动机制造等
股权中度集中的少数大股东控制公司：一个股东拥有20~50%的股权	木材加工、造纸、印刷和出版、塑料制品、陶瓷、水泥、钢铁、非电力机器、天然气生产和分销、建筑、饮料、烟酒零售
股权高度集中的政府持股公司：中央或地方政府拥有50%以上的股权	采矿、造船、飞机制造、照明电力、铁路运输、航空运输、邮政服务、通讯、文化和娱乐
股权相对分散的集体合作式公司：集体所有制公司的集体股东拥有不少于50%的股权	生肉屠宰、奶制品、谷物加工、食品零售
股权相对集中的跨国公司：跨国公司拥有子公司不少于50%的股权	原油、天然气、烟草、化工、制药、炼油及销售、橡胶、玻璃、金属、机械、计算机和办公设备、电机、电视和通讯设备、家电、汽车生产和销售、零售业、建材、饭店

① 孙杰：《资本结构、治理结构和代理成本：理论、经验和启示》，社会科学文献出版社2006年版，第29~30页。

(1) 企业集团大股东与少数股东的收益倒置

企业集团整体业绩的增长并非总能带来集团公司股东权益的相应增长，这一现象给企业集团股权结构治理财务管理提出了一个新课题。

集团总部对下属公司的控股结构及控股链条是重要的考虑因素。控股结构上，部分子公司的盈利性很好，但集团持股比例相对较低（相对控股）；或者部分子公司的盈利性较差，但持股比例相对较高。它可能反映出集团整体控股结构不尽合理。控股链条方面，盈利性很强的下属公司不属集团直接控股，而是通过子公司的间接控股，导致集团公司收入结构降低。例如，孙公司盈利性很高但子公司对其控制比例为60%，而集团公司对该子公司的控股比例也为60%，这样孙公司的盈利属于集团股东的部分只有36%，剩余的64%则属于少数股东权益。

上述情形都可能使集团合并报表出现大股东与少数股东的收益倒置现象，显然，这一现象与集团公司的财务管理目标是相悖的。需要重新审视集团整体的股权设计，谋划企业集团整体的股权安排。

(2) 企业集团股权设计的特点

企业集团股权设计与单一企业股权结构决策相比，各自的特点如表2-6。

表2-6　　企业集团股权与单一企业股权设计特性对比

	集团公司	单一企业
1. 整体性	整体布局，立体性设计，财务战略设计	线性设计
比例	复杂比例关系，全局利益	简单比例关系，个体利益
关联	纵横关联	横向关联
控制力	绝对控制与相对控制	股东间制衡
设计目标	集团整体业务协同与集团公司股东财务收益最大化	出资人为了某一共同目的，平衡股东利益
目的	管理效率+治理	治理
2. 可管理性	闭环动态管理	静态制度

续表

	集团公司	单一企业
股权结构与公司业绩间关系	从战略上回答为什么要设立子公司，集团公司资本可得性及对各子公司持股比例与控股方式，对子公司的控制权及管理体制，各子公司的业务、管理协同，最终财务业绩、集团公司总体协同业绩与集团公司股东价值最大化，集团公司对各子公司股权结构的再调整，等等	股权，控制权，公司治理与管理控制，业绩表现
股权的管理	股权在整个企业集团内部的可调控性、股权所派生的各种权利的综合应用性及资源整合性；考虑股东持股比例及其与之对等的各股东主体所拥有的各种派生的管理权利	股权单一，没有派生权力的维护问题

我国企业集团的股权设计与管理存在着较大的治理空间。目前我国企业集团组织结构大多数可描述为：“总部落空、二级为主、三级为辅、多级并层”的格局。即总部作为控股主体，大多属于管理型的；集团主业及主要资产集中在子公司（二级企业）；孙公司（三级企业）数量最多，并以各种辅业为生，依附于二级主业；多数企业集团的层级很多。结果导致总部战略与下属公司经营战略缺乏内在逻辑与互动关联，集团总部对下属公司管控力度与下属对集团总部相关规则的执行力度均很差，集团整体业绩潜力没有充分发挥。

（4）企业集团股权结构设计注意事项

第一，参股或控股比例权衡。

企业集团从横向看母公司对拟投资的子公司无论采取何种控股比例，都要综合考量诸多因素，内部如资本的可得性、投资战略与资源分配等，外部如市场环境、技术和管制因素，最终目的是要保证集团股权结构与集团战略的适应性。同时，通过企业集团的整体股权状态，分析各种持股状态对集团公司股东净收益的弹性影响，通过股权结构变动的收益弹性系数变化分析，决定公司增持或减持股份，从而为企业集团股权安排的整体优化提供一种参考。

从企业集团运作过程看，参股方式是执行集团战略意图的重要步骤，需要考虑：①通过企业间的联姻而寻求资源要素（原材料与能源资料、劳动力资源、信息技术资源）和长期合作机会。②为了将来增持股权、实现控制做准备，控股比例存在较大的选择空间，如相对控股、绝对控股或全资控股等。③用较少的现金流权尽可能地扩大控制权范围。

对企业集团而言，相对或绝对控股并没有选择标准，主要看被控对象对企业集团整体运作的重要程度。划分重要程度的标准也是战略性的。从股权设计角度，为保证企业集团经营的稳定与发展，须加大对重点行业、企业的投资力度，强化其控制权地位。①针对不同行业，要注重企业集团内部“不同行业的成长性—现金流—股权结构调整的互动关系”，以协调集团整体发展。②针对同一行业的不同企业，要围绕“同一产业内部—业务关联—企业整体业绩—股权结构调整”这一主线来展开管理，以求得集团的可持续发展。控股的极端方式是全资，其意义在于没有少数股东的阻力，享有充分的自由度，对企业承担有限责任，而能规避集团整体风险。

第二，控股链条长短适合。

企业集团股权结构设计的第二项注意点是纵向控股链条的长短适中。控制链条拉长的功能主要有：①提供税收筹划空间、金字塔式的资源控制、锁定风险。即企业集团的层次结构越复杂，享有的税收筹划空间就越大；被投资企业的法人财产独立，锁定了投资主体所承担的风险；金字塔结构赋予了集团总部以有限资源投入控制尽可能多资源的权利。②建立进行直接和间接融资的平台。

缩短控股链条则有利于财务战略。产权关系扁平化的直接后果是：①直接促进组织与管理关系扁平化，有利于强化集团管控力度。②通过缩短控股链条，能保证对收益能力较强的下属公司的收益在总部完整地实现，从而解决母公司与少数股东间的收益倒置问题。

现代企业集团股权结构纵横交错，股权管理与财务控制显得尤为重要，需要较清晰的股权脉络把握，从管理实务角度而言，厘清股权关系、强化股权的动态调整、缩短或延长控股链条，是改善我国企业集团股权管理、提升集团财务管理水平、增强控制力的重要措施。

二、股权结构与公司效率

关于股权结构与公司治理绩效的关系，理论界有不同的观点，各种学说都有其观点，并有一些事实来支持，现实中则是各种股权结构的公司都存在。

（1）股权结构的差异

公司的股权结构是指公司股东的构成，包括股东的类型及各类股东持股所占比例，股票的集中或分散程度，股东的稳定性，高层管理者的持股比例等。就大多数上市公司来讲，股东包括个人、非金融企业、非银行金融机构、政府、国外投资者、一般职工及高层管理者（包括总经理和董事）。在一些国家，商业银行也成为上市公司的股东，甚至是大股东。很显然，股东的种类不同、各类股东持股比例不同，以及股票的集中程度和流动性不同，导致的股权结构也截然不同。不同国家甚至一个国家内部，公司的股权结构都有较大的差异。导致不同国家公司股权结构出现差异的原因很多，历史、文化、家族势力、收入差距等固然是影响因素，但上市公司的信息披露规制、内部交易规制、市场操纵规制、接管和反接管规制、证券分散规制以及银行规制的宽严程度，在很大程度上影响资本市场的发育程度、公司内外部人之间信息的非对称程度、股权集中的收益与成本比较以及银行及机构投资者能否持股及持多大比例的股份等，对公司的股权结构产生很大的影响。

（2）股权结构与公司治理效率

股权结构与公司治理效率关系的理论及国内外实证分析表明：①影响一国公司股权结构的因素是多方面的，但资本市场管制差异和对中小投资者的法律保护程度差异是主要因素。②股权结构与公司治理方式有着必然的联系，不同的股权结构会形成与之相对应的治理方式。③就成熟的市场经济而言，无论是从理论还是从实证分析上，股权结构与公司治理绩效之间的关系都没有定论，很难从绝对意义上说清哪种股权结构及其与之对应的治理模式的效率最高。④不管公司的股权结构如何，公司治理不单是指基于股权结构基础上的股东治理，还包括外部市场对公司的治理，即消费者通过产品市场、股东通过股票市场、债权人通过破产、潜在的管理者通过经理市场、职工通过劳动力市场，都会对现任经营者施加压力，使得经营者不至于过分追求自身利益，或严重损害相关利害者的利益。另外，政府的法规和社区的影响也是参与公司治理的重要力量。

(3) 股权结构对公司治理的影响

股权结构对公司的影响，主要以股权高度集中、股权高度分散、股权有一定集中度这三种有代表性的股权结构对公司治理结构的影响。其影响程度见表2-7、表2-8的概括及比较。

表2-7　　三类股权结构监督约束效应对比

	高度分散型股权结构	高度集中型股权结构	相对集中型股权结构
集体行动	搭便车	用脚投票	参与
股东监督	困难	大股东有足够的动力	较大的动力监督
利益机制	小股东受损	中小股东受大股东侵害	利于保护中小股东权益
公司治理系统	失效，内部人控制	大股东控制	股东制衡，约束性强
代理权结构	高度的稳定性	高度的稳定性	代理权竞争程度较强
控制权市场	刺激收购活动发生	成为购并目标的可能性极小	易展开收购的控制权转变
公司效益	控股股东控股比例小于40%，托宾Q值随控股比例增大而增大	控股比例达到40%~50%，公司托宾Q值开始下降	

表 2-8　　股权结构对公司治理结构的影响

股权结构类型 / 公司治理机制	股权集中，有绝对控股股东	股权高度分散，没有特别大的股东	股权相对集中，有相对控股股东和其他较大股东
激励机制	好	差	一般
监督机制	一般	差	好
控制权市场接管	差	好	一般
代理权竞争	差	差	好

表 2-7 反映了三类不同的股权结构对公司治理结构的影响程度，我们可以看出，与前两种股权结构相比较，第三种股权结构股权相对集中对公司治理机制作用的发挥，总体较为有利。由于公司治理结构这四种机制对公司的经营及促使经理按照股东利益最大化原则行事具有决定性影响，是公司治理结构最重要的内容，因此，从理论上说，该类股权结构与其他类型的股权结构相比较，可使公司的绩效最大化。

三、股权市场

1. 股市及私募市场

(1) 股票市场

股票出现距今已有 400 余年历史，荷兰东印度公司是世界上第一家股份公司。股市是股票市场的简称，是股票发行和流通的场所，股票的交易都是通过股票市场来实现的。一般的，股票市场可以分为一级和二级，一级市场也称为股票发行市场，二级市场也称为股票交易市场。

股票市场是上市公司筹集资金的主要途径之一。公司筹集长期资本一般有三种方式：一是向银行借贷；二是发行公司债券；三是发行股票。前两种方式的利息成本较高，而利用发行股票的方式来筹集资金，则无须还本付息，只需在利润中划拨一部分出来支付红利即可。发行股票的方式较为经济，只是要牺牲一部分公司控制权。

股票市场的变化与整个市场经济的发展是密切相关的，股票市场在市场经济中始终发挥着经济状况晴雨表的作用。

美国之所以在过去150年里是世界的创新中心，其中一个非常重要的原因是它有着世界最发达的股权交易市场，这不仅为创业者提供了大量的风险资本，而且在商业模式上让美国创业者不必追求短期盈利，而是把企业目标定在企业价值的最大化上面，因为活跃的股权交易市场让他们能随时变现已成功的或具有成功潜力的企业价值。

如果没有活跃的股权交易市场，中国难成创新型国家。我国沪深股市从1990年12月开始，之后迅猛发展，20年来股市的结构愈加完善，投资品种愈加丰富，股市的运作逐渐走向规范。

中国股权市场快速发展，是经济发展的必然要求。新的私募需求，使中国一些地方出现了产权交易所，这些交易所虽然还不完善，但对于推动高科技企业的发展起到了积极的作用。由于产权交易所的局限性，私募股权基金方面则有了很快的发展。这与中国的经济转型、结构调整有着密切的关系，经济结构调整客观上需要股权的投资和转化。与此同时，中国资本市场也进入了一个转型时期，能够被培养为上市的公司数量越来越少，而有潜力的企业需要私募股权基金大力支持和培养，使其成为有影响力、有发展前景的上市公司。

（2）私募股权市场

私募股权市场是一个新兴的资本市场，是进行私募股权交易的金融市场，它是一个新的金融子体系。传统私募股权市场上的融资主体主要是创业投资企业，通过私募融资，这些创投企业能够筹集到资金度过最困难的发展阶段，因此私募股权市场对于促进技术创新和科技发展具有重要作用。

私募股权投资PE（Private Equity），是指通过私募形式对私有企业（即非上市企业）进行的权益性投资，在交易实施过程中附带考虑了将来的退出机制，即通过上市、并购或管理层回购等方式，出售持股获利。在结构设计上，PE一般涉及两层实体，一层是作为管理人的基金管理公司，一层是基金本身。有限合伙制是国际最为常见的PE组织形式。一般情况下，基金投资者作为有限合伙人（Limited Partner，LP）不参与管理，承担有限责任；基金管理公司作为普通合伙人（General Partner，GP）投入少量资金，掌握管理和投资等各项决策，承担无限责任。

第一，私募股权。

私募股权，又译为私人权益资本或未上市股权资本，是相对于上市公开募集的资本而言的，哈佛大学商学院教授 Josh Lerner 定义的私募股权就是指那些提供给高风险、并潜在高收益的项目股权资本，市场投资主体在投资决策前执行慎重的调查并在投资后保留强有力的影响来保护自己的权益价值。

可以从广义和狭义两方面来理解 PE：①广义方面，PE 包括涵盖企业首次公开发行前各阶段的权益投资，即对处于种子期、初创期、发展期、扩展期、成熟期和 Pre－IPO 各个时期的企业进行投资，相关资本按照投资阶段可划分为创业投资（Venture Capital）、发展资本（Development Capital）、并购基金（Buy out/Buy in fund）、夹层资本（Mezzanine Capital）、重振资本（Turnaround Capital）、Pre－IPO 资本（如 Bridge Finance）以及其他如上市后私募投资（private investment in public equity，即 PIPE）、不良债权（distressed debt）和不动产投资（real estate），等等。②狭义方面，PE 主要指对已经形成一定规模的并产生稳定现金流的成熟企业的私募股权投资部分，主要是指创业投资后期的私募股权投资部分，而这其中并购基金和夹层资本在资金规模上占最大的一部分。在中国 PE 主要是指这一类投资。

在欧美资本市场发达的国家，私募股权是新兴企业、未上市的中小企业、陷入财务困境的企业以及寻求并购资金支持的上市公司的重要资金来源。私募股权投资作为一个真正的产业是在美国 20 世纪 80 年代初产生并不断发展起来的，在 90 年代形成一个对美国经济和企业举足轻重的金融产业。

私募股权市场作为一个新的金融子系统，其发展的前景由其具备的金融功能决定的。私募股权市场的功能有以下几方面：①融资。私募股权市场为创业企业、中等规模公司、陷入财务困境的公司以及寻求收购的公司等各种类型的融资市场主体提供融资需求。②风险管理。私募股权市场的投资者通过私募股权基金，对所投资的项目进行分析、筛选、调查评估以及应用多种金融创新工具和设计复杂的融资契约条款，降低风险和进行风险管理。③发现价格。私募股权市场通过私募股权基金的投资运作，使得企业的产权定价可以在更大的范围内实现。④提供流动性以及降低交易成本，私募股权市场通过私募股权基金进行的募资、投资和撤资等一系列运作流程，不仅可以实现投资者的资金流动，提供了投资的渠道，而且也为融资方的产权提供了流动性。同时，由于私募股权市场中中介组织私募股权基金的作用，促使交易双方实现自己的交易愿望，从而降低了金融交易的成本。

发达国家的经验充分表明：作为金融创新和产业创新结合的产物，私募股权市场为新兴公司提供了创业和持续发展所需的宝贵资金，催生了新的产业，促进了产业结构和消费水平的升级，扩大了就业机会，对发达国家经济的持续发展、科学技术进步和新经济的出现起到了巨大的推动作用。

据 ChinaVenture 统计，在 2010 年前 7 个月，外资人民币基金完成募资 143.33 亿元，相比 2009 年全年增加 101.9%；披露开始募集外资人民币基金 9 只，目标募集金额 184.33 亿元，接近 2009 年募资目标的 90%。这一系列迅速增长的数据，足以显示外资机构在募集人民币基金方面的热情。但无论从融资规模还是从投资金额上看，国外私募股权基金占绝对主导。目前，美国几家最大的私人股权基金已经进入中国市场并成功运作多个投资项目。

据清科研究中心统计，截至 2006 年 12 月底，中外私募股权基金共对 129 家中国内地相关企业进行了投资，参与投资的私募股权机构数量达到 75 家，投资总额达到 129.73 亿美元。2007 年至 2010 年 2 季度的中国股权投资情况见组图 2－2、图 2－3、图 2－4。

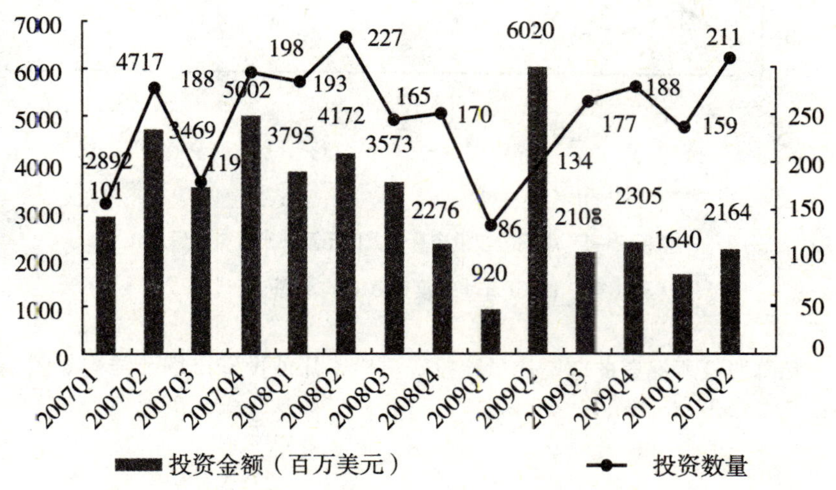

图 2－2　中国股权投资情况（2007 年 1 季度至 2010 年 2 季度）

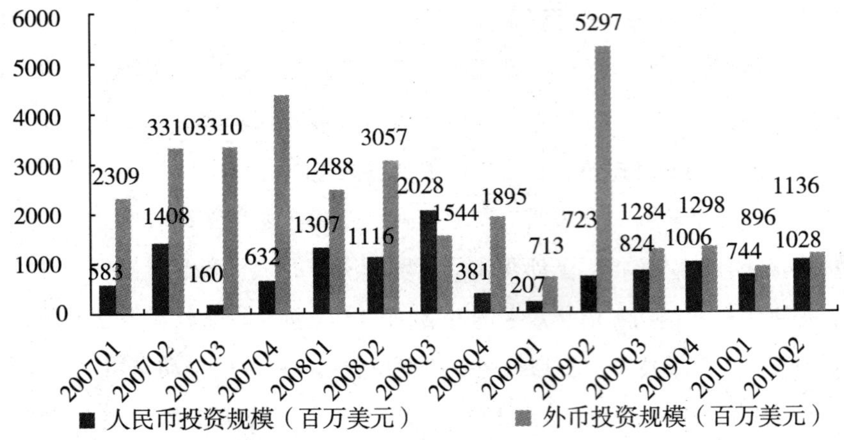

图 2－3　中国股权投资基金人民币及外币投资情况

（2007 年 1 季度至 2010 年 2 季度）

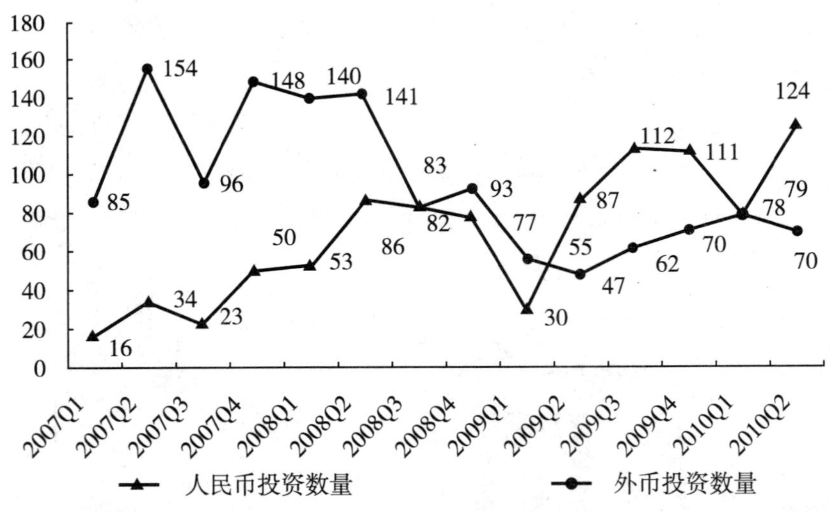

图 2－4　中国股权投资基金人民币及外币投资数量

（2007 年 1 季度至 2010 年 2 季度）

私募股权所涵盖的范围比风险投资更广，几种投资市场及结构如图 2－5 所示。

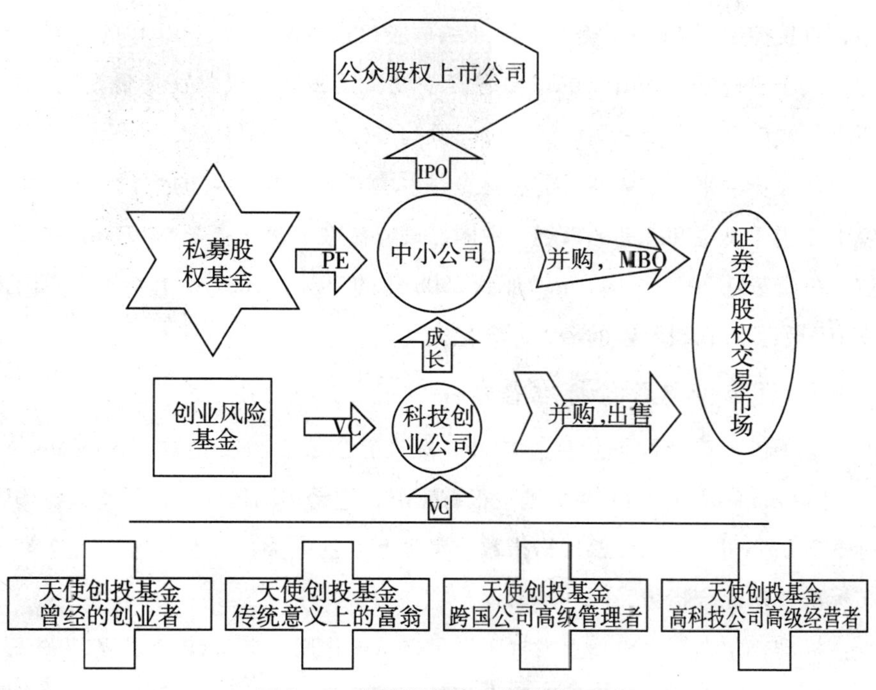

图2－5 各类投资者市场分布示意

总的来看，成长性资本引领中国私募股权市场，收购案例逐渐增多。在欧美发达的私募股权市场，并购投资往往占据了非常显著的份额；而在中国的私募股权市场上，则是成长资本扮演着重要的角色。凯雷并购徐工，该案例会同几起同样备受关注的外资并购事件在2006年引发了一场关于外资对产业的渗透、影响国家经济安全的大讨论。之后，商务部联合国资委、税务总局、工商总局、证监会和外管局正式发布《关于外国投资者并购境内企业的规定》，对外资并购引发经济安全问题作出回应，规定明确要求“今后外国投资者并购境内企业并取得实际控制权，涉及重点行业、存在影响或可能影响国家经济安全因素的，当事人应向商务部进行申报”。

第二，私募股权基金。

私募股权基金起源于美国。1976年，华尔街著名投资银行贝尔斯登的三名投资银行家合伙成立了一家投资公司KKR，专门从事并购业务，这是最早的私募股权投资公司。如今，全球已有数千家私募股权投资公司。

众多的私募股权投资公司在经过了20世纪90年代的高峰发展时期和2000年后的发展受挫期之后，目前重新进入上升期。据英国调查机构Private Equity Intelligence统计，截至2007年2月，世界共有950只私募股权投资基金，直接控制了4400亿美元。国外私募股权投资基金经过30年的发展，成为仅次于银行贷款和IPO的重要融资手段，且私募股权投资基金规模庞大，投资领域广泛，资金来源广泛，参与机构多样化。

从投资额来看，亚洲目前占有全球私募股权投资行业的大约1/3，在规模上相当于美国和欧洲的市场。中国已确立了在亚洲私募股权市场的领导地位，投资额从2005年的8%增加到2008年的29%。2009年上半年，中国占有亚洲私募股权投资额的1/3（73亿美元）。

2. 股市价格评价标准普尔指数

除了道·琼斯股票价格指数外，标准普尔股票价格指数（Standard and Poor's Composite Index）在美国也很有影响，它是美国最大的证券研究机构即标准普尔公司编制的股票价格指数。美国著名的《商业周刊》杂志每期都公布标准普尔混合指数。

标准普尔在资本市场上发挥了举足轻重的作用。自1860年成立以来，标准普尔就一直在建立市场透明度方面扮演着重要角色。当年欧洲的投资者对于自己在美国新发展的基础设施投资资产需要更多的了解。这时，普尔公司的始创人普尔先生（Henry Varnum Poor）顺应需求开始提供金融信息。普尔出版的各种投资参考都是本着“投资者有知情权”的重要宗旨。

标准普尔公司编制的股票价格指数。评价样本为500种股票，股票价格指数以1941～1943年抽样股票的平均市价为基期，以上市股票数为权数，按基期进行加权计算，其基点数为10。以目前的股票市场价格乘以股票市场上发行的股票数量为分子，用基期的股票市场价格乘以基期股票数为分母，相除之数再乘以10就是股票价格指数。

目前国际上公认的最具权威性的信用评级机构，主要有美国标准普尔公司和穆迪投资服务公司。这两家公司负责评级的债券很广泛，包括地方政府债券、公司债券、外国债券等，由于它们占有详尽的资料，采用先进科学的分析技术，又有丰富的实践经验和大量专门人才，因此它们所做出的信用评级具有很高的权威性。标准普尔作为金融投资界的公认标准，提供被广泛认可的信用评级、独立分析研究、投资咨询等服务。该公司同时为世界各地超过220000家证券及基金进行信用评级。目前，标准普尔已成为一个世界级的资讯品牌与权威的国际分析机构。

标准普尔公司信用等级标准从高到低可划分为：AAA 级、AA 级、A 级、A－级、BBB 级、BB 级、B 级、CCC 级、CC 级、C 级和 D 级。

标准普尔是创建金融业标准的先驱。它首先对以下方面进行了评级：证券化融资、债券担保交易、信用证、非美国保险公司的财政实力、银行控股公司、财务担保公司。股票市场方面，标准普尔在指数跟踪系统和交易所基金方面同样具有领先地位。另外，该公司推出的数据库通过把上市公司的信息标准化，使得财务人员能够方便地进行多范畴比较。标准普尔一系列的网上服务为遍布全球的分析、策划及投资人员提供了有效的协助。

表 2－9　　标准普尔 500 指数标准合约

交易单位	用 500 美元 × S&P500 股票价格指数
最小变动价位	0.05 个指数点（每张合约 25 美元）
每日价格最大波动限制	与证券市场挂牌的相关股票的交易中止相协调
合约月份	3，6，9，12
交易时间	上午 8:30 至下午 3:15（芝加哥时间）
最后交易日	最终结算价格确定日的前一个工作日
交割方式	按最终结算价格以现金结算，此最终结算价由合约月份的第三个星期五的 S&P500 股票价格指数的构成股票市场开盘价所决定
交易场所	芝加哥商业交易所（CME）

指数成分股的增减原则是指数的精髓 S&P500 指数以保留 500 只成分股为前提，维持一增一减。

（1）增加个股的考量原则

①市值。由于 S&P500 为市值加权型指数，因此个别公司在其产业领域的市值大小成为考量的第一要素。

②产业。考量产业是否在美国的经济体系中占有重要的地位。

③资本化。分析股票在外的流通程度，避免遭少数团体操控。

④交易。分析个股每日、月、年的交易流动性及股价的正常效率化。

⑤基本分析。追踪公司的财务及营运状况，以维持指数的稳定度，并将

变动减至最小。

⑥新兴产业。若有新的产业不在原本的分类中，但其条件符合以上5项标准，则可考虑加入。

(2) 减少成分股考量因素

①合并。公司合并后，被合并的公司自然排除指数外。

②破产。公司宣告破产。

③转型。公司转型在原来的产业分类上失去意义。

④不具代表性。被其他同产业公司取代。

3. 投资者咨询机构麦肯锡

麦肯锡公司是世界级领先的全球管理咨询公司。自1926年成立以来，公司的使命就是帮助领先的企业机构实现显著、持久的经营业绩改善，打造能够吸引、培育和激励杰出人才的优秀组织机构。公司目标是为高层管理综合研究和解决管理上的问题；对高层主管所面临的各种抉择提供全面的建议；预测今后发展中可能出现的新问题和各种机会，制订及时且务实的对策。

麦肯锡公司的产权体制与治理体制。麦肯锡是一家私营性质的合伙公司，内部管理风格也延用合伙人制。公司的所有权和管理权完全掌握在近600位在位的高级董事（资深合伙人Director）和董事（合伙人Principal）手里。在全球44个国家有80多个分公司，共拥有7000多名咨询顾问。所有董事在加入公司时都曾担任过咨询人员（Associate），他们作为工作人员分布在不同的国家和地区。公司所有权制度确保了独立性和客观性，因此，公司只对客户和公司自己负责。公司执行董事是由高级董事们选举出来的，任期为3年。公司严格奉行不进则退的人事原则，凡未能达到公司晋升标准的人员，公司会妥善劝其退出公司。公司几乎所有的高级董事和董事都是通过了6~7年的严格培训和锻炼后，从咨询人员中精心挑选出来的，成为董事的几率大约是每5~6个咨询人员有一个有可能会晋升为董事。许多董事最终将会决定离开麦肯锡并加入其他大公司担任要职，例如，IBM公司、西屋电气公司、美国运通公司的总裁均是麦肯锡公司的前董事。

麦肯锡、波士顿和贝恩战略模式比较。在全球战略咨询公司中，麦肯锡、波士顿和贝恩咨询公司三大公司可谓各领风骚。它们的咨询业务在20世纪80年代便进入中国，其完善的咨询服务模式还依然在咨询界得到普遍承认。

表 2－10 麦肯锡、波士顿和贝恩三大咨询公司运营状态比较

中国分配力量比较	
麦肯锡	业务网络覆盖 51 个国家，拥有 90 家分公司，近 8000 名顾问。麦肯锡 1959 年进入亚太地区，在中国的业务始于 1985 年。自那时起，麦肯锡在香港、台北、上海及北京建立了分公司。中国内地公司从 1993 年开始成立，麦肯锡公司大中华地区的咨询顾问大约有 180 人，中国内地的咨询顾问超过 80 人，大中华地区的人员规模已经超过波士顿分公司
波士顿	波士顿顾问公司成立于 1963 年。经过近 40 多年的发展，波士顿顾问公司已经成为一家全球著名的管理顾问公司。就发展策略及经营业绩为大型国际性企业和组织提供专业的咨询服务。波士顿 20 世纪 80 年代进入中国市场，并于 1993 年 1 月在上海正式成立了波士顿咨询上海有限公司，目前包含香港在内在中国有 70 余名咨询顾问，在全球拥有 2700 名顾问
贝恩	贝恩策略顾问公司创立于 1973 年，总部位于波士顿。其主要创始人威廉·贝恩早年就业于波士顿咨询公司。在 1973 年贝恩带领几名咨询顾问离开了波士顿公司，成立了贝恩公司。在 1973 年到 80 年代中期，贝恩公司的年增长速度为 50% 左右。在 1998 年，贝恩公司拥有咨询顾问近 1500 人，年营业收入 4.5 亿美元，客户主要分布在 60 多个国家 贝恩于 1993 年在北京正式建立办事处，是北京第一家战略顾问公司。在中国已经有 50 多位咨询顾问，在全球拥有 2800 多位顾问
业务特色比较	
麦肯锡：虔诚的咨询教士	麦肯锡的特色在于严格遵循清规戒律，有人甚至称麦肯锡人为虔诚的咨询教士。“做咨询时一定要保持独立性，一定不要过多干预客户的内部事务”，这是麦肯锡创始人之一马文·鲍尔为公司制定的一条戒律，这条戒律长期在咨询业占据主导地位并被许多咨询公司奉为金科玉律，也成了咨询业得以成长的第一个行业规范
波士顿：用知识管理占据市场	1963 年，波士顿咨询公司成立之初就在总部建立起高度集中的智力资源中心，走出一条“用知识管理占据市场”的经营之路

续表

贝恩：为客户提供最佳成效	贝恩的顾问把提高客户全部经济价值作为自己的使命，他们认为向客户提供的应该是基于经验为客户击败竞争对手和争取更多回报率的服务。他们的业务并不局限于任何单一的传统产业，而是从众多工业和商业模式中透视出独到的观点，客户从他们那得到的永远是最佳成效，而非一份报告而已
业务范围比较	
麦肯锡	麦肯锡的咨询重点放在高级管理层所关心的议题上，为各个不同的行业客户设计、制订相配套的一体化解决方案，包括企业的战略制定、经营运作、组织结构。通常集中于客户可以量化的业绩改进，比如说改进销售收入、利润成本、供货时间、质量等
波士顿	公司的主要业务范围涉及消费品及零售业、工业品、能源与公用事业、医疗保健、高新科技、金融服务等行业。主要为企业提供以下几个方面的咨询服务：不同企业范畴间的资源分配；发展多元化的新业务；制定长远的策略，以适应竞争环境的转变；了解竞争对手的实力和经营方针；拓展新品牌以及为原有品牌重新定位；在销售、制造、营运及开发新产品等方面，改善对顾客需求的回应；识别恰当的机会，建立策略性联盟、合营企业及进行收购与分拆；协助新创建的企业走上正常营运的轨道 目前波士顿正逐步开拓其他专项领域，其中包括采矿业、纸浆及造纸业、环境生态等行业以及为企业策略创新而发展的“价值为本管理模式”、“企业再造工程”等管理概念
贝恩	公司的主要业务领域包括：战略决策、电子商务战略、客户关系、企业成长、企业运作管理优化、供应链管理、组织与变革管理、兼并重组
咨询工具比较	
麦肯锡：著名的三层面理论和“7S”模型	麦肯锡在咨询理论上提出了比较著名的三层面理论和“7S”模型 三层面理论的核心是在确保核心业务的基础上，选择第二层面业务，使其迅速发展为第一层面，同时为未来长远发展选择第三层面业务 “7S”模型指出了企业在发展过程中必须全面考虑各方面的情况，包括结构、制度、风格、员工、技能、战略、共同的价值观。也就是说，企业仅具有明确的战略和深思熟虑的行动计划是远远不够的。在模型中，战略、结构和制度被认为是企业成功的“硬件”，风格、人员、技能和共同的价值观被认为是企业成功经营的“软件”

续表

波士顿：波士顿矩阵领跑系列咨询工具	波士顿的经营理念影响了世界上无数公司。现在商界流行的竞争手法如价格战、广告战、上市闹剧、倾销与反倾销，似乎都可以从波士顿顾问们那里找到根源 波士顿提出了一系列分析工具和管理概念：经验曲线、以时间为本的竞争、针对市场细分的营销法、投资或产品组合策略（增长/占有率矩阵）、以价值为本的管理模式、持续增长方程式、股东总值、策略性的市场细分、拓展准顾客、价值链分析
贝恩：《主营利润》追求持续盈利增长	贝恩公司通过10年的战略决策研究后，推出了《主营利润》一书。书中的结果显示，在过去10年里世界上90%的公司未能取得持续盈利增长。在对长期盈利公司的战略进行分析后，贝恩公司发现，一个企业要想成功制定和实施成长战略，有两个至关重要的因素：释放核心业务的全部潜力；扩展环绕核心业务的临近业务。在对此理论的研究过程中，贝恩公司总结了一系列企业咨询理论，如市场划分、竞争对手评估、临近行业利润分析、客户分析、客户群细分、生产率提高、竞争力标杆管理，客户忠诚度、价格分析、相关业务划分、市场进入分析等

中国平安股东和谐共赢

一、公司股权结构关系和经营状况

1. 大股东及股权结构

中国平安保险（集团）股份有限公司股权结构特点是结构较为分散，不存在控股股东，也不存在实际控制人。

中国平安保险（集团）股份有限公司第一及第二大股东分别为汇丰控股有限公司的两家全资附属子公司，汇丰保险控股有限公司及香港上海汇丰银行有限公司，截至2009年12月31日，两家公司合计持有本公司H股份

1232815613股，约占公司目前总股本73.45亿股的16.78%。持有5%以上股权的股东的最终控制人与公司之间关系图如图2－6。

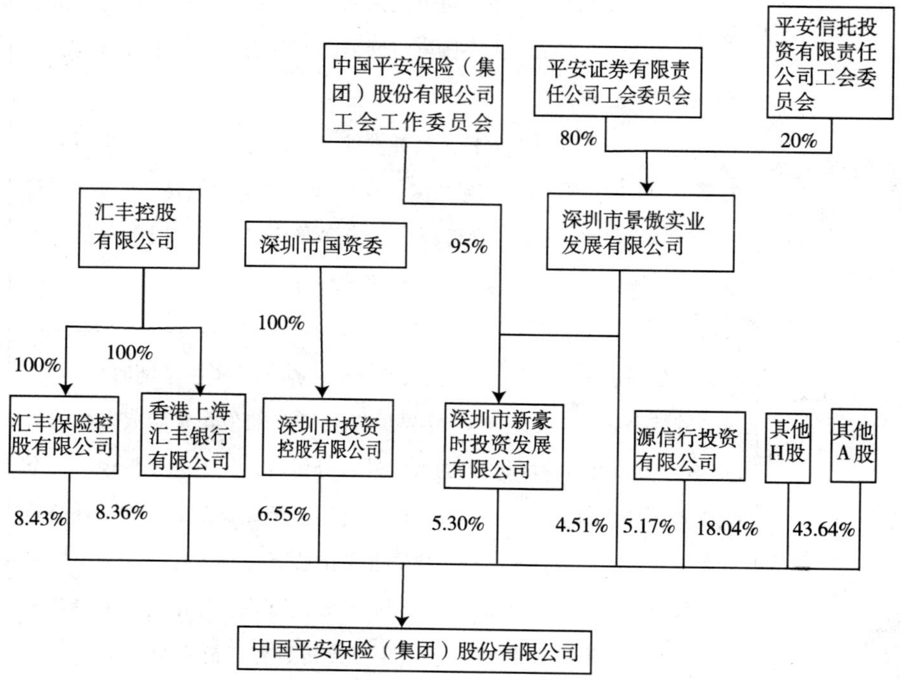

图2－6 中国平安持股权5%以上股东最终控制人与公司关系图

汇丰控股于1959年1月1日成立，普通股实收资本为8704103384美元，注册地址为8 Canada Square, London, E145 HQ, United Kingdom，主营业务为金融服务。汇丰控股是世界上规模最大的银行及金融服务机构之一，国际网络横跨全球86个国家和地区，办事处约8500个，涵盖欧洲、亚太区、美洲、中东和非洲，为超过1亿名客户提供全面的金融服务，包括个人理财（包括消费融资）、工商业务、企业银行、投资银行及资本市场，以及私人银行。

持有该公司股权5%以上的公司简介：

（1）汇丰保险

汇丰保险于1969年6月17日成立，普通股实收资本为1468.74万英镑，注册地址为8 Canada Square, London, E145 HQ, United Kingdom。其主营业务为金融保险，主要经营地为英国。汇丰保险是汇丰控股的全资附属子公司，专注于发展汇丰控股的保险业务。

(2) 汇丰银行

汇丰银行于1866年8月14日（香港注册日期）成立，普通股及优先股之注册资本分别为300亿港元及134.505亿美元，普通股及优先股之实收资本分别为224.94亿港元及125.335亿美元，注册地址为香港皇后大道中1号。其主营业务为银行及金融服务业务。汇丰银行及各附属公司在亚太区19个国家和地区设有约920家分行和办事处，并在全球另外5个国家设有约20家分行和办事处。汇丰银行是汇丰控股的创始成员及其在亚太区的旗舰，也是香港特别行政区最大的本地注册银行及三大发钞银行之一。

(3) 深圳市投资控股有限公司

该公司持有中国平安A股股份481359551股，占公司目前总股本的6.55%，其控制人为深圳市人民政府国有资产监督管理委员会。深圳市投资控股有限公司是国有独资有限责任公司，成立于2004年10月13日，注册地为深圳市福田区深南路投资大厦18楼，注册资本为人民币46亿元，实收资本为人民币46亿元，法定代表人为陈洪博。经营范围为：为市属国有企业提供担保；对市国资委直接监管企业之外的国有股权进行管理；对所属企业进行资产重组、改制和资本运作；投资；市国资委授权的其他业务。

(4) 深圳市新豪时投资发展有限公司

该公司持有中国平安A股股份389592366股，占公司目前总股本的5.3%。深圳市新豪时投资发展有限公司于1992年12月30日注册成立，现注册资本为人民币2.05亿元，中国平安保险（集团）股份有限公司工会工作委员会持有其95%的股权，深圳市景傲实业发展有限公司持有其5%的股权，注册地址为深圳市罗湖区红岭中路1010号国际信托大厦2楼，法定代表人为林丽君。经营范围为：投资兴办各类实业；保险、金融信息、投资技术咨询；代理、委托投资；国内商业、物资供销业（不含专营专控专卖商品）；企业形象设计（不含限制项目）。经中国保监会以《关于确认中国平安保险股份有限公司发起人及变更章程的批复》（保监变审［2002］54号）确认，深圳市新豪时投资发展有限公司为公司发起人股东之一。中国平安设立了员工受益所有权计划，由参与员工认缴员工投资集合资金并获得单位权益，而由该投资集合分别通过深圳市新豪时投资发展有限公司、深圳市景傲实业发展有限公司间接投资于中国平安。员工投资集合的权益持有人以中国平安保险（集团）股份有限公司工会工作委员会、平安证券有限责任公司工会委员会、平安信托投资有限公司工会委员会的名义，分别受益拥有深圳市新豪时投资发展有限公司100%的股权、深圳市景傲实业发展有限公司100%的股权。

（5）源信行投资有限公司

该公司持有中国平安A股股份380000000股，占公司目前总股本的5.17%。源信行投资有限公司成立于2000年10月27日，注册地址为上海市浦东新区绿科路90号1幢512B室，法定代表人为郭俭忠，注册资本为人民币16亿元，其中北京恒丰永业经贸有限公司、北京裕昌隆工贸有限公司各持有其50%的股权。经营范围为：投资管理；接受委托从事企业经营管理、企业收购、合并、资产重组的策划；经济信息咨询（除中介服务）；销售百货、针纺织品、建筑材料、金属材料、电子计算器及外部设备、机械电器设备（涉及许可经营的凭许可证经营）。

2. 公司股权结构形成及经营状况

（1）公司的成立

公司经中国人民银行于1988年3月21日以《关于同意成立平安保险公司的批复》（银复［1988］113号）批准成立，并于1988年4月22日取得深圳市工商行政管理局核发的营业执照（深新企字5716号），注册名称为深圳平安保险公司，注册资本为人民币4200万元，公司性质为全民所有制企业。1992年6月4日，经中国人民银行以《关于你公司更改名称的批复》（银复［1992］189号）批准，公司更名为中国平安保险公司，公司从一家地区性保险公司发展成全国性保险公司。1992年11月14日，国务院以《关于中国太平洋保险公司和中国平安保险公司业务范围的复函》（国办函［1992］93号）批准公司办理全国性的保险业务和国际再保险业务，中国平安成为全国三大综合性保险公司之一。1992年11月14日，经中国人民银行以《关于中国平安保险公司扩股增加资本金的批复》（银复［1992］505号）批准，公司在5个法人股东基础上开始增资工作。期间，中国人民银行在1993年12月17日以《关于中国平安保险公司吸收摩根士丹利和高盛公司参股方案的批复》（银复［1993］366号）批准公司吸收摩根士丹利和高盛公司参股。由于增资期间清退不合格股东等原因导致股东调整，至1995年12月6日中国人民银行以《关于核准中国平安保险公司扩股增资的批复》（银复［1995］437号）正式批准了这次扩股结果，公司注册资本增加到人民币15亿元。中国人民银行于1996年5月24日出具的《关于核准的批复》（银复［1996］157号）核准，公司规范为股份有限公司。经规范登记，国家工商总局于1997年1月16日向公司核发了企业法人营业执照（注册号：10001231－6），公司正式更名为中国平安保险股份有限公司，注册资本为人民币15亿元。为进一步落实《保险法》关于分业经营的规定，根据中国保监会于2001年12月5日下发的《关于中国平安保险股份有限公司分业经营改革的通知》（保监发［2001］197号）、2002年4月2日下发的《关于中国平安保险股份有限公司分业经营实施方案的批复》（保监发［2002］32号），公司开始进行分业经营的工作。2002年10月28日，中国保监会以《关于中国平安保险股份有限公司有关变更事项的批复》（保监变审［2002］98号）、《关于成立中国平安财产保险股份有限公司的批复》（保监机审［2002］350号）、《关于成立中国平安人寿保险股份有限公司的批复》（保监机审［2002］351号）批准了公司控股设立中国平安财产保险股份有限公司和中国平安人寿保险股份有限公司。2003年1月24日，公司在国家工商总局完成了工商变更登记手续，名称变更为中国平安保险（集团）股份有限公司，注册资本增加到人民币2466666667元。2004年6月，根据中国保监会出具的《关于中国平安保险（集团）股份有限公司境外发行H股并上市的批复》（保监复［2003］228号）及中国证监会出具的《关于同意中国平安保险（集团）股份有限公司发行境外上市外资股的批复》（证监国合字［2004］18号），公司获准公开发行H股1387892000股，发行价格为10.33港元/股，其中增量发行1261720000股、国有股存量发行126172000股，同时公司H股发行前的1170751698股外资股获准转换为H股。发行结束后，公司总股本变更为6195053334股，其中H股为2558643698股，占比41.30%，内资股为3636409636股，占比58.70%。同年6月24日，公司H股股票在香港联交所上市。

（2）公司组织结构图

中国平安保险（集团）股份有限公司于1988年诞生于深圳市，是中国第一家股份制保险企业，至今已发展成为融保险、银行、投资等金融业务为一体的整合、紧密、多元的综合金融服务集团。公司旗下有专业子公司及事业部：保险系列的中国平安人寿保险股份有限公司（平安人寿）、中国平安财产保险股份有限公司（平安产险）、平安养老保险股份有限公司（平安养老险）、平安健康保险股份有限公司（平安健康险），银行系列的平安银行股份有限公司（平安银行）、平安产险信用保证保险事业部（平安小额消费信贷），投资系列的平安信托投资有限责任公司（平安信托）、平安证券有限责任公司（平安证券）及中国平安证券（香港）有限公司（平安证券（香港））、平安资产管理有限责任公司（平安资产管理）及中国平安资产管理（香港）有限公司（平安资产管理（香港））、平安期货有限公司（平安期货）等，拥有约41.7万名寿险销售人员及8.3万余名正式雇员，各级各类分支机构及营销服务部门3800多个。

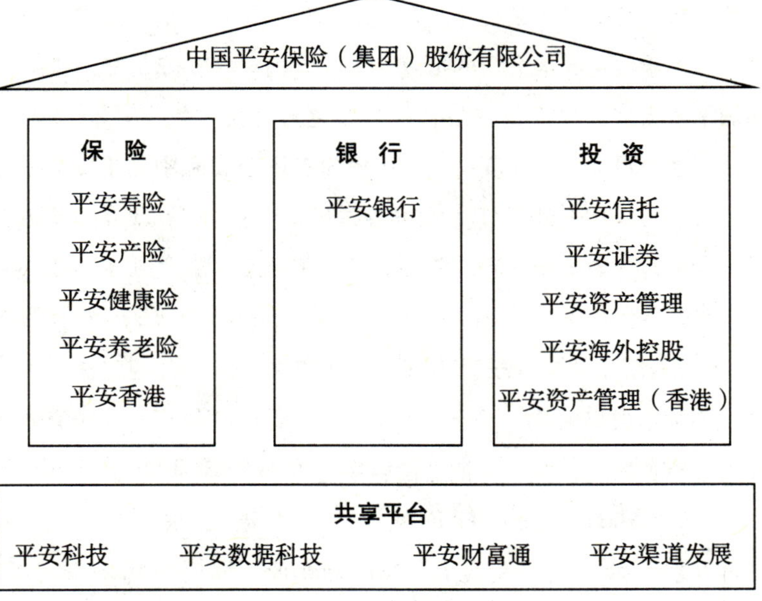

图2-5　平安集团组织机构示意图

（3）公司经营状况

平安保险（集团）股份有限公司是集保险、银行、投资等金融业务为一体的整合、紧密、多元的综合金融服务集团。从保险业务收入来衡量，平安人寿为中国第二大寿险公司，平安产险为中国第二大产险公司。1988年3月平安保险公司成立以来，公司董事长和首席执行官马明哲先生，历任公司总经理、董事、董事长等不同职务，全面主持公司的经营管理工作至今。

平安保险（集团）股份有限公司以统一的品牌向超过5100万名个人客户和200万名公司客户提供保险、银行、投资等全方位、个性化的金融产品和服务。公司拥有约41.7万名寿险销售人员及8.3万余名正式雇员，各级各类分支机构及营销服务部门3800多个。截至2009年12月31日，集团总资产为人民币9357亿元，权益总额为人民币917亿元。2009年，集团实现总收入人民币1528亿元，净利润人民币145亿元。

2008年，中国平安进入《财富》世界500强，并成为入选该榜单的中国内地非国有企业第一名。2009年6月，在英国《金融时报》公布的2009年度“全球500强”企业榜单中，中国平安列全球寿险公司第二名，中国企业第八名，中国非国有企业第一名。中国平安还是《福布斯》杂志2009年度“全球上市公司2000强”第141名。

二、构造平衡的股权结构

在中国股权结构的过度集中往往是造成一系列公司治理弊端的主要根源之一，经过多年改革和市场规范化，目前中国上市公司股权结构正逐步地朝着分散化和多元化的格局演变。在引领这一潮流的上市公司中，中国平安是特色最为鲜明的一家，平安拥有骄人的治理业绩和强劲的成长性，与其充满智慧和艺术的股权结构不无关系。

到目前为止，学术界既没有形成一个一致性的结论，也没有研究出量化最优股权结构的通用标准。如果用平安今天的成功来倒推其股权结构的合理性，则能够说明那句“实践是检验真理的唯一标准”的名言，正如马明哲所说：“平安形成如今的股权结构是管理层不断思索和艰难探索的结果，没有谁一开始就能够预计到现在的局面。”推动股份分散、合理化的根本力量在于市场化的理念。在过去的二十多年中，这种理念让平安一次又一次地完成了“不可能完成的任务”，实现了从地方性保险公司到国际化金融控股集团的巨大跨越，形成了一个控制权、管理权和监督权相对平衡的公司治理结构。

1. 多元化分散股权

中国的现代企业制度改革初期，很少有人关注公司治理结构跟企业能挣多少钱、能获得怎样的市场和发展空间有关系，但那些较早接触市场经济的远见卓识者是例外。被称为平安“精神领袖”的袁庚清晰地认识到体制对于企业的重要性，他在香港亲眼见到了被市场机制充分激活的能量。平安保险公司在深圳蛇口之初的股东有两家：工商银行持股49%、招商局集团持股51%。由于袁庚刻意要把平安发展成有别于一般国企的想法，平安从成立之初就设立了董事会，并于同年召开了首届董事会会议，标志着公司拥有了现代公司治理的基本架构。

然而由于国有股东的特殊性，在公司成立之初的很长一段时间里，这一现代企业架构并没有起到其应有的作用。原因是显而易见的，国有股的股东代表并不能像真正的财产所有者那样对国家这个非人格化产权主体的投资进行负责，因而不会根据市场赢利目标和激励约束相容原则来组建和监督经营层。同时，政府却可以通过与国有股东的关联关系以行政方式非透明地干预企业的经营行为。

缺乏人格化产权主体造成的一个问题是，管理层的努力程度和企业绩效水平相关性不高，其选任机制是非市场化的、低效的，直接影响了企业对优秀人才的吸引力。而另一个问题则是股东比较集中，股东们决策时更多是从自身利益出发，而缺少对公司利益、长远经营发展的考虑，比如想多分红，这与公司初创期希望把利润留下来发展业务的愿望是有冲突的。再一个无法回避的问题是，国有大股东对董事会的控制欲较强，这影响着董事会的独立性。

马明哲清楚地认识到：最为关键的问题则是由股权结构决定的。马明哲和袁庚深知，如果不能通过市场化手段引入外部投资者、不能让管理层的利益与公司和股东的利益相结合，平安也很难走出国有体制的桎梏。

当平安获得全国性保险牌照，从区域性保险公司走向全国时，即引入了新股东平安综合服务（平安职工合股基金——即员工投资集合深圳市新豪时投资发展公司的前身），持股10%。如此一来，公司就从根本上解决了管理层、员工与股东利益一致的问题，完成了一次里程碑式的股权变革。

在平安多次的增资扩股中，国有股东或参与或不参与，他们并不阻止其他股东的进入，因此这种股权的变动显得非常平稳，这应该在相当程度上得益于作为改革前沿的深圳具有的开放性和包容性。当时外部监管机关的态度是不干预，让企业按市场的规则、规律运行。

平安国有股东股权的稀释或淡出，在某种程度上是“市场化”的结果，这些国有股东顺应了这种市场化法则，这种市场化要求的更多是私人、民营公司这样经济利益驱动较强的股东参与。因此，平安股权分散化的过程是在市场机制的作用下，国有股东的股权自然变化的过程也是公司股权优化的过程。伴随着国有股东股权占比减少的却是股东权益迅猛增长带来的投资收益。以招商局为例，其完全退出平安，连带分红和股权收益，净得近20亿元。截至目前，平安的前十大股东中有两家国有股东：深圳市投资控股有限公司（国家股）持股7.44%，深业集团有限公司（国有法人股）持股3.32%。

2. 优选股东

除了股权集中度的问题以外，股权结构还涉及股东的构成和股东之间的关系。对于中国金融保险行业的企业而言，外部股东的意义绝不是补充资本金那么简单，更重要的是引进先进的公司治理理念和丰富的、国际化金融发展和经营经验。

平安在股权变更中，“什么时候选择什么样的股东”，在不同发展时期，不可避免地会出现部分股东与公司长期发展目标不一致的现象，如果协调不好，公司的发展就会受到限制。平安两次引入战略投资者的历程，就典型地展现了一个“后进”的中国学生，从要钱、被动改进管理和治理水平到引资引智并重、主动学习的过程，同时做到了股权合理化与股东质量优化。

作为战略投资者进入平安的摩根士丹利和高盛可谓名副其实的高质量股东。当时摩根和高盛以超过每股净资产6倍的价格取得平安13.7%的股份。囿于当时的政策，两个外资股东起初被挡在董事会门外，每家派出一个“观察员”列席董事会，没有投票权。外资非常关注董事会规范化的运作和流程，他们对平安提出要求：要用国际会计师，确保信息披露的准确、连续、透明；超过一定金额的投资必须提交董事会甚至股东大会审议。当时平安聘请的是国内会计师，一年费用不过20万，而聘请国际会计师则要花200万以上，平安觉得太贵，和外资股东很是争论了一番。外资对公司种种制度的“苛求”起初也让平安感到不很舒畅，觉得受到很多限制。

从摩根士丹利、高盛这两个挑剔的老师身上学到很多管理、治理经验后，平安更加意识到高质量战略股东的意义。此后，平安站在新的起点上，迫切需要寻找一位更专业的战略投资者，以进一步充实公司的资本金，实现战略上的强强联合，帮助平安进入国际资本市场。随即，平安找到了汇丰。汇丰入股平安 6 亿美元，获得 10% 的股权。相比摩根士丹利、高盛而言，汇丰在风险控制、合规等领域更加专业和领先，是国际领先的金融控股集团。

在入股方案谈判的时候，平安有意识地从这个战略投资者那里获取大量的智力支持。“汇丰入股的时候，我们当时讲得很清楚。除了资金，当年摩根士丹利、高盛进入后，给我们带来了很多东西，希望汇丰也能做到这点。汇丰说很愿意做这个事情。但空口说白话是不行的，我们跟汇丰签有协议，叫技术支援协议。”协议中指出：平安有需要、汇丰能做到，原则上就得满足平安的需求。当然，平安是要支付费用的。由此可以看出，引资一定要是战略投资者，仅仅给钱是不行的。汇丰没有让平安失望，一入股就对平安的内部控制、风险管理提了很多意见。

不断地向外资股东学习、引入国际上先进的经营管理、治理经验，以及不断地和股东进行战略协作之后，平安自身的经营管理日益优化。

仅仅是股权结构形式上的均衡，并不能确保实质性制衡的实现。对平安而言，股东基本是市场化的利益主体，而且在股东均衡背后一直是公司利益最大化的理念及相关制度作为支持，这就保障了股权结构制衡的真正有效。

平安的愿景是成为以保险、银行和资产管理为核心业务的国际领先的综合金融服务集团，这就需要国际化的人才。随着平安股权的国际化，外资股东自然带来了国际化的人才。平安的董事共 19 人，其中汇丰派出的董事 3 人，均是资深的银行、保险和法律专业人士，他们是，王冬胜，汇丰集团总经理兼香港上海汇丰银行有限公司执行董事；白乐达，汇丰控股有限公司保险业务常务总监；伍成业，香港上海汇丰银行有限公司法律及合规事务主管。

大股东汇丰评价说，平安的董事会运作、风险管理以及内部控制已经达到了国际水平。正是源于这种信任，平安随后的一系列重大战略举措都得到了来自汇丰董事的坚定支持。

三、经营者团队与股东共赢

对一家公司而言，管理层团队与股东的关系，无疑是非常关键的。管理层团队与股东进行良好的沟通、合作，才能取得双赢，否则往往是两败俱伤。

一大批管理层团队在公司发展过程中并不拥有公司的第一大股权，而他们长期掌控公司的经营权，且第一大股东（或者所有其他股东）只派出董事（在上市公司中一般为非执行董事），并不派出管理层，在这种结构下，公司保持着良好的发展。

马云的管理层团队只是阿里巴巴集团的第三大股东，这并不妨碍他们掌控经营权；宗庆后是娃哈哈集团的第二大股东，且一直是娃哈哈的掌门人。至于平安，以马明哲为代表的管理层团队作为职业经理人，与股东合作融洽、自身也保持着稳定，这应该归功于平安的“基因”——自我革命、公司利益至上。

平安管理层团队跟大股东们合作良好，源于管理层团队作为职业经理人的利益和股东利益、公司利益是一致的。在股东制衡、董事会规范运作之下，管理层团队搞内部人控制等歪门邪道的可能甚微。这种利益的一致性可谓很好地解决了委托代理问题。

也正是因为这种利益的一致性，平安的董事会形成了一种基本的氛围：董事不能为了单个股东利益，只能为了公司利益。汇丰除派了董事，管理层是不派人的，因为没有必要派人。平安有很多股东董事，这些董事在公司里，都是要为公司利益、员工利益服务的，没有哪个董事发言的时候，完全站在自己的股东利益上。

连城顾问点评

平安公司股权改革得益于改革开放的先河之优势，平安的做法给予人们的启示有以下三点：

首先，在股权结构上不枉跟所谓的最优股权结构，而是根据公司的发展需要适时的演变股权结构，以利于企业经营，达到公司治理的合理状态。股权结构和公司价值之间的关系受到诸多外在治理因素和内部环境构成的影响，具有同样集中度和多元化程度的股权结构放在不同行业的企业里，所谓“差之毫厘，谬以千里”，也会产生南辕北辙的效果。因此，适合自己的才是最好的。从4200万元的注册资本起家，到资产9357亿、2009年度净利润145亿，通过资本股权运营和经营规模的扩充，平安经历了跨越式发展。平安从国企走向股权多元化、合理化的过程，找到了一条适合自己的治理之路。

其次，引入战略投资者，提升公司国际化水平。如案例中所述，平安先后引进的战略投资者都是具有国际水准的同行，没有行业差别，只是治理水平的“老师”和“学生”的关系，引进资本金股东的同时，必要引进先进的管理方法和经验，与其说是引进，在某种程度上是股东行为使然，投资者股东必定是看好了中国这块大市场，作为战略投资者，他们必然强调投资收益，并认为西方的治理方式在市场经济中是行之有效的，采用现代企业产权制度是当然的结果。

再次，作为平安公司的主角，经营管理层有着较高的现代企业经营意识和技巧，在解决内部人控制和董事会、股东关系方面有着较好的利益平衡，较好的设计找到了适合的股权结构。成事在人，人的能力发挥需要良好的机制，机制依靠体制，股权结构又为体制奠基。董事高管薪酬制度方面充分体现了经营管理层团队和股东的合作性，平安董事会薪酬委员会以绩效考核为基础建议董事和高级管理人员的薪酬待遇，交董事会审议，最后提交股东大会表决。这种这种董事会、股权会的双重决定制度得到了大股东的认可，股东对经营者、董事不仅有选择权，还有了对他们的剩余索取的表决权，而促使了股东对公司的积极行为，体现了一种国际化、市场化的治理理念。

第三章

股东大会

本章导读

股东会议是现代企业处理公司重大事务的一种重要方式，是企业权力的表现方式，企业所有者出席并就重大事项表决投票体现了企业经营的民主原则。股东会具有两种存在方式：一种是作为观念性的权力保有者地位的机构，另一种是作为现实性的权限行使的会议本身。股东会作为公司的会议机关，其权力的行使和公司意思的表达只能通过会议并作为决议的形式进行。因此，股东会决议的前置、形成、后果对整个公司的运作有非常重要的影响。

本章专门讨论股东会议的法律地位和有关法律规定，以及怎样召开好股东会议。本章最后给出了一家上市公司召开股东大会的案例，读者可以结合第四章的有关内容来研读，这对于收购企业获得控制权有着参考借鉴的价值。

股东会会议类别

股东会是公司中由全体股东组成的公司最高权力机构，股东（大）会[①]是通过召开会议的形式来形成自己的统一意志。体现在超越公司日常事务的决定都要由股东会来做出，公司组织机构大部分机关以及它们各自的职能，也要由股东会来确定。尽管各国公司立法大都放弃了“股东会中心主义”而采用“董事会中心主义”，然而股东会作为公司最高权力机构的地位并没有动摇，这是民法、公司法等法律赋予的权力，具有产权理论的法理依据。

按照《公司法》规定，我国企业股东会会议有首次股东会、定期会议、临时会议形式。具体会议的性质种类由每次会议的议题来确定，现代公司会议的大体形式趋同，区分在于内容。股东会议的主要功能主要有 5 大功能：一是决策功能，二是执行功能，三是沟通职能，四是协调功能，五是监督功能。

股东大会的主要作用：一是决定经营方针和投资计划，提高资源配置的总体效益；二是向股东以外的人转让出资做出决议（本项为有限责任公司股东会议特有的职权）。

股东大会的性质，主要体现在两个方面：一个方面是体现股东意志。股东大会是由全体股东组成的权力机关，它是全体股东参加的全会，而

① 根据《公司法》，有限责任公司称之为股东会，股份有限公司称为股东大会，本书中这两个概念基本相同，只是涉及不同法律条款时才有所区分。

不是股东代表大会。现代企业股权分散，股东上万甚至几十万，不可能全部出席股东大会。对不能亲自到会的股东，往往委托他人代为出席投票，以体现全体股东的意志。另一个方面是企业最高权力机关。股东大会是企业经营管理和股东利益的最高决策机关，不仅要选举或任免董事会和监事会成员，而且企业的重大经营决策和股东的利益分配方案等都要得到股东大会的批准。股东大会并不具体直接介入企业生产经营管理，本身不能成为企业法人代表。

一、首次会议和年度会议

1. 首次会议

对于新成立的公司，股东的首次会议尤为重要，虽然具体的权益分配和表决事宜在会议筹备之前就已经有了充分的协商、酝酿，但是，在首次股东会议上还需要通过法定形式的表决，才能实施公司的各项决定。股东首次会议通过公司的基本大法“公司章程”确定了公司的基本治理准则，决定了公司以后的经营方向。公司章程是指公司依法制定的约束性文件，它规定了公司名称、住所、经营范围、经营管理制度等重大事项。公司章程是公司组织和活动的基本准则，公司章程一经有关部门批准，并经公司登记机关核准即对外产生法律效力。公司、公司股东以及董事、监事和高级管理人员都要受到公司章程的约束。

更重要的是首次会议选举出首届董事、监事，由他们代理监管公司。首次会议由第一大股东召集主持，也就说明了第一大股东的控制人角色，而成为公司的主要权利人。

首次会议相似的会议，亦称为法定大会。是指凡是公开招股的股份公司，从它开始营业之日算起，一般规定在最短不少于一个月，最长不超过三个月的时期内举行一次公司全体股东大会。会议主要任务是审查公司董事在开会之前 14 天向公司各股东提出的法定报告。目的在于能让所有股东了解和掌握公司的全部概况以及确定重要业务是否具有牢固的基础。

2. 年度大会

股东年度大会作为周期性的股东大会，是对当年公司经营情况进行审议和对公司治理结构调整的大会，股东年度大会根据公司一年的经营计划，进行业绩和财政状况的审查，年度大会内容包括：选举董事，变更公司章程，宣布股息，讨论增加或者减少公司资本，审查董事会提出的营业报告，等等。股东年度大会是法定要召开的会议，是公司治理规范化的特制之一，是股东行使权力，公司民主管理的主要表现形式。年度大会对公司的管理控制作用，在于其对公司经营的定期宏观制度调控和对委托权有效性的检验，以使公司按照大多数股东的意愿发展获利，股东大会在公司权力结构和今后走势方面有着重大影响。

按《公司法》股东大会应当每年召开一次年会，即年度股东大会，或股东大会常会。年度股东大会应于上一会计年度结束后的6个月内举行。对于上市公司在规定期限内因故不能召开年度股东大会的，应当报告证券交易所，说明不能召开会议的原因并进行公告，董事会应当承担相应的责任。证券交易所将对该公司挂牌交易的股票予以停牌。

由于现代企业制度股权分散性特点，股东多分布区域广，单体股东在出资委托之后，没有过多时间照料其资产的情况，定期召集召开股东大会就显得十分必要，虽然董事会行使日常的权利，但由于可能出现的委托代理人、经营者治理问题，董事会的权利行使有必要进行周期性的监督，以查明董事会是否尽到了勤勉的义务，是否对股东的财产进行很好的看护和管理，使其保值增值，对公司的战略决策及监督经营者是否有效、得力，最为重要的是剩余收益的索取与分配这项根本利益要得到实现。

正是由于这些权益的重要性，现代企业的治理需要规范化、法制化的程序，才能维护各类股东，尤其是中小股东的权益，股东年度大会的议程要按照法律规定的程序召开，以避免控制人以不规范的方式侵犯其他股东的权利。因为各类股东代表在董事会中力量的博弈，都是要在既定框架游戏规则中开展，否则就会失去权利的控制，产生不公平交易，出资者也就不愿、不会再参加这样的机构，用脚投票一走了之。因此，股东及其代表董事之间的各种博弈，都是在大家认同规则的基础上进行的，首先就是股东会议程序上的博弈，大家制定出公平程序，共同遵守程序。

会议的主要程序是召开时间、地点、参加者资格、议程、表决。时间是权利行使的有效点，过长时间召开一次股东大会，权力的效力就微乎其微，法律规定必须每年举行一次股东大会就是对股东权利效力的维护。如果频繁召开，就会对委托代表董事会产生压力，委托代理的作用就无法显现出来。但是商场如战场，市场经济中有许多未知因素，出现突发的重大经营事项，如收购与被收购、控制权的转化、董事的缺位造成经营者的权力监督失控、资产面临遭到重大损失的危险，等等，需要股东必须快速出面进行干涉，就要召开临时股东大会。这在法律和公司章程中都需要规定。

二、临时会议和特别会议

1. 临时股东大会

临时股东大会（Extraordinary general meeting，EGM），指根据法定的事由在两次年度股东大会之间临时召集的不定期的股东大会，以决定临时出现需要股东表决的公司重大事宜。

股东大会临时会议通常是由于发生了临时的紧迫问题，涉及公司及股东利益的重大事项，且不能由公司管理层作出决定的情形时，无法等到股东大会年会召开，须召开股东会。相对于定期股东会，它被称为临时股东会。临时股东会议决事项，从各国规定来看，有两类：一类为事关公司重大利益的问题，如公司合并与分立、注册资本增减、章程变更等；另一类是特别事项，如董事竞业许可、董事与公司的交易等不宜由公司经营管理层决定的问题。临时股东会的一项职能便是监督、制约甚至罢免董事、经理等管理人员，审议董事竞业许可、自我交易等异常事项。各国立法的相关做法大致可以分为两种：其一，赋予监事会召集权；其二，赋予股东自行召集权，股东的此项权利一般是作为少数股东权（即只有超过一定比例的股东才能享有的权利）规定的。

关于临时股东大会的召集条件，世界主要国家大致有三种立法体例：列举式、抽象式和结合式。我国采取的是列举式，《公司法》第一百零一条规定了六种情形。其中只有第二条是实质性的内容“公司未弥补的亏损达实收股本总额1/3时”，这涉及股东重大根本利益，资本发生流失的客观财务条件不需要经过股东、董事会、监事会的确认，自动发生会议。而第一条“董事人数不足本法规定人数或者公司章程所定人数的2/3时”，董事人数的减少意味着代理人的缺位，而无法起到监督作用和决定经营重大决策。立法比较照顾股东的利益。一般投资者更为关注的临时股东大会议程，包括主要股东变更、收购兼并、重大人士变动、调整股利政策等。

对于有限责任的临时会议《公司法》第四十条规定："代表1/10以上表决权的股东，1/3以上的董事，监事会或者不设监事会的公司的监事提议召开临时会议的，应当召开临时会议。"

德国、日本等国家的法律则采取的是抽象式的立法体例，即不具体列举召集条件，而将决定权交由召集权人根据需要确定。德国《股份公司法》规定："股东大会应当在法律或章程规定的情形下以及在公司的利益需要时召集。"日本《商法典》也规定："临时全会于必要时随时召集。"而英国公司法规定临时股东大会召集条件，则采取了结合式的办法，即在规定抽象的召集条件之后，对法律认为重要的事项进行列举，其规定为：股东临时会可于必要时随时召集，尤其是涉及章程变更、公司的转化、限制股份转让的新规则、董事竞业的认可、董事私人交易责任的免除等。

法律规定的方式不同，体现了公司治理结构原则的差异。德日两国将临时股东大会召开的条件多赋予会议的召集者董事会的判断，董事会具有一定的权力，对股东的直接要求有一定的规避，体现了这两个国家较注意利益相关者的倾向。而我国的法律规定则对股东有一定的照顾，体现了股东主义的倾向，这由于我国许多企业是国有持股的企业，作为出资人代表的政府较关注资产增值状况，同时也对中小股东的利益有所照顾。

2. 股东监督机构

长期稳定的股东有助于公司财务基本结构的稳定，通过设计一种制度，达到公司治理的目的。股东积极主义倡导者罗伯特·孟克斯在1992年为埃克森公司年会提议成立一个"股东顾问委员会"，这个委员会被设计用来作为一种股东监督干预机制，用以解决"搭便车"问题、股东交流障碍及费用控制等问题。孟克斯建议任何一位在公司里拥有初始经济利益的股东（或股东团体）都可以提交一个富有竞争力的决议，推荐自己成为股东代表。被选举出的股东代表的权力有：①为他花费在干预活动里的资金索取一定限度内的补偿；②为他投入到干预活动中的时间索取补偿；③自由接触公司的代理声明，从而能够与其他股东进行经济交流。这种方式能够激发那些最有资格发起积极主义行动的股东去干预公司。和其他股东干预一样，这些"股东委员会"的决议也应该与公司的"日常经营"保持距离，把重点放在为董事会设定总体的"使命声明"上，为企业设立具体的治理目标和绩效目标，也要为董事会的绩效评估提供基本根据①。

成立股东委员会的好处是：它可以在一段连续的时间内确保公司和股东把合理的精力和专业技能投入到董事会中；另一方面，该委员会由公司提供费用，这种补偿对于努力尽到监管责任、解决搭便车和集体选择问题的股东代表是合理的。

股东会议权力及有效性

一、股东（大）会权力

1. 股东（大）会权力来源

我国公司法规定除一人有限责任公司和国有独资公司由股东和国有资产监督管理机构行使股东会职权外，其他公司必须设立股东会或股东大会。股东（大）会是公司组织机构构成的一部分。公司组织机构主要由股东大会、董事会、监事会和管理层组成，其结构代表了权力的分配格局，一般公司结构权力如图 3－1 所示。

每个机构构成都有相应的职权和功能，公司治理结构决定其组织功能，各个组织的职权都有一定的范围限制，超出职权范围之外的意思表达和行为不能作为公司的意思表示。在公司的各类组织结构中，股东（大）会是公司的最高权力机关，其最高权力表现为：一是股东（大）会的意思表示在公司

① 罗伯特·孟克斯（Robert Monks），尼尔·米诺（Nell Minow）著，杨介棒译：《监督监督人：21 世纪的公司治理》，中国人民大学出版社 2006 年版，第 300～301 页。

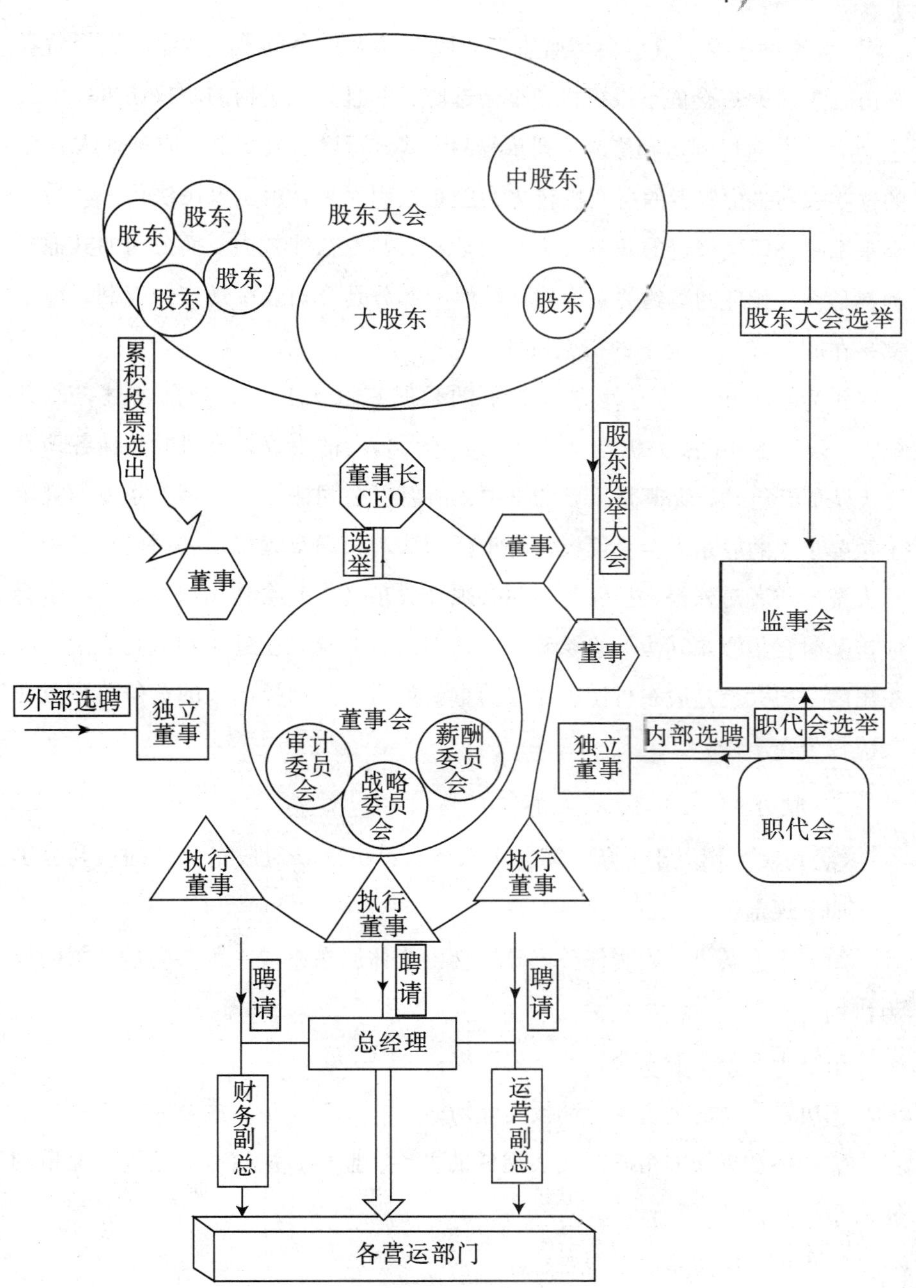

图3-1 公司组织机构权力分配图

的范围内没有限制，所有经合法程序作出的决定都代表公司的意志，而其他的公司组织结构只能在一定范围内代表公司的意思表示；二是股东（大）会的权力是公司其他组织机构的基础，表现为董事会和监事会需要通过股东

（大）会选举产生，董事会和监事会对股东（大）会负责，企业高层经营者则由股东（大）会的下级机构董事会选聘，并且其他机构的职权还可以由股东（大）会通过制定和修改公司章程的方式进行增加或变更。股东（大）会的这些权利是出资者的财产权转化为股东权利而来，由国家民法保护，另一个来源是公司法规定的股东（大）会职权，具有法律效力。而公司的其他权利都是委托代理的契约关系构成，虽然一部分是公司法中规定的权利，但是都是在股东（大）会下的衍生权利。

作为股东权利的行使方式之一的是股东（大）会，如前所述，股东（大）会是公司的权力机构，没有股东（大）会的决议，公司的其他各项事情无法展开行动，尤其是重要的事项，所以《公司法》一百零五条专门规定了重要事项的股东大会决议权，对于公司法和公司章程规定公司转让、受让重大资产或者对外提供担保等事项必须经股东（大）会作出决议的，董事会应当及时召集股东（大）会会议，由股东（大）会对上述事项进行表决。股东出席公司大会是股东行使表决权的重要渠道。公司控制权的竞争落脚点在表决权争夺。

2. 股东（大）会法定权力

《公司法》第三十七条、第三十八条、第一百条对股东大会的权利分别作出如下规定：

第三十七条　有限责任公司股东会由全体股东组成。股东会是公司的权力机构。

第三十八条　股东会行使下列职权：

①决定公司的经营方针和投资计划；

②选举和更换非由职工代表担任的董事、监事，决定有关董事、监事的报酬事项；

③审议批准董事会的报告；

④审议批准监事会或者监事的报告；

⑤审议批准公司的年度财务预算方案、决算方案；

⑥审议批准公司的利润分配方案和弥补亏损方案；

⑦对公司增加或者减少注册资本作出决议；

⑧对发行公司债券作出决议；

⑨对公司合并、分立、解散、清算或者变更公司形式作出决议；

⑩修改公司章程；

⑪公司章程规定的其他职权。

对上述所列事项股东以书面形式一致表示同意的，可以不召开股东会会议，直接作出决定，并由全体股东在决定文件上签名、盖章。

第九十九条　股份有限公司股东大会由全体股东组成。股东大会是公司的权力机构，依照本法行使职权。

第一百条　本法第三十八条第一款关于有限责任公司股东会职权的规定，适用于股份有限公司股东大会。

上市公司股东大会规则（证监发［2006］21号）的第三条，股东大会应当在《公司法》和公司章程规定的范围内行使职权。

通过这些法律规定和转置，现代公司制企业的股东大会权利范围基本界定清楚。股东大会围绕着这些权利开展股东行为活动。

上述这些法律规定是股东通过股东大会行使自己权利的基本保证，股东获取利益的方式就是行使自己的股东权利。股东拥有多项权利，有些可以独立行使，如股东诉权和回购请求权，但是股东的绝大部分权利是通过股东大会的集体决议来行使。股东在股东大会中行使表决权通过或否决议案，以股东大会的职权保证股东个体的权利得到实现。除了上述的股东大会职权外，我国《公司法》中还有一些专项规定，主要表现在资产的使用处置上。如在担保权利方面，第十六条规定："公司向其他企业投资或者为他人提供担保，依照公司章程的规定，由董事会或者股东会、股东大会决议"，"公司为公司股东或者实际控制人提供担保的，必须经股东会或者股东大会决议。"在重大资产的变动方面，第一百二十二条规定："上市公司在一年内购买、出售重大资产或者担保金额超过公司资产总额30%的应由股东大会作出决议"；第一百三十四条规定："公司发行新股，股东大会应当对新股种类及数额等事项作出决议"；第一百七十条规定："公司聘用、解聘承办公司审计业务的会计师事务所，依照公司章程的规定，由股东会、股东大会或者董事会决定。"对上市公司，《上市公司章程指引》第四十三条规定，股东大会对公司聘用和解聘会计师事务所作出决议等。从这些法律规定可看出股东大会的职权包括了所有重大事项的决定权，同时还可以规定股东大会可以通过公司章程来规定自己享有的其他职权。这些使股东依法享有资产收益权、重大事项决策权和选择治理者等各项权利得到保障。

二、股东大会有效性

由于《公司法》给予股东的诉讼权利，使股东对股东大会的有效性，能够起到一定的监督制约，防止大股东操纵不利于己方的事情发生。由于多在程序上发生问题，新《公司法》第二十二条规定："股东会或者股东大会、董事会的会议召集程序、表决方式违反法律、行政法规或者公司章程，或者决议内容违反公司章程的，股东可以自决议作出之日起60日内，请求人民法院撤销。"比如，A有限公司打算为其股东B提供担保，新《公司法》规定此事项股东B不应参与表决，但是股东B却参与了该事项表决导致通过了股东会决议，这样股东B的行为就明显违反了公司法规定，这时其他股东可以自股东会决议作出之日起60日内，请求人民法院撤销。

另一种情况，大小股东间股权斗争激烈使公司陷入僵局，股东会无法召开，董事长、总经理、小股东可能各行其是，造成公司经营管理严重困难。针对此种情况，新《公司法》一百八十三条做了明确规定："公司经营管理发生严重困难，继续存续会使股东利益受到重大损失，通过其他途径不能解决的，持有公司全部股东表决权10%以上的股东，可以请求人民法院解散公司。"这种情况下10%以上的股东召集股东大会和会议作出的决议是有效的。

1. 股东大会合法、有效条件

2006年中国证监会发布《上市公司股东大会规则》，其中第五条规定："上市公司召开股东大会，应当聘请律师对以下问题出具法律意见并公告：①会议的召集、召开程序是否符合法律、行政法规、本规则和公司章程的规定；②出席会议人员的资格、召集人资格是否合法有效；③会议的表决程序、表决结果是否合法有效；④应上市公司要求对其他有关问题出具的法律意见。"由此观之，股东大会的有效性考察对象包括召集、召开程序、出席会议人员资格、召集人资格、会议表决程序、表决结果及其他有关问题。

（1）股东身份权的确认

股东身份权确认是各类投资权益中的常见现象，如何把握股东身份权的确认与排除，最关键的是应审查投资者主体资格的合法性及其投资身份的有效性。

投资主体的合法性实为股东资格问题。股东资格与股东身份是完全不同的两个概念，前者是指成为合法商事投资主体的权利能力，后者是指投资人在某一特定商事主体中是否具有合法有效的投资者地位。股东资格的合法性一般而言，凡被法律法规、党纪政法、国家产业政策、特殊行政许可制度等明确禁止商事准入的自然人、法人和其他组织均不具有投资主体资格，即不具备成为任何商事主体之股东的一般权利能力，此类投资者即便实施了某项事实投资行为，亦不得对其股东身份权进行司法确认。如党政部门和司法机关；被明确禁止投资经商的公务人员；会计、审计、评估及律师事务所和律师等中介机构和人员；基金会等财团法人；不具有投资权能的外资企业代表处或办事机构等。有一个法律特例是政府却可以作为合法投资人而享有股东资格，因为宪法规定地方和中央政府具有各级国有企业法定出资人和国有股法定持有人的地位。因此，凡未被有关法律设置为排除性主体者一般均可成为合法投资人，其中包括企业及社团法人、自然人、工会、商会、职工持股会、事业单位、民办非企业组织、村委会和居委会等基层自治组织，共青团、妇联、侨联、工商联等群众组织，均可成为一般投资人。

对一些特殊产业政策或行政许可制度的股东身份确认例外。诸如，无民事行为能力人和限制行为能力人不得成为商事主体的发起人股东，但可以成为继承、赠与等继受性股东；由财政经费供给的群众组织不得成为非法人商事主体的股东；职工持股会从 2000 年 12 月起不得再作为上市公司的股东；外商在我国禁止准入的产业领域不得成为投资人等。即凡违反国家产业政策强制性规范或特别行政许可制度的投资者一律不具有合法投资主体资格，也即不得在商事主体中享有合法的股东身份权。

投资身份有效性确认，首先应考虑投资人是否具有出资事实，但出资却并非确认股东身份权的绝对性因素。因为股东身份权不同于股权，后者的取得必须以有效出资作为前置条件，而股东身份权的取得却与出资并无必然因果关系。在未出资或出资瑕疵时，投资人仍然可以具有股东身份，但其应当按照法律规定或投资人之间的约定承担相应的责任，可以出席股东会议，但没有表决权。

决定投资身份有效性的因素有两条：一是投资人内部认可其股东身份，包括允许其参与管理、参与决策、给予分红、发给出资证明、章程及股东名册的记载等书面承认；二是已经对外合法公示了该股东身份，如在工商登记中将该股东身份给予确认并公示，或在公司的信息披露中对外公开认可其股东身份等。《公司法》对出资瑕疵或未出资股东所设定的法律责任是责令改正、补缴出资并处以罚款，同时公司债权人有权要求此类股东直接在其应出资范围内承担连带清偿责任，该责任制度的确定反证了《公司法》是认可此类投资者的股东身份的。否则，在否认其股东身份的同时又要求其履行股东责任显然在逻辑上是不能自洽的。实践中股东身份资格认定引起争议，在程序上是对持相左意见股东的一种抗衡①。

为了防止股东参会资格和表决资格确认出现纠纷，修订后的《上市公司股东大会规则》确定了股东参会资格和表决资格：

第二十三条　股权登记日登记在册的所有股东或其代理人，均有权出席股东大会，上市公司和召集人不得以任何理由拒绝。

第二十四条　股东应当持股票账户卡、身份证或其他能够表明其身份的有效证件或证明出席股东大会。代理人还应当提交股东授权委托书和个人有效身份证件。

第二十五条　召集人和律师应当依据证券登记结算机构提供的股东名册共同对股东资格的合法性进行验证，并登记股东姓名或名称及其所持有表决权的股份数。在会议主持人宣布现场出席会议的股东和代理人人数及所持有表决权的股份总数之前，会议登记应当终止。

这些条款规定了股东参会资格。

在股东表决资格方面，《公司法》第一百零四条规定：“股东出席股东大会会议，所持每一股份有一表决权。但是，公司持有的本公司股份没有表决权。”《上市公司股东大会规则》中规定股东表决资格有：

第三十一条　股东与股东大会拟审议事项有关联关系时，应当回避表决，其所持有表决权的股份不计入出席股东大会有表决权的股份总数。上市

① 2008年5月21日，岳阳兴长在湖南岳阳市召开了2008年度股东大会，对各项议案以及中小股东的临时特别提案进行了表决，通过了十项议案，并否决掉了中小股东提出的四项临时特别提案，表决结果以中小投资者“完败”告终。但是岳阳兴长大股东中石化集团长岭炼油化工公司早在2006年就被工商局注销，既然大股东已经被注销，那么这次股东大会的有效性就成为疑问。根据《上市公司股东大会规则》以及“公司章程”的有关规定，股东大会的决议应该是无效的。大会律师和董事会秘书不承认公司被注销，认为股东大会有效。这次对股东大会有效性合法性的质疑，显示出中小投资者维权的决心。

公司持有自己的股份没有表决权，且该部分股份不计入出席股东大会有表决权的股份总数。

第三十二条　股东大会就选举董事、监事进行表决时，根据公司章程的规定或者股东大会的决议，可以实行累积投票制。前款所称累积投票制是指股东大会选举董事或者监事时，每一股份拥有与应选董事或者监事人数相同的表决权，股东拥有的表决权可以集中使用。

第三十四条　股东大会审议提案时，不得对提案进行修改，否则，有关变更应当被视为一个新的提案，不得在本次股东大会上进行表决。

第三十五条　同一表决权只能选择现场、网络或其他表决方式中的一种。同一表决权出现重复表决的以第一次投票结果为准。

第三十六条　出席股东大会的股东，应当对提交表决的提案发表以下意见之一：同意、反对或弃权。未填、错填、字迹无法辨认的表决票或未投的表决票均视为投票人放弃表决权利，其所持股份数的表决结果应计为“弃权”。

（2）出席股东大会的有效表决比例

参加股东大会的股权占应出席会议股权的多少比例，股东大会才算有效会议，会议表决结果应该达到出席会议股权的多少比例才算有效结果。一般以公司章程规定为主要依据，具体在《公司法》中有下列条款规定：

第四十条　股东会会议分为定期会议和临时会议。定期会议应当依照公司章程的规定按时召开。代表1/10以上表决权的股东，1/3以上的董事，监事会或者不设监事会的公司的监事提议召开临时会议的，应当召开临时会议。

第四十三条　股东会会议由股东按照出资比例行使表决权；但是，公司章程另有规定的除外。

第四十四条　股东会的议事方式和表决程序，除本法有规定的外，由公司章程规定。股东会会议作出修改公司章程、增加或者减少注册资本的决议，以及公司合并、分立、解散或者变更公司形式的决议，必须经代表2/3以上表决权的股东通过。

（3）股东会议程序的有效性

《上市公司股东大会规则》以规范股东大会召开程序和保护股东利益为目的，更侧重于规定股东大会召开程序和相关信息披露。主要表现为：缩短了股东大会通知时间，明确规定了股东大会召集和主持的次序，明确了临时提案权，明确股东大会的召开形式。为防止股东大会“走过场”，同时增加股东的参与度，《上市公司股东大会规则》确定“现场开会为基础，非现场为补充”的召开原则。股东大会应当设置会场，以现场会议形式召开。同时，上市公司在保证股东大会合法、有效的前提下，可以通过网络或其他方式为不能亲自出席会议的股东参加股东大会提供便利。

为了防止股东大会出现无人主持或争夺会议主持情况，明确规定了股东大会会议主持的次序。《上市公司股东大会规则》还确定股东大会表决程序，补充并细化了有关计票、监票和累积投票等规定，增强了实际操作性。同时增加了股东大会记录及档案管理的规定，等等。补充修订的《上市公司股东大会规则》在股东会议程序上更加完善，更加注重公司治理准则的体现。股东大会目前按照这个程序进行，其合法、有效性是确定的。

2. 股东会议决议有效性及表决机制

股东会决议形成对公司治理起着重要作用，一方面要遵守法律规定处理事务，明确股东的责任义务，做到各担其责；另一方面法律给公司留下了许多自治空间，公司需要有以公平效率为基础一系列的配套机制来把握好股东会的运行，做出符合公司发展需要的正确决议。

（1）股东会议决议的有效性

公司股东会决议的有效性有两个方面：一是股东召开的程序有效，二是表决程序及方式都符合《公司法》或公司章程的规定。因为《公司法》对股东会表决程序及方式规定为参照公司章程。有关《公司法》的依据如下：

第二十二条　公司股东会或者股东大会、董事会的决议内容违反法律、行政法规的无效。

股东会或者股东大会、董事会的会议召集程序、表决方式违反法律、行政法规或者公司章程，或者决议内容违反公司章程的，股东可以自决议作出之日起60日内，请求人民法院撤销。

第四十二条　召开股东会会议，应当于会议召开15日前通知全体股东；但是，公司章程另有规定或者全体股东另有约定的除外。

股东会应当对所议事项的决定作成会议记录，出席会议的股东应当在会议记录上签名。

第四十三条　股东会会议由股东按照出资比例行使表决权；但是，公司章程另有规定的除外。

第四十四条　股东会的议事方式和表决程序，除本法有规定的外，由公司章程规定。

因此，作为公司内部的宪法——公司章程有着举足轻重的作用，股东在协商制定时应特别谨慎。实际操作过程中，直接选用工商登记部门推荐的章程文本虽然比较规范，但是每个公司的情况都不尽相同，盲目选用也很容易导致公司产生僵局。在公司设立中各股东充分讨论股东会表决方式等章程细节是非常必要的，将科学、明确的议事方式和表决方式载入章程是保证股东会决议顺利实现和公司正常运转的重要一面。

一般来说，股东会议事方式和表决方式的制订应坚持以下几个原则：

①合法原则，即不违反公司的规定。

②尽可能细化的原则，即尽可能将议事方式和表决方式的行使予以具体和明确，甚至可根据不同类型的事件进行划分分别予以规定。

③体现“资合”与“人合”双重性质的原则，即应当充分考虑有限责任公司资本合作和人员合作性质的特征，确定合情理的议事方式和表决方式。

④考虑公司股权结构比例状况的原则，即议事规则和表决方式应根据公司特别的股权结构状况进行设计，以保证股东间的协调和出资比例的协调。

⑤搁置争议先予履行原则，即规定对存在争议的股东会决议应先予履行，在不影响履行的情况下再进行合法的救济。

(2) 股东会决议表决机制

股东会是公司意思的决定机关，体现在非公司日常事务的决定都要由股东会来做出，而股东会决议则是公司意思的表现形式。

公司的外部特征是法人属性，但公司的本质在于“股东是公司的所有者权益享有者，公司是股东投资的工具”。股东以转让出资财产所有权作为对价获得了股权，即《公司法》或公司章程赋予股东的权利。对于《公司法》或公司章程赋予股东的权利，股东主要通过参与股东会来行使，其中最重要的就是股东的表决权。股东表决权是指股东享有的对提交股东会的议案作出一定意思表示并予以记载的权利。股东表决权是股东的固有权，除非法律和章程特别规定无表决权或表决权受限制，否则不能被剥夺。《公司法》规定公司人格与股东相互独立，而股东的表决权是将公司利益与股东利益联系起来的桥梁。

第一，股东的表决权行使。

表决权的行使，股东会决议的通过机制与公司本身的性质有极大联系。如德国注重有限公司的资合性质，以出资为表决权的标准，并且根据股东持有的股票种类行使表决权。德国《股份法》规定：如果为面值股，就根据其面值行使表决权，如果为比例股，则根据其持有的股票数额进行表决。每一股份都有一表决权，除了没有表决权的优先股。

在股份公司中，由于其性质的资合性，股东大会的复合性及资本的开放性，《公司法》规定股份公司的股东大会运作也受此影响，《公司法》第一百零四条规定股东实行一股一票表决权，股东会决议的通过采用"资本多数决"。《公司法》以股东利益最大化为本位，而小股东在此原则下利益可能受损，为了体现《公司法》的公平，专门在投票表决权条款中，增加了累积投票制，无表决权股份的有关规定。

股东站的利益角度不同会对提交股东会审议的事项作出不同的选择，然后进行不同的表决。按照"资本多数决"所作出的决议在某种情况下会对弱势股东或某类股东的利益造成损害，显然这样的决议生效会背离商法的公平原则。对此，法律都要进行规制。

《公司法》实行股东本位自由，但是这并不意味着《公司法》赋予股东在股东大会上行使权利的绝对自由。有必要对大股东行使表决权与小股东行使表决权机制上进行平衡。如《公司法》第一百零六条规定："股东大会选举董事、监事可以依照公司章程的规定或者股东大会的决议，实行累积投票制。"这项制度除能够起到保护小股东利益作用，使董事会中有中小股东的代表，还能在一定程度上避免决议事项的不能通过。

第二，决议后果承担及救济。

股东会决议在于形成具体的、具有法律约束力的意思，所形成的意思为公司意志。但是，决议的效力要受到内容或程序上有瑕疵的影响。《公司法》将违反法律、行政法规及公司章程作为决议瑕疵的原因，对利益相关者提供诉讼方式的救济，可以向法院提起股东会决议撤销的诉讼。公司法赋予股东对股东会决议的诉权，隐含了股东会决议对股东的约束效力。

我国《公司法》未对无效、被撤销决议的后果承担作出规定。有观点认为公司的所有者即股东应承担大部分的决策风险，由此在公司内部将后果责任分担给股东。然而股东对选任人员有分歧，即在作表决时有的同意，有的弃权，有的反对。因此如何分配股东间的责任承担也是我国现行公司法的立法空白。股东间很可能出现相互推诿的现象甚至引发矛盾。

股东大会股东行使表决权后果的承担可以同样实行“多数决”的原则。具体操作为股东大会进行投票之后，大会会务组要制作并签署一份股东大会记录，并按法律存档。有了这一文件，辅之以大会签到簿的记载事项，可以监督股东大会是否符合规定。同时这还有一个重要作用——作为解决股东会决议后果责任承担的依据。在明确了股东在决议事项上所做的某种选择之后，只有与股东会决议意见一致的股东对那些选出之后被认定无效的股东、监事、高管人员的代理行为承担法律责任。这种分配责任机制能够促使股东在行使自己的表决权时做到谨慎义务，使股东对股东会召开审议的事项进行预先思索、考量，因为其必须要为自己的表决行为负责。

三、股东提案及投票

1. 股东提案程序

(1) 提案股东要件

公司召开股东大会，持有或者合并持有公司发行在外有表决权股份总数的5%以上的股东，有权向公司提出新的提案，但是注册资本4亿元以上的公司，其持有的股份数放宽为3%以上；并且股东持有股份必须自其提案之日前6个月继续持有到股东大会召开之日。

(2) 股东提案条件

内容与法律、法规和章程的规定不相抵触，并且属于公司经营范围和股东大会职责范围；有明确议题和具体决议事项；同一议案未得到有表决权股东的1/10以上赞成之日起未经过3年。

(3) 股东提案权行使程序

符合提案条件的股东，应在股东大会召开之日的30日前以书面方式将提案提交或送达董事会，要求董事会将提案要领记载于股东大会通知中。

(4) 董事会对股东提案的处理

董事会对股东提案进行审核，对于符合股东提案条件的，应提交股东大会讨论；对于不符合要求的，不提交股东大会讨论。如果董事会决定不将股东提案提交股东大会表决，应当在该次股东大会上进行解释和说明，并将提案内容和董事会的说明在股东大会结束后与股东大会决议一并公告。

（5）股东对董事会处理不服的救济

提出提案的股东对董事会不将其提案列入股东大会会议议程的决定持有异议的，可以按照规定程序要求召集临时股东大会；如果董事会拒不将提案列入股东大会议程，提案股东可以向法院起诉请求宣告股东大会决议无效。

2. 股东会议股东投票制度

（1）股东（大）会的投票

①直接投票与累积投票。

股东大会的投票方式有直接投票和累积投票，这是《公司法》赋予的方式。直接投票实行一股一票，用于重大事项的表决；而累积投票则实行一股多票，用于选举董事和监事，股东可以集中把票投给一个或几个候选人。

所谓累积投票制，是指公司股东大会在投票表决选举董事或监事时，给予全体股东的一种与表决公司的其他一般事项所不同的特别表决权利，是指股东大会选举两名或两名以上的董事时，股东所持有的每一股份拥有与当选董事总人数相等的投票权，股东既可以把所有的投票权集中选举一人，亦可分散选举数人，按得票数的多少决定董事人选的表决制度。这种权利的特别之处主要表现在两点：一是表决权的数额。在实行累积投票时，股东的表决权票数是按照股东所持有的股票数与所选举的董事或监事人数的乘积计算，而不是直接按照股东所持有的股票数计算。简单地说，股东的表决权票数等于股东所持有的股票数乘所选举的董事或监事人数。二是股东可以投票给一个或几个候选人，即股东拥有的总票数可以自由任意拆分投给不同候选人。

举例说明：某公司要选 5 名董事，公司股份共 1000 股，股东共 10 人，其中 1 名大股东持有 510 股，即拥有公司 51% 股份；其他 9 名股东共计持有 490 股，合计拥有公司 49% 的股份。若按直接投票制度，每一股有一表决权，则控股 51% 的大股东就能够使自己推选的 5 名董事全部当选，其他股东毫无话语权。但若采取累积投票制，表决权的总数就成为 1000 × 5 = 5000票，控股股东总计拥有的票数为 2550 票，其他 9 名股东合计拥有 2450 票。根据累积投票制，股东可以集中投票给一个或几个董事候选人，并按所得同意票数多少的排序确定当选董事，因此从理论上来说，其他股东至少可以使自己的2名董事当选，而控股比例超过半数的股东也最多只能选上3名自己的董事。

累积投票制度起源于英国。19世纪下半叶，累积投票制度在美国得到了重大发展。美国依利诺伊州鉴于该州屡有发生某些铁路经营者欺诈小股东的行为，遂于1870年州宪法赋予小股东累积投票权。虽然累积投票制度在选举董事时从一定程度上保护了中小股东的利益，但是，西方学者对这个制度一直有着不同的观点。赞成者认为有利于保护小股东的利益，提高小股东参与公司治理的兴趣；批评者则认为由于大小股东之间考虑公司经营的角度不同，如果通过累积投票权制度使得小股东的代言人进入董事会，极易造成董事会内部的不和谐，由此造成公司治理混乱，降低公司经营效率。正基于此，国外对累积投票制的立法态度并不一致，有些采用许可主义方式，有些采用强制主义方式，但总的趋势是从制度推行初期的强制主义态度向许可主义态度转变。

我国新《公司法》规定股东大会选举可实行累积投票制。新《公司法》第一百零六条规定："股东大会选举董事、监事，可以根据公司章程的规定或者股东大会的决议，实行累积投票制。"这是一款新增加的引人注目的内容。这一款立法的目的是，缓冲大股东利用表决权优势产生的对公司的控制，增强小股东在公司治理中的话语权，有利于公司治理结构的完善。

②本人投票制与委托投票制。

本人投票制是指股东亲自出席股东会并进行投票。委托投票制是指公司股东委托代理人出席股东会并进行投票。我国《公司法》仅对股份有限公司股东委托代理人参加会议作了相关规定，其中第一百零七条规定："股东可以委托代理人出席股东大会会议，代理人应当向公司提交股东授权委托书，并在授权范围内行使表决权。"《公司法》虽然未对有限责任公司股东委托代理人参加会议作出规定，根据法不禁止皆自由的原则，有限责任公司股东也可委托代理人参加股东会，但应出具授权委托书。

③公众股东分类表决机制。

重大事项决策公众股东分类表决机制。重大事项须经出席股东大会的全体股东表决通过，并经参加表决的社会公众股股东所持表决权的半数以上通过方可实施。须由股东大会分类表决通过的，公司公告股东大会决议时，应当说明参加表决的社会公众股股东人数、所持股份总数、占公司社会公众股股份的比例和表决结果，并披露参加表决的前十大社会公众股股东的持股数和表决情况。在上市公司中实行公众股东分类表决机制，能在有关股东利益的公司事务中平衡不同股东的利益，防止大股东滥用资本多数决原则。

④现场投票制与通讯投票制。

现场投票制是要求股东或其委托代理人到现场出席股东大会，并当场对表决事项进行表决投票。中国证券监督管理委员会于2004年发布了《上市公司股东大会网络投票工作指引（试行）》，其中规定：上市公司召开股东大会，除现场会议投票外，鼓励其通过网络服务方式向股东提供安全、经济、便捷的股东大会网络投票系统，方便股东行使表决权。股东大会议案按照有关规定需要同时征得社会公众股股东单独表决通过的，除现场会议投票外，上市公司应当向股东提供符合前款要求的股东大会网络投票系统。股东大会股权登记日登记在册的所有股东，均有权通过股东大会网络投票系统行使表决权，但同一股份只能选择现场投票、网络投票或符合规定的其他投票方式中的一种表决方式。

股东会议管理

一、股东会议议事规则

1. 上市公司股东大会规则

2006年3月16日中国证监会关于发布《上市公司股东大会规则》（证监

发［2006］21号）的通知，通知要求："上市公司股权分置改革过程中所涉及的相关股东会议，按照其他有关规定执行。各上市公司应及时修改公司章程，并根据自身情况，制订相应的股东大会议事规则。"

该项规则制订了较完善的上市公司股东大会规则，是上市公司股东大会的运作参照。

2. 股东会会议规则

有限责任公司股东会没有法定的规则，但一般都参照上市公司的股东大会规则，制订适合本公司的会议规则，基本模式相类似。表3-1是股东会议规则的一个样本，企业可以参照制订符合自己公司的规则。

表3-1　股东会会议规则（Shareholders meeting rules）

第一章　总　则 第一条　为规范公司股东会会议的运作程序，维护基金份额持有人、公司和公司股东的合法权益，根据《中华人民共和国公司法》等法律法规及《×××基金管理有限公司章程》的有关规定，特制定本规则 第二条　公司股东会由全体股东组成。股东会是公司的最高权力机构，根据有关法律法规行使公司章程中规定的职能和权力 第三条　股东会会议应由股东的法定代表人出席，法定代表人因故不能出席时，可以委托代理人出席，代理人应向股东会提交委托书并在授权范围内行使表决权	CHAPTER 1 GENERAL PROVISIONS Article 1 In order to guide operation procedures of Shareholders' meeting and to safeguard legal rights of investors, the Company and its shareholders, according to Company Law of the People's Republic of China, Articles of Association of *** - Prudential Fund Management Co., Ltd. and other relevant regulations, the Company has formulated following provisions for shareholders' meeting. Article 2 The shareholders' meeting, which consists of all shareholders, is the organ of supreme power of the Company and shall exercise function and power as stipulated in Articles of Association. Article 3 Shareholders' meeting shall be attended by legal representative of the shareholders. If the legal representative cannot be present due to some reasons, the agent shall attend the meeting with a proxy and exercise voting rights within the authorized scope.

续表

第二章　会议内容	CHAPTER 2 MEETING CONTENTS
第四条　股东会会议主要议决如下事项：	Article 4 Resolution of the shareholders' meeting mainly includes the following items:
1. 决定公司的经营方针、经营目标和发展规划	1. To decide operation policy, operation goals and development strategy
2. 选举和更换董事，决定有关董事的报酬事项	2. To appoint and replace Directors and decide pay of the Directors
3. 选举和更换由股东代表出任的监事，决定有关监事的报酬事项	3. To appoint and replace Supervisor that is acted by representative of the Shareholders and decide pay of the supervisors
4. 审议批准董事会的报告	4. To review and approve report of Board of Directors
5. 审议批准监事会的报告	5. To review and approve report of Board of Supervisors
6. 审议批准公司的年度财务预算方案、决算方案	6. To review and approve the Company's annual financial budget and final accounts
7. 审议批准公司的利润分配方案和弥补亏损方案	7. To review and approve the Company's profit distribution and loss recovery plan
8. 收购其他任何公司或业务	8. To acquire other companies or business
9. 与下列公司做出任何合作、合伙或合资经营安排：该等公司从事的业务活动与任何一方的业务构成竞争	9. To settle cooperation, partnership or joint venture bonds with such company: the company is engaged in business posing competition with either Party
10. 提供任何赔偿保证、担保或进行任何借贷	10. To provide any compensation, guarantee or loan
11. 批准公司业务计划或预算，或批准总经理制订的年度账目	11. To approve the Company's business plan or budget, or approve annual accounts formulated by general manager
12. 订立、修改或终止与任何股东或任何关联公司的合同、贷款、担保或其他安排	12. To conclude, modify, or terminate any contract, loan, guarantee or other bonds with any shareholder or associate company
13. 委聘或更换公司审计师及修改公司会计政策	13. To employ or replace the Company's Auditor and modify the Company's accounting polices

续表

14. 更改公司名称或其经营业务所用的名称，或更改公司章程，或修改合资协议或发起人协议	14. To change Company name, operation name, Articles of Association, joint venture agreement or sponsorship agreement
15. 增加或减少，或在其他方面变更公司的注册资本	15. To increase , withdraw, or change profile of the Company's registered capital
16. 进行任何融资，不论是以股本还是债务形式，亦不论向股东还是向任何第三方筹集	16. To conduct financing, no matter in the form of capital stock, liability, or fund - raising from shareholders or a third party
17. 就公司结业、清算或被接管通过任何决议，或与债权人做出任何债务和解或安排	17. To pass resolution on the termination, liquidation or takeover of the Company, or to make any arrangement of composition with the creditor
18. 进行或提供不属于公司章程规定的业务活动、产品及服务的任何产品或服务，或者以其他方式改变其业务的性质或地理区域，或改变经营范围	18. To conduct or provide business, product or service that are not included in Articles of Association, or to change the nature, geographic coverage or scope of the business in other way
19. 宣布、派发或支付任何股息或就公司资产作出任何其他分配做出建议或决定	19. To publicize, distribute or pay any dividend or to make proposal or decision on distribution of the Company's assets
20. 改变或停止使用就任何产品或服务使用的任何商标、名称或标识	20. To change or stop use of any trade mark, name of logo for any product or service of the Company
21. 提起与公司业务有关的总金额超过或可能超过人民币100万元的任何诉讼、仲裁或其他法律程序，或就该等诉讼、仲裁或其他法律程序进行答辩或和解，但日常收债除外	21. To file any lawsuit, arbitration or other legal procedures related with the Company with due or potential claim amount of over RMB 1, 000, 000, or to make defense or conciliation concerning such lawsuit, arbitration or legal procedures, except for routine collection of debt
22. 任何股东就其在公司中的股权设定任何形式的担保或抵押（向其关联公司转让除外）	22. To accept any form of guarantee or mortgage made by a shareholder according to its stake in the Company (except for transaction to associate company)

续表

23. 进行公司的分立、合并	23. To conduct separation and merger of the Company
第三章　会议召开和议题确定	CHAPTER 3 Convention and Meeting Agenda
第五条　股东会议分为定期会议和临时会议。定期会议每年召开一次，并应于上一会计年度完结后的4个月之内召开。因特殊理由延期召开的，应当及时向监管机构报告，并说明理由	Article 5 Shareholders' meeting includes regular and special sessions. The former is held once a year within 4 months after the end of last fiscal year. Adjournment due to special reasons shall be reported to the supervision department in time with reason statement.
经代表1/4以上有表决权的股东、1/3以上的董事或监事、1/2以上独立董事提议，董事会应当在两个月内召开临时股东会议	Following proposal made by over 1/4 of the Shareholders with voting rights, over 1/3 of Directors or Supervisors and over 1/2 of Independent Directors, Board of Directors shall convene a special session of shareholders' meeting within two months.
第六条　召开股东会议，应当于会议召开15日以前以电传、电报、传真、挂号邮件方式或经专人通知全体股东，通知的内容包括会议时间、地点、议程和议题	Article 6 All shareholders shall be notified of the time, venue, agenda and topics of the meeting 15 days in advance by telegraph, fax, registered mail or special courier.
股东如已出席股东会议，并且未在到会前或到会时提出未收到会议通知的异议，应视作已向其发出会议通知	If the Shareholder has attend the meeting of Board of Shareholders and does not raise any difference about the notification before or in time of attending the meeting, it shall be deemed that the notification about the meeting has been served.
第七条　股东可以委托代理人出席股东会，受委托的代理人应当在会前向公司提交合法有效的授权委托书，并在授权委托书的授权范围内行使表决权	Article 7 Shareholder may consign its agent to attend the meeting of Board of Shareholders. The consigned agent shall submit legitimate and effective power of attorney to the Company before the meeting and exercise the voting power within the scope of authorization
第四章　会议议程和要求	CHAPTER 4 MEETING PROCEDURE AND REQUIREMENT
第八条　股东会会议由董事会召集，董事长主持，董事长因	Article 8 Meeting of Board of Shareholders shall be

续表

特殊原因不能履行职务时，由董事长指定的其他董事主持 第九条　会议由股东按照出资比例行使表决权 第十条　股东会对以下所审议事项做出决议时，须经代表全体股东 2/3 以上的表决权通过 1. 决定或变更经营方针、经营目标和发展规划 2. 公司增加、减少注册资本 3. 公司合并、分立、解散或变更组织形式 4. 股东转让出资事项 5. 修改公司章程 6. 选举和更换独立董事 对本议事规则第三条所列明的其他事项作出决议时，须经代表全体股东 1/1 以上的表决权通过 第十一条　股东会上述决议事项依法需经中国证监会审批的，需在中国证监会批准后方可生效。按规定应报中国证监会备案的，应在有关决议通过后报中国证监会备案	convened by Board of Directors and hosted by Chairman of the Board. If Chairman of the Board cannot perform duties due to some special reasons, other Director designated by Chairman of the Board shall host the meeting. Article 9 On the meeting, Shareholders shall exercise their power of voting according to proportion of subscription. Article 10 As following matters are to be decided at the meeting of Board of Shareholders, voting power on behalf of over two thirds of all Shareholders is required for passing; 1. To decide of change operational principle, operational aim or developing plan 2. he Company increases or reduces the registered capital 3. he Company merge, separate, disband or modify organizational form 4. hareholders assign the matters in subscription 5. To modify Articles of Association of the Company 6. To elect and change Independent Directors As decision is made about other matters as clarified in Article 3 of this Term of Reference, voting power on behalf of over a half of all Shareholders is required for passing. Article 11 If above matters for decision on the meeting of Board of Shareholders is subject to examination and approval of China Securities Regulatory Commission according to law, they can go into effect only after China Securities Regulatory Commission makes the approval. Matters to be presented to China Securities.

续表

第十二条　股东会决定变更公司经营范围的决议，在中国证监会批准后经工商行政管理部门变更登记后方可生效 第十三条　股东会会议决议由董事会组织实施 **第五章　会议记录** 第十四条　股东会应当对所议事项的决定作成会议记录，由出席会议的股东签名。会议记录、股东签名册和授权出席的授权书一并由公司董事会保存，十年以内不得销毁。会议记录、股东签名册和代理人的委托书应由公司董事会一并保存 **第六章　附则** 第十五条　本规则由公司股东会批准生效 第十六条　本规则由公司股东会负责解释	Regulatory Commission for file keeping shall be kept on file at China Securities Regulatory Commission after relevant decision are passed. Article 12 Decision made on the meeting of Board of Shareholders about change of the Company's business scope shall go into effect only after approval of China Securities Regulatory Commission and registration is made at the industrial and commercial administrative departments. Article 13 Decision made at the meeting of Board of Shareholders shall be organized for implementation by Board of Directors. CHAPTER 5 MEETING MINUTE Article 14 Meeting of Board of Shareholders shall render meeting minute about decision about the matters and the minute shall be signed by the attending Shareholders. Meeting minute, Shareholder's book of signature and power of attorney shall be altogether kept by the Company's Board of Directors and shall not be ruined within a decade. Meeting minute, Shareholder's book of signature and power of attorney of the agent shall be altogether kept by the Company's Board of Directors. CHAPTER 6 ATTACHMENT Article 15 This Term of Reference shall go into effect after being approved at the Company's meeting of Board of Shareholders. Article 16 This Term of Reference shall be interpreted by the Company's Board of Shareholders.

二、股东大会议程与组织

1. 股东大会议程

(1) 股东大会的召开

根据《公司法》第四十条、第四十二条、第一百零一条、第一百零三条、上市公司股东大会规则（证监发［2006］21 号）第四条，对股东大会的召开有如下规定：

①股东会会议分为定期会议和临时会议。

定期会议应当依照公司章程的规定按时召开。代表 1/10 以上表决权的股东，1/3 以上的董事，监事会或者不设监事会的公司的监事提议召开临时会议的，应当召开临时会议。

年度股东大会每年召开一次，应当于上一会计年度结束后的 6 个月内举行。临时股东大会不定期召开，出现《公司法》第一百零一条规定的应当召开临时股东大会的情形时，临时股东大会应当在 2 个月内召开。

上市公司在上述期限内不能召开股东大会的，应当报告公司所在地中国证监会派出机构和公司股票挂牌交易的证券交易所（以下简称“证券交易所”），说明原因并公告。

②召开股东会会议，应当于会议召开十五日前通知全体股东；但是，公司章程另有规定或者全体股东另有约定的除外。

股东会应当对所议事项的决定作成会议记录，出席会议的股东应当在会议记录上签名。

③股东大会应当每年召开一次年会。有下列情形之一的，应当在两个月内召开临时股东大会：

——董事人数不足《公司法》规定人数或者公司章程所定人数的2/3时；

——公司未弥补的亏损达实收股本总额 1/3 时；

——单独或者合计持有公司 10% 以上股份的股东请求时；

——董事会认为必要时；

——监事会提议召开时；

——公司章程规定的其他情形。

召开股东大会会议，应当将会议召开的时间、地点和审议的事项于会议召开20日前通知各股东；临时股东大会应当于会议召开15日前通知各股东；发行无记名股票的，应当于会议召开30日前公告会议召开的时间、地点和审议事项。

④单独或者合计持有公司3%以上股份的股东，可以在股东大会召开10日前提出临时提案并书面提交董事会；董事会应当在收到提案后2日内通知其他股东，并将该临时提案提交股东大会审议。临时提案的内容应当属于股东大会职权范围，并有明确议题和具体决议事项。

股东大会不得对前两款通知中未列明的事项作出决议。

无记名股票持有人出席股东大会会议的，应当于会议召开5日前至股东大会闭会时将股票交存于公司。

（2）股东大会的召集

《公司法》第三十九条、第一百零二条、第一百零五条对股东大会的召集作出了如下规定：

①首次股东会会议由出资最多的股东召集和主持，依照《公司法》规定行使职权。

②股东大会会议由董事会召集，董事长主持；董事长不能履行职务或者不履行职务的，由副董事长主持；副董事长不能履行职务或者不履行职务的，由半数以上董事共同推举一名董事主持。

董事会不能履行或者不履行召集股东大会会议职责的，监事会应当及时召集和主持；监事会不召集和主持的，连续90日以上单独或者合计持有公司10%以上股份的股东可以自行召集和主持。

③《公司法》和公司章程规定公司转让、受让重大资产或者对外提供担保等事项必须经股东大会作出决议的，董事会应当及时召集股东大会会议，由股东大会就上述事项进行表决。

（3）股东大会的提案与通知

根据《上市公司股东大会规则》（证监发［2006］21号）第十三条、第十四条、第十五条、第十六条、第十七条、第十八条、第十九条对股东大会的提案和通知有如下规定：

①提案的内容应当属于股东大会职权范围，有明确议题和具体决议事

项，并且符合法律、行政法规和公司章程的有关规定。

②单独或者合计持有公司3%以上股份的股东，可以在股东大会召开10日前提出临时提案并书面提交召集人。召集人应当在收到提案后2日内发出股东大会补充通知，公告临时提案的内容。

除前款规定外，召集人在发出股东大会通知后，不得修改股东大会通知中已列明的提案或增加新的提案。

股东大会通知中未列明或不符合《上市公司股东大会规则》第十三条规定的提案，股东大会不得进行表决并作出决议。

③召集人应当在年度股东大会召开20日前以公告方式通知各股东，临时股东大会应当于会议召开15日前以公告方式通知各股东。

④股东大会通知和补充通知中应当充分、完整披露所有提案的具体内容，以及为使股东对拟讨论的事项作出合理判断所需的全部资料或解释。拟讨论的事项需要独立董事发表意见的，发出股东大会通知或补充通知时应当同时披露独立董事的意见及理由。

⑤股东大会拟讨论董事、监事选举事项的，股东大会通知中应当充分披露董事、监事候选人的详细资料，至少包括以下内容：

——教育背景、工作经历、兼职等个人情况；

——与上市公司或其控股股东及实际控制人是否存在关联关系；

——披露持有上市公司股份数量；

——是否受过中国证监会及其他有关部门的处罚和证券交易所惩戒。

除采取累积投票制选举董事、监事外，每位董事、监事候选人应当以单项提案提出。

⑥股东大会通知中应当列明会议时间、地点，并确定股权登记日。股权登记日与会议日期之间的间隔应当不多于7个工作日。股权登记日一旦确认，不得变更。

⑦发出股东大会通知后，无正当理由，股东大会不得延期或取消，股东大会通知中列明的提案不得取消。一旦出现延期或取消的情形，召集人应当在原定召开日前至少2个工作日公告并说明原因。

（4）股东大会的议事和表决

《公司法》第二十二条、第四十三条、第四十四条、第一百零四条、第一百零六条、第一百零七条对股东大会的召开和表决作出如下规定：

①公司股东会或者股东大会、董事会的决议内容违反法律、行政法规的无效。

股东会或者股东大会、董事会的会议召集程序、表决方式违反法律、行政法规或者公司章程，或者决议内容违反公司章程的，股东可以自决议作出之日起 60 日内，请求人民法院撤销。

股东依照前款规定提起诉讼的，人民法院可以应公司的请求，要求股东提供相应担保。

公司根据股东会或者股东大会、董事会决议已办理变更登记的，人民法院宣告该决议无效或者撤销该决议后，公司应当向公司登记机关申请撤销变更登记。

②股东会会议由股东按照出资比例行使表决权；但是，公司章程另有规定的除外。

③股东会的议事方式和表决程序，除本法有规定的外，由公司章程规定。

股东会会议作出修改公司章程、增加或者减少注册资本的决议，以及公司合并、分立、解散或者变更公司形式的决议，必须经代表 2/3 以上表决权的股东通过。

④股东出席股东大会会议，所持每一股份有一表决权。但是，公司持有的本公司股份没有表决权。

股东大会作出决议，必须经出席会议的股东所持表决权过半数通过。但是，股东大会作出修改公司章程、增加或者减少注册资本的决议，以及公司合并、分立、解散或者变更公司形式的决议，必须经出席会议的股东所持表决权的 2/3 以上通过。

⑤股东大会选举董事、监事，可实行累积投票制。

⑥股东可以委托代理人出席股东大会会议，代理人应当向公司提交股东授权委托书，并在授权范围内行使表决权。

⑦股东大会应当对所议事项的决定作成会议记录，主持人、出席会议的董事应当在会议记录上签名。会议记录应当与出席股东的签名册及代理出席的委托书一并保存。

（5）股东权益救济

①股东请求阅览、复制公司章程、股东名册、管理人员名册、股东会议记录、财务会计报告、审计报告的，公司应当提供。

②股东请求查阅、复制公司会计账簿的，应当说明正当目的。

③有限责任公司股东可以请求查阅董事会会议记录；股份有限公司股东请求查阅董事会会议记录的，应持有公司1%以上的股份。

④股东因行使知情权受到阻碍，以公司为被告提起诉讼的，人民法院应予受理并作出裁定。

⑤有限责任公司股东会决议公司合并、转让、实行股份交换、出租公司全部财产、对公司经营范围进行重大变更或者修改公司章程限制股份转让的，在股东会决议表决时投反对票的股东有权请求公司收购其股份。

⑥公司连续5年或者5年以上盈利，且符合公司法规定的股东分配利润条件，但不分配利润的，在股东会决议表决时投反对票的股东有权请求公司收购其股份。

⑦自股东会决议之日起60日内，股东与公司就收购股份协商不成的，股东可以在该期间经过后30日内，向人民法院提起诉讼；逾期起诉的，人民法院不予受理。

⑧公司未依据《公司法》或者公司章程的规定召开定期股东会议的，股东有权请求人民法院裁定公司限期召开股东会议。

⑨有限责任公司代表1/4以上表决权的股东，股份有限公司持有1/10以上股份的股东提议召开临时股东大会，公司不予召开的，提议股东有权请求人民法院裁定公司限期召开股东会议。

⑩人民法院裁定公司召开股东会议的，应当限定股东会议的召开时间并指定公司法定代表人或者原告股东负责召集和主持会议。

⑪下列情况下股东有权请求人民法院撤销股东会议决议：

——股东会议的召集程序和表决方式违法或者违反公司章程规定的；

——股东会议决议内容违反公司章程规定的。

⑫股东主张撤销股东会议决议，应当自股东会议结束之日起2个月内提起诉讼；逾期起诉的，人民法院不予受理。

⑬股东以股东会议决议违反法律、行政法规或考侵犯股东合法权益为

由，请求确认股东会议决议无效的，人民法院应予受理。

⑭股东主张股东会议决议无效，应当自股东会议结束之日起 2 个月内提起诉讼；逾期起诉的，人民法院不予受理。

⑮股东参加了股东会议且对会议召集程序未表示异议，或者虽对会议召集程序表示异议但对决议事项投票赞成，或者虽投票反对但已以自己的行为实际履行了股东会议决议，其提起诉讼，请求撤销股东会议决议或者认定股东会议决议无效的，人民法院应当驳回其诉讼请求。

⑯股东请求公司按照股东会议决议向股东支付股息的，人民法院应予支持。

⑰公司向主张出资不足或者抽逃出资的股东主张以其股息补足或者抵偿出资的，人民法院应予支持。

⑱公司董事、监事、经理等高级管理人员违反忠实义务，或者控制股东利用其控制地位，损害公司利益，致使公司遭受损失的，股东提起代表诉讼，人民法院应予受理。

⑲控制股东是指实际参与公司的经营管理，并能对公司的主要决策活动施加影响的股东。

（6）股东大会召开议程样本

标题：××有限责任公司××××年度第二次股东大会议程

时间：　　　　　　　　地点：

主持人：董事长×××先生

本次会议应到股东 5 名，实到股东 5 名，符合《公司法》及“公司章程”有关规定。公司董事、监事、经营班子高管人员等列席会议。现在我宣布××有限责任公司××××年度第二次股东会正式开始。

一、本次会议议程共四项，现在进行第一项，审议相关报告和议案，先宣读，再审议。

①请公司董事长×××先生作《董事会工作报告》。

②请公司监事会主席×××先生作《监事会工作报告》。

③请公司总会计师×××宣读《关于公司××××年度财务决算的议案》。

④请公司总会计师×××宣读《关于公司××××年度财务预算的议案》。

⑤请公司董事×××宣读《关于拟扩建×××的议案》。

⑥请公司董事×××宣读《关于拟建×××××的议案》。

⑦请公司总会计师×××宣读《关于申请将股东借款转为资本金的议案》

请各位股东对以上六个报告和议案进行审议。

二、会议进行第二项议程，推荐×××、×××两位代表监票和统计，请股东书面表决，股东签字。

三、会议进行第三项议程，宣布表决结果。

四、会议进行第四项议程，现在宣读《××有限责任公司××××年度第二次股东大会决议（草案）》。（主持人宣读）

五、通过股东大会决议。

六、请各位股东签字。

七、本次会议各项议程已完成，我宣布××有限责任公司××××年度第二次股东大会结束。

2. 股东会议筹备

举办会议会面临各种问题，掌握好举办股东会议要点，是举办会议成功的关键，具体应注意把握如下问题：

（1）确定需要做些什么

股东会议由于内容的不同有各种类型，不同的会议需要不同的环境，召开会议是要达到一定的目的和目标，围绕着会议目标需要做哪些准备，列一个清单，制订好筹备会议计划。

（2）筹划会议

从董事会秘书到董事长，每个人都可能会参与会议的筹划，如董事长会敲定重要的议程，董事会秘书则有责任准备好各种会议资料。

作为会议筹划者，要负责做各种各样的工作。会议筹划者应具有以下专业水准：善于与人共事、善于注意小节、善于解决问题、善于与人协商、能够管理会议财务事宜、熟悉酒店运作、能够安排恰到好处的菜单、能够熟练操作电脑、能够熟练地与视听服务公司打交道、能妥善接待贵宾和外国客人、熟知各种礼仪、行事果断等。

会议筹划者的任务：

①制订计划，确定必须要做的事项以满足会议的需要并达到会议确定的目标；

②制订会议议程；

③了解可供使用的场所和设施情况；

④选择或提议合适的场所；

⑤检查并比较各项设施；

⑥安排交通事宜；

⑦协调会务工作人员的活动；

⑧招收、培训会务人员和广告人员；

⑨制订可行预算或按既定预算安排有关工作；

⑩确订各项工作的时间安排；

⑪视察选定的场所和设施；

⑫与各有关方面进行接洽（运输公司、旅行社、视听服务公司）；

⑬确订印刷公司；

⑭安排食品、饮料有关事宜；

⑮讨价还价；

⑯同会议发言人和各位贵宾进行联系。

（3）主要会议类型

会议类型包括：年会、临时股东大会、特别股东大会。

（4）会议筹划步骤

①组建筹委会，由董事会负责牵头，选择有经验敬业的会议组织者执行运作；

②确订会议的目的和目标、制订会议议程是会议的重心所在，会议的主要目标和目的有：探讨问题、解决问题、做决策、表决重大决议、董事会人事变动；

③制订会议计划；

④运作会议相关资源。

（5）会议筹划原则与内容

在筹划一个会议时，需要缜密、无漏洞，要与举办者、会议主办人和会议主席随时保持沟通，以最大限度满足参会者的意愿。

会议主要的筹备内容有：

①预计召开会议的日期；

②会议预计召开几天；

③打算在什么地方召开会议；

④会议形式或程序是什么；

⑤需要多大的场地；

⑥以前开过这样的会议吗？结果如何；

⑦将有多少人到会；

⑧会议预算是多少；

⑨与会者对费用开支很在意吗？

⑩打算选用什么级别的酒店和设施；

⑪打算选用最高级的房间标准是什么；

⑫谁来制作会议邀请函；

⑬会议的通讯工具、交通工具；

⑭会议需要向与会者发放哪些相关资料？

⑮会议的发言人有哪些；

⑯会议需要什么样的视听设备；

⑰需要食品、饮料的酒会、招待会有几次；

⑱与会者是否可以携带家属；

⑲是否为与会者及其家属安排一些特别活动；

⑳由谁来承担这些活动的费用。

*ST宏盛股东大会上演“争夺战”

一、报告期内公司状况

1. 公司报告期内经营情况

上海宏盛科技发展股份有限公司（证券简称*ST宏盛，证券代码600817），公司前身系上海良友商厦筹建处，1992年始进行股份制改组，将原公司净资产折为面值10元的发起法人股553 852万股，经同年7月至10月首次发行公众股，总股份达626.852万股，上市时前拆细为6268.52万股；

职工股204.4万股于1994年8月24日上市交易。公司注册地址上海市浦东新区商城路618号（2010年11月变更后，公司名称西安宏盛科技发展股份有限公司，注册地西安市雁南五路商通大道曲江综合服务中心，公司证券简称仍为 *ST 宏盛），注册资本12873万元，法人代表郭永明，现任总经理邓莹。

公司经营范围包括：实业投资，国内贸易（除专项规定），电脑及高科技产品的生产和销售，软件的开发、销售，半导体集成电器的产品开发、设计、制造及相关系统产品和系统集成、销售及技术咨询服务，新型材料（除专项规定）的生产及销售，自营和代理各本企业自产产品及技术的出口业务，经营本企业生产、科研所需的原辅材料、仪器仪表、机械设备、零配件及技术的进口业务（国家限定公司经营和国家禁止进出口的商品及技术除外），经营进料加工和“三来一补”业务、仓储、物业管理、机电产品、自有房屋的出售和租赁。

2010年6月30日报告期内经营状况为，归属于母公司所有者的净利润本报告期内发生-23938379.84元，2009年同期发生-9410476.64元，本报告期比2009年同期减少154.38%，主要原因为本报告期内预提未裁决中信保仲裁案利息所致。营业利润本报告期内发生13985076.49元，2009年同期发生-2463452.64元，本报告期比2009年同期增加667.70%，主要原因为本报告期内人民币汇率升值转回坏账准备17972196.07元所致。

2. 报告期内公司股权结构

表3-2是2010年2月份宏盛科技股权发生变动后的股权结构状况。

表3-2　　2010年6月30日报告期内宏盛科技股权结构

排名	股东名称	持股数量/万股	持股比例%	持股变化/万股	股本性质
1	西安普明物流贸易发展有限公司	3358.99	26.09	新进	流通受限股份
2	上海宏普实业投资有限公司	523.10	4.06	-3551.08	流通受限股份
3	陈庆桃	207.00	1.61	新进	流通A股
4	冷晓斌	146.72	1.14	新进	流通A股

续表

排名	股东名称	持股数量/万股	持股比例%	持股变化/万股	股本性质
5	刘光华	115.45	0.90	新进	流通A股
6	史雪梅	93.04	0.72	新进	流通A股
7	上海思菲曼投资管理有限公司	89.83	0.70	新进	流通A股
8	樊青	86.96	0.68	新进	流通A股
9	张淑平	78.99	0.61	新进	流通A股
10	史金焕	72.66	0.56	新进	流通A股
总计		4772.74	37.07		

3. 在经营中出现的问题及解决方案

因公司前董事长兼总经理龙长生于2008年2月被司法羁押，所有银行都以公司经营环境发生重大变化为由停止了对公司的开证和贷款换汇。同时公司主要的美国经销商INT申请了破产，美国其他的经销商IRC等均中断了与公司的联系，商业链条完全断裂。公司原有主营业务陷入完全停滞的状态。原有主营业务的联系依赖于龙长生，而公司唯一有效可变现的房屋资产均被司法查封，无法通过转让、拍卖等手段进行变现。因此，公司无法通过变现资产来获取必要的资金，用来开拓其他新的经营业务。

公司经营管理层欲采用破产、资本运营进行企业重组，提出：宏盛科技负有巨额债务不能偿还，并且资不抵债，已具备申请破产重整的条件，同时，宏盛科技母公司已与本溪矿业有限责任公司签订《重组意向协议》，该公司资产质量优良，具备重组宏盛科技的实力，宏盛科技通过破产重整解决巨额债务及不良资产问题后可以通过重组实现再生。

二、股东大会前奏

由于连续3年出现巨大亏损，2010年4月9日起*ST宏盛被暂停上市。按照相关规定，在2010年年底前，*ST宏盛必须拿出相关重组方案，并上报证监会，否则该公司将被退市。但自2月*ST宏盛大股东易主后，大股东西安普明物流贸易发展有限公司（普明物流）和二股东上海宏普实业投资有限公司（宏普实业）之间针对公司的控制权与重组等问题便纷争不断。

*ST宏盛“名噪”A股是从-21.86元的每股净利润开始。该公司在2008年年报中曝出每股收益-21.86元，*ST宏盛被股民称为“A股最烂公司”[①]。2010年2月9日，普明物流通过竞买方式以1.9亿元获得宏盛科技26.09%股权，成为第一大股东，原大股东宏普实业仅持股4%退居第二大股东。竞买当时已经被ST处理的宏盛科技，普明物流的意图就是进行重组。

尽管宏普实业提出了本溪矿业的重组方案，但外界仍质疑，*ST宏盛还拥有1.6万平方米的房产，宏普实业提出破产重整是否是看中了这些房产资产，想要利用债务重组机会，以最大债权人的身份，把宏盛科技仅有的资产彻底掏空。就在两大股东普明物流、宏普实业就“谁来重组上市公司”争论未果之际，宏普实业今日所发的一则《告全体股东书》，则颇有“选前拉票”的意味[②]。

虽然已不是第一大股东，宏普实业仍掌控*ST宏盛。普明物流作为现在的第一大股东，为拿回话语权，6月上旬向*ST宏盛提交临时提案，提名普明物流人士为上市公司下一次董事会、监事会候选人。话语权的争夺将最终决定*ST宏盛的重组方向。

三、股东大会两大股东的争夺

2010年6月29日*ST宏盛的股东大会现场，股民集体抗议董事会取消“董事会、监事会换届选举的议案”，会场发生混乱，僵持20分钟后，*ST宏盛董事会集体退场，声言“推迟召开”。但是新任大股东西安普明以及许多中小股东却依旧将会议继续，并推举了新的临时董事会。

1. *ST宏盛推选临时董事会

*ST宏盛股东大会，按公告内容，将表决产生新一届董事会和监事会成员，*ST宏盛面临生死，众多股民从四面八方涌来，这场股东大会将决定大股东普明物流与二股东宏普实业，谁将获得公司的控制权。新老第一大股东之间矛盾已经公开化，而小股民们几乎一边倒，都支持第一大股东普明物流。

---

① 宋璇：《*ST宏盛两股东会战A股最烂公司明日定生死》，《国际金融报》，2010年6月28日。

② 俞坚：《二股东宏普实业‘选前拉票’*ST宏盛重组前景未卜》，《上海证券报》，2010年6月18日。

股东大会刚开始，第一大股东与第二大股东各派代表上台就座。*ST 宏盛新任大股东西安普明提出“董事会、监事会换届选举的议案”的议案，但随即遭到董事会成员的否决。董事会成员称，根据*ST 宏盛的公司章程，下一届董事会的人选必须由现任董事会来提名。而作为新任大股东的西安普明以及中小大股东显然不同意这项否决意见，随即会场内部出现骚乱，会场乱作一团，小股东抗议声四起，要求罢免董事会，并涌上主席台质问。

会议无法正常进行，中小股东纷纷站起来，围住主席台，要求临时选举会议主持，警察维持秩序，股东大会被迫休会，中小股民强烈要求按照上交所公告的程序进行表决。

10 时 10 分，旧一届董事会成员丢下一句“推迟召开”全部离场。但是新任大股东普明物流及中小股东却依然坚守会场，继续召开股东大会。推举第一大股东代表杨大勇为会议主持，先投票表决新一届董事会成员。

2. 会议程序的有效性遵守

现场有股东表示，必须有原公司律师见证，否则程序无效。被小股东聘请前来的上海方韬律师事务所黄业华为见证律师，她表示，多数股东推举第一大股东继续主持会议进行的程序应该是合法的。基于两点理由：第一表决人数超过出席人数 2/3，第二表决内容已经通过公告形式提前送达。原董事会的提前退场是不合法的。

下午 16 时，监票人公布：反对股东大会各项议案股数为 4098.7855 万股，弃权股数为 85100 股。会议主持杨大勇宣读决议：出席会议股东 77 人，现场 100% 股东进行记名投票决议，会议否决了 2009 年度董事会工作报告、监事会工作报告、财务决算报告、利润分配的预算等九项议案。股东大会上，选举出第七届新的董事会成员，均为普明物流代表。董事会表示在 29 日将会议公告递交上交所。

3. 会议内外的声音

宏普实业方表示，由于股东大会现场气氛紧张，意见难以达成一致，建议延期举行股东大会。他们认为，股民提出的议案违反了公司章程，故不予采用。

小股东虞先生认为，董事会违规在先，所以股东才决定剥夺董事会的主持权利。他说：“第一大股东普明物流都没有董事提名权，这是天大的笑话。”

有股东提出疑问，目前处于僵持状态，很有可能出现两个董事会和两个股东大会，怎样能保证程序的合法化，会采取怎样的途径？但并没有得到回应。

*ST 宏盛的第一大流动股东陈庆桃被推举为新的董事会成员，为了中小股东的利益，他几个月一直在跟西安普明方面沟通调研，认为普明能把宏盛科技重组做好。陈庆桃表示，希望公司两大股东之间能摒弃一些误会，合力将*ST 宏盛挽救于退市的边缘。

为此不少股东将希望寄托在了西安普明的身上。西安普明方面人士也表示，公司一直在努力寻找重组方，并且已经找到，表示普明物流一定会摒弃受国家的调控政策限制的矿产和房地产重组方案，将寻求高科技、金融、创投以及环保类公司参与重组。

连城顾问点评

股东大会按照法律规定就是公司的权力机构，公司的最终决定权的定夺就看股东大会能否开好。宏盛科技这次召开股东大会的目的很明显是获得控制权，这次会议出现的情况给予的启示是：

（1）会前的准备，股东与董事会经营者的沟通，会议舆论准备

收购股东普明虽然与中小股东沟通较好，获得广大中小股东的支持，但是对于控制公司的前董事会的沟通却明显不足，旧董事会不想合作，意欲先通过决议，形成股东对经营状况实事的承认，再改选董事会设置障碍，来获得继续的控制权，无形中增加了收购的难度和成本，而不利于新大股东。因而做好旧董事会的沟通，利用好社会舆论使其对不良经营业绩承担责任、让出控制权，减少障碍是很必要的。

（2）会议过程的控制

大股东对董事会行为的有效反应，使股东大会继续召开，说明了普明具有一定的控制力，在一切拖延的董事会理由中，本次大会都有法律依据继续召开好董事会，包括修改公司章程，董事信任的表决可以使旧董事会的提名权丧失，最后改选董事会，以实现第一大股东的控制意图。

（3）会议的有效性，法律的依据

根据《公司法》一百零二条规定，本次股东大会由 10% 以上连续持股

90日的股东推举主持人继续进行股东会是有效的。不会出现两个董事会的局面，如果旧董事会拒绝辞职，只有采取股东救济手段进行起诉，由法院判决旧董事会辞职，然后组建新的董事会，获得控制权，但是这可能影响新第一大股东普明物流的收购效果。

(4) 收购者顺利取得控制权需要开好股东会，利用好公司治理的灵活地带

股东会行使的权力，处理决议等事务的依据除法律规定以外，还可以依据公司章程。股份有限公司机构进行分化、权限划分时，在股东大会和董事会固有权限之外有一个权力划分的真空地带，在这个空间股东大会和董事会分别拥有多大的权限是可变的。可变因素在于公司章程的规定，而公司章程属于股东大会决议的事项，因此在这个可变权力空间中，完全由股东大会掌握主动权。股东会决议及运作体现了公司的自治，从某种意义上说是对公司法规范的一种公司治理机制灵活运用的地带。

第四章

企业实际控制人

本章导读

大股东、控制人是由新《公司法》界定了的概念，其中体现了所有者与经营者分离的学者研究的成果，两者可以相连也可以分离，对于企业的经营都有着关键的作用。本章对两者进行了区分，对企业的实际控制权的类型及其掌控方式、转换作了具体的描述。公司产权的变化、企业的兼并重组是现代社会经济活动的常态，其市场是怎样的运行机制，控制人和大股东是怎样的行为，如何制衡他们之间的关系，规范他们的行为，法律怎样造成公平的环境，限制控制人权力的无限扩张，等等，都是在实际运作中要涉及的。在如今的世界范围的大控制权市场中，企业从小到大，基本都受到了其左右，规范的公司治理躲不开这些问题。读者阅读本章，可以带着自身是股东，想拥有企业的控制权的角色，来解决实际当中可能遇到的各种问题，而那些在控制权市场中的读者将会有更大的收益。本章最后给出了一个大型跨国金融机构的股权及控制权状况对企业带来的影响案例，可以看到控制权的度的把握既是一门艺术也是一门科学。

控股权

一、大股东、控制人与控制类型

1. 大股东

根据股份公司股东大会的多数决原则，大股东①是指在公司股权结构中，拥有半数以上的有表决权的股东，也称为绝对控股股东，大股东持有股份占公司有表决权的股份总数 50% 以上，就可以以股权的简单多数在公司的股东大会上做出各种有利于自身的决议，其中包括控制董事会的组成。广大中小股东的配合只是出现在修改章程、公司形式重大变更等罕见的场合。由于现代股份公司、特别是上市公司股权的分散，大股东以低于、甚至远远低于 50% 的表决权的相对控股也能有效地控制公司董事会及公司的经营行为。相对控股大股东，不再单纯强调比例，而是看重对公司的实际控制权，当大股东对公司事务已经可以行使事实上的控制权时，就构成了所谓控制股东亦或称控制人（Controlling Shareholders，beherrschende Aktionare）。对于控制权的

---

① 本文所称“大股东”即公司的第一大股东，以下不区分“大股东”和“第一大股东”这两个概念。

2005 年《公司法》第二百一十七条：（二）控股股东，是指其出资额占有限责任公司资本总额 50% 以上或者其持有的股份占股份有限公司股本总额 50% 以上的股东；出资额或者持有股份的比例虽然不足 50%，但依其出资额或者持有的股份所享有的表决权已足以对股东会、股东大会的决议产生重大影响的股东。（三）实际控制人，是指虽不是公司的股东，但通过投资关系、协议或者其他安排，能够实际支配公司行为的人。

表现，体现在控制股东会和董事会，以直接或间接向公司的董事会委托或选派董事，以便对公司的经营活动施加影响；控制公司的主要经营活动，表现为对公司的重大经营决策施加影响或控制，以贯彻控制人的经营战略，等等。并且这种控制是有计划和连续的，而非是一时或偶然。

在资本市场上，股东是公司所有者，所有股东都关心公司的收益。从股东内部来看，大股东投入资本较多，相对其他股东有更强的动机来保护自己的利益，更关心公司经营状况和回报。从股东持股的目的来说，控制权是各股东利益博弈的焦点，大股东更有实力控制公司的代理人董事会和具体经营决策。

公司的控制权是由《公司法》赋予大股东，实行一股一票和简单多数通过的原则，大股东无论是绝对控股，还是相对控股，其在股东大会上对公司的重大决策及在选举董事上都拥有绝对的控制权，这一现象也被实践所证实。大股东控制并积极行使控制权来管理企业，对中小股东利益来说，有"搭便车"的好处，中小股东可以用相对较低的成本获取收益。但是，大股东往往会利用其垄断性的控制地位做出对自己有利而有损于中小股东利益的行为，这就是一般所说的大股东控制问题。

2. 控制人控制模式

终极控制者上市公司大股东控制权及其控制模式有：①金字塔结构控制模式——实际控制人通过多链条控制，实现大股东控制的结构。②交叉持股结构控制模式——通过公司之间互相持股，横向强化控股股东的控制力的结构。③二元股权结构控制模式（普通股与优先股）。通过这些形式来构建一个复杂的控制链和强化控制权增长，造成控制权和现金流权分离，从而奠定了谋取专有收益的基础。

（1）金字塔控股模式

这是一种用埃及金字塔形象来比喻纵向层级控制权大小变化的方式，终极控制人位于金字塔的顶端，由其控股第一层级公司，再由第一层级公司控股第二层级公司，第二层级公司再控股第三层级公司，依次延续到目标公司，且终极所有者对目标公司的投票权达到一定的临界标准，才能控制该企业。假定一个家族拥有 A 公司 30% 的股权，A 公司拥有 B 公司 20% 的股权，那么这个家族就拥有 B 公司 20% 的控制权和 6% 的现金流权，在 20% 的界限标准下构成了金字塔形控制。

这种逐层链条实现控制权和所有权的分离，拥有的现金流权则随着控制链的延伸而逐渐减少，使终极控制人的自有资本投资在金字塔结构的底层变得非常小。通过中间企业的所有权链关系实现最终控制，使得终极控制人能够使用较少的资本来控制大量资产。金字塔控制是公司治理中较普遍的现象，通过少量的资本实现对众多上市公司的控制，终极控制人的控制权以级数形式放大，成为全球企业广泛运用的控股方式。

（2）交叉持股模式

交叉持股模式是指企业集团内部横向和垂直的所有权连接关系。与金字塔控股结构不同的是，投票权在集团成员内部进行分配，而不是集中于单一控制人手中，从而使核心控制人掌握大于其股权份额的控制权。控制链中公司之间相互持股，一家公司拥有其控股股东的股份或控制链中其他公司的股份，这家公司就属于交叉持股。交叉持股结构的终极控制人通过多条控制链来实现对公司的控制。交叉持股的一个主要作用是能把集团内某一企业控制权保留在核心控制人手中，从而加强和提高核心控制人的控制能力。

（3）双重股权模式

通过发行不同投票权的股票，控股股东可以以较小的股权份额获取较大的公司决策控制权。通常的做法是公司发行两种股票：一种股票权力被赋予缩小了的甚至为零的投票权，只有分红权；另一种股票的投票权则被绝对或相对扩大，控制人多掌握后一种股票。在企业发行的所有股票中，虽然其现金流权相同，但相同现金流权的股票具有不等的投票权，导致控制权倾向大股东控制人，并使得其所掌握的控制权超过其所拥有的现金流量权。

大股东通过金字塔控股结构、交叉持股、双重股权的方式来实现控制权与现金流权的分离，终极控制人的控制权放大，从而导致了大股东能够以少量的现金流权来达到拥有较多控制权的目的。

二、控制人权力与控股权效应

1. 公司权力来源

美国著名经济学家加尔布雷斯指出：权力的来源是人格、财产和组织，并且“在现代社会中，组织是最重要的权力来源……一个有组织的群体往往通过它所拥有的财产或多或少使用获得补偿的权力”①。股份公司是典型的资合公司，其财产来源于股东的投入，因此，股东的原始财产是公司组织权力的首要来源，同时，公司在其组织内部把所有的权力合为一体，在法律上形成公司人格。为维护公司人格，公司形成一系列决策的权力、执行决策的权力以及实施监督的权力等重大的公司组织权力制度。

在以股东会为中心的权力分配制度中，股东作为公司的“终极”所有者，股东会就是公司的最高权力机关。而董事会只是公司的“委托代理人”，受股东会的控制，股东会与董事会之间的权力分配，完全由公司章程和章程细则决定，经营权是一种约定的权力。在这种权力分配制度中，股东与董事之间是一种权力的控制与被控制关系。《公司法》赋予公司股东最终控制权（ultimate control）。控制权涉及公司的大政方针，涉及股东的根本利益，所以控制权是股东股权的当然组成部分。

2. 控制权

从实用角度出发，最早伯利和米恩斯（1932）将控制权定义为，无论是通过行使法定权利还是施加压力，实际上有权选择董事会成员和其多数成员。从立法角度上看，各国都是针对母子公司之间、控股公司与子公司之间的关系，做列举式的界定。对于控制权的界定一般本着实质重于形式的原则，其中一个重要的判定标准就是控制权能够对企业的经营行为以及对企业相关者的利益产生实质性影响。

有关公司控制权经济学界的概念，主要有选举董事、决定公司方针政策和战略决策权三种主要观点。

选举董事观点认为，现代股份公司体制下，公司投资者只以持有公司股票的形式成为公司的股东，并不直接参与公司的运营管理。除了公司章程或法律规定必须由公司股东大会行使的权力之外，选举产生公司法人的权力执行机构——公司董事会——是公司全体股东的主要控制权力的方式，通过对公司全体董事的选任和解聘权的行使实现其对公司的控制。

决定公司方针政策观点认为，选举董事虽然是公司控制权的重要内容，

---

① ［美］约翰·肯尼思·加尔布雷斯著，陶远华等译：《权力的分析》，河北人民出版社1998年版，第5~6页。

但是却不是控制权的全部内容。公司控制权还应包括“决定一个公司广泛政策的权力”。这里的“广泛政策”主要指：公司的目标、公司经营指导方针、公司的扩张战略、公司的融资策略、公司的利润分配政策。

战略决策权观点认为，将现代股份公司的决策活动分为战略性决策和经营性决策。战略性决策包括对投资计划、融资方案、高级管理人员的考核评价以及公司机构设置等。谁拥有了公司的战略性决策权，就意味着谁掌握了选择公司的根本发展方向的决定权，也就是掌握了公司的控制权。

公司控制权的“决定公司政策说”和“公司战略决策说”没有从控制权的本质上区分公司经营权和控制权，基本是权力划分的界限不同。美国法律研究院颁布的《公司治理原则：分析与建议》从公司控制权的本质出发对公司控制权作出定义，认为“公司控制权是指直接或间接地对公司的管理或经营政策施加控制性影响的权力”。

在这里认为所谓公司控制权，是指控制人对某一公司实体具有左右其运行态势能力，是由财产能量换取的，受法律保护的权力。在具体的权力表现形式上，公司控制权表现为对公司法人执行机构成员（公司董事）的选拔、任用和解聘权以及重要财产权利变化的决定权。在权利的内容上，公司的控制权则主要表现为对公司经营决策方向的影响力，是通过对公司董事会（包括公司经理）的影响力实现对公司经营决策的间接干预。

在权利性质上，公司控制权与公司所有权不可分离。但是，公司所有者可以在需要的时候将公司经营权委托符合条件的经营者代为行使，从这个意义上说公司所有权与经营权具有可分离性，可以通过委托的形式转移。公司所有者将公司经营权委托作为非所有者的经营者行使，所有权与经营权由不同的权利主体分别行使的结果导致了代理问题的发生，使得公司所有者在公司中的利益受到威胁，在这种情况之下公司控制权作为公司所有权的保障性权力，使控制公司所有权与经营权分离所产生的代理成本在一个合理的范围，最终保证公司所有者在公司中作为剩余索取权人的利益。

公司控制权问题伴随着所有权、经营权的分离而产生，当公司所有权与经营权重合时不存在公司控制权的问题，而一旦公司所有权与经营权发生了分离就立即出现了公司控制权的问题。

三、控股权市场

1. 控制权市场理论

1965 年，美国学者亨利·曼宁发表论文首次提出了公司控制权市场的理论，认为“公司控制权市场的一个基本前提是公司的管理效率和其股票价格有着高度的正相关性”，“除了证券市场，我们没有任何衡量管理效率的客观标准”。在当时公司治理运动中另辟了一条途径。公司控制权市场理论的基础是公司经营者的经营效率与股票市场价格的关系。这一理论首先界定了一个条件，认为存在一个有效的证券市场，其中公司的经营效率会真实地反应在股票的价格上。当一个公司经营者缺乏效率时，这个公司的股价就会降低，达不到最大化。这就为公司外部的人提供了一个控制机会，可以通过收购公司股份的方式获得该公司的控制权，并指定新的经营者改善公司的经营效率，提升公司的股价。这一控制权转变过程使收购者获得投资回报，而社会资源也得到了更为有效的配置。

研究证明了公司控制权市场理论的科学性，表明了敌意收购对公司治理具有惩戒、监督经营者，减少代理成本的作用。敌意收购和友好收购对比研究，发现友好收购的目标公司的经营效率与其他未被收购的公司的经营效率相差不大，其托宾 Q 比例（Tobin's Q）① 处于平均水平。敌意收购的目标公司的经营效率则低于平均水平，其托宾 Q 比例也比一般水平要低。一个公司的经营者如果缺乏经营效率，其所在的公司就可能成为被收购的对象，经营者就可能遭到替换，这种潜在的威胁，是对公司经营者极好的监督，它使公司的经营者不得不努力提高公司的经营效率，以免遭到收购。

根据公司控制权的争夺方式，可以大体上将公司控制权市场分为公司外部控制权市场和公司内部控制权市场两个方面。公司外部控制权市场指依托证券市场的控制权争夺，即股权收购的一些方式。这些方式主要包括：代理投票权竞争、要约收购、兼并以及这三种方式的综合运用。公司内部控制权

---

① 托宾 Q 为公司的市场价值与公司的有形资产重置资本之间的比例。反映的是一个企业两种不同价值估计的比值。分子上的价值是企业的价值是该企业预期自由现金流量以其加权平均资本成本为贴现率折现的现值，分母中的价值是企业的“基本价值”重置成本，即企业的当前股本。以此来衡量公司的资产价值状况，反映了商誉、未来增长的机会、经营者的素质等。

市场则主要指公司管理者内部竞争和激励、董事会的构成和大股东的监督等。

2. 美国控制权市场借鉴

(1) 20世纪80～90年代的美国公司并购

根据霍姆斯特姆和卡普兰（Holmstrom & Kaplan，2001）的研究，美国证券市场中由于杠杆收购而私有化的资本在20世纪80年代显著上升，在1988年达到最大值，占证券市场总市值的2.5%，而进入90年代后这个比值一直趋近于0。同样，在80年代，要约收购占总市值的百分比位于20%～40%，而到了90年代，这个比值一直低于15%，并且不断降低。对于这个现象霍姆斯特姆和卡普兰做出了如下的解释：首先，杠杆收购的发起者一般是管理者。通过杠杆收购，一方面管理者拥有的公司股份数大幅度增加，对其产生激励作用；另一方面杠杆收购形成的大量负债对公司管理产生了强有力的债务约束，经营者再也不能随意的投资，一定要考虑资本的回报，若资本项目收益过低，必然会产生债务危机。其次，杠杆收购的发起人或投资者可以更近地监督和治理他们所收购的公司，一般来说杠杆收购的公司董事会规模较小而且被拥有较多股权的投资者所控制。

进入20世纪90年代之后，美国的控制权市场发生了显著变化。证券市场上的杠杆收购和敌意收购急剧下降，取而代之的是内部控制权市场的完善。由于以激励为基础的报酬制度的兴起，美国公司CEO的报酬以股权数为基础的情况急剧上升，使得管理层把公司的目标重新定位在股东价值最大化的基础上。因为当股东权益增长时，自身的收益也就随着上升。同时延续80年代的杠杆收购的负债和新的成本计量业绩评估方法的出现，如EVA、TBR等。对经理人起到了很好的约束激励作用。对管理层的监督情况出现了新的变化。首先，杠杆收购的发起人或投资者会通过董事会监督管理层。以机构投资者为例，由于企业的绩效和企业的股价相联系，从而与机构投资者的收益相挂钩，他们就会在更大范围内监控企业。其次，SEC在1992年修改了关于代理权争夺的规定，降低了代理权争夺的实施成本，使得股东能够更方便地进行代理权争夺，无形中加大了对管理层的约束，促使管理层努力提高公司的业绩。从而促进了以业绩为基础的报酬方式广泛被采用。

实证研究证明了杠杆收购和要约收购都提升了公司效率，控制权市场机制在促进企业效益和竞争力方面起到了正面作用。在市场经济条件下，公司作为股东谋求利益生成的工具本身具备外延性发展壮大的强烈欲望，正如美国著名经济学家斯蒂格勒在考察美国企业成长路径时所说的："没有一个美国大公司不是通过某种程度、某种形式的兼并收购成长起来的，几乎没有一家大公司主要是靠内部扩张成长起来的。"①

（2）美国公司控制权市场的启示

美国公司的例子，可以看出内部控制权市场和外部控制权市场其实是相辅相成的一个有机整体。当一个市场的控制效率出现了问题，另一个市场就必然活跃起来。这两个市场或者说两种控制机制的共同目的都是为了提高企业绩效，增加企业价值，满足人们对利益的追求。这对中国公司控制权市场有如下的几点启示：

①完善外部控制权市场。我国控制权市场初步形成，还有许多不足之处，关于杠杆收购的相关法规和监督措施的不完善，曾经出现了不少违规的MBO，使国有资产变向流失。从美国市场的发展来看，管理层杠杆收购是提高企业效率的有效途径，关键是要规范杠杆收购的相关程序与监管，让管理层确实感受到债务约束的压力，以实现杠杆收购的真正目标，提高企业经营效率。随着资本市场的国际化，海外资本加大了抢滩中国市场的力度，民营资本和海外资本对要约收购非常迫切。但是，我国在股票的定向发行、回购、吸收合并、征集投票权等法规制度方面依然空白，现有部分法规制度的操作性较差。因此要加快完善外部控制权市场，尤其是完善杠杆收购和要约收购的操作规程与监管制度，以此促进我国企业的经营效率提升和经理人市场的完善。

②改善公司治理结构，完善内部控制权市场。现在我国企业管理层正加大约束激励机制的改革力度，也在更多的进行内部控制权的调整，如国资委从组建的196个中央企业集团，在7年间已经兼并重组调整为123个，86家完成A股上市，央企的资产规模由7万亿元增加到21万亿元，增加1.9倍，资产总值年均增加13.7%，加大了经理人市场的竞争，引用国际先进EVA评价体系，公司治理结构日益完善。在目前的央企中，国有资本在石油、电信、电力、军工等行业的比重都在90%以上，有很强的控制力，中国社会稳定发

① ［美］斯蒂格勒著，潘振民译：《产业组织与政府管制》，上海人民出版社1996年版，第3页。

展，很重要的一点，就是央企的控制力。垄断市场的功能是实现社会多种利益相关者的要求，而非简单的企业竞争①。

③内外部控制权市场相互联系、互动发展。两种控制机制的共同目的都是为了提高企业绩效，满足人们对利益最大化的追求。在发展控制权市场时应注意内外部的相互影响，政府监管部门在制定并购法规和公司治理监督政策时要注意它们之间的系统性和关联性，使内外部控制权市场的作用得以充分发挥。

3. 控制权市场中的投资银行

(1) 投资银行简述

投资银行是主要从事证券发行、承销、交易、企业重组、兼并与收购、投资分析、风险投资、项目融资等业务的非银行金融机构，是资本市场上的主要金融中介。它是证券和股份公司制度发展到特定阶段的产物，是发达证券市场和成熟金融体系的重要主体，在现代社会经济发展中发挥着融通资金供求、构造证券市场、推动企业并购、促进产业集中和规模经济形成、优化资源配置等重要作用。

投资银行是与商业银行相对应的一个概念，是现代金融业适应现代经济发展形成的一个新兴行业。它区别于其他相关行业的显著特点是：①它属于金融服务业，这是区别一般性咨询、中介服务业的标志；②它主要服务于资本市场，这是区别商业银行的标志；③它是智力密集型行业，这是区别其他专业性金融服务机构的标志。

(2) 投资银行类型

当前世界的投资银行主要有四种类型：

①独立的专业性投资银行。这种形式的投资银行在全世界范围内广为存在，它们都有各自擅长的专业方向。

②商业银行拥有的投资银行（商人银行）。这种形式的投资银行主要是商业银行对现存的投资银行通过兼并、收购、参股或建立自己的附属公司形

---

① 2010 年曾任 7 年国资委主任的李荣融认为：从国资委成立 7 年的实践看，国有企业的管理体制、经营机制发生了翻天覆地的变化。国有经济的运行质量、发展速度显著提高，充分显示了国有经济的活力、控制力和影响力。也就是说，企业自身要有活力，对于整个国民经济来说，央企要有控制力和影响力，央企搞得好的标志就是要有影响力。

式从事商业银行及投资银行业务。

③全能型银行直接经营投资银行业务。这种类型的投资银行主要在欧洲大陆，它们在从事投资银行业务的同时也从事一般的商业银行业务。

④一些大型跨国公司兴办的财务公司。

(3) 投资银行在控制权市场的角色

从宏观角度出发，投资银行的活动能够促进产业集中，在企业并购过程中，投资银行发挥了重要作用。投资银行的兼并和收购业务促进了经营管理不善的企业被兼并或收购，经营状况良好的企业得以迅速发展壮大，实现规模经济，从而促进了产业结构的调整和生产的社会化。因为企业兼并与收购是一个技术性很强的工作，选择合适的并购对象、合适的并购时间、合适的并购价格及进行针对并购的合理的财务安排等都需要大量的资料、专业的人才和先进的技术，这是一般企业所难以胜任的。大量的兼并与收购活动通过证券二级市场进行，手续更加繁琐、要求更加严格、操作更为困难，没有投资银行作为专业顾问和代理人，兼并收购几乎不可能进行。

(4) 投资银行业务内容

投资银行核心业务大致分为三类：传统型、创新型和引申型。在中国，投资银行业务主要包括：证券承销、证券交易、兼并收购、资金管理、项目融资、风险投资、信贷资产证券化等。

①证券承销。证券承销是投资银行最本源、最基础的业务活动。投资银行承销的职权范围很广，包括本国中央政府、地方政府、政府机构发行的债券、企业发行的股票和债券、外国政府和公司在本国和世界发行的证券、国际金融机构发行的证券等。投资银行在承销过程中一般要按照承销金额及风险大小来权衡是否要组成承销辛迪加和选择承销方式。通常的承销有包销、投标承购、代销、赞助推销四种方式。

②证券经纪交易。投资银行在二级市场中扮演着做市商、经纪商和交易商三重角色。作为做市商，在证券承销结束之后，投资银行有义务为该证券创造一个流动性较强的二级市场，并维持市场价格的稳定。作为经纪商，投资银行代表买方或卖方，按照客户提出的价格代理进行交易。作为交易商，投资银行有自营买卖证券的需要，这是因为投资银行接受客户的委托，管理着大量的资产，必须要保证这些资产的保值与增值。此外，投资银行还在二

级市场上进行无风险套利和风险套利等活动。

③证券私募发行。证券的发行方式分作公募发行和私募发行两种，证券承销实际上是公募发行。私募发行又称私下发行，就是发行者不把证券售给社会公众，而是仅售给数量有限的机构投资者，如保险公司、共同基金等。私募发行不受公开发行的规章限制，除能节约发行时间和发行成本外，又能够比在公开市场上交易相同结构的证券给投资银行和投资者带来更高的收益率，所以，近年来私募发行的规模仍在扩大。

④兼并与收购。企业兼并与收购已经成为现代投资银行除证券承销与经纪业务外最重要的业务组成部分。投资银行可以以多种方式参与企业的并购活动，如：寻找兼并与收购的对象、向猎手公司和猎物公司提供有关买卖价格或非价格条款的咨询、帮助猎手公司制定并购计划或帮助猎物公司针对恶意的收购制定反收购计划、帮助安排资金融通和过桥贷款等。此外，并购中往往还包括“垃圾债券”的发行、公司改组和资产结构重组等活动。

⑤项目融资。项目融资是对一个特定的经济单位或项目策划安排的一揽子融资的技术手段，借款者可以只依赖该经济单位的现金流量和所获收益用作还款来源，并以该经济单位的资产作为借款担保。投资银行在项目融资中起着非常关键的作用，通过发行债券、基金、股票或拆借、拍卖、抵押贷款等形式组织项目投资所需的资金融通。投资银行在项目融资中的主要工作是：项目评估、融资方案设计、有关法律文件的起草、有关的信用评级、证券价格确定和承销等。

⑥公司理财。公司理财实际上是投资银行作为客户的金融顾问或经营管理顾问而提供咨询、策划或操作。它分为两类：一是根据公司、个人、或政府的要求，对某个行业、某种市场、某种产品或证券进行深入的研究与分析，提供较为全面的、长期的决策分析资料；二是在企业经营遇到困难时，帮助企业出谋划策，提出应变措施，诸如制定发展战略、重建财务制度、出售转让子公司等。

⑦基金管理。基金是一种重要的投资工具，它由基金发起人组织，吸收大量投资者的零散资金，聘请有专门知识和投资经验的专家进行投资并取得收益。投资银行与基金有着密切的联系。首先，投资银行可以作为基金的发起人，发起和建立基金；其次，投资银行可作为基金管理者管理基金；再次，

投资银行可以作为基金的承销人，帮助基金发行人向投资者发售受益凭证。

⑧财务顾问与投资咨询。投资银行的财务顾问业务是投资银行所承担的对公司尤其是上市公司的一系列证券市场业务的策划和咨询业务的总称。主要指投资银行在公司的股份制改造、上市、在二级市场再筹资以及发生兼并收购、出售资产等重大交易活动时提供的专业性财务意见。投资银行的投资咨询业务是连接一级和二级市场、沟通证券市场投资者、经营者和证券发行者的纽带和桥梁。

⑨资产证券化。资产证券化是指经过投资银行把某公司的一定资产作为担保而进行的证券发行，是一种与传统债券筹资十分不同的新型融资方式。进行资产转化的公司称为资产证券发起人。发起人将持有的各种流动性较差的金融资产，如住房抵押贷款、信用卡应收款等，分类整理为一批资产组合，出售给金融资产的买方（主要是投资银行），再由特定的交易组织以买下的金融资产为担保发行证券支持资产，用于收回购买资金。这一系列过程就称为资产证券化。资产证券化的证券（即资产证券）为各类债务性债券，主要有商业票据、中期债券、信托凭证、优先股票等形式。资产证券的购买者与持有人在证券到期时可获本金、利息的偿付。证券偿付资金来源于担保资产所创造的现金流量，即资产债务人偿还的到期本金与利息。金融资产的发起人或购买人无超过资产限额的清偿义务。

⑩金融创新。根据特性不同，金融创新工具即衍生工具一般分为三类：期货类、期权类和调期类。使用衍生工具的策略有三种，即套利保值、增加回报和改进有价证券的投资管理。通过金融创新工具的设立与交易，投资银行进一步拓展了投资银行的业务空间和资本收益。首先，投资银行作为经纪商代理客户买卖；其次，投资银行也可以获得一定的价差收入，因为投资银行往往首先作为客户的对方进行衍生工具的买卖，然后寻找另一客户作相反的抵补交易；再次，这些金融创新工具还可以帮助投资银行进行风险控制，免受损失。金融创新也打破了传统的市场划分，加剧了金融市场的竞争。

⑪风险投资。风险投资又称创业投资，是指对新兴科技公司在创业期和拓展期进行的资金融通，表现为风险大、收益高。新兴公司具有很大的市场潜力、有高于平均利润预期，但却充满了风险，普通投资者往往都不愿涉足，但这类公司又最需要资金的支持，因而为投资银行提供了广阔的市场空间。

投资银行涉足风险投资有不同的方式：首先，采用私募的方式为这些公司筹集资本；其次，对于某些潜力巨大的公司有时也进行直接投资，成为其股东；再次，更多的投资银行设立“风险基金”或“创业基金”向这些公司提供资金来源。

控制人治理

一、控制人战略控制

控制人战略控制是控制人在企业权力市场上的战略行为，通过战略控制运作，企业产权重组可以改变企业的规模结构与业务方向，使企业在行业结构中的位置发生变化，企业经理人得到促动，当企业内部遇到经营战略阻力时，控制权市场的变化能够使企业产生影响和改变企业战略，控制人战略虽不直接涉及具体经营战略，但其在控制权市场的动作，却能改变企业的航向。某些资产的剥离或吸收扩充都可看出一个企业控制人的战略思维倾向。应用控制权市场是控制人解决一些企业问题的捷径。

1. 企业购并

企业购并是指一个企业购买另一个企业的全部或部分资产或产权，从而影响、控制被收购的企业，以增强企业的竞争优势、实现企业经营目标的行为。企业购并是控制人战略的一部分，是外部控制权市场的运作基本方式。

(1) 企业购并的类型

企业的购并有多种类型，从不同的角度有不同的方法，下面分别从购并双方所处的行业、购并的方式、购并得动机、购并的支付方式进行分类描述。见表4－1。

表4－1　　收购类型比较

并购类型		并购方式	并购目的效果
购并行业空间分类	横向购并	处于同行业，生产同类产品或生产工艺相似的企业间购并	迅速扩大生产规模，提高市场份额，增强企业的竞争能力和盈利能力
	纵向购并	产业链上下游的联合	扩大生产规模，节约共同费用，促进各个环节的密切配合，优化生产流程
	混合购并	产品扩张性购并：生产相关产品企业间的购并 市场扩张性购并：对其他地区的生产同类产品的企业进行的购并 纯粹的购并：生产和经营彼此毫无关系的若干企业之间购并	增加垄断竞争地位 扩大竞争地盘 扩大营业总额和增加值
并购关系分类	直接收购	收购公司直接向目标公司提出购并要求，双方经过磋商，达成协议	双方可以密切配合，相对成本较低，成功的可能性较大
	间接收购	收购公司直接在证券市场上收购目标公司的股票，从而控制目标公司	引起股价剧烈上涨、目标公司激烈反应，收购成本提高，收购难度增加

续表

并购类型		并购方式	并购目的效果
购并动机划分	善意购并	收购公司在提出收购条件以后，目标公司接受收购条件	双方都有诚意合并成功率较高
	恶意购并	收购公司在目标公司不同意收购要求和条件后在证券市场上强行收购	目标公司会采取反收购措施，股价迅速提高，收购很难成功。
并购支付方式划分	现金收购	收购公司向目标公司的股东支付一定数量的现金而获得目标公司的所有权	存在资本所得税的问题，增收购成本。对流动性、资产结构、负债等产生影响
	股票收购	收购公司通过增发股票的方式获得目标公司的所有权	公司不需要对外付出现金，不至影响财务状况；原有股东的控制权会受到冲击
	综合证券收购	收购公司支付的不仅有现金、股票，还有认股权证、可转换债券等多种方式混合	兼有现金收购和股票收购的特点，可以保持良好的财务状况，防止控制权的转移
并购后被并一方的法律状态分类	新设法人型	并购双方都解散后成立一个新的法人	
	吸收型	其中一个法人解散而为另一个法人所吸收	
	控股型	并购双方都不解散，但一方为另一方所控股	

（2）企业并购战略意图

企业并购有多种动因，主要包括以下几个方面：

第一，实现多种发展动机。

企业不断发展是在激烈的市场竞争中的生存之道，通常情况下企业既可以通过内部投资获得发展，也可以通过购并获得发展，两者相比，购并方式的效率更高，其主要表现在以下几个方面：

①购并可以节省时间。企业的经营与发展是处在一个动态的环境之中的，在企业发展的同时，竞争对手也在谋求发展，因此，在发展过程中必须把握好时机，尽可能在竞争对手之前获取有利的地位。如果企业采取内部投资的方式，将会受到项目建设周期的影响，制约企业的发展速度。而且通过购并的方式，企业可以在极短的时间内将企业规模作大，提高竞争能力。尤其是在进入新行业的情况下，领先一步，就可以在行业内迅速建立优势。因此，购并可以使企业把握时机，赢得先机，获取竞争优势。

②并购可以降低进入壁垒和企业发展的风险。企业进入一个新的行业会遇到各种各样的壁垒，包括：资金、技术、渠道、顾客、经验等，这些壁垒不仅增加了企业进入这一行业的难度，而且提高了进入的成本和风险。如果企业采用购并的方式，则可以绕开壁垒，使企业以较低的成本和风险迅速进入这一行业。

③购并可以促进企业的跨国发展。当前，经济竞争全球化，跨国发展已经成为经营的一个新趋势，企业进入国外的新市场，面临着更多的困难，主要包括：企业的经营管理方式、经营环境的差别、政府法规的限制、当地文化等。采用并购当地已有的一个企业的方式的进入，不但可以加快进入速度，而且可以利用原有企业的运作系统、经营条件、管理资源等，使企业在今后阶段顺利发展。

第二，获得协同效应，提升效率。

购并后两个企业的协同效应主要体现在：生产协同、经营协同、财务协同、人才、技术协同。

①生产协同。企业并购后的生产协同主要通过工厂规模经济取得。购并后，企业可以对原有企业之间的资产即规模进行调整，使其实现最佳规模，降低生产成本。

②经营协同。经营协同可以通过企业的规模经济来实现。企业购并后，管理机构和人员营销网络、营销活动可以进行合并优化，节约费用，由于企业规模的扩大，还可以增强企业抵御风险的能力。

③财务协同。购并后的企业可以对资金统一调度，增强企业资金的利用效果。另外，购并后可以在企业中互相弥补产生的亏损，从而达到避税的效果。

④人力资源、技术的协同。购并后，原有企业的人才、技术可以共享，充分发挥人才、技术的作用，增强企业的竞争力。尤其是一些专有技术，企业通过其他方法很难获得，因为通过购并获取了对该企业的控制，专有技术可以得到分享，促进企业的发展。

第三，加强市场竞争能力。

通过购并可以获取竞争对手的市场份额，迅速扩大市场占有率，增强企业在市场上的竞争能力。尤其是在市场竞争者不多的情况下，可以增加讨价还价的能力。

第四，获取价值被低估的公司。

在证券市场中，公司的股票市价总额应当等同于公司的实际价值，但是由于环境不确定性等方面的影响，上市公司的价值经常被低估。如果企业认为自己可以比原来的经营者做得更好，那么该企业可以收购这家公司，通过对其经营增加企业的价值，该企业也可以将目标公司收购后重新出售，在短期内获得巨额收益。

第五，避税。

各国公司法一般都规定，一个企业的亏损可以用今后若干年度的利润进行抵补，抵补后再缴纳所得税。因此，如果一个企业历史上存在着未抵补完的正额亏损，而收购企业每年生产大量的利润，则收购企业可以低价获取这一公司的控制权，利用其亏损进行避税。

(3) 公司购并实施策略

购并对企业发展具有重大的意义，为保证企业购并的成功，应该注意以下几个问题：

①在企业战略的指导下选择目标公司。选择购并目标公司必须符合本企业的发展战略意图，对目标企业所从事的业务、资源状况进行调查、了解、

评估，如果收购后能够很好地与本企业战略相配合，达到增强本企业实力之目的，才可以考虑对目标企业进行收购。反之，如果目标企业与本企业的发展战略不能很好的吻合，那么即使目标企业十分便宜，也应该慎重行事，因为对其收购后，整合成本较大，反而会分散购买方的力量，可能导致购并失败。

②购并前对目标企业进行详细审查。许多购并的失败是由于事先没有能够很好地对目标企业进行详细地审查造成的。在购并过程中，由于信息不对称，收购方很难像卖方一样对目标企业有着充分的了解。许多企业在收购程序结束后，才发现目标企业可能存在着没有注意到的重大问题，或者双方的企业文化、管理制度、管理风格很难相融合，将目标公司融合到整个企业的运作体系当中很难，从而导致购并的失败。

③合理估计自身实力。在购并过程中，购并方的实力对于购并能否成功有着很大的影响。由于在购并中收购方通常要向外支付大量的现金，这必须以企业的实力和良好的现金流量为支撑，否则企业就要大规模举债，很容易因为沉重的利息负担或者到期不能归还本金而导致破产。当然，建立在经营者实力基础上的杠杆收购另当别论。

④购并后对目标企业进行迅速有效地整合。目标公司被收购以后，很容易形成经营混乱的局面，尤其是在敌意收购的情况下，管理人员离去，客户流失，生产混乱，因此需要对目标公司进行迅速有效地整合。稳定目标公司的现有管理团队是成本最低的，派驻高级管理人员改变目标公司的文化是后续手段，但是除非目标公司这方面问题太大，基本上是尊重原有文化，进行微调。很多购并的失败都是由于双方企业文化不能很好地融合而造成的。通过对目标公司的整合，使其经营重新步入正轨，并与整个企业的运作系统达到协调有效配合。

（4）并购原则

著名管理学家杜拉克提出过关于企业购并决策的五项基本原则：

①购并企业必须能为被购并企业作贡献。

②购并与被购并企业之间在文化上要能够整合。

③购并企业必须尊重被购并企业的员工、产品、市场和消费者。

④购并企业必须能够为被购并企业提供高层管理人员，重组被购并企业

改善管理。

⑤在购并的第一年之内，要让双方的管理人员大部分都得到晋升，使得双方的管理人员都相信，购并给公司带来了机会。

（5）目标公司分析基本方式

在收购一家公司之前，必须对其进行全面地分析，以确定其是否与公司的整体战略发展相吻合、了解目标公司的价值、审查其经营业绩以及公司的发展机会和障碍，然后才能决定是否对其进行收购，及收购后的整合方案。

审查过程中，可以先从外部获取各方面的有关目标公司的信息，然后再与目标公司进行接触、商谈，争取能够得到目标公司的配合，全面具体分析其状况，分析的重点一般包括：产业、法律、运营、财务等方面，见表4－2。

表4－2　　收购目标公司基本状况分析

基本面判断	各部分内容	具体内容
产业分析 判断：目标公司的购并是否与公司的整体发展战略相符；购并后是否可以通过对目标公司的良好经营为公司获取收益。	产业总体状况	产业总体状况包括产业所处生命周期的阶段和其在国民经济中的地位、国家对该产业的政策等
	产业结构状况	波特的五种基本竞争力量：潜在进入者、替代品生产者、供应者、购买者和行业现有竞争力量来进行分析。该产业是竞争性的还是垄断性的，产业结构显示了购并进入新产业的方便切入点的难易程度
	目标公司所处产业内战略位置	一个产业中各战略集团之间的相互关系对企业的竞争有着很大的影响，公司所处的战略位置，对公司经营发展十分重要

续表

基本面判断	各部分内容	具体内容
法律分析	审查公司的组织、章程	注意对收购、兼并、资产出售等方面的认可以及在购并中股东认可的投票比例，注意公司章程和组织中有无特别投票权和限制。另外，对公司董事会会议纪录也应当进行审查
	审查财产清册	审查公司对财产的所有权以及投保状况，对租赁资产应注意其契约条件是否有利
	审查对外书面合约	应该对被收购公司使用外界商标、专利权，或授权他人使用的约定以及租赁、代理、借贷、技术授权等重要契约进行审查，注意在目标公司控制权转移之后这些合约还是否有效
	审查公司债务	注意其偿还期限、利率及债权人对其是否有限制，例如是否规定了公司的控制权发生转移时，债务是否立即到期
	审查诉讼案件	对公司的过去诉讼案进行审查，看是否有对公司经营有重大影响的诉讼案件

续表

基本面判断	各部分内容	具体内容
经营分析 判断：企业经营者盈利能力及条件	运营方面	分析其利润、销售额、市场占有率等指标的变化趋势，对今后的运营状况作大致的预测，同时找出问题所在，为购并后的管理提供基础
	管理方面	调查分析目标公司的管理风格、管理制度、管理能力、营销能力，分析购并后是否能与母公司的管理相融合
	重要资源	通过分析目标公司的人才、技术、设备、无形资产，以备在并购后充分保护和发挥这些资源的作用，促进整个公司的发展
财务分析 判断：目标公司所提供的财务报表是否真实。	资产	应注意各项资产的所有权是否为目标公司所有；资产的计价是否合理；应收账款的可收回性，有无提取足额的坏账准备；存货的损耗状况；无形资产价值评估是否合理等
	负债	主要集中在查明有无漏列的负债
	税款	以前各种税款是否足额及时交纳，以防止收购后由收购公司缴纳并被税务部门罚款

2. 企业购并方法模式

企业经营情况千差万别，购并双方的目的不同，企业购并方法也多种多样，按已经发生的购并，一般有现金支付型、品牌特许型、换股并购型、以股换资型、托管型、租赁型、承包型、安置职工型、合作型、合资型、划拨型、债权债务承担型、杠杆收购型、管理者收购型、联合收购型等方法，只要在法律允许的范围内，各种方法都可运用，而且创造出新的购并方法以适应市场发展。如几家企业联合收购，共同持股改造一间大型企业，形成具有竞争力的企业集团或企业联盟，使用多种方法，达到多种目的。大股东们在共同收购前就达成持股比例协议，当然此时可以与机构投资者出资建立长期投资联盟。收购、兼并和重组是作为企业进行资本扩张的最重要也是最有效的途径之一，是资本运营的核心，其主要形式见表4-3。

表4-3　各类并购形式对比

		购并手段方式	实现目的
购并的形式	控股式购并	购买企业的股权，达到控股	对被购并方拥有控制权和经营管理权
	购买式购并	购买企业资产，采取一次性购买或分期购买方式进行	取得对被购并企业资产的全部经营权与所有权
	承担债务式购并	资产与债务等价的情况下，以承担被购并方债务为条件接受其资产，实现零成本收购	
	吸收股份式购并	被购并企业以其净资产、商誉、经营状况及发展前景综合折股，作为股金加入成为集团公司的一个股东	
	抵押式购并	以抵押形式转移产权，进而以赎买手段进行产权的再转移	主要是在资不抵债的企业与其最大的债权人公司之间进行

续表

		购并手段方式	实现目的
购并的形式	举债式购并	以经营与管理等优势，采取举债方式筹集资金，购并一些地区性的中小企业	实现规模经济以取得规模效益
	资产置换式购并	将优质资产置换到被购并企业中，同时把被购并企业原有不良资产（连带负债）剥离，依据资产评估值进行等额置换	达到对被购并企业的控制权与经营管理权
股权转让与收购的模式	法人股协议转让模式	上市公司法人股股权的有偿转移，在操作中通常采取法人股标购和法人股协议转让模式	达到其他公司买壳上市的目的
	国家股股权转让模式	国有资产管理的部门或企业所拥有，通过国家股的转让	上市公司控股股东发生变更
	收购流通股模式	通过深、沪证券二级市场来实现，购买某一上市公司的股票达到控股比例	实现买“壳”上市
	混合模式	综合运用上述两种以上的模式的收购，在二级市场以外，由双方订立一个转让协议，制订一个转让指导价，进行国有股、法人股转让，从而达到参股或控股的目的	国家股、法人股协议转让方式具有明显的优越性 购并对象样本大、成本低，而且整个购并活动可以一次性完成，因而购并效果和成功率都会大大提高

3. 中外合资企业控制权安排与收益分配

中外合资企业已经成为中国企业与跨国公司进行战略合作的一种典型形式。通过与跨国公司的合作，中国企业在资金、技术、管理经验和进入国际市场的渠道等方面获得了重要的支持。同样，跨国公司通过与中国企业的合作，能有效地克服市场进入壁垒，在更加广阔的市场范围内运用自己的核心能力扩大企业规模。

在中外资合作中，外方投资者想方设法谋求企业的完整控制权，进而通过各种手段侵吞合资企业的利益，最终将合资企业转变为外方控股或独资企业，在国内掀起了合资企业独资化的浪潮。例如，宝洁公司与北京日化二厂分道扬镳，并给广州浪奇象征性地留下 1% 的股份；西门子对中国多家合资企业使用控制权优势，对其旗下 45 家合资企业控股率达到 90%。中外合资企业各方的合作多为了解决一些暂时的困难而走到了一起，合作动机的短期性和双方长期发展目标的冲突，使得这种合作关系面临各种机会主义行为的威胁。

中外合资企业需要同时考察控制权安排和收益分配，因为在合资体内它们是相互影响的。合资各方争夺企业控制权的最终目的是为了达到个人收益的最大化，获得控制权与收益权的匹配和统一。中外合资企业的外方千方百计争夺企业的控制权，采取利益侵占行为，使合资企业出现“零利润”，甚至“负利润”，并借此机会通过增资扩股等方式最终实现合资企业的独资化。用不完全契约理论分析现实中实际发生的经济现象。假设有两个合伙人共同实施一个生产计划，并签订了一份收益分配契约和一个决策机制。在此基础上，他们各自进行投资，这种投资会影响他们的私有利益和企业的可察觉收益。初始的生产计划是不完全的，因此在投资发生以后，合伙人有机会调整初始生产计划以应对变化的市场状况。相对于在初始计划下的回报来说，事后的调整可能使两个合伙人都受益，也可能使一方受益另一方受损，两个合伙人将针对如何调整进行讨价还价。占优势的一方可能会侵占劣势一方的股东利益，当外资企业试图通过各种隐蔽的手法进行利益侵占时，合伙的一方就需要使用各种方式，拿起法律的武器捍卫自己的利益。

4. 注重控制权利益的上市公司融资决策

长期以来，我国上市公司单一地偏好外部股权融资，认为债务融资必须还本付息是一项“硬”约束，而股权融资成本低，可随意发放现金股利的“软”约束，则比较好操作并且约束压力没有那么大。但注重股权融资却忽略了外部股权融资对股权的稀释作用，影响到股权激励的效应，重要的是控制权被削弱了。虽然我国上市公司现有的股权结构状态，大多数公司国有股权超过50%，不会构成对控股地位的影响，但对具体经营者来说，他们的控制权力削弱，意味着可能在控制权市场上被其他国有企业取代。而债务融资在正常情况下有利于大股东保持控制权。那些大股东持股比例较低的公司，控制权很容易被转移，随着我国公司控制权市场的逐步形成，控制权转移已经成为我国上市公司群体的重要行为（李善民，曾昭灶，2003），控制权市场将逐渐会作出选择。在上市公司的控制权转移案例中，在大股东非自愿的情况下发生的敌意收购和代理表决权之争等控制权竞争事件屡见不鲜，这种情况大都发生在第一大股东持股比例比较低的公司，典型的如早期的“宝延风波”、“君万之争”和近年的方正科技举牌案、胜利股份控制权之争、新疆德隆与北京泰跃对茂化实华的股权争夺以及太太药业与东盛集团对丽珠集团的股权争夺①，等等。

大股东可以通过对上市公司的控制权获取额外的收益，融资方式的选择直接关系到其控制权利益，上市公司的融资决策与大股东的控制权利益有关的。由于大股东对公司的控制权是有价值的，大股东能利用对公司的控制权获取控制权利益。大股东的控制权利益取决于两个方面：一是保持控制权，即保持在公司的主导地位，这是控制权利益存在的前提；二是控制权价值，主要表现为大股东可以通过转移价格、关联交易等自利性行为谋取私有利益。由于不同的融资方式将会影响到控制权利益的这两个方面，因此大股东有动机做出有利于自身控制权利益的融资决策。大股东对控制权额外利益的攫取，是推动我国上市公司再融资的动力（曾昭武2004）。我国上市公司的

---

① 在2002年丽珠集团的股权之争中，公司管理层与第一大股东光大集团不合，光大集团有意将全部股权转让给合作伙伴东盛科技。为了避免公司控制权落入东盛科技之手，公司管理层主动与太太药业配合，将公司第二大股东丽士投资所持有的丽珠集团的股份以较优惠的价格全部转让给太太药业，而丽士投资由丽珠集团员工持股会持股90%。太太药业同时通过二级市场收购流通A股和B股及协议收购法人股等方式，最终成为丽珠集团的实际控制人。太太与丽珠有很强的互补性需求，前者缺少像丽珠那样的优势品牌的处方药以及销售渠道，而后者也需要“太太式”的管理。所以，通过引进“白衣骑士”，丽珠集团既避免了被非友好方所控制，又促进了行业发展，提高了公司的整体质量和竞争力。

股权融资有配股和增发两种方式。配股是向原有股东按比例筹集资金，它原本不影响股权结构，但我国多数上市公司的大股东会放弃配股，自2001年我国发布的《上市公司新股发行管理办法》明确规定“应当以现金认购方式进行”之后，上市公司大股东与中小股东同比例配股的现象更是少见。

从控制权利益的角度出发，在大股东控制的情况下我国上市公司对债务融资或外部股权融资的融资决策并未服从公司（或全体股东）价值最大化的目标，而是大股东出于自身控制权利益考虑的结果。而中小股东则原意获得更多的股权，减少大股东举债带来的债务风险，中小股东的实力增加也会限制大股东的自利行为，缩小大股东控制权利益与公司（或全体股东）价值之间的不平等。

二、绝对控制

控制人在使用控制权方面具有灵活的方式，除了违规侵占中小股东权益外，正当合理使用控制权能够使企业做大做强。在对下级公司控制方面，其控制的张弛力度是从绝对控制和相对控制的程度来体现的。从控制目标公司重要程度和获得最大收益度来确定是绝对控股还是相对控股。

法理上讲，当一个人通过收购目标公司的股份达到了足以影响其内外决策和管理的程度时，他就拥有了对公司的控制权。在实际当中，收购者的控制权并不必然随着其拥有相应的股份而取得，只有当依法实现了对公司董事会的改组，才真正拥有了控制权。所以在达到目标公司控制权力顶峰的过程中，至少还要过三个程序（见图4－1）。

1. 提议召开股东大会

按照许多国家公司法的规定，董事会一般由股东大会选举产生。所以，收购者欲达到入主董事会的目的，必须先以股东的身份向董事会提议召开临时股东大会。召开临时股东大会主要涉及两个重要程序问题：一是临时股东大会的提议权；二是临时股东大会的召集权。对于临时股东大会的提议权，各国公司法的立法精神大体相当，即董事会、持股数达到法定标准的股东及监事会（如设监事会）有权提议召开临时股东大会。对于召集权，英国《公司法》规定，在符合条件的股东正式提出申请后的3周内，董事会应召集股东大会，董事会不召集的，提议股东可自行召开会议；同时，法院还可裁定令

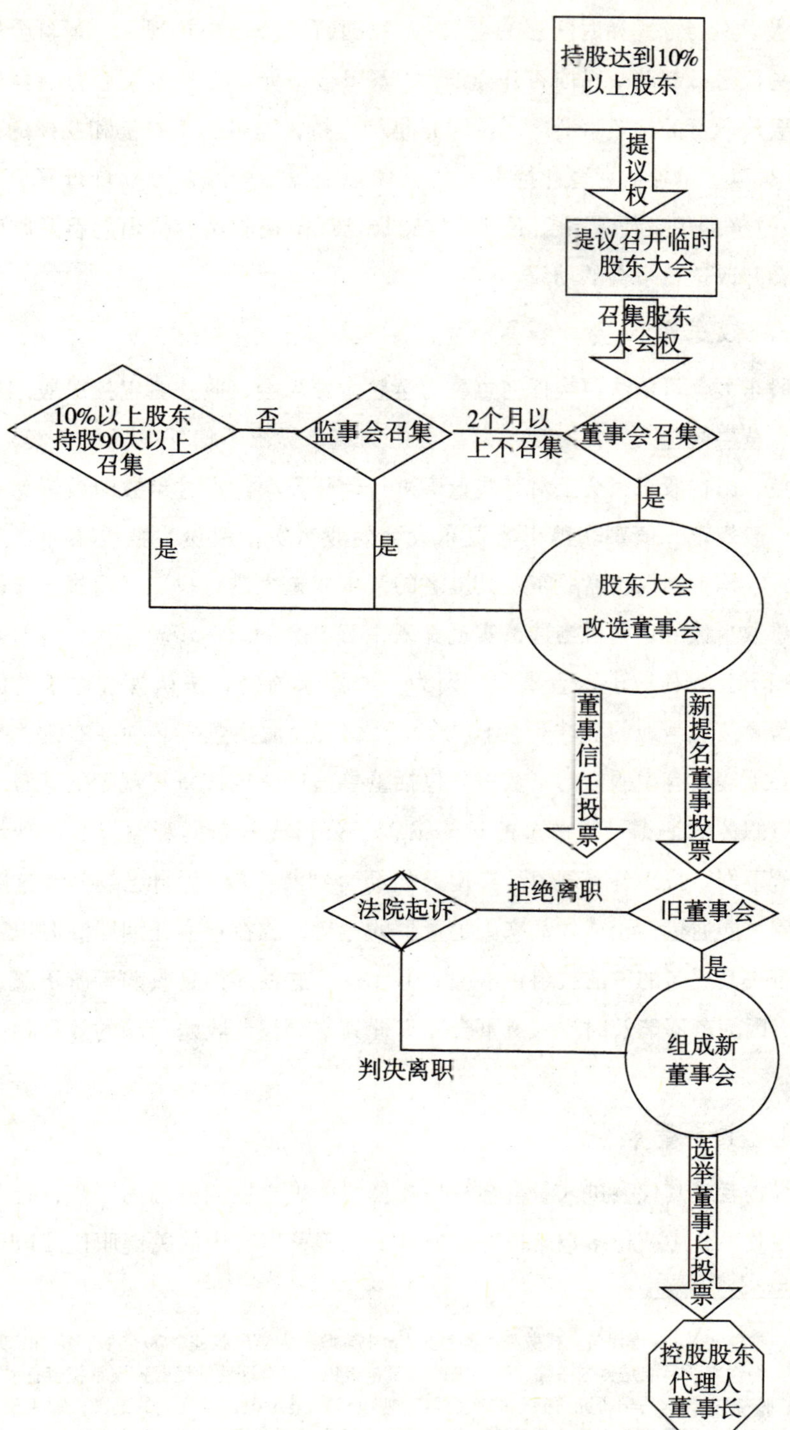

图4－1　收购股东获得控制权程序

当事人以适当方式和时间召集会议[①]。我国新《公司法》规定：董事会应于股东提议之日起两个月内召开会议，“董事会不能履行或者不履行召集股东大会会议职责的，监事会应当及时召集和主持；监事会不召集和主持的，连续90日以上单独或者合计持有公司10%以上股份的股东可以自行召集和主持。”这样的规定使董事会不可能故意拖延或阻挠收购者提出的召开临时股东大会并改选董事会的动议。

2. 改选董事会

股东大会可依法更换任何董事乃至整个董事会，收购者以控股股东的身份提名董事候选人，并对现任董事会中的董事提出不信任案（罢免案）。所谓罢免，即在股东大会上对某些董事进行信任投票，不过半数即被罢免（公司法一般规定，董事获得出席股东大会的股东所持股份半数投票即当选）。同时，收购者动议出席股东就其提名的董事候选人进行投票，超过出席股东持股总数半数的，即可当选，实现其入主董事会的第一步。但是，有时收购者可能不会顺利地进入董事会，因为一些国家的公司法认为（对于跨国收购，需要按照当地的法律行使权力）：股东大会撤换董事必须要有理由，收购者必须提出有说服力的事实——包括董事违反法定或章程规定的义务、怠于履行职务的证据，或董事的行为损害了公司或股东的利益。在这种情况下，董事们会找出各种理由，典型的如经营判断标准[②]为自己辩解，这时收购者就只能通过诉讼或仲裁来决定董事的命运，或在董事任期届满时以不提名或否决其提名的方法改组董事会。但无疑，这种局面是收购者所不愿意看到的，因为若不能及时进入董事会并掌握其主导权，收购行动的效果将大打折扣。

3. 主导董事会

收购者或其代表进入董事会只是在公司中确立控制权的第一步，接下来必须在董事会中获得多数席位并占据董事长等董事会中的关键职位才取得公

---

① 梅慎实著：《现代公司机关权力构造论》，中国政法大学出版社2000年版，第148页。

② 经营判断标准是美国法院发展出来的关于董事免于就合理性的经营失误承担责任的一项法律原则。根据美国法学研究所起草的《公司管理项目》第4.01（C）项的定义，如果作出经营判断的董事会职员符合下述3项条件，他就被认为诚实地履行了其义务：1. 他与该项交易无利害关系；2. 他有正当理由相信其掌握的有关经营判断的信息在当时情形下是妥当的；3. 他有理由认为他的经营判断符合公司最佳利益。

司的控制权。收购者可以运用两种基本方法获得在董事会中的多数席位：一是在收购中取得半数以上的公司股份，处于绝对控股地位，进而提名半数以上的董事候选人由股东大会表决。二是先满足于在董事会中的地位（半数以下），待董事会届满改选时同时运用控股股东及其自身在董事会中的影响力，增加本方董事候选人人数。这在相对控股，同时公司没有其他单一股东的持股数可与其持股数相比的情况下，获得控制权较为稳妥的方式。由于董事长是由董事推选的，因而当收购者赢得了董事会中的多数席位，董事长位置也就是囊中之物了。当一个收购者成功地通过了上述三个程序，就基本实现了对公司的控制。

三、相对控制

无论在垄断行业还是在竞争性行业中，随着第一大股东持股比例的增加，即控股程度越来越高，代表企业价值的托宾 Q 先增加，然后下降。如果是占有15% ~30%股份的相对控股型公司，很有可能会产生几个大股东之间的控制权争夺战，争夺战的后果可能会导致上市公司经营业绩的下降，甚至是价值毁灭。在竞争性行业绝对控股的国有股股权减持、走向相对控股股权结构的过程中，也很有可能发生毁灭价值的情况。大股东利益侵占不受惩罚或者惩罚成本很低，会使得相对控股地位的大股东具有获得利益侵占控制权的激励。

1. 相对集中型股权制衡

相对集中型股权结构，各大股东持股比例接近，可以通过各大股东的内部利益牵制，达到相互监督，从而保护所有股东权益，这就是所谓的股权制衡。

股权制衡的研究表明，多个大股东同时存在于一个控股公司可以起到互相监督的作用，可以有效地限制大股东的掠夺行为；在投资者保护不完善的情形下，少数几个大股东分享控制权，使得任何一个大股东都无法单独控制企业的决策，这样可以限制欲侵占其他股东利益的掠夺行为，由于不存在一个占明显优势的控股股东，公司的主要行动需要经由几个大的投资者的占多数票的同意，这些大股东需要在各自利益的考量上，联合半数以上的其他大股东，再与经营者联合采取有效率的经营措施获得更多的利润，与所有股东共同分享。哈佛大学的 Shleifer 和芝加哥大学的 Vishny 研究所提出的模型表明，一定的股权集中度是必要的。因为大股东能够限制管理层牺牲股东利益谋取自身利益行为及经济激励能力，可以更有效地监督经理层的行为，有助于增强接管市场运行的有效性，降低经理层代理成本。麦乃尔和瑟维尔（McConnell & Servaes）的研究也发现，公司价值与股权结构之间具有非线性的函数关系。在控股股东控股比例小于40%时，公司托宾Q值随控股比例的增大而增大；当控股比例达到40%～50%时，公司托宾Q值开始下降。因此，相对控股比例在40%左右较适宜。

2. 表决权制衡

一般说来，在有相对控股股东而又存在其他大股东的情况下，股东的表决权形成一种暂时的均衡。这种均衡存在是基于：①大股东之间相互存在监督，使控股股东侵损其他股东的情况比较难以发生，很多公司关键的管理层大都由不同的股东派出，相互之间存在一定的监督和制约。②大股东之间有较大的动力去监督公司经理，即使公司的管理层都不是大股东的代理人，但由于持有一定的股份，大股东还是有足够的动力去行使监督权，因为监督成本往往小于进行较好监督所获得的收益。③各国法律在小股东对经理层诉讼上设置了限制条件，但大部分国家大股东对公司经理提起的诉讼的请求，法律都予以支持，立法者认为如果一个股东持有公司一定比例以上的股份，其发生滥诉的动机和可能性不大。

3. 代理权制衡

在公司股权相对集中的情况下，每一相对控股股东一般都不具有对经理人的绝对决定权，代理权竞争的程度较强。由于相对控股股东持有相对较多的股份，他们对经理人的经营状况和经理人的更换也高度关注，而且，可凭借相对控股地位提出自己的代理人人选，并使之参与到代理人更换的竞争中去。可见，这种相对股权结构更有利于代理权的竞争，更有利于增强更换经理的压力。

4. 股权收购博弈

在公司股权相对集中的情况下，相对控股股东对待收购的行为特征具有两面性：一方面是收购的反对力量，会采取各种行动阻止收购；另一方面，如果相对控股股东是收购方，则可以减少收购成本，有利于收购成功。因为相对控股股东只要再增持少量股权就可以收购成功，加之其了解目标公司的各种情况，具有信息获得方面的优势，因而在收购价格的确定过程中处于有利地位。有的国家法律还准许原股东在收购其他股东转让的股权时具有优先购买权。相对控股股东可以利用规则扩大股权。

5. 股权制衡的优越性

在限制大股东占用上市公司资金方面，对我国上市公司中股权结构和大股东占用款项的实证研究表明：股权集中度高的上市公司大股东及其关联方占用上市公司资金现象的发生比例高于股权分散的公司，这些大股东所共同持有的足够大的现金流量权足以限制这些股东对剩余中小股东进行掠夺的激励。而无论是股权集中还是股权分散的情况下，股权制衡的上市公司大股东及其关联方占用资金的发生比例均远低于非制衡上市公司，这说明股权制衡能够有效抑制大股东占用上市公司资金的行为，有利于保护中小股东权益。国内的研究也证明：大股东的隧道挖掘是客观存在的事实，但其他股东对大股东的隧道挖掘有制衡作用，因此股权结构的约束作用是非常明显的。进一步如果控制股东和其他股东的比例越接近，对控制股东的约束性就越强，控制人行为就越与其他股东和公司整体利益趋于一致。

控制人行为制衡与规范

一、股权分散公司与控制权策略

1. 分散股权公司控制权风险分析

对于发展型科技公司，创业股东是一个团队，人数从四五人到十几人，股权结构比例分散。此类公司快速发展，上市后能够在流通市场中自由转让股权，其优势能很容易地通过向原有股东配售新股或向新股东增发新股来募集到维持公司发展所需要的资金。但是在全流通后和骨干人员套现流失股权会使公司控制权面临诸多风险。

（1）股票全流通收购风险

创业板是股权全部流通体制，控制权市场治理机制发生效力，更多的外部收购者将有可能通过市场收购股权来控制上市公司。由于公司股权极为分散，外部收购者容易以较小的股权收购实现对公司的相对控股权，从而导致公司控制权转移。

（2）人才流失风险

创业公司由自然人合资成立，出于各种原因，创业骨干人员股东极有可能将股权出售套取现金，甚至有可能出现大面积创业骨干辞职。骨干人员的流失会导致公司技术优势丧失，技术力量削弱，公司发展受挫，前景不明，使公司股票二级市场波动，极有可能成为外部投资者收购控制目标。

2. 上市前的预防

我国绝大多数上市公司在控制权市场上处于不设防状态，一旦出现外部投资者的收购行动将会措手不及，公司需要在上市前采取如下预防措施。

（1）改善公司的持股结构

股权结构分散是公司成为收购目标的主要因素，上市前优化公司的持股结构和控制权是根本的防止被收购的手段。优化股权主要是形成控制股东，使敌意收购者无法在二级市场达到持有相对控股数量的可能。

①存量股份调整。存量股份调整的方式有：一是公司内部大股东收购中小股东股份，增持公司股份提高相对控股比例。二是联合部分现有股东（合并至少达到相对控股比例），通过协议形成一致行动，在股东大会上争取主导权，达到掌握实际控制权。三是联合部分现有股东重新成立以董事长为代表的绝对控股的投资公司，将现有股东股份多数投入其中，形成大股东掌握控制权态势。但是需要注意新公司上市易受到规则限制，拖延上市时间。四是寻找友好关联公司交叉持股，这样的公司要有一定的实力，相互持有对方股权，在其中一方受到收购威胁时，另一方施与援手，增持股票及在表态和有关投票表决时支持目标公司的反收购。

②定向增发股份。向有利于本公司的投资者和公司重要持股人员增发股份，通过增发的形式实现增持股份，提高相对控股比例。再一个是引进财务型战略投资者，战略投资协议中可以约定战略投资者只享受股票收益权，股票表决权无限期委托给目前最大股东，从而实现低股权股东对公司的实际控制。前提是战略投资者和现有最大股东合并持股必须达到相对控股比例或者绝对控股地位。

③股权激励计划。管理层股权激励计划是通过对管理团队的控制，提高外界收购难度。其主要激励方法有：业绩股票、股票期权、限制性股票、股票增值权、延期支付、虚拟股票、员工持股计划等。

（2）公司章程设置预防条款

公司股东作为公司的所有者，有权决定公司的最后命运，公司章程是股东意志的体现。股东除了一般法律保护外，他们之间的相互约定也是重要的保护形式。在公司章程当中规定反收购条款，也就不失为一种行之有效的办法。

①董事会设定。收购方如想控制上市公司，则必须通过上市公司的董事会。在上市公司章程中，对董事的提名方式、董事任职资格、更换等做出要求，就能很好的阻碍或者限制收购人实际控制上市公司。第一，在董事的提名方式上，可以规定提名公司董事的股东持股时间和比例的限制。如规定只有连续90日以上单独或者合计持有公司10%以上股份的股东可以提名董事。第二，在提名董事人数方面，可以对股东提名董事人数进行限制。这特别适用于股权比较分散的公司，这样即使收购方取得上市公司较大比例的股份，由于提名董事人数的限制，是难以通过董事会掌握公司的控制权的。第三，在限制董事资格条款上，可以在公司章程中规定公司董事的任职条件，非具备某些特定条件者不得担任公司董事，具备某些特定情节者也不得进入公司董事会，给收购方以选送合适人出任公司董事的难度。第四，在董事更换方面实行分期、分级董事制度，即董事轮换制（前提是董事会成员需要足够多，9名以上，加上独立董事），可以规定董事的更换每年只能改选1/4或1/3等。这样，收购者即使收购到了足够的股权，也无法对董事会做出实质性改组，即无法很快地入主董事会控制公司。

②章程修改。实施绝对多数条款。新《公司法》规定，修改公司章程必

须经出席股东会议的股东所持表决权的 2/3 以上通过才行。只要在公司章程作出规定的事项，要对其做出修改不是一件很容易的事情，如果在公司章程中规定，对反收购条款的修改也需要绝对多数的股东同意才能生效，这个比例通常较高，甚至达到 80%。这样，敌意收购者如果要获得具有绝对多数条款公司的控制权，需要持有公司很大比例的股权，增加了收购的成本和收购难度。

3. 遭到收购的反击策略

修改后的《证券法》对要约制度进行了重大修改，已经取消了强制性全面要约收购的要求。一般情况下，二级市场竞价收购容易引发股价波动，收购成本和风险更难控制，按照法律规定，持股到 5% 以后应该履行阶段性信息披露义务，收购方规避规则，收购意图和操作方式却更隐蔽。在实际操作过程中，往往通过多仓购进方式规避风险和义务。对于收购者的隐蔽行为，目标公司虽然很难防范，但仍可以采取以下策略开展反击收购行动。

（1）诉诸法律

通过发现收购方在收购过程中存在的法律缺陷，提出司法诉讼，是反收购战的常用战术。随着相关法律法规越来越完善，违法收购将会得到有效制止，合法的反收购行动将会得到保护。法律诉讼可以达到两个目的：第一，它可以拖延收购，从而鼓励其他竞争者参与收购。据统计，在有法律诉讼的情况下，有竞争出价产生的可能性有 62%，而没有法律诉讼时，其可能性只有 11%。第二，可以通过法律诉讼迫使收购者提高其收购价格，或迫使其为了避免法律诉讼而放弃收购。

（2）正向重组

公司的正向整组作为一种反收购策略来运用，其作用是公司重整和改组将提升资产质量，优化业务结构，改善经营管理，扭转业绩，前景看好，使公司股价攀升，市盈率放大。取得公司股东的信任，争取舆论的支持的同时，还消除了收购者攻击目标公司现状的借口，增大其收购成本，使其知难而退。

（3）负向重组

负向重组相对正向重组，指对公司的资产、业务和财务，进行调整和再组合，以使公司原有“价值”和吸引力不复存在，这种重组，往往使公司的素质和前景变得更差，对公司的长远发展起着负面作用。著名的焦土术和毒丸计划，即是公司负向重组作为一种反收购策略的典型代表。但是，负向重组的应用前提是公司有迅速恢复的潜力。

①焦土术。常用做法主要有两种：一是售卖“冠珠（Crown Jewels）”。冠珠是公司里闪光的部分，它富于吸引力，诱发收购行动，是收购者收购该公司的真正用意所在，将冠珠售卖或抵押出去，可以消除收购的诱因，粉碎收购者的初衷。二是虚胖战术。做法有多种，或者是购置大量资产，令公司包袱沉重，资产质量下降；或者是大量增加公司负债，恶化财务状况，加大经营风险；或者是做一些长时间才能见效的投资，使公司在短时间内资产收益率大减，所有这些，使公司从精干变得臃肿，收购之后，买方将不堪其负累，只好望而却步。

②毒丸计划。指敌意收购的目标公司通过采取降低公司在收购方眼中的价值的措施，它在对付敌意收购时往往很有效。主要形式有三种：一是负债毒药丸计划。即当公司面临被收购的威胁时，大量提高企公司债务，降低公司被收购的吸引力。二是股权毒药丸计划。即被收购公司赋予股东某些特别的权利，如低价配股给股东或员工，以便阻止可能的并购活动。三是人员毒药丸计划。即企业的绝大多数高级管理人员共同签订协议，提高薪酬或离职报酬，当企业被以不公平的价格收购，并且这些人中有一人在并购后被降职降薪或者辞退，那么全体管理人员将集体辞职。

（4）降落伞计划

公司收购往往导致被收购公司的管理人员被解职，普通员工也可能被解雇。为了解除管理人员及员工的这种后顾之忧，在美国有许多公司采用金降落伞（Golden Parachute）、灰色降落伞（Penson Parachute）和锡降落伞（Tin Parachute）的做法。

金降落伞是指被收购公司董事及高层管理者与公司签订合同规定：当公司被并购接管，其董事及高层管理者被解职的时候，可一次性领到巨额的退休金（解职费）、股票选择权收入或额外津贴。灰色降落伞主要是向下面几级的管理人员提供较为低条件的同类保证，如根据工龄长短领取数周至数月的工资。锡降落伞是指目标公司的员工若在公司被收购后 2 年内被解雇的话，则可领取员工遣散费。

从反收购效果的角度来说，金降落伞、灰色降落伞和锡降落伞策略，能够加大收购成本或增加目标公司现金支出，从而阻碍购并。金降落伞法可有助于防止管理者从自己利益角度出发阻碍有利于公司和股东的合理并购。

(5) 联合白衣骑士

白衣骑士是指，在敌意并购发生时，目标公司的友好人士或公司作为第三方出面来解救目标公司，驱逐敌意收购者。其方法一是股份锁定。即同意白衣骑士购买目标公司的股份，或者给予上述购买的选择。二是财产锁定。即授予白衣骑士购买目标公司重要资产的选择权，或签订一份当敌意收购发生时即由后者将重要资产售予白衣骑士的合同。三是白衣骑士的阻击。往往会出现白衣骑士与袭击者在控制权股票市场轮番竞价的情况，造成收购价格上涨，直至逼迫袭击者放弃收购。如果袭击者志在必得，也将付出高昂代价甚至使得该宗收购变得不经济。

(6) 帕克曼防御

帕克曼防御是指，公司在遭到收购袭击的时候，不是被动地防守，而是以攻为守，或者反过来对收购者提出还盘而收购对方公司；或者合纵抗衡，以出让本公司的部分利益，包括出让部分股权为条件，联动与公司关系密切的友好公司出面收购对方股份，达到围魏救赵的效果。反收购实践表明，帕克曼战略是一场非常残酷的收购战，最后的胜利者往往是那些实力雄厚、融资渠道广泛的公司。如果收购战的双方实力相当，帕克曼战术的结果很可能是没有胜者。

4. 收购后的调整策略

一旦收购者相对控股后，因为公司章程中的有关条款使收购者不能马上派驻董事或者不能控制董事会，这时现有董事会可以采取以下的应对策略：在公司章程中规定累积投票权制度，使少数股东将其支持的候选人选入董事会成为可能，不致造成大股东占据全部董事名额的局面；对大股东增持股份的限制，在公司的章程当中规定，公司占10%以上股份的股东（包括通过一致行动人，控制链上的终极股东）增持公司的股份，必须向上市公司披露其收购计划并取得公司董事会的批准，如果没有披露并且未经批准而继续增持公司股份的，则减少其提名董事候选人名额或剥夺其提名董事候选人的权利，这样使收购方的行动降低了突然性，延迟收购进程，短期内限制了收购者的实际控制权。

对敌意收购而言，在20世纪80年代美国较盛行，之后，收购者倾向于与目标公司的董事会经营者协商解决问题，或者只是财务合并，而实际经营控制权仍然在原股东经营者者手中。

二、控制权规范路径

如果任由大股东控制行为对其他投资人利益造成损害，将会使社会投资得到极大抑制，使公司制丧失存在的基础。所以，要对大股东的这种自利主义行为进行控制规范。对大股东控制权的规范可以从结构、行为和市场监管等几个途径着手。

1. 结构控制

大股东控制的根源在于大股东具有控制权，而且是合法的。因此，解决这一问题最直接的办法就是分散公司的控制权，使各股东股权在结构上均衡，达到帕累托状态，形成相互制衡的机制。但是分散股权有利有弊，需要充分研究，找到合理的平衡点。

（1）股权集中度提高

一般而言，随着股权集中度的提高，有利的方面是公司经营发展思路会更加一致，管理成本会降低，但是控制人对公司进行“掠夺”的动机也会越强，导致公司“掠夺成本”上升。如果股权集中度下降，掠夺成本会下降，但是股东之间达成一致的成本会提高，可能使企业在争论摇摆中丧失发展机遇，更有甚者，股权中间分散化将会产生公司控制权的争夺，可能使股东不能将精力放在发展主业上。所以，最佳的股权集中度实际上是掠夺成本与管理成本之和最低的股权设置。

但是，由于企业行业、规模、业务特点不同，最佳股权集中度并没有一个固定的标准，确定最佳股权集中度需因地制宜，这就决定了对股权结构不能进行制度性的规定。我国在历史上形成的优势股东的特殊关系治理，国有股或非国有股一股独大占主导的情况仍将持续，但是从结构上讲，第二、第三大股东也应有一定影响，况且这个层次的股东也可能是国有股或实力接近的法人股，在结构控制上有利于制衡第一大股东，当第一大股东出现问题时，次级股东可以通过合理的权力博弈达到控制的状态，以改变经营窘境，免得被外界收购重组造成更大的治理成本。虽然分散的股权有利于削弱大股东行为的随意性，但是第一大股东控制影响正面作用不容忽视。各类股东的持股比例需要具体问题具体分析，个案需要有针对性地解决。

（2）股权分散度的控制权规范

有限公司在股东人数少的时候，股权较均匀，依赖的是志同道合和彼此信任，公司的人合性比较大；在股东人数多的时候，则意味着更高的协调成本，更多的搭便车行为和更多的机会主义行为，发展思路的不统一可能导致失去合作的基础，投资和参与管理的积极性下降，退出的意愿增强。

对股份制上市公司，国家鼓励、保护中小股东持股是国有资产主权在民的原则体现，国有资产增值，同时持股中小股东也增加财富。在我国目前情况下，对大股东的股权结构规范，应更多地从鼓励中小股东行使投票权降低参与治理成本的角度出发，在法律层面赋予中小股东对若干重大事项的特别表决权，在一定程度上可以起到监督、控制、规范大股东行为的作用。2004年12月，中国证监会出台《关于加强社会公众股股东权益保护的若干规定》推出的流通股股东类别表决制度有助于保护社会公众股股东利益；而网络投票则大大简化了投票程序，降低了中小股东的治理成本，提升了中小股东的参与度，在大股东股权结构控制方面发挥了积极的作用。

企业必须是有控制权的，不是在股东手中，就是在经营管理层手中，任何人拥有控制权都可能产生控制权的偏差，因此，不能单一通过结构途径来进行控制，应是多种制约途径。

2. 行为控制

国外由于对中小股东利益的保护给予了高度重视，并建立了一套比较完善的法律保护和法律救济制度，使大股东控制问题并不像我国那样突出。以前我国正是由于缺乏对中小股东利益的司法保护，在一定程度上纵容了大股东的机会主义行为。

我国证券监管部门在上市公司中小股东利益的保护方面制定了相应措施，修改的《公司法》建立了适用于普遍意义上的公司股东利益的司法保护制度，是非常必要的，形成了对大股东控制行为的责任机制。

3. 市场控制

由于大股东控制行为通常是隐秘操作，隧道效应使中小股东不知不觉受到损害，中小股东得知的时候往往控制行为已经既成事实，存在着信息滞后失效的问题，所以，市场对大股东控制的影响往往是间接的事后控制。在公司资源受到大股东侵占后，中小股东的利益已经受到侵害，市场出险规避风险行为，中小股东若想退出，也难以找到买方，并且非上市公司利用市场退出更加困难。市场控制通常有以下几个渠道：为中小股东在利益受到侵害时提供退出通道，或赔偿保证基金，规定由大股东垫付这笔基金或购买中小股东股票；完善成熟控制权市场，当有收购者在逡巡时使现有股东受到失去控制权的威胁，从而潜在地促使大股东依法经营；通过市场上及时、准确的信息披露起到共同监督的作用。

市场控制的关键是使信息披露制度能够真正地发挥作用。应实行强制性信息披露制度，使涉及股东的关联交易、资源转移方案的提出、决策过程以及执行的结果都应及时公布给中小股东和有关三管机构，接受社会的监督。通过形成独立公正的中介机构体系和建立信息披露责任制，才能有助于提高信息披露的数量和质量，能够用来对大股东控制人产生约束。在信息披露制度方面可以效仿发达国家和地区的做法，建立细致的控制人收购信息披露制度，应具体到收购人及最终控制人的身份、收购目的、收购资金及收购后的整合方案、资产重组方案，并且承诺不因收购而损害中小股东的利益。同时，在程序上，应要求相应的披露必须持续相应的时间，并保证通过一定的大众传媒及现代化传播手段使投资者得到信息，切实维护股东的知情权及独立交易的权利。

三、控制权法律环境

控制权市场是对公司经营者有效的外部约束，控制权市场能够选择出好的企业经营者，在我国非自发形成的控制权市场中需要有一个良好的市场环境。这个市场环境就是相关法律的完善，由于控制权与产权紧密相连，法律公平、交易规则就显得十分必要。通过对兼并收购的限制和股权流动性的法律规定，可以影响到控制权市场的有效性。

要避免可能出现的弊端，就应该加大外部环境改善的力度。控制权市场环境包括：外部投资者保护的法规、法律环境、公平竞争机制、促进控制权市场机制发育成熟、政府治理水平、股东诚心遵守规则、控制权文化的认同、控制权正当行使的制度、各类股东利益的保护等。

要使大股东的控制权有一个比较好的使用和监督，除了要建立一个有效的市场外，还必须具备相应的市场交易规则。目前，国内规范企业收购的法律法规有《公司法》、《证券法》、《股票发行与交易管理暂行条例》，此外还有以中国证监会为主制定的部门规章。我国已经初步建立了规范公司治理行为的法律体系，在相关法律法规可操作性方面也在逐步完善。除上述这些法规外，控制权市场的有效运作还必须依赖于《税法》、《劳动法》等相关的经济法和社会法的协调和支持。

华夏银行股东控制权的权变

一、公司股权结构和经营状况

1. 华夏银行股东情况

由于股权较为分散，华夏银行无控股股东和实际控制人。华夏银行前十名股东持股情况见表4－4。

表4－4　　华夏银行前10名股东持股情况

股东名称	股东性质	持股总数/股	持股比例/%
首钢总公司	国有法人	697646942	13.98
国家电网公司	国有法人	595920393	11.94
德意志银行控股有限公司	境外法人	562373461	11.27
红塔烟草集团有限公司	国有法人	299600000	6.00
润华集团股份有限公司	境内非国有法人	247000000	4.95
萨尔·奥彭海姆股份有限合伙企业	境外法人	171200000	3.43
德意志银行卢森堡股份有限公司	境外法人	121000000	2.42

续表

股东名称	股东性质	持股总数/股	持股比例/%
北京三吉利能源股份有限公司	国有法人	117442972	2.35
包头华资实业股份有限公司	国有法人	87188986	1.75
上海健特生命科技有限公司	境内非国有法人	86930000	1.74
合计		2986302754	59.83

持股5%以上的股东情况如下：

（1）德意志银行股份有限公司

德意志银行股份有限公司注册地在德国法兰克福，企业类型为股份有限公司，法定代表人为约瑟夫·阿克曼，注册资本15.89亿欧元，主营业务：通过自身或其子公司或关联公司从事各类银行业务，提供包括资本、基金管理、不动产金融、融资、研究与咨询等方面的服务。在法律许可范围内，公司有权办理各类交易，采取各种有助于实现公司目标的措施，特别是购置和转让房地产、在境内外建立分支机构、购置、管理和出售其在其他企业内的权益及签订企业协议。

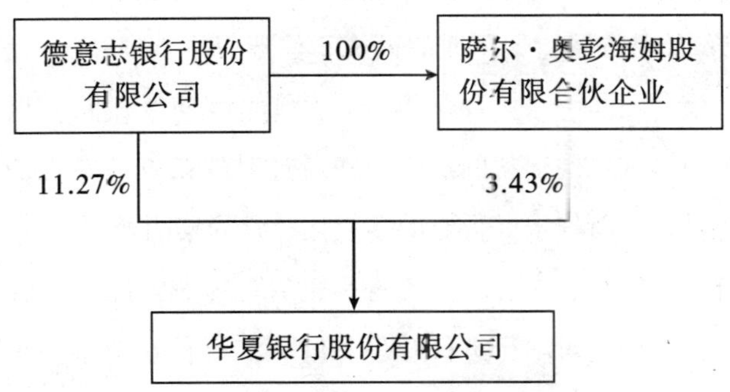

图4-2 德意志银行与华夏银行的股权关系图

（2）首钢总公司

首钢总公司成立于1992年10月15日，前身是始建于1919年的石景山钢铁厂，1996 年 9 月改组为首钢集团，首钢总公司作为集团的母公司，对集团所有资产行使资产经营权，1999 年 8 月 2 日，经国家经贸委、北京市人民政府批准，首钢总公司作为北京市人民政府授权的国有资产投资实体，改制为国有独资公司。注册资本 726394 万元，法定代表人为朱继民。首钢总公司是一家跨行业、跨地区、跨国经营的大型企业集团，主要业务范围包括：工业、建筑、地质勘探、交通运输、对外贸易、邮电通讯、金融保险、科学研究和综合技术服务业、国内商业、公共饮食、物资供销、仓储、房地产、居民服务、咨询服务、租赁、农、林、牧、渔业（未经专项许可的项目除外）、授权经营管理国有资产。

（3）国家电网公司

国家电网公司成立于 2002 年 12 月 29 日，是经国务院同意进行国家授权投资的机构和国家控股公司的试点，注册资本金 2000 亿元，法定代表人为刘振亚。国家电网公司作为关系国家能源安全和国民经济命脉的国有重要骨干企业，以投资建设运营电网为核心业务，为经济社会发展提供坚强的电力保障。主营业务为实业投资及经营管理；电力购销及所辖各区域电网之间的电力交易和调度；投资、建设及经营相关的跨区域输变电和联网工程；从事与电力供应有关的科学研究、技术开发、电力生产调度信息通信、咨询服务等。

（4）红塔烟草（集团）有限责任公司

红塔烟草（集团）有限责任公司是云南中烟工业公司的全资子公司，于 1995 年 9 月 15 日由玉溪卷烟厂改制而成，注册资本 600000 万元，法定代表人为李穗明。该公司是一家主要从事烟草加工、生产、销售，烟草工业专用设备制造，销售，烟草原辅料的购销，并通过对外投资涉足能源、交通、化工、机电、建材、高新技术等行业的多元化经营的集团公司。

华夏银行实行一级法人、总分支行垂直管理体制。股东大会是银行最高权力机构，通过董事会对本行进行管理和监督。行长在董事会领导下，全面负责日常经营管理活动。总行是全行的领导机构，对分支行实行授权管理。分支行不具备独立法人资格，在总行授权范围内依法开展业务活动，并对总行负责。总行对分支行的主要人事任免、业务政策、基本规章和涉外事务等实行统一管理。

2. 华夏银行经营发展状况

1992 年华夏银行在首都北京诞生。1995 年华夏银行率先实行了股份制改造，成为一家全国性股份制商业银行，2003 年华夏银行公开发行股票，并在上海证券交易所挂牌上市交易（股票代码 600015），成为全国第五家上市银行。

2005 年 10 月，华夏银行和德意志银行正式签署了全面技术支持协议、信用卡业务合作协议和全面长期战略合作备忘录等战略合作文件。首钢总公司、山东电力集团公司等 18 家拟转股股东，德意志银行、德意志银行卢森堡公司、萨尔·奥彭海姆股份有限合伙企业的授权代表参加。同年 11 月，华夏银行与德意志银行在德国首都柏林正式签署《全面长期战略合作协议》。在中共中央总书记胡锦涛、德国总统霍期特·克勒见证下，刘海燕董事长与德意志银行董事长约瑟夫·阿克曼在协议上签字，这是继 10 月 17 日华夏银行 18 家股东与德意志银行等 3 家境外投资者正式签署股份转让协议，以及华夏银行与德意志银行正式签署全面技术支持协议、信用卡业务合作协议之后又一重要协议。

2008 年，华夏银行顺利完成定向增发，提升了资本实力，为促进又好又快发展提供了有效的资本支持；总行与国家开发银行举办《全面合作协议》签字仪式，双方将在联合贷款、委托代理、资金、银行卡、中小企业等领域开展合作。经中国人民银行批准，华夏银行正式成为 Shibor 报价行。

华夏银行的核心业务为：吸收公众存款；发放短期、中期和长期贷款；办理国内外结算；办理票据承兑与贴现；发行金融债券；代理发行、代理兑付、承销政府债券；买卖政府债券、金融债券；从事同业拆借；买卖、代理买卖外汇；从事银行卡业务；提供信用证服务及担保；代理收付款项；提供保管箱服务；结汇、售汇业务；保险兼业代理业务；经中国银行业监督管理委员会批准的其他业务。

华夏银行的快速发展受到公众和业界的关注和认同。在 2010 年 7 月出版的英国《银行家》杂志世界 1000 家大银行评选中，华夏银行按资产规模排名第 122 名；在 2010 年中国企业 500 强中排名第 342 名，中国服务业企业 500 强第 109 名，中国企业效益 200 佳第 77 名。

目前，华夏银行已在全国各地设立了 29 家分行、3 家异地支行、7 家二级分行、营业机构达到 370 家，员工 1 万多名，“立足经济发达城市，辐射全国”的机构体系已经形成。此外，华夏银行还与境外1000多家银行建立了代理业务关系，建成了覆盖全球主要贸易区的结算网络。截止2010年6月30日，银行资产总规模已达到9416.96亿元。

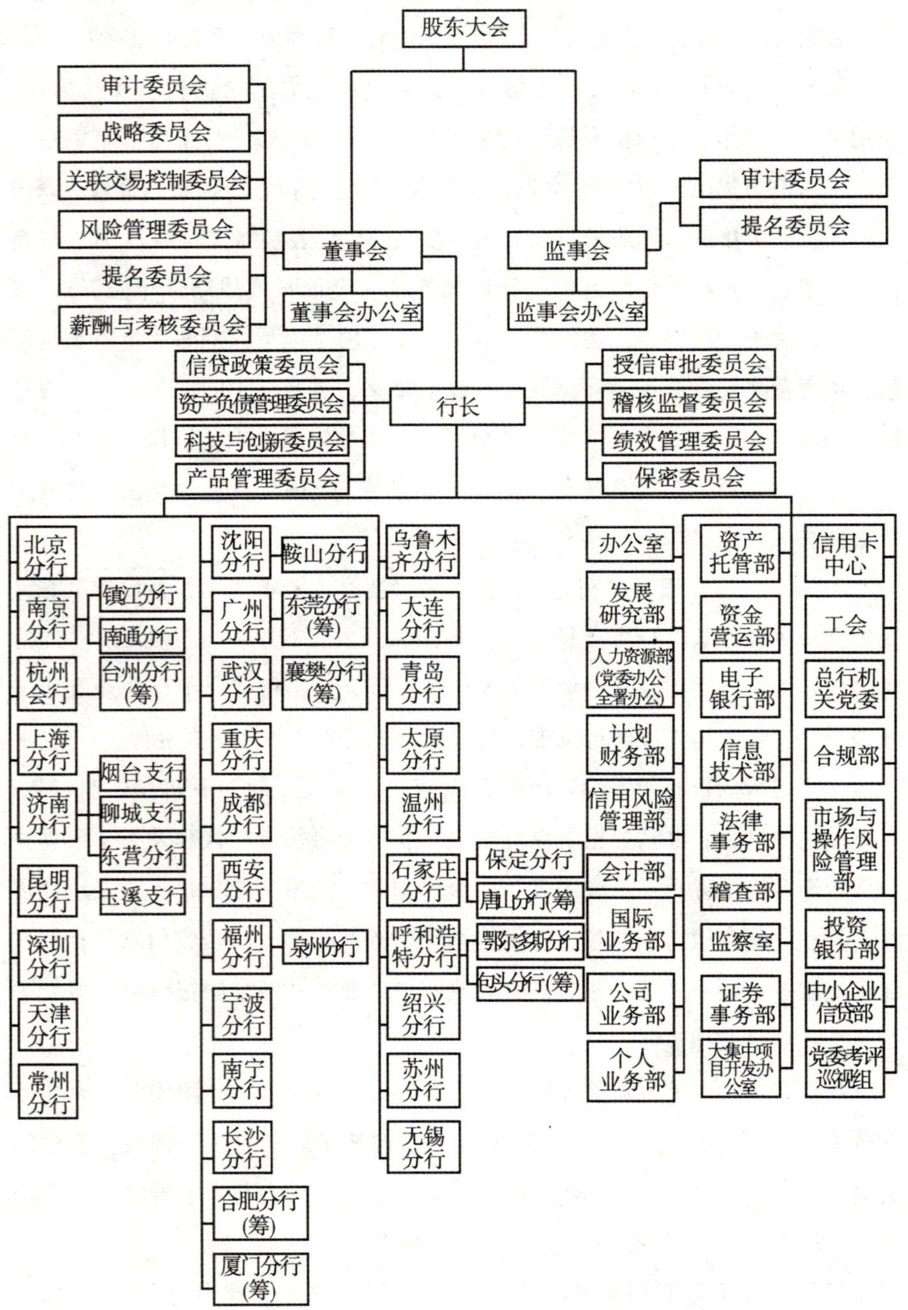

图4-3 华夏银行组织机构图

二、华夏银行股权结构演变

华夏银行是由首钢全资组建，经中国人民银行批准成立的全国性银行，也是中国第一家由工业企业全资创办的商业银行。华夏银行在首钢总公司门前挂牌成立并开始试营业，第一任行长来自首钢。在成立之初的日子里，华夏银行往往被看做是“首钢的银行”或者首钢内部的财务公司。其经营地域也仅限于北京。

华夏银行地址搬离首钢是华夏银行在地理意义上脱离首钢，而华夏银行成长壮大过程中一个标志性的事件是：华夏银行以发起方式由33家法人单位共同发起设立，并改制变更为华夏银行股份有限公司。首钢总公司、山东电力集团公司、玉溪红塔烟草（集团）有限责任公司、联大集团有限公司等成为华夏银行的发起人。所有股东中，国有企业占据了90%以上。增资扩股之后，首钢仍然是第一大股东，持股比例为20%。从全资到持股20%，“首钢的银行”的概念开始淡化。

此后，华夏银行主要股东之间又发生多次股权转让并引进了新的股东。随着首钢成为北京市属企业，以首钢为大股东的华夏银行就成为北京市属的国有控股金融机构。由此，华夏银行就有了“北京的银行”这一色彩。从陆宇澄到刘海燕再到翟鸿祥，这三位华夏银行董事长任前都曾担任过北京市副市长。

时至今日，华夏银行已经在职业经营者的道路上迈出了重要的一步，在“北京市2010年公开选拔领导干部副局级领导干部和市属国有企事业单位领导人员职位”中就有华夏银行股份有限公司副行长的岗位。

三、外资股东的中国之路

自德意志银行和华夏银行开始合作起，德意志银行就不断增持华夏银行的股份，表现出坚定看好华夏银行的未来。从最初持有华夏银行9.9%的股份，到2008年在金融市场最困难的时候，以高出当时市价近90%的14.62元高价增持华夏银行2.67亿股A股普通股，自此，德意志银行的持股比例上升至11.27%，再到收购萨尔母公司萨尔SCA，间接持有华夏银行3.43%股份，德意志银行所持股份已经超过首钢和国家电网，成为华夏银行的第一大股东。但是受政策层面的限制和约束，即使是现在作为第一大股东，德意志银行也并没有获得实质的控制权，德意志银行对华夏银行的经营缺乏决策权和影响力以及发展战略层面的影响作用。归根结底，德意志银行能否取得华夏银行的实质性管理权取决于北京市的态度。

从华夏银行目前的经营情况来看，相对于其他的全国性股份制商业银行，华夏银行的经营决策始终处于滞后的状态，不仅在规模、网点以及客户资源方面处于弱势的地位，更重要的是缺乏经营的特色与核心竞争力。华夏银行的盈利能力（体现在 ROE、ROA 方面）在 A 股上市银行中处于较低水平，其经营管理机制有很大改善空间。2009 年年报显示，华夏银行去年末资本充足率为 10.20%，核心资本充足率 6.84%，均低于监管部门的监管要求。而德意志银行作为一家全能银行，能够为华夏银行有效提升综合经营能力，提供卓越的外部资源。但是受到政策限制，德意志银行未能发挥其在华夏银行应有的作用。

从华夏银行牵手德意志银行那一刻起，华夏银行就试图建立现代化商业银行的新形象。自德意志银行进入华夏银行以来积极开展合作和援助项目，在德意志银行逐渐介入和加强合作之后体现出了管理效益的改善。如双方在信用卡业务、员工培训等业务方面都进行了合作；双方合作开发了一套适合中国小企业的信用风险评价体系，使得对小企业的信用风险评价更具针对性。但这些项目都是局部的、小范围的合作，不足以从全局的层面提升华夏银行的整体竞争力。

一方面，银行的发展必然需要政府的强力支持；另一方面，华夏银行需要德意志银行在零售银行业务方面具有丰富的经验来突破企业的发展瓶颈。比如财富管理、风险控制等可以给华夏银行带来很好的补充和完善，在“小企业金融服务”方面可以从组织架构、销售文化、绩效管理、人员培训等多方面进行技术援助。以德意志银行在国际资本市场及大宗商品市场运作方面有较丰富经验，也可以在经营管理上帮助华夏银行带来更多的创新，创造更好的经营业绩。

显然，国有股大股东首钢和国家电网、外资股大股东德意志银行之间的博弈将直接决定华夏银行的未来发展道路。

四、大股东控制权之忧

2009年3月，华夏银行董事会通过了定向增发议案，向首钢、国家电网和德意志银行定向募集资金总额115.6亿元，增发价为14.58元。当时仅为第三大股东的德意志银行参与增发后，德意志银行及其关联公司的合计持股比例上升到13.68%，与第一大股东首钢的13.96%接近。而德意志银行与萨尔·奥彭海姆的期权协议，助其进一步入主华夏银行。2009年11月16日，德意志银行受让萨尔·奥彭海姆有限合伙企业所持有华夏银行3.43%的股份、约1.712亿股股权，进而直接和间接持有华夏银行17.12%股份，超过首钢的13.98%和国家电网的11.94%持股权，为华夏银行的第一大股东。虽然德意志银行协议受让萨尔·奥彭海姆的1.712亿股股份一直在履行相关法定批准程序，德意志银行还不是最终控股股东和控制人，但德意志银行对于华夏银行的“野心”路人皆知。目前，德意志银行在华金融业务已经全面展开，取得华夏银行的控制权无疑是其在华战略的关键步骤。

不过，华夏银行方面表示，德意志银行不会成为华夏银行控制人，其增持不会影响公司日常经营，其理由是，根据中国银行业监管规定，外资入股商业银行的上限为20%，所以本次华夏银行再融资，德意志银行增持华夏银行限制在3个百分点以内，增持空间并不大。如果首钢增持华夏银行意愿强烈，那么此举无疑给首钢恢复第一大股东以较好的机会。而从控股角度考虑，首钢有增持以稳定其国有第一大股东地位的可能性。

自2010年3月15日德意志银行成功收购萨尔·奥彭海姆SCA全部股份后，德意志银行直接持有华夏银行5.62亿股股份，占华夏银行总股本的11.27%；间接持有（包括德意志银行卢森堡股份有限公司和萨尔奥彭海姆持有的股份）该行2.92亿股股份，占总股本的5.85%；直接和间接合计持有华夏银行8.54亿股股份，占总股本的17.12%。因此，虽然名义上持有华夏银行13.98%股份的首钢总公司仍是华夏银行第一大股东，但德意志银行间接和直接持有的股份则远远超过首钢总公司，可以说是华夏银行事实上的第一大股东。

2009年11月16日，德意志银行与萨尔奥彭海姆就转让华夏银行股份事宜签署协议，德意志银行将受让萨尔奥彭海姆所持有的华夏银行3.43%股份，就是在这一股份转让协议签署后三天，首钢总公司即通过媒体表态，表示将继续支持华夏银行的发展，并将以法律、法规规定的形式和程序保持首钢总公司在华夏银行第一大股东的地位。但一直未见首钢总公司的“维权”举措。

首钢可以有两种方式抗衡来自德意志银行的挑战：通过定向增发直接增持股份，或者借由北京市政府这一平台整合其他国有股股东的股份。但是定向增发计划必须要得到董事会的通过，在目前华夏银行董事会15名董事席位中，首钢与德意志银行分别占有两个席位。而在短时间来看，德意志银行想要提高董事席位还是存在技术上的难度。

连城顾问点评

华夏银行的股权结构变化给予的启示是：

①创始股东对控制权的放权稀释可能是从战略角度考虑，走向国际化，以增加企业的经营空间，提升治理水平，所以对控制权的外来竞争并不担心，因为他们握有增发的权力，可以随时改变股权结构，成为第一大股东。

②在实际控制权方面已占第一大股东“宝座”的德意志银行即使没有完全控制的欲望，但首钢实际行动并不急于“维权”，说明实际控制权掌控的现状双方的默认。从各方面数据可以看出，最近几年来，虽然华夏银行的经营规模一直在增长，但是由于股权结构的不断变动，造成了战略定位和发展架构模糊不清，一直以来，北京市和首钢方面对华夏银行拿不出清晰的定位，结果只能“被动”稀释华夏银行持股权；而德意志银行又在政策边缘中不断增持成为第一大股东，与此同时，华夏银行又一再强调德意志银行不参与具体管理。

③在华夏银行股东之间，由于国有法人的股东占多数，可能也是首钢对绝对控制权并不奢望的原因，实际上这种分散的股权结构比较复合美式的企业股东结构模式，在公司治理中更易实行民主的管理方式，同时也利于开展多元化战略。

④对于创始股东首钢，在股权变动过程之中，只要有控制权约定，比如董事会的名额限制、普通股和优先股的设置，都可以使首钢即使在总持股比例接近或暂时少于其他股东的情况下，仍然持有表决权的普通原始股的绝对

多数比例，在对企业的控制权方面也是不会有太大忧虑。这是原始股东掌握控制权的一种持股策略。

⑤华夏银行应该注意的是，第一大股东控股程度越来越高，代表企业价值的托宾Q先增加，然后下降。如果是占有15%～30%股份的相对控股型公司，很有可能会产生几个大股东之间的控制权争夺战。争夺战的后果可能导致上市公司经营业绩的下降，甚至是价值毁灭。此刻特别注意在从绝对控股走向相对控股股权结构的过程中，避免发生控制权争夺战。统计分析显示我国有106家上市公司大股东和二股东股权数量接近，但事实上大股东、二股东持股比例接近不一定代表公司真的存在控股权的争夺，两者持股接近原因有三：一是大股东、二股东站在同一阵营；二是二股东为财务投资，并不参与公司实际经营；三是公司存在控股权之争。只有在第三种原因下才要注意控股权之争可能带来的损失。

第五章

股东的责任与义务

本章导读

股东的责任在所有权经营权分离的情况下，似乎不是很大，但是读者阅读本章后会看到现代股东承担着更多的责任，除了出资人承担的法律责任之外，在股权市场股东之间有着更多的关系，股东行为有了更广的社会属性，也同样承担着更多的社会责任。具体而言股东应该承担哪些责任？本章从法理上进行了简述，并对有关法律条文进行了归纳总结和解释。在本章末尾进行相关案例的分析评述，提示读者要把握股东的主要义务责任，尤其是持股的经营者、有控制权的经营者更应该主意尽到股东的义务，建立起和谐的股东关系，对于公司治理将会减少成本、提高效益。

股东责任与义务

股东的责任可以分三个方面：一是股东对公司债务承担责任，这是从法律的角度讲，这种责任是指在多大范围内承担偿债责任，也就是有限责任的法律含义；二是公司股东违反股东义务所应当承担的责任，这种情况下的责任是对于义务违反而产生的责任；三是股东承担的社会责任，这是从社会义务角度讲，更适合利益相关者理论，这是由于现代企业股东分散化所致，大中小股东对公司的控制权不同而承担的责任程度也不一样。在股东行为治理中，股东的三种责任所受的社会约束不一样，第一种直接由相关法律约束，是形式上的责任，承担的是一种风险，并且是有限的与他人共同承担的风险责任，股东以自己的出资或持有公司的股份为限对公司的债务承担责任。第二种是一种实在的责任，是股东在违反了法定或共同约定公司章程的义务之后应当承担的不利后果。第三种则是广义的社会责任，与企业社会责任对应，但是股东会在道义上负委托选人、用人、监督不力的责任以及股东与利益相关者冲突的责任。这些责任，有些是相互关联的，在负一方面责任时，同时也负起了另一方面的责任。

《公司法》规定的责任较多，对于不同的主体，有公司的责任、设立人和发起人的责任、股东的责任、公司管理层的责任，等等。从法律性质上可以划分为民事责任、行政责任和刑事责任。

义务，是一种拘束状态，包括作为与不作为拘束状态。而责任是义务不履行的“担保”，即如果义务得到履行，则不发生责任问题。但任何义务背后均应有责任为“担保”，否则义务在法律上没有任何意义。责任担保义务的实现是以国家强制力为后盾的，是通过诉权的方式来发挥作用的。违约责任是连接合同义务与诉权的桥梁。

义务是一种客观上外在的要求、主观的选择，责任与法律联系在一起，是不承担义务或承担发生过错的处罚措施。责任以义务的存在为前提，但是，责任本身并不是义务，而是债务人违反义务所应承担的后果。我国法律对义务与责任的概念作了严格的区分。《民法通则》第八十四条和第一百零六条规定，债务是按照合同的约定或法律的规定而应在当事人之间产生的义务；而责任则是指违反合同义务而应承担的民事责任。也就是说，债务是法律规定或合同约定的当事人当为的行为，而责任是债务人不履行债务时国家强制债务人继续履行或承担其他负担的表现。《民法通则》第一百零六条第一款规定："公民、法人违反合同或者不履行其他义务的，应当承担民事责任。"由此可见，责任与义务具有不同的性质。责任与义务的区别见表5－1。

表5－1　义务与责任的主要区别

关系调整	义务	责任
约定责任	债务约定义务存在为前提，履行不发生责任	确保义务履行而设置的法律措施，督促债务人履行义务
履行责任	不履行，产生对后果负责的责任	债务人不履行义务时，债务在性质上转化为一种国家强制履行的责任。强制履行已不仅是对债权人的责任，而且是对国家应承担的责任。责任这个词包含了国家的强制性在内
责任变化	法律限制的义务，义务大责任也大，义务小责任小，无义务即无责任	责任与诉权紧密相连。民事责任债权人具有诉权，责任是债权与诉权的中间桥梁
社会责任	不能诉请法院予以强制履行的"义务"是道德上的义务而非法律上的义务	承担的是社会道义责任，以社会舆论信誉为惩戒

续表

关系调整	义务	责任
侵权责任	不履行义务，涉及侵权危害，而承担法律责任	侵权行为法是独立于债法的。侵权行为法不属于债法，侵权行为的法律后果是责任而不是债；侵权行为引发的赔礼道歉、消除影响、恢复名誉等责任不符合债的同一性的要求

股东的义务和责任是连带的关系，尽哪些义务，施行哪些权利，就要负相应的责任。由于公司有各式各样的股东，他们权利比重大小不一样，所承担的义务和责任也不尽相同。对于中小股东，由于其投票表决权比重很小，所以除了出资义务和责任，其他企业治理、经营方面的责任相对较轻，搭便车较易，但是也容易受到大股东的利益压榨。而在上市公司中机构投资者股东虽然也占一定比例，但是他们较多关心投资的价值，在二级市场进出，较少关心企业的具体运作，因而所尽义务和责任也不多。大股东控制人则是公司权力的主要势力，他们掌控着公司的运作，大股东相互博弈、结盟，争取公司的控制权，获得更多的利益，大股东因此要承担更多的义务和责任。

一、股份公司控制人责任与义务

大多数股份公司、特别是上市公司，存在着控制人。控制人由于其身份是实际上公司权力掌控者，其对公司和其他股东的义务，从法理上、道义上都应明确，这对改善我国股份公司的治理结构，保护投资者的利益，具有非常重要的意义。注意义务和忠实义务是控制人应履行的两项基本义务，明确这些义务的同时，也意味着要明确完善控制人违反义务之后的责任体系。

国际上也普遍存在股权集中化的趋势，股权过分集中就易导致权利滥用。由于我国证券市场不完善、投资者不成熟，众多公司无论是国有还是民营企业，都存在“一股独大”的局面。鉴于我国股份公司控制人的实际作用，明确控制人的义务，确立并加强控制人违反义务后的责任机制，更有着特殊重要的意义。

传统公司法理认为，股东系公司的出资者，依法享有自益权和共益权，股份公司的股东还享有完全自由地转让股份的权利，而其处分自身股份的行为，完全出于自愿，并无特别义务加以约束。需要用义务加以约束的是公司的管理者与监督者、董事、监事和经理层，因为他们和公司之间存在着委任或者信托的法律关系。本着权利义务相一致的原则，理应对其种种行为加以特别的义务约束，并且负相应的法律责任。

即使持有表决权的多数也不必然带来义务，除非持有人实际控制公司。是控制带来义务的。中小股东的义务和责任几乎微乎其微。

控制人除了要尽一般出资人应尽的基本义务外，控制人义务性质主要有三种学说：一是善良风俗说，认为控制人若滥用其资本多数决原则是对公序良俗的违反。二是信任义务说，此为美国公司法普遍接受的理论，认为控制人在对公司事务进行投票时，负有信任义务。三是当前在大陆法系比较流行的诚实义务说，认为针对控制人的实际权利必须对之科以诚实义务。国外发达国家均是通过对上市公司控股股东科以公司法中的义务与责任，来实现对控股股东滥权行为的规制的。

1. 控制人对公司的义务

控制人在公司内部成为实际上的业务执行和经营者，在享有经营管理权的同时，须由特定的义务加以约束。控制人作为个人，对公司的影响愈重，愈应承担严格的义务，直至类似人合公司股东的义务。根据法理和各国的实践，对控制人基本的义务要求是，控制人对自己有利害关系的事宜真诚地依公司最佳利益表决，并且不得任意处置公司财产和其他少数股东的财产。追究向董事指示业务执行者责任的制度，就是追究控制人的有关责任，因为只有控制人能够向其代表董事指示业务执行，同时强调控制人对公司的“忠实义务”。

诚信义务，或称信义义务、信托义务。美国公司法称为 fiduciary duty，它源于信托法中受托人对委托人应当承担的责任，通常是指公司的高级管理人员即董事和经理对公司承担的注意义务和忠实义务，随后诚信义务的承担者扩展到控制人，大陆法系和英美法系都不同程度地在公司法中确立了控制人对中小股东所负的诚信义务。

2. 尊重公司独立人格的义务

公司作为独立的法人，有着独立于其股东的人格。公司的独立人格表现在公司有独立的财产、独立的名称，能以自己的名义独立参加民事活动，享有民事权利、承担民事义务。公司独立人格对公司以及投资者具有重要意义。公司独立的人格代表了股东的法律地位和利益。对股东来说，公司法律人格的意义，一方面公司的收益增加，股东利益得到保护，公司资产状况的稳定使债权人利益得到保障；另一方面，公司的独立人格还使得股东受到有限责任的保护。

对于控制人来说，其人格与公司人格的混同往往能给其带来短期的超额利润。由于控制人的控制地位，通过人格混同可以将自己的意志强加于公司之上，将其作为实现自己目标的工具，从中获得非法利益。因此，要求股东与公司做到在资产、财务、人员上与公司三分开；要求在公司的经营中，控制人尊重公司以及全体股东的利益，而不能使自己的利益凌驾于公司的整体利益之上。

3. 控制人对其他股东的义务

同为同一股份公司的出资人股东，共同享有资产收益、重大决策、选择管理者等权利，在他们之间也应互相负有诚信的义务。一切民事、商事行为，均按诚实信用的原则，各股东均不得从事有害于其他股东利益的活动，不但对控制人如此，一般的中小股东也负有同样义务责任。控制人对其他非控制人加以忠实义务的约束，控制人应对其他中小股东承担信义义务和相应的责任。

控制人如果利用自己的股权控制、支配公司，损害公司其他股东利益的行为，发生权利滥用，是恶意的权利行使。恶意的权利行使即为权利的滥用。为控制人特设的义务实际上就是防止控制人滥用其股东权，凡是滥用控制人权的行为即构成对控制人义务的违反，须负相应的法律责任。

控制人对中小股东的诚信义务是指控制人在行使股权时，应当以诚信原则为行为准则，不得损害中小股东的合法权益。一方面是在股东大会的召开和决议过程中，应当使中小股东在程序上能真正行使股东权。另一方面股东大会以及董事会做出的决定应当维护中小股东的利益，不能在形式合法的外表下进行实质违法的行为。

4. 控制人的注意义务

所谓控制人的注意义务，是指控制人在处理公司事务时，应如同一个谨慎的人处在同等地位情形下，对所经营的事项给予注意的谨慎义务。即控制人在作为业务执行和经营者处理公司事务时，应怀有善意，并从公司的最大利益出发来考虑问题。

控制人在转让自身股份给第三者时，尤其是在涉及公司重大利益（如公司收购）之时，对公司、债权人和其他股东都负有注意义务。

控制人的注意义务有以下三个要件：

①控制人行使权利时应出于善意。控制人应从公司和全体股东的角度出发来考虑问题。应将公司的全体利益置于首位，不能仅仅考虑自身的利益，避免对对公司的经营前途和其他中小股东利益产生有害的行为。

②控制人应以正常的谨慎之人应有的谨慎去履行义务。在判断控制人是否尽到注意义务时，应将其视为在相似处境下的“谨慎的常人”，以考察其是否尽职。

③控制人在行使权利时，应采用良好的方式。所谓良好的方式，即为对公司整体利益最为有利的方式。

作为股东，应该行使自己选择和监督管理者的权利，纠正董事、经理的错误，直至罢免不合格的管理者。

5. 控制人的忠实义务

控制人的忠实义务是指控制人不得从事有损于公司和其他股东利益的行为。控制人造成的公司经营道德风险及权利滥用的行为也是对义务的违反。

我国股份公司，特别是上市公司，要求控制人履行忠实义务主要包括以下两方面要求：

（1）不得有欺诈行为

欺诈行为的表现形式多样，既发生在股票发行过程中，也出现于公司增资配股、利润分配的场合。

①虚假出资。虚假出资主要指设立上市公司或者增资配股过程中，控制人名义上向上市公司投入了资本，而实际上该资本并未履行产权转移手续，仍然保留在控制人原来的名下。控制人虚假出资的影响十分恶劣，不但严重损害了小股东和债权人的利益，还使上市公司的整体形象以及我国资本市场的信誉受到损害。

②操纵发行价格。由于控制人和公司筹集资金的结果有着密切相关的利

益，公司上市时的招股说明书一般是由控制人和相关的中介机构共同完成，控制人提供不切实际的每股收益预期值，以此获得较高的发行价格和发行收益，误导了投资者，损害小股东利益。

③操纵利润分配。控制人享有从公司的利润分配中获益的股东权。但是，这种权利的行使如果表现为危害公司长远利益、损害其他股东权益的行为，就应为法律所禁止。

上市公司中，年终不进行红利分配，大量公司从业绩分析来看，明明具备分红能力，却仍然不分配。这或多或少与控制人操纵股东大会通过对其有利的决定有关。控制人不愿将众多利润与中小股东共享，而是以年薪或奖金的方式发放给自己派出的高级管理人员，这实际上是对中小股东利益的严重侵害。

④操纵信息披露。控制人利用其控制的公司管理层，操纵公司的业绩信息披露，提供虚假信息，企图避免因业绩差被剥夺配股权、甚至停牌、摘牌的命运。控制人操纵公司信息披露的手段很多，比如，提前确认收入、将关联性交易当作正常收益、虚假作账等。虚假的信息披露是非常严重的违法行为。

⑤侵吞公司和其他股东的财产。侵吞财产的行为也有多种表现形式。上市公司从广大股民那里募集的资金大量地被占用或者挪用。此外，控制人还经常利用其控制力迫使少数股东以低价出售其所持股票，或者恶意增加公司股本，稀释少数股东的权益。

（2）关联交易限制

关联交易通常是指与存在关联关系的双方之间进行交易。关联交易在实现资源优化配置、提高公司集团经济效益方面有其积极作用，但是进行关联交易时，大股东可能出现以不合理的高价将其产品或劣质资产出售或置换给上市公司，换取上市公司的现金或优良资产，从而实现攫取资金的目的。因此应当严格进行限制，及时披露相关信息。

关联交易在上市公司中广泛地存在。进行这些交易的动机多种多样，如避税、制造利润增加假象以确保配股资格、隐藏公司利润、突破银行贷款限制，等等。但是其最终目的还是为了从上市公司转移资源或利润，而这显然是为了控制人自身利益服务的。控制人的此种行为显然违反了其对公司的忠实义务。

上海证券交易所、深圳证券交易所以及中国证监会对上市公司的关联交易有相关规定，控制人从事与公司的关联交易，要遵循商业原则，做到公正、公平、公开，并且必须履行有关的信息披露义务。这样，确立了控制人在从事关联交易时对公司所负的忠实义务。

关联交易的一种形式内幕交易，通常是指利用内幕信息进行的交易。由于控制股东所处的特殊地位，能够得到内部信息，并且通过利用这些内部信息取得非法利益，达到抽回出资的效果。内幕信息交易是各国法律明令禁止的行为。我国法律规定的内幕交易的责任主要有三个方面：民事责任、行政责任和刑事责任。

6. 控制人违反义务的民事责任

(1) 违反注意义务的民事责任

控制人违反注意义务，给公司和其他股东造成了损失的，应该停止该行为，并承担相应的赔偿责任。

(2) 虚假出资的民事责任

此项责任在我国现行《公司法》中已有规定。控制人虚假出资，或公司成立后抽逃其出资的，应该补足出资，即所谓出资填补责任。如果控制人作为公司发起人未予实际出资，影响了公司的正常设立，应认为公司“设立无效”。因控制人的过错使公司和债权人受到的损失，由其个人承担连带赔偿责任；认股人已缴纳的股款，发起人负返还股款并加算银行存款利息的连带责任。

(3) 操纵公司营业及操纵公司利益分配的民事责任

控制人负有将公司利润的合理部分向中小股东支付红利的义务。此义务若不被履行，可由法院强制执行。

(4) 虚假陈述的民事责任

所谓虚假陈述，泛指信息披露中做出不真实的信息陈述。英、美、法等国对于公众公司信息披露时的虚假陈述，有比较完备的规制措施。虚假陈述分为过失虚假陈述和无意虚假陈述。过失虚假陈述多由疏忽大意引起，系当事人可注意而未注意或疏忽查证的作为。无意的虚假陈述是指做出不实意思，表示的一方既无诈欺，又无疏忽大意的情节，纯属无意甚至好心。显然，无意的虚假陈述无须承担责任。对于过失虚假陈述，应严格限制其责任，由受害者举证说明自身信赖此虚假陈述，并接受有损失的事实。

至于诈欺性的虚假陈述，在归责原则上实行严格责任，即举证责任应倒置于虚假陈述方，由其证明自身陈述信息并未真正造成投资者的损失，否则应负严格责任。

在虚假陈述责任中，如果控制人成为发行人的实际控制者和信息披露行为的实际决策者，理应承担相应的责任。控股股东可能会在一些情况下利用发行人做出有利于自己却有损于其他股东的行为，所以，对其追究民事责任，有助于提高控制人对其他小股东的责任感。

（5）侵吞公司或其他股东财产的民事责任

控制人以各种方式，包括以关联交易的方式侵吞公司和其他股东财产的行为，在民法理论上是典型的侵权行为，适用民法上的有关规定，要求控制人承担返还财产、折价赔偿并对受害人的有关损失予以赔偿的责任①。另外，控制人干预公司业务给公司或其他股东造成损失，实际上也是侵犯了公司和其他中小股东的财产，控制人应承担相应的损失赔偿责任。用股份公司控制人对公司和其他股东负有一些特定义务来约束，完善控制人违反义务后的责任机制，是非常必要的。

二、机构投资者责任与义务

1. 股东出资义务

资本是公司独立开展经营、承担责任的前提和基础，它代表着公司承担财产责任的实际能力和范围，直接关系到公司的履约能力、偿债能力、赔偿能力以及最终承担民事责任的能力，对公司、股东及善意第三人都有重要意义。随着上市公司机构投资者越来越多，机构投资者作为控股大股东和中小股东之间的、具有一定持股比例的不可忽视的股东，其参与公司治理的积极性更显得重要。目前，我国证券市场上机构投资者发展迅速，包括证券基金、QFII、保险资金、社保基金、企业年金等在内的各类机构投资者凭借其强大

---

① 《中华人民共和国民法通则》第 117 条：“侵占国家的、集体的财产或者他人财产的，应当返还财产，不能返还财产的，应当折价赔偿……受害人因此遭受其他重大损失的，侵害人并应当赔偿损失。”

的资金优势、发达的信息优势和专业人才优势，占据了资本市场的“半壁江山”，成为规范股市的骨干力量，中国证券市场已进入机构投资者的时代。

机构投资者为其出资者赚取投资收益时，虽然关注的是投资企业的长期价值，并不过多地参与上市公司的治理活动，但当发生大股东与董事会争执时，机构投资者则成为表决的关注对象。机构投资者有义务在稳定证券市场方面起到一定作用，负一定的责任，这种作用的发挥需要一定的制度条件，同样需要加以约束。机构投资者也存在由“委托—代理”问题而引发的道德风险，例如部分机构投资者利用自己在信息、资金、人才和技术等方面的优势，通过传播虚假信息、操纵市场、恶炒个股等牟取私利。这不仅没有稳定证券市场，反而在一定程度上还加剧了市场的波动。对于证券市场新生力量需要新的监管思路和手段。一方面，应当注重规章制度建设，尽快颁布有关法规，强化机构投资者的责任与义务，加强机构投资者监管和风险防范力度，严厉打击市场上的违法违规活动，从根本上保护投资者的合法权益；另一方面，应当注重市场体系建设，完善市场运行规则，提高市场运作效率，便于机构投资者形成理性的预期，使其行为规范化。

证监会2010年8月发布《关于深化新股发行体制改革的指导意见（征求意见稿）》，在完善询价过程和配售约束机制、完善回拨和中止发行机制方面做了进一步的规定。新股发行机制的改革，加强了对机构投资者的责任约束，督促发行人及其主承销商合理设计承销流程，有效管理承销风险，承担相应责任。

2. 证券投资基金公司控股股东的义务和责任

证券投资基金单位持有人之间只存在极为松散的关系，基金投资者在信息和专业能力上处于弱势地位，且又缺乏争取管理公司控制权的激励，广大基金投资人的权益更易遭受基金管理人控股股东滥用控制权行为的损害。美国在考察分析证券投资基金内部利益冲突关系的基础上，通过确立投资顾问及其基金经理对于投资公司负有的受信义务，将投资顾问的控股股东作为投资公司的第二层关联人纳入《投资公司法》相关规定中，规范投资公司与其关联人之间的交易，对投资基金顾问公司控股股东滥用控制地位的行为进行比较完善的规范。

3. 商业银行股东的义务和责任

与普通上市公司相比，商业银行由其强大的资本，而易形成控股股东，银行控股股东滥用控制权的问题更为突出。从解决途径方面讲，为尽可能地减少银行控股股东与银行之间的利益冲突，金融控股公司宜建立纯粹银行控股公司架构，成为享有“实际控制权”的银行控股股东，其本身除控股或参股银行等机构之外，不得经营其他任何有可能与银行存在利益冲突的业务，需要在银行和产业资本之间建立起一个减少利益冲突的有效缓冲地带。同时，由于控股公司的架构本身并不能完全隔绝银行与其控制人之间的利益冲突，还应当严格规范有关银行与其关联人之间交易的条件。此外，应当突破当前的有限责任制度，加重银行控股股东的法律责任，使控股股东在银行经营或财务状况严重恶化以致丧失偿付能力时，承担资本协助义务，并强制在其投资额之外再承担一定责任，以降低银行控股股东滥用控制权的道德风险。

三、普通股东责任与义务

1. 股东的义务、法律责任

(1) 股东义务

我国《公司法》规定：有限责任公司是指由 2 个以上、50 个以下的股东共同出资，股东以出资额为限对公司负责，公司以全部资产对公司债务负责的企业法人。

所谓股东义务，从狭义上讲，是对股东按公司章程的出资义务；从广义上讲，是指股东应当履行有限责任公司章程上规定的股东各项义务。两个以上股东共同出资设立的有限责任公司，其股东履行下列义务：

①遵守公司章程。

②按期缴纳所认缴的出资。

③对公司债务负有限责任。有限责任公司的股东对于公司的债务只以其出资额为限负有间接责任，即股东不必以自己个人的财产对公司债务承担责任。

④出资填补义务。在以下情况，有限责任公司的股东承担出资填补的义务：在公司设立时，如果某股东不是以货币出资，而是以实物、工业产权、非专利技术、土地使用权出资的，进行评估作价后如其实际价额显著低于公

司章程中评定的价额，则应当由交付该出资的股东补交差额，其他股东应对其承担连带责任。

⑤追加出资义务。追加出资，就是股东除了按照各自认缴额出资以外，股东会还可以作出决议，要求股东超过其出资金额再次缴款。追加出资义务在公司章程中属于任意记载事项，即《公司法》并不列举其内容，但一经记载，就应发生效力。

⑥在公司核准登记后，不得擅自抽回出资。

⑦对公司及其他股东诚实信任。

⑧其他依法应当履行的义务。

（2）股东法律责任

在有限责任公司中股东以出资额为限对公司负责，公司以其全部资产构成公司债务的总担保，这与无限公司以股东个人的全部财产构成公司债务的总担保是不同的。这也是有限公司与无限公司最根本的区别。在有限责任公司清偿债务时，是用公司的资产来进行清偿的，股东以出资额为限对公司负责而不是对公司的债务负责，自己的个人财产是独立于公司的。《公司法》规定：

第一百九十九条　违反本法规定，虚报注册资本、提交虚假材料或者采取其他欺诈手段隐瞒重要事实取得公司登记的，由公司登记机关责令改正，对虚报注册资本的公司，处以虚报注册资本金额 5% 以上 15% 以下的罚款；对提交虚假材料或者采取其他欺诈手段隐瞒重要事实的公司，处以 5 万元以上 50 万元以下的罚款；情节严重的，撤销公司登记或者吊销营业执照。

第二百条　公司的发起人、股东虚假出资，未交付或者未按期交付作为出资的货币或者非货币财产的，由公司登记机关责令改正，处以虚假出资金额 5% 以上 15% 以下的罚款。

第二百零一条　公司的发起人、股东在公司成立后，抽逃其出资的，由公司登记机关责令改正，处以所抽逃出资金额 5% 以上 15% 以下的罚款。

上述三条规定可以看出，公司的股东在有虚报注册资本骗取公司登记、虚假出资、抽逃资金等行为时，应视其情节轻重，承担相应的行政责任。在司法实践中，有以上行为的股东，还应承担相应的民事责任。具体责任是：

①民事责任。注册资金未到位，或将注册资金打入开户银行临时账户经

会计事务所验过资后又将其注册资金抽回的股东，应当在其出资范围内承担民事责任。

②行政责任。对有上述违法行为的股东，由主管公司注册登记的工商行政管理部门采用行政手段责令其限期改正，并处一定数量的罚款，进行严厉的行政制裁。

③刑事责任。对于其违法行为已经构成犯罪的股东，应当依法追究其刑事责任。根据《刑法》第一百五十八条、第一百五十九条规定，构成虚报注册资本罪的，处3年以下有期徒刑或者拘役，并处或者单处虚报注册资本金额1%以上5%以下的罚金。构成虚假出资、抽逃出资罪的，处5年以下有期徒刑或者拘役，并处或者单处虚假出资金额或抽逃出资金额2%以上10%以下罚金。这两条规定，为规范有限责任公司及其他类型公司的注册登记管理，提供了强有力的保障，也给企图以身试法的某些公司发起人、股东敲响了警钟。

（3）上市股东义务

投资者买入某一上市公司公开发行的股票后，就成为该上市公司的股东。不论该投资者买人股票数量的多少，只要持有该上市公司的股票，就依法享有股东的权利并承担相应的股东义务。

但现实是，多数散户股东很少关注公司的长期经营绩效，在公司治理中往往采取消极态度，不去履行自己的股东权利和义务。如股权分置改革中，非流通股股东为了取得流通权及流通股股东的信任，通过各种渠道和方式充分展示自身的财务实力和发展前景，跟流通股股东平起平坐征求意见，进行谈判。但是，许多流通股股东的投资思维依然定格在投机的基调上，只关注上市公司的实际对价，不关心其远期承诺及发展前景。如果投资者不去积极履行自身的股东权益，监督上市公司，一旦上市公司出了问题，就归罪于政府或监管机构，这种做法是不妥当的，在这种情况下，股东应该尽自负其责的义务。

2. 股东瑕疵出资的责任

段东应当按照法律和公司章程的规定如实、全面、恰当地履行出资义务。如果股东违反了有关出资义务的相关约定，就应当承担瑕疵出资的责任。瑕疵出资表行形式为虚假出资和抽逃出资，前面已经述及。股东瑕疵出资的主要方式见表5－2。

表5－2　　股东瑕疵出资主要方式类型

瑕疵出资	瑕疵出资表现方式
股东虚假出资的方式	以没有现金或现金不足的虚假银行单据骗取验资报告，以获得公司登记
	以实物和知识产权、土地使用权等权力出资取得验资报告设立公司，但并未实际交付和办理相关权力转移手续，要么高估这些产权的价格
抽逃出资的主要手段	利用股东地位，特别是控股股东地位，将公司账上自己的出资金额转回到自己账上
	利用公司资金非法进行回购，但并不减少公司的注册资金和自己的股份比例
	违反法律规定，在不符合条件的情况下分配利润
	利用关联交易将公司的资产以不合理的低价转移归自己所有

虚假出资和抽逃出资的本质都是使公司注册资本与实际资本不符，减少了公司对外承担责任的独立财产，损害了公司债权人的利益。其后果将会造成公司设立无效或公司法人人格被否认。两种瑕疵出资的情况承担的民事责任有所不同。

（1）股东虚假出资责任

股东虚假出资可能产生两种效果。

第一种是造成公司实际出资额没有达到法定的注册资本，公司不能设立或设立无效。这种情况下，公司没有取的法人地位，所有出资人或发起人也都没有获得股东身份。以公司名义对外承担的债务都由全体出资人或发起人承担无限连带责任。真实履行出资义务的出资人或发起人可以按照出资协议或发起人协议要求虚假出资的人赔偿因此遭受的损失。

第二种结果是虚假出资没有造成公司注册资本没达到法定限额，公司注册设立有效。这种情况下虚假出资者对其他真实出资者负有违约责任和出资填平的责任，其他股东对虚假出资部分要负连带填平责任。《公司法》第二十八条、第三十一条、第八十四条、第九十四条对此进行了明确规定。

这两种结果都涉及虚假出资者违约责任，其是指因违反出资人或者发起人之间的协议，虚假出资者向其他履行协议的出资者或发起者支付违约金，或者对其他履行协议的出资人、发起人因此所遭受的损失承担赔偿责任。

（2）股东抽逃出资责任

抽逃出资造成公司的资本低于法定的最低注册资本，在债权人主张权益时，要承担法人人格否认的股东责任。如果抽逃资金没有达到造成公司法人人格否认的程度，则该股东应当返还抽逃的资金。股东抽逃资金的行为实际上是一种对公司权力的侵犯行为，该行为应当对公司造成的损害承担侵权损害赔偿的责任。同时还要负行政罚款的责任和刑事处罚责任。在《公司法》第二百零一条和《刑法》第一百九十五条都有明确的规定。

3. 滥用股东权力的责任

股东由于履行了出资义务而享受相应的权利，这种权利是法律规定和公司章程赋予的，受到法律保护。但是，股东不能超越了法律规定界限滥用这些权利，这样会对公司、其他股东、公司债权人和利益相关者造成损害。股东滥用权利损害公司和其他股东利益的手段多样，较为瞩目的有侵吞、占用公司资产，以公司资产为自己做担保，利用关联交易转移利润，剥夺、限制其他股东的合法权利等。

一旦股东滥用权利行为给他人造成损害，就应按照法律负相应的责任。《公司法》第二十条规定：“公司股东应当遵守法律、行政法规和公司章程，依法行使股东权利，不得滥用股东权利损害公司或者其他股东的利益；不得滥用公司法人独立地位和股东有限责任损害公司债权人的利益。公司股东滥用股东权利给公司或者其他股东造成损失的，应当依法承担赔偿责任。公司股东滥用公司法人独立地位和股东有限责任，逃避债务，严重损害公司债权人利益的，应当对公司债务承担连带责任。”第二十一条规定：“公司的控股股东、实际控制人、董事、监事、高级管理人员不得利用其关联关系损害公司利益。违反前款规定，给公司造成损失的，应当承担赔偿责任。”关联关系，是指公司控股股东、实际控制人、董事、监事、高级管理人员与其直接或者间接控制的企业之间的关系，以及可能导致公司利益转移的其他关系。但是，国家控股的企业之间不因为同受国家控股而具有关联关系。

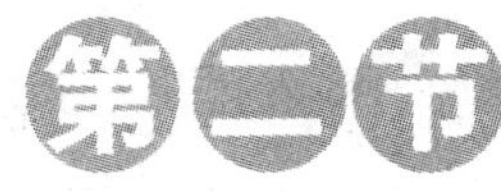

股东承担债务责任

一、投资风险承担

1. 风险投资机构的责任

新的《合伙企业法》引入了“有限合伙企业”的规定：“有限合伙企业由普通合伙人和有限合伙人组成，普通合伙人对合伙企业债务承担无限连带责任，有限合伙人以其认缴的出资额为限对合伙企业债务承担责任。”

这种“不平等责任”将是激励创业投资市场重要的规制，新《合伙企业法》为有限合伙制度提供了法律保障，有限合伙制度将为我国创业投资市场创造新的活力。有限合伙制度本身虽不能创造企业成长的神话，但是，能为发现千里马的伯乐提供制度保障，这种看似出资额与收益分享额不平等的制度，为能人和富人创造了一个共舞的平台。

有限合伙人在企业中主要扮演出资人的角色，而普通合伙人则更多地承担着管理人的职责。举例来说，在这种合伙企业中，普通合伙人可以凭1%的出资额就能管理100%的资产，并分享20%的收益，同时，对债务承担无限连带责任；而有限合伙人则仅以出资额为限承担有限责任，并且分享80%的收益。这种“不平等的责任”实际上承认了智力在风险投资中的价值，同时也保护了那些希望博取高回报的投资人的私人财产不会因承担高风险而被株连。可以利用有限合伙的制度优势，规避普通投资者的风险，使创业投资们很容易地筹集到资金。

2. 风险投资机构出资者的责任束缚

就风险投资机构这种组织形式来讲，因信息不对称而使出资人面临的风险主要表现在：一是风险投资机构治理人员滥用资金的风险；二是风险投资机构治理人员滥用权力为己牟利的风险。

有限合伙制的组织结构较好地实现了责任与权利的统一。由于有限合伙人对合伙机构的负债仅承担以其出资额为限的有限责任，所以不得直接参与合伙机构的经营治理活动，只有承担无限责任的普通合伙人才享有全面的经营治理权。这种权力分配构架既保证了风险资本家在投资活动中的独立性和自主性，也明确了其经营治理不善需要承担的责任——如若投资失败且负债比例过高，作为治理专家的普通合伙人必须以自己的财产进行债务偿还。为了防止普通合伙人滥用自己的治理权，风险投资机构在成立章程中都规定，诸如合伙的延期等重大问题必须征得作为主要投资人的有限合伙人的同意等。有限合伙制公司防控风险模式如下：

①创业企业的治理结构是一种典型的“积极股东主义”的治理模式。在我国出现的知识经济热中，部分学者沿着加尔布雷斯提出的“权力归于最难获得或最难替代的要素”的思路，提出随着知识经济的发展将出现劳动雇佣资本的时代（方竹兰，1997；洪志敏，1998 年），这些知识型企业的治理结构比股东通过“以脚投票”（一般认为，美国企业股东主要通过股权的买卖来约束企业的经营者）来制约企业经营者表现出了更高的积极影响力和责任心。

②合理的治理结构是确保风险资本高效运作的基础。任何一项投资活动都存在着一定的风险，投资于高科技创业企业的风险更大。在我国推动风险投资发展最重要的任务是，让风险投资活动的各种参与者把握风险控制的措施，明确自己在该项事业中的责任、义务和权利，建立起有效的约束与激励机制。

3. 期货投资者的责任

期货市场是高收益、高风险的经济领域。投资者仅是受到期货市场的高收益吸引投资于期货市场，而忽视了期货市场高风险的一面以及自己的风险承受能力，这不利于维护投资者利益和市场信心。世界各国一般都在期货交易法律法规中明确规定：期货公司对可能委托自己代为参与期货交易的人必须首先提示期货市场的高风险，这已成为各国期货交易法律、法规保护期货投资者利益的一个非常重要的预防措施。我国股市期货新近开设，券商对投资者的风险揭示与教育都应尽到告知的义务。国家也明确对股指期货交易条件、交易规则作出了相关规定。

在订立期货经纪合同时，如果券商期货公司未提请投资者注意《风险说明书》内容，并由投资者签字或盖章，明确已阅读并清楚理解期货交易的风险，由此造成投资者损失的，应当承担相应的责任。投资者如果不按交易规则操作，或者如投资者没有于规定时间内存入所需保证金，投资者持有的未平仓合约将可能在亏损的情况下被迫平仓，投资者必须承担由此导致的一切损失，责任自负。

二、偿还债务责任

源于美国的判例法所确立的一项公司制度，公司法人独立地位否认，又称揭开公司面纱，是一种特殊的公司法律制度，可以阻止公司法人独立地位和股东有限责任的滥用；保护公司债权人利益和社会公共利益；对具体法律关系中的特定事实，一时地否认公司与其背后股东各自独立的人格及股东的有限责任，责令公司的股东对公司债权人或公共利益直接负责，承担无限连带责任，以实现公平、正义目标的要求；通过对公司控股股东科以公司法上的义务与责任，来实现对控股股东滥用权利行为的规制。

在公司取得法人资格后，本应当拥有独立的法人资格，并独立的承担责任，但是在特定情况下股东滥用公司法人独立地位和股东有限责任，固守公司法人独立地位和股东的有限责任，对债权人会产生极不公平的结果。《公司法》第二十条规定：“公司股东滥用公司法人独立地位和股东有限责任，逃避债务，严重损害公司债权人利益的，应当对公司债务承担连带责任。”这就对公司法人独立地位在此情形下进行了否定。这种责任不是以出资或者持有股份为限，而是根据公司债权人的债权确定的，股东要以自己个人的财产承担责任，有限责任被否定了。这实际上是增加了股东的责任和风险，而且所有股东和公司此时都有义务按债权人要求履行全部债务，履行完全部债务后，股东才能就自己承担的额外部分向其他股东追偿。

公司法人独立地位否认是一时的，不是彻底否认公司人格，它是在债权人向法院诉讼的情况下，才能由法院判决是否就此案件否定公司法人独立地位。新《公司法》对公司法人独立地位否认制度作了原则性规定。就我国的公司立法而言，公司法人独立地位否认制度的确立无疑是一项重大的制度创新。

股东社会关系责任

一、实现平等权利

1. 股东平等关系理念

出资者的根本目的在于资产增值，作为现代企业制度的公司，由大量股东构成。股权分散化是资本发达的市场经济国家美国所倡导遵循的理念，虽然存在股权集中化的倾向，但是其法律仍然偏向股东的公平权力，维护中小股东的权力，这也是为什么美国资本市场比其他国家发达的原因。在我们国家有关企业的立法目前也在追求公平公正，照顾市场中弱小者的利益不受强势的侵犯。在新《公司法》中增加的学习美国的累积投票权的条款，说明了对中小股东权益的社会公平的维护。

作为中小股东用法律赋予的权力防止大股东控制人的利益侵害，是本分的责任。比如，在选举董事、监事进入董事会、监事会的投票权利行使上，小股东应该行使累积投票权，选举代理人董事，制衡大股东，维护广大小股东自身的利益。

为了降低大小股东间的利益冲突，应该贯彻“股东实质平等”原则。

“股东实质平等”与“股份平等”的差别在于两者的出发点不同，前者从主体角度出发，关注股东的平等地位；后者从资产角度出发，贯彻资本多数决原则。在上市公司治理机制上引入“股东实质平等”原则，是要在坚持资本多数决原则的同时对控股股东施加合理的限制，强调大股东对中小股东和其他利益相关者的受托责任和诚信义务，防止大股东对资本多数决原则的滥用，实现股东间的利益平衡。

股东主体平等原则，即股东不论资本多少，均享有同等的法律地位和同等股东权利。股东主体平等原则是以主体（人）的人格平等为基础的，强调人格平等、意志独立平等。将股东主体平等原则纳入到股东平等原则中，形成与资本平等原则（资本多数决原则）相对立的对立统一体。股东主体平等原则以人格平等为基础，资本多数决原则以资本多少为基础，即形成股东平等原则二元标准的对立统一，两者相互牵制，以股东主体平等原则限制资本多数决原则下大股东的权利滥用，以资本多数决原则保障大股东与小股东的差别待遇实现实质公平，最终实现大股东、中小股东权利的平衡，保障中小股东权利。

在法的一般价值的指导下，正义理所当然的是《公司法》的基本价值准则，正义具体体现为公平、平等，公平是法律正义的第一要义。股东平等原则体现公平正义，基于主体地位平等的股东主体平等原则保障了小股东的意志自由，实现大中小股东的地位平等，为“自由下的平等”提供前提和基础。

股东主体平等原则是有限责任公司人合性的必然要求和体现。公司是社团法人，即人与人之间基于一定目的而形成的契约结合，是民法契约思想在公司设立中的体现。因此，双方必须具有平等性，即法律地位的平等。有限责任公司兼具资合性和人合性属性，股东间信赖关系的重要性要远远超过资本的重要性，股东间的良好合作关系要比良好的公司制度更重要，它直接关系到有限公司的生存和发展问题，而恶化的合作关系对于有限公司来说无异于面临灾难。

股东主体平等原则符合公司发展的历史逻辑。确立资本表决制度，公司史上经历了从一致同意到资本多数决原则的过程。公司制的初期，公司决策一致性同意原则体现了公司股东意志的平等性、地位的平等性，而后采用的资本多数决原则是由于效率的考量、中小股东表决权滥用和保护大股东利益的需要。公司的和谐发展必然要求大、中、小股东的利益平衡，这就要求两原则的平衡协调，实现两个方面股东的利益均衡。

2. 股东防止权力滥用的责任

公司人格否认制度，又称“揭开公司面纱”、“公司法人资格否认”、“股东有限责任待遇之例外”制度，是指在承认公司具有法人人格的前提下，在特定的法律关系中对公司人格及股东有限责任加以否定，以规制股东滥用公司人格及有限责任，保护公司债权人及社会公共利益的一项法律制度。

在法律意义上，人格又称为法律地位。一般来说，公司在社会经济生活中的重要作用，主要是通过公司的人格独立和有限责任制度发挥的。在某些情况下，公司人格独立制也可成为欺诈和舞弊者的护身符。股东滥用公司法人独立和股东有限责任的表现概括为股权资本显著不足及公司法人格的形骸化两种情形。

（1）股权资本显著不足

股权资本显著不足是指股东投入公司的股权资本与公司从债权人筹措的债权资本之间明显不成正比例的公司资本现象。股权资本显著不足既包括股东出资低于最低注册资本情况，也包括股东出资虽高于最低注册资本，但显著低于该公司从事的行业性质、经营规模、雇工规模和负债规模所要求的股权资本的情况。如一家房地产开发公司，假如该公司股东投入公司的股权资本1000万元，而公司从银行筹措的资本为10亿元，则股权资本与债权资本比例为1:100，资本显著不足，法院或仲裁机构就可揭开这家公司的面纱，责令背后控制股东对公司债务承担连带责任。

（2）公司法人格的形骸化

公司法人格的形骸化是指股东与公司之间人格的高度混同，公司徒具公司的法律形式，但实际上完全受股东控制，已丧失了独立意志和独立财产的本质，成为股东谋取非法利益、逃避债务的代理机构和工具。只要存在相关事实，一般公司均会被否认法人人格，进而股东直接承担民事责任。具体表现，有以下几种：

①不当控制。又称过度控制，指控股股东对公司的过度控制，主要发生在母子公司之间。母公司基于其特殊地位，对子公司的经营决策形成影响是

必然的，为法律所允许。但如果这种控制超过了必要的限度，母公司就应当对子公司的行为承担责任。

②资产和事务的混同。即公司与股东的财产和事务混合在一起，公司没有独立的财产和对事务的决策权，主要表现为：公司和股东的财务记录、账户等没有分开，股东随意处分公司的财产，公司没有遵守正常的设立程序，母子公司使用共同的董事和雇员，共同的利润分配政策，等等。

③组织机构混同。如“一套班子两块牌子”人员的兼任，无视公司的法律形式不召开股东会议，公司共在一栋办公楼办公，共用电话号码、信封，等等。

④滥用公司形式。指股东利用公司形态逃避合同义务或法律义务时，公司被作为股东逃避义务的工具，有悖于法律正义价值，因而公司的行为被视为股东的行为，股东应对此承担责任。

(3) 资产重组中控制股东的承诺

资产重组中控股股东，或实际控制人违背承诺，可能导致上市公司与其他股东损害。重组方的重大资产重组行为系单方面的法律行为，其因故变更是要承担相应的法律责任和法律后果。如果侵犯了上市公司和其他股东权益的，应当承担相应的损害赔偿的侵权责任。中小股东可以提起股东代表诉讼来维护公司和自身权益。

在资产重组中控股股东或实际控制人的承诺，不能简单地看成合同中的承诺，但这个承诺仍具有特定的法律意义，是一种单方面法律行为。在证券市场中，重组信息披露文件是有披露要求，信息披露本身需要披露人斟酌，没有准备好就不该披露，披露本身就证实了其重组转让具有正当性。所以，承诺是具有法律约束力的，应该产生法律后果，权益变动报告书里面的承诺，是合同以外的单方承诺。

如果重组方对外宣称自己要对上市公司进行重组，使投资者认为将注入一个优质资产，这种情况下，可能构成信息披露上的误导。这时，有实力的人宣称他买某上市公司的目的，会诱导很多中小投资者看好这家公司前景而购买它的股票。如果有足够的证据来证明缔约过程根本就没有履行，这个虚假陈述导致了投资者产生信赖，购买了某上市公司股票，这就有可能使中小投资者权益受损，可能变成了缔约过失引出的侵权责任。

对于受让方的重组，如果开始确实是准备重组的，但是后来由于种种原因实现不了，而导致变更，这种变更，它必须要承担法律后果与法律责任。但是，如果一开始这种重组就是假的，本身就是一种欺诈行为，纯粹是一种误导市场行为，既可能是虚假陈述，还可能是操纵市场，就需要监管部门与法律追究。而侵权责任中所侵犯的是市场利益，由此产生了关于重组方和目标公司其他股东之间的侵权关系。

根据证券法律关系，协议收购的目的是为了取得公司的控制权。但若宣布不重组时，重组方便侵害了目标公司其他股东的知情权，侵害的手段是出现了重大瑕疵。这个瑕疵是误导性陈述。目标公司的其他股东原来是局外人，看着原来的大股东把股权卖给重组方，但上市公司里面的风吹草动，特别是资产重组的相关陈述，都会对投资者合理的投资判断产生重大的影响。所以，在信息披露问题上，一定要坚持信息披露的真实性、准确性、完整性，还有及时性、公平性。

通过缔约过失来追究责任，一是要确定公司因收购方行为而导致损害，二是陈述本身真实。两个条件都成立，真的给公司带来了损失，而公司又不起诉它，这种情况下，中小股东可以提起股东代表诉讼。

二、和谐股东关系

1. 构建机构投资者的社会责任体系

我国证券市场已有各式各样的机构投资者，对股市影响很大，凭借其强大的资金优势，发挥机构投资者在市场上的稳定作用应当是机构投资者的责任。

机构投资者在为委托人实现其经济利益的同时，还应承担相应的社会责任，进行“社会责任型投资”和长期投资，这关系着我国证券市场乃至整个国民经济平稳、健康、可持续的发展以及和谐社会的构建。构建机构投资者的社会责任体系主要体现在以下几方面：

①实现主体多元化。一个投资者需求多元化、理财产品多样化的市场才能称得上是成熟健康的市场。在此投资主体实现多元化是前提，因为过于单一的投资者结构容易导致过于单一的投资模式、投资理念和投资风格，造成某种程度上的“投资垄断”，造成市场的整体失衡。

②社会责任型投资。社会责任型投资，即机构投资者所作的任何一项投资，在获取经济利益选择能带来最大限度经济回报的项目进行投资的同时，还必须考虑是否为本地区或自然环境等带来间接利益，是否符合社会利益等因素，绝不能选择有害于社会与环境的投资项目。

实际上从利益角度讲，最大利益还包括非经济利益，如广大人民的社会利益。当代机构投资者的资产越来越具宽泛性，覆盖多个经济领域，选择重污染产业和对社会负面作用较大的投资很可能会对其他经济领域的投资造成风险，总体上反而加大成本；此外，法律规范的约束、社会舆论的压力都会潜在地影响投资行为的经济回报率。只有鼓励机构投资者进行社会责任型投资，选择绿色、环保的行业企业投资，才能既实现其自身长远发展和回报，又满足广大社会利益的多赢局面，这是机构投资者社会责任体系的核心。

2. 长期投资与短期投资统一

（1）培养长期投资者需要和谐股东关系

投资股票的价值理性回归将更重视其内在价值，从长期来看股权能给投资人带来多少回报，而不是短期投机利得。在股东关系紧张、非控股股东权益无法得到切实保障的情况下，没有控股地位的中小股东短期行为较重，无论是对原来的大小非 PE 投资者或者是后来二级市场进入的金融资本，包括基金、保险资金等金融资本，中小股东对其长期投资的热情都将受到压抑，唯有上市公司的控制权获得了较高的溢价。未来市场的走势，控股股东和中小股东的博弈比产业资本和金融资本的博弈更加激烈。

投资自然需要获利，这是所有市场参与者的共性。但是，金融市场是一个生态系统，别说股票市场有无穷无尽的生存模式，就是债券市场也出现过长期资本管理公司（LTCM）那样的专业对冲基金。所以，机构投资者应该对自身的资金来源特性和收益要求有明确清醒的认识；应该对所参与的市场有理论的、实证的、系统的和历史的全方位了解；应该对自身在一个市场中的投资理念和盈利方式有明确的定位；应该对市场的健康稳定、公平正义和交易道德发挥建设性作用，做一个履行社会责任的机构投资者。

长期投资资金需要的是长期理念和视野，要看 3 年、5 年，10 年、20 年才最好，而保险资金经常比较的是 50 年、100 年之内不同资产的投资特征。

因此，吸筹拉抬、洗盘、出货等短期行为的招数不适合保险这样的长期资金，它需要赚取的是阳光收益，不能通过各种坐庄手法掏空散户的腰包，甚至不能在市场已经出现明显泡沫时追涨、明显低估时打压去赚取博傻利润。

要成为一家积极履行社会责任、只赚取阳光利润的长期机构投资者是不容易的，这要求机构做理性稳健的、立足证券自身价值的、着眼于证券发行主体经营收益的、维护市场稳定与公平的长期价值投资者。长期资金要完成这些社会责任，就需要一代又一代有理性、有道德的投资人来管理；这样一群投资精英，是需要进行专门培养的。

从国外市场来看，证券市场的潮流应该是机构占主导。美国、英国等是保险资金、共同基金和养老基金等稳定持有股市绝大部分股份；日本等则是法人机构相互持股，也是机构占据主导地位。而且随着证券市场的发展，机构投资者持股比例有增无减。美国机构投资者占美国总股本的比重由 1950 年的 7.2% 上升到 2001 年三季度末的 46.7%。其中，养老基金由 0.8% 上升到 19.8%，共同基金由 2% 上升到 17.9%，保险公司由 3.3% 上升到 7.3%。

机构投资者长期投资意味着会更关注企业的经营，参与上市公司治理。不以短期投资收益波动为主要依据，以长期投资收益率为价值基础，经过几轮的大浪淘沙，公司治理结构越来越合理，政策法规越来越完善，越来越多的优质企业在股市上显出了长久的生机，中国股市的长期投资价值逐渐具备，合理良性的长远投资理念正逐步形成。市场的稳定发展迫切需求国民信心的重塑与保持；反之，盲目抛空、短期行为、同质化投资倾向则极可能加剧我国股市的非理性恐慌。企业利益相关者都意识到各自的责任的重要性，履行社会责任是公司治理的重要内涵，完善公司治理结构既要需要上市公司践行社会责任，营造企业社会责任文化，主动树立富有社会责任感企业的良好形象，以能够在资本市场上获得长期资金。又需要机构投资者充分发挥机构投资者在公司治理、市场创新方面的作用，转化投资理念，积极参与上市公司治理，共同建立与资本市场之间互相促进的良性发展机制。倡导机构投资者的长期投资，积极参与上市公司治理是构建机构投资者社会责任体系的重要途径。

（2）民营企业长期性股东契约投资

在私人投资非上市公司中，由于人合性，股东之间保持和谐的股东关系，确保了投资的持续和稳定。在私人投资的中小企业中，没有上市公司那样规范的法人治理结构，但是股东之间有某种契约或者共识：①股东之间的信任、熟悉和共识；②股东基本上都参与管理或委托亲属、朋友参与管理；③经营责任中股东之间保持某种均衡；④一方违约，另外一方一般具有某种维权或者惩罚机制：如家族企业的家族力量、同学朋友则有朋友圈子的道义、相互间保守的秘密等，一般情况下并不会诉诸法律；⑤尽管按照出资比例享有公司权益，但是也照顾不同股东在经营中的贡献给予适当的分配。

在这些企业中，股东侵占行为也可能存在，多以调节为解决方式，解决不好则公司分家，因为诉诸法律基本上是个双输的格局，股东、公司的声誉都会受到影响。基于法律判决的底线，才使得协商谈判可以顺利进行。

在私人投资企业中存在一种模糊的、不规范的法人治理，但这是建立在股东之间的一种共识或者契约的基础上，共同参与企业管理、相互监督、按照出资或者贡献享有收益、通过协商解决纠纷等，这种契约以法律为准绳，成为公司治理的基础，进而形成股东的长期投资的稳定性。

（3）股市波动股民的责任

对于股票市场上的中小股东散户，在信息不对称情况下，对公司的信息了解一是不充分，二是获得信息的时间滞后。在二级市场上容易受到信息噪声的干扰信息，传递谣言，造成股市的剧烈波动。散户股东之间的社会群体行为（即羊群效应）会影响股市的稳定和经济的正常运行。这种群体社会行为要求股东个体要有很强的责任意识，能够意识到跟风造成的危害。中国A股市场投资者结构显现的是散户化倾向，据统计2006年底中国散户占证券市场的53%，到2007年5月份我国散户占投资者群体的比例已经升至62%。最新数据显示，机构投资者持有的流通A股市值达到17174.39亿元，占沪深股市非限售A股总市值的比例为23.28%；散户投资者持有的流通A股市值达到22385.81亿元，占沪深股市非限售A股总市值的比例为76.72%。表明当前中国股市是以散户和私募基金主导的行情。有道是“水能载舟亦能覆舟”，散户行为的力量已经足以对股市波动产生重大影响。墙倒众人推，在股市下跌的行情下，每个人为减少损失，都在抛货，造成股市的雪崩，最终的结果造成金融危机，导致实体经济市场也受到影响，需求萎缩，发生危机，这种反向看不见的手，助推的方向是不利于社会的经济繁荣，于个人于社会都不利。社会责任意识的养成对于股民不是件容易的事，强调投资者教育、提升投资者素质是有关证券机构的责任。

我国散户投资者的理念还不够成熟，还有很多需要改进的不良投资习惯。虽然散户所掌控的资金正在以惊人的速度增加，但他们的投资方式和投资思路却仍然存在明显的分化。价值投资、技术分析、消息跟风，各自都具有一定的生存土壤。能够在浮躁的市场气氛中坚守价值投资的散户并不多，多数散户新股民风险意识薄弱，一些散户小股民入市资金安排不合理。过高的追求投资回报而忽视投资风险，是散户的最大特点，而这个特点往往是造成股市波动的重要因素。由于大多数散户追求的都是短期内获得超额收益，大多数会不断地换股，结果造成了中国股市的高换手率。在选股理念上，他们的行为对股市波动的影响也非常直观，自身可以发动行情，甚至会颠覆价值投资思想，但是他们的缺陷依然会被机构投资者利用。机构投资者正是利用散户的恐惧心理完成每次震仓行为，机构和大股东对散户中小投资者所作所为，应该负一定的责任。

朗科科技股东行为是否负责任

一、公司大股东及股权结构关系

1. 公司控股股东

公司控股股东为邓国顺、成晓华。邓顺华、陈晓华控股关系如图5－1所示。

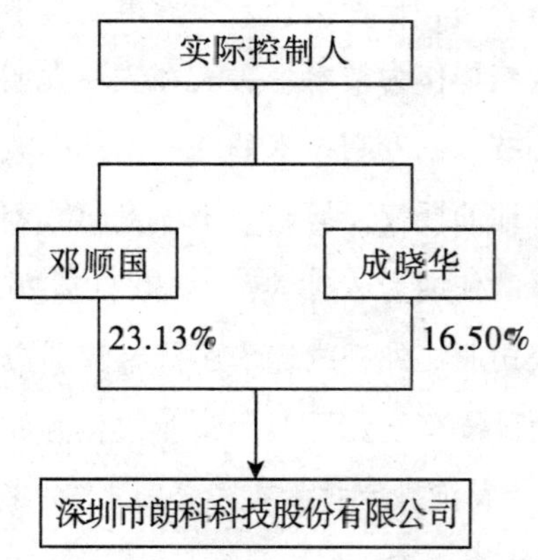

图5－1　朗科公司与实际控制人之间的产权及控制关系

截至 2009 年 12 月 31 日，朗科公司无其他持股在 10% 以上（含 10%）的股东。公司实际控制人为邓国顺、成晓华。

邓国顺为本公司控制股东、实际控制人之一，持有公司股份 1545 万股，占 23.1287% 的股权比例。邓国顺为中国国籍，有新西兰、中国香港永久居住权，高级工程师，深圳市南山区人大常委会委员。1992 年毕业于中国科学院计算中心计算数学专业，获硕士学位。曾任新加坡 Aztech Systems Ltd 软件工程师、新加坡 Digital Resources Pte Ltd 软件工程师、新加坡 Philips Singapore Pte Ltd 系统经理。1999 年作为主要创始人创立朗科公司，一直担任董事长兼总经理，全面管理公司技术研发及生产经营。邓国顺作为技术带头人和主要发明人，参与了闪存应用及移动存储领域的核心技术和专利技术的开发，其中数十项发明专利已经获得中国、美国、韩国、新加坡等地的授权。最近一次，邓国顺担任本公事董事长兼总经理的任期为 2008 年 1 月 30 日至 2011 年 1 月 29 日。

成晓华为本公司控制股东、实际控制人之一，持有公司股份 1102.52 万股，占本次发行前 16.5048% 的股权比例。成晓华为中国国籍，无境外永居留权，1988 年毕业于中国科学院自动化研究所信号处理专业，获硕士学位，曾任铁道部科学研究院硬件开发工程师、中科院科理公司高级硬件开发工程师、中国科学院大恒公司高级硬件开发工程师、新加坡 Aztech Systems Ltd 硬件工程师、新加坡 PowerMatic Data system Ltd/Western Digital、高级硬件工程师、新加坡 Philips Singapore Pte Ltd 高级应用工程师及项目经理。1999 年作为主要创始人创立朗科公司，长期担任公司董事，其中，1999 ~ 2006 年担任公司副总经理职务。成晓华作为技术带头人和主要发明人，参与了闪存应用及移动存储领域的核心技术和专利技术的开发，其中数十项发明专利已经获得中国、美国、韩国等地的授权，另有数十项发明专利申请已提交。成晓华最近一次担任公司董事的任期为 2008 年 1 月 30 日至 2011 年 1 月 29 日。

报告期除持有本公司股权外，成晓华还持有深圳市硅格半导体有限公司 3.16% 股权、北京闪动科技有限公司 22.5% 股权、深圳市绿微康生物工程有限公司 8% 股权、深圳市黄河数字技术有限公司 4.9% 股权。

2. 公司董事、监事及高管持股情况

公司是典型的科技型创业公司，持股者较多，具体持股和任职状况见表

5－3。

表 5－3　　　　公司董事、监事及高管持股情况

<table>
<tr><th>姓名</th><th>职务</th><th>性别</th><th>持股数/股</th><th>持股比例</th><th>税前年薪/万元</th></tr>
<tr><td>邓国顺</td><td>董事长、总经理</td><td>男</td><td>15450000</td><td>23.13%</td><td>49.27</td></tr>
<tr><td>成晓华</td><td>董事</td><td>男</td><td>11025200</td><td>16.50%</td><td>5.60</td></tr>
<tr><td>王全祥</td><td>董事</td><td>男</td><td>7695500</td><td>11.52%</td><td>26.62</td></tr>
<tr><td>向峰</td><td>董事、副总经理、技术总监</td><td>男</td><td>1558400</td><td>2.33%</td><td>42.60</td></tr>
<tr><td>周创世</td><td>董事、副总经理、技术副总监</td><td>男</td><td>1081400</td><td>1.62%</td><td>47.43</td></tr>
<tr><td>钟敬恒</td><td>董事、副总经理</td><td>男</td><td>0</td><td>0</td><td>50.76</td></tr>
<tr><td>傅曦林</td><td>独立董事</td><td>男</td><td>0</td><td>0</td><td>1.00</td></tr>
<tr><td>王韦东</td><td>独立董事</td><td>男</td><td>0</td><td>0</td><td>1.83</td></tr>
<tr><td>莫少霞</td><td>独立董事</td><td>女</td><td>0</td><td>0</td><td>1.83</td></tr>
<tr><td>杨中平</td><td>监事</td><td>男</td><td>0</td><td>0</td><td>1.10</td></tr>
<tr><td>高丽晶</td><td>监事</td><td>女</td><td>100000</td><td rowspan="5">0.02%</td><td>8.44</td></tr>
<tr><td>王斓</td><td>监事</td><td>女</td><td>60000</td><td>8.74</td></tr>
<tr><td>张锦</td><td>财务总监</td><td>男</td><td>225000</td><td>15.39</td></tr>
<tr><td>敬彪</td><td>营销总监</td><td>男</td><td>225000</td><td>22.67</td></tr>
<tr><td>王爱凤</td><td>董事会秘书</td><td>女</td><td>150000</td><td>16.14</td></tr>
<tr><td>合计</td><td></td><td></td><td>37570500</td><td>55.12%</td><td>299.42</td></tr>
</table>

二、公司经营状况

1999年5月，朗科公司成立，专业从事闪存应用及移动存储产品的研发、生产、销售及相关技术的专利运营业务，同年，朗科研发出全球第一款USB闪存盘，成功启动了全球闪存盘行业。2002年7月，闪存盘的发明专利获国家知识产权局授权。2009年，经中国证券监督管理委员会“证监许可［2009］1390号”文核准，朗科公司（300042）首次公开发行股票并在创业板上市。同年，朗科公司提出发明专利申请31项，外观设计专利申请1项，获得授权的发明专利40项，发明专利及专利申请分布于中国、美国、欧洲、日本、韩国、南非、等全球多个国家及地区。目前，朗科产品已远销到美国、欧洲、日本、中东、东南亚等数十个国家与地区，客户遍及电信、政府、金融、教育、能源和医药等领域，是国内主要的移动存储产品供应商与出口商之一。

朗科公司拥有一支实力强大的研发队伍，研发管理团队具有多年海外学习、工作、管理经验，拥有本科以上学历的人员占全部研发人员的65%。涵盖前瞻性技术研究和产品开发的多层次研发平台有效保证了公司研发引领闪存应用和移动存储技术发展潮流，并能根据市场信息开发出满足消费者市场需求的产品。率先在业内推出了基于USB接口、采用闪存为存储介质的移动存储产品——闪存盘，并在国内申请了一系列原创性基础发明专利及其他核心专利，该系列专利填补了国内闪存应用及移动存储领域20年无核心专利的空白。公司还通过持续的技术创新，围绕闪存应用及移动存储领域研发了一系列其他核心技术及其专利，形成了完整的专利布局和“专利池”。建立了独特的专利盈利商业模式，取得了较好的经济效益。截至2009年12月31日，朗科累计全球专利及专利申请量达352件，其中发明专利申请量为226件，覆盖全球几十个国家及地区。迄今已获授权的发明专利达88件，授权国家及地区包括中国、美国、韩国、日本、欧洲、南非、新加坡和马来西亚等。

三、股东内部斗争大股东行为需负责

2010年9月13日晚，朗科科技公告换帅，其实际控制人兼董事长、总经理邓国顺于9月10日向公司提交了书面辞职报告，以“个人原因”辞去董事长兼总经理职务以及董事会战略委员会委员和审计委员会委员之职，仅保留董事职务。董事会推举了董事成晓华接替董事长、总经理职务。邓国顺目前持有1545万股股份，持股市值高达4.63亿元。

在上市9个月之后，朗科爆出了专利失效、业绩下降、董事长辞职的一连串窘态，为投资者敲响了创业板公司的高风险警钟。业绩压力只是该公司原董事长兼总经理邓国顺辞职的导火索，事实上身为公司主要创始人的邓国顺、成晓华早有不和，为了迎合上市需要隐藏了背后的矛盾，上市后开始凸显，邓顺国成为创业板上市公司中第一位离开的董事长。邓顺国是纯粹的技术人士出身，而成晓华更倾向于资本运作，两人在企业发展方向上存在较大分歧。

目前，邓国顺个人为第一大股东，成晓华位列第二。朗科招股说明书称，邓国顺、成晓华在公司经营决策上共同控制，这为两人在公司治理结构上的冲突埋下隐患。事实上，朗科的第三大股东王全祥对公司同样有话语权。资料显示，王全祥通过其关联公司珲春田木投资咨询公司共持有朗科11.52%股份。有知情人士称，“成晓华和王全祥关系非常铁，他们是一派的”。

事实上，在中小板和创业板开闸以来，多家上市公司存在第一和第二大股东股权比例相近问题，而这些有可能导致更多的创业板公司重蹈朗科覆辙。

四、大股东套现影响其他股东利益风险承担

朗科通过闪存盘核心技术，发展出“研发—申请专利—专利授权—收取专利费”的商业模式。这一模式中，暴利的专利费是朗科的主要利润来源。据公开数据显示，2006~2009年，朗科通过专利授权许可的收入在主营业务收入中占比逐年提升，2009年该业务毛利率高达99.85%。

然而，在上市之后朗科在专利授权许可收入上连受打击。2010年4月6日，其“优盘”商标被认定为商品通用名称，予以撤销注册；曾在2006年7月7日朗科和金士顿签订的4年专利授权许可合同也于2010年7月6日终止。朗科创造的以专利费为主要利润来源的商业模式，似乎并未得到资本市场的认可，而成为经营风险在上市后暴露。这些在朗科首份年报中得到印证，2010年一季度公司净利润255万元，同比下滑29.74%；中期净利润降幅扩大至33.49%，仅957.33万元。

虽然邓辞职后公司控制人身份不变，股票仍有3年锁定期。但现在辞职，对于其股票锁定期满后的套现非常有利，持有股票可全部套现。否则，期满后每年也只能套现25%。

2010年9月1日，集“高市盈率、高成长、高风险、高收益”等特点于一身的创业板公司完成了对半年报的披露，创业板“高成长”的画皮已经被市场揭开。从统计的105家公司的数据来看，净利润同比增幅为29.71%，远远低于中小板和主板公司的业绩增速。

无独有偶，与此同时，据不完全统计目前已有30家创业板公司合计61名高管在公司上市后离职。其中有28人为持股高管，持股总市值达到16.4亿元。市值最高的是碧水源（300070）副总经理梁辉，持有碧水源841.5万股，按辞职前日收盘价计算，梁辉可兑现超7.57亿元。

短时间内套现，短时间内业绩严重下滑，这足以说明创始大股东具有某种动机的行为。在创业板直接退市的机制运行的情况下，眼看着几十家业绩严重下滑的公司即将遭此厄运，由此广大中小股东们的损失可想而知，而那些套现出逃的具有控制经营角色的大股东、创始股东就成为被小股东所指的欺诈者。

连城顾问点评

创业板最大的风险是不创业与假成长，投资者之所以愿意承受创业板的高风险，源于创业板的高成长与创新能力，而创业板上市公司业绩大变脸，就是假成长的有力证明，而在大股东套现出逃的同时，应该如何切实保护中小股东利益是摆在社会面前的一个严峻课题。

创业型大股东在公开发行上市后，应该负责怎样的责任？股东的风险承担应该共同承担，还是套现后由众多中小股东来承担？由于信息不对称，二级市场上中小股东是不可能完全知道创业大股东的行为，即使得到创业板的风险提示，但是，上市之初的表现还是让人容易误判，更何况曾经有过过硬产品的公司，大股东将投资风险转嫁当属没有尽到应有的义务。创业大股东本着职业精神应该给中小股东一个企业远景的交代，不必急于脱身兑现。或者创业者并没有将所创企业认真对待，同时，也实际到做出那些风险投资家投行的股东行为（虽然大家都知道他们的角色），但是上市后一走了之，是对后来者不负责任的态度，有悖于股东间的和谐同等地位的关系，更失掉了控制人对中小股东所负基本的诚信义务。监管部门应该出台一些政策措施，促使大股东信守诚信义务，尤其是对具有经营控制权的大股东，防止大股东恶意套现的发生及对其他股东利益产生损害。

总之，创业板的公司创始股东急于套现的行为有悖于大股东的诚信义务，而造成不良的股东关系。虽然，有些小股东没有意识到由于大股东的短期套现对企业经营不负责任的行为会增加持股的风险，但是从创始股东的行为来看已经构成了不顾社会责任，善良义务的违背，实际上对其他股东利益是一种损害，如对企业声誉的影响会影响到企业的经营业绩，造成业绩下滑，应该承担相应的责任。

至于大股东内部的斗争应视为股东利益没有很好的平衡，在上市之前的股权设计和公司的利益分配没有科学划分。在科技型公司的股权结构中应注意维护第一大股东的权威，而有利于公司的决策效率。其他小股东应该维护大股东的权威，尽到小股东的义务，以免平衡的股权结构易产生控制权纷争。在朗科案例中第一、第二大股东的矛盾容易产生就在于此。第二大股东本着公司的整体利益，也实无必要去争夺控制权，除非掌握控制权的大股东实在偏离方向，其他均衡股东应该考虑改变实际控制人经营者。

第六章

股东行为治理数据实证分析

本章导读

1. 实证分析数据资料来源

本书实证分析的对象为在2008年12月31日之前已上市，并且在2009年6月30日之前公布年报的A股上市公司。资料主要来源于连城顾问调查研究数据库、证券市场其他参与者的信息反馈，各上市公司的年报，以及中国证券监督委员会、深圳证券交易所、上海证券交易所有关上市公司信息与其他相关公开资料等。

2. 上市公司分类说明

由于纳入本书进行实证分析的上市公司为数众多，为方便起见，需要将上市公司按一定标准分类，以下是我们选取的主要分类标准：

（1）按行业类型分类

根据国家统计局最新的行业分类，将全国各个产业划分为以下13个行业：农林牧渔业、采掘业、制造业、水电煤气业、建筑业、交通运输仓储业、信息技术业、批发零售业、金融业、房地产业、社会服务业、传播文化业、综合类。

（2）按区域类型分类

将全国的31个省、自治区及直辖市划归为六大区域，即：华北、东北、华东、华南、西南、西北，划分如表6－1所示。

表6－1　全国六大区域

华北地区	北京、天津、河北、山西、内蒙古
东北地区	辽宁、黑龙江、吉林
华东地区	上海、江苏、浙江、安徽、福建、江西、山东

续表

华南地区	河南、湖北、湖南、广东、广西、海南
西南地区	四川、重庆、贵州、云南、西藏
西北地区	陕西、甘肃、青海、宁夏、新疆

（3）按控制人类型分类

将全国所有在上海证券交易所和深圳证券交易所上市的公司的企业控制人类型进行分类，具体划分为：国有及国有法人、境内非国有法人、境内自然人、境外法人、境外自然人。

（4）按企业资产规模分类

将全国所有在上海证券交易所和深圳证券交易所上市的公司按照企业资产规模进行分类，划分如表6－2所示。

表6－2　企业资产规模分类

	资产规模
小型企业	5亿元以下
中型企业	5亿元至50亿元之间
大型企业	50亿元以上

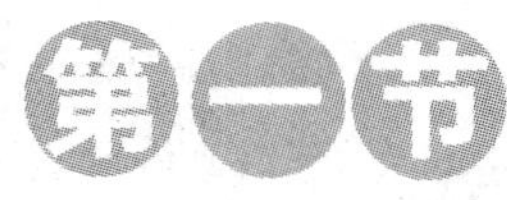

股本情况分析

股本即指上市公司的股份总数，是股东在公司中所占的权益。上市公司将其全部资本划分为等额股份，并通过发行股票的方式来筹集资本。股本等于公司的注册资本，所以股本是很重要的指标。第一大股东即为持有上市公司股本总额占比最大的股东，第一大股东在大部分情况下也是上市公司的控股股东或实际控制人。第一大股东在上市公司的战略制定和经营管理中占有绝对的话语权，因此也是股东行为治理的主要组成部分。

一、总股本情况分析

总股本是考量上市公司的总体资产规模的指标，与上市公司总数同时考察，如平均每个公司的股本数，以说明某资本市场的整体状况。在我国这些年上市公持续发展，上市总股本不断扩大。各类企业将上市作为公司治理的新目标，使准备上市的公司竞争力增加，难度加大。在这里给出按类型划分的上市公司总体数据，可以为企业的上市提供参考依据。

1. 股本数量总体情况分析

我们通过对 2006 ~ 2008 年境内 A 股上市公司的总股本数量进行统计，分析我国上市公司的股东行为治理情况。上市公司总股本情况见表 6 – 3。

表 6-3　　2006~2008 年上市公司总股本情况表

年份	上市公司数	股本总数/亿股	平均股本数/亿股
2006 年	1257	14526. 58	11. 56
2007 年	1328	21670. 14	16. 32
2008 年	1439	23728. 74	16. 50

从表 6-3 可以看出，2006 年我国的 1257 家上市公司的总股本为 14526. 58 亿股；2007 年的 1328 家上市公司的总股本为 21670. 14 亿股；2008 年的 1439 家上市公司的总股本为 23728. 74 亿股。2006~2008 年上市公司平均股本数变化趋势图 6-1。

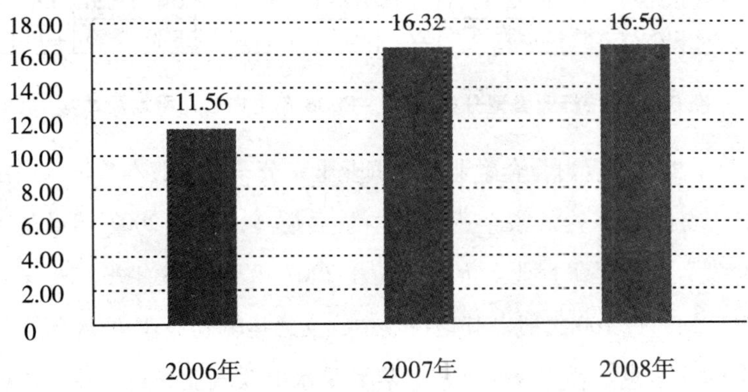

图 6-1　2006~2008 年我国上市公司平均股本数

从图 6-1 可以看出，2006~2008 年我国上市公司的平均股本总数呈现逐年增加的趋势。其中 2006 年平均每家上市公司的股本数最少，为 11. 56 亿股；2007 年平均每家上市公司的股本数显著增加，达到 16. 32 亿股；2008 年平均每家上市公司的股本数又有所增加，但增幅较小，平均每家上市公司的股本数为 16. 50 亿股。说明近几年一些新上市公司的总体规模较大，形成若干巨型资产规模公司上市的态势，也说明上市公司审批部门的倾向。

2. 行业类型平均股本情况分析

按照行业类型对我国上市公司进行分类，对比分析不同行业的上市公司的平均股本数量情况，见图 6-2。

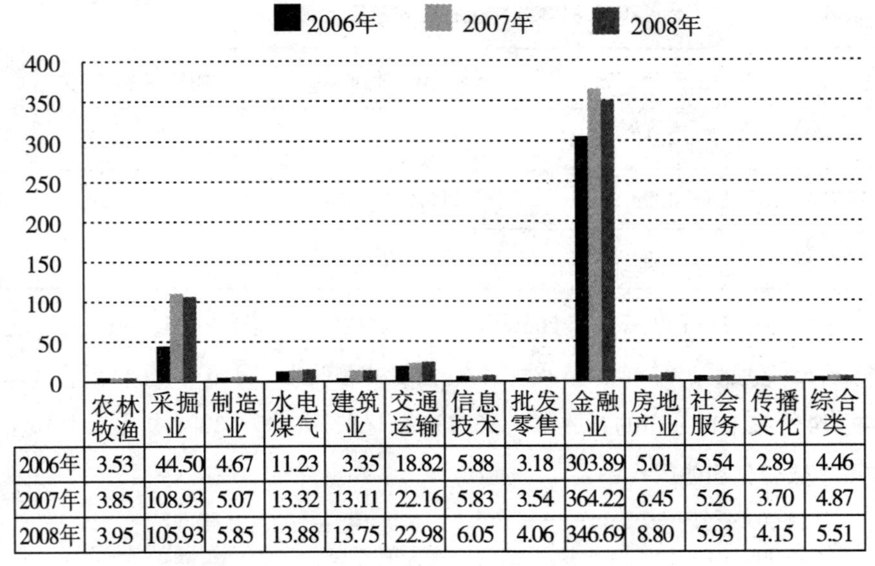

	农林牧渔	采掘业	制造业	水电煤气	建筑业	交通运输	信息技术	批发零售	金融业	房地产业	社会服务	传播文化	综合类
2006年	3.53	44.50	4.67	11.23	3.35	18.82	5.88	3.18	303.89	5.01	5.54	2.89	4.46
2007年	3.85	108.93	5.07	13.32	13.11	22.16	5.83	3.54	364.22	6.45	5.26	3.70	4.87
2008年	3.95	105.93	5.85	13.88	13.75	22.98	6.05	4.06	346.69	8.80	5.93	4.15	5.51

图 6－2　按行业类型分类 2006 ~2008 年上市公司平均股本数

从图 6－2 可以看出，金融业和采掘业上市公司平均股本数远远高于其他行业，其中金融业平均每家企业的股本总数最高，其中 2007 年最高，达到 364. 22 亿股；其次是采掘业上市公司，在 2007 年和 2008 年平均每家企业的股本总数也均超过 100 亿股。其他行业中，交通运输仓储业 2008 年平均每家上市公司的股本总数为 22. 98 亿股；然后是水电煤气业和建筑业上市公司的平均股本数也均超过 10 亿股，2008 年分别为 13. 88 亿股和 13. 75 亿股。剩余其他行业的上市公司平均股本数均低于 10 亿股。在所有行业中，农林牧渔业、制造业、水电煤气业、建筑业、交通运输仓储业、批发零售业、房地产业、传播文化业和综合类上市公司平均每家企业的股本总数 2006 ~2008 年均呈现逐年增加的趋势；采掘业和金融业上市公司的平均股本数呈现先增加后减少的趋势；信息技术业和社会服务业上市公司的平均股本数呈现则先减少后增加的趋势。2006 年所有行业中，传播文化业上市公司的平均股本数最少，为 2. 89 亿股；2007 年所有行业中也是传播文化业上市公司的平均股本数最少，为 3. 70 亿股；2008 年所有行业中，农林牧渔业上市公司的平均股本数最少，为 3. 98 亿股。

上述数据很明显上市公司股本剧增是由于金融行业和采掘行业公司的上市所引起的。

3. 区域类型平均股本情况分析

按照区域类型对我国上市公司进行分类，对比分析不同地区的上市公司的平均股本数量情况，见图 6 - 3。

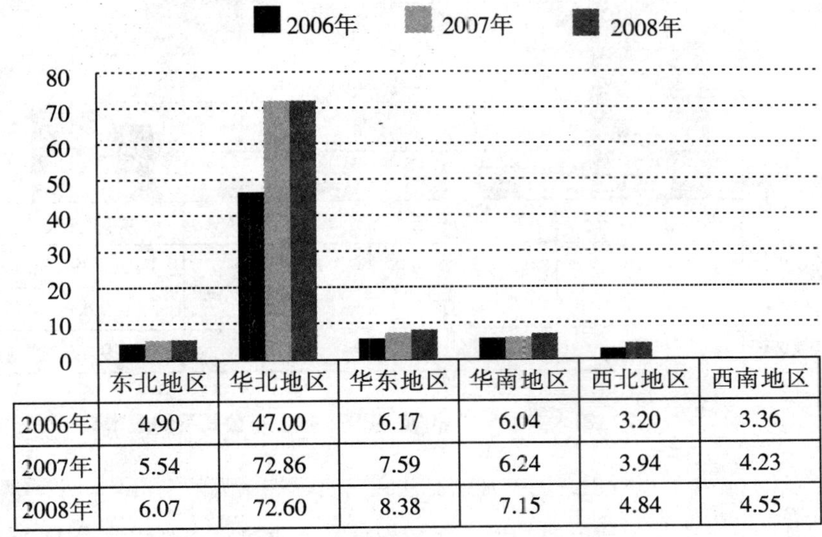

	东北地区	华北地区	华东地区	华南地区	西北地区	西南地区
2006年	4.90	47.00	6.17	6.04	3.20	3.36
2007年	5.54	72.86	7.59	6.24	3.94	4.23
2008年	6.07	72.60	8.38	7.15	4.84	4.55

图 6 - 3　按区域类型分类 2006 ~ 2008 年上市公司平均股本数

从图 6 - 3 可以看出，大部分金融业和采掘业上市公司均属于华北地区，因此华北地区上市公司的平均股本数远远高于其他地区。2007 年平均每家企业的股本总数最高，达到 72. 86 亿股；其他地区各年度上市公司的平均股本数均未超过 10 亿股。2008 年华东地区平均每家上市公司的股本总数为 8. 38 亿股；其次是华南地区平均每家上市公司的股本总数为 7. 15 亿股。在所有地区中，华北地区、华东地区、华南地区、西北地区和西南地区上市公司 2006 ~ 2008 年的平均股本数均呈现逐年增加的趋势，而华北地区上市公司平均股本总数 2006 年最低，为 47 亿股，2007 年显著增加，达到 72. 86 亿股，2008 年又略有降低。

这组数据显示，这些金融公司的总部大多在北京，华北也是矿产丰富的地区，因而在区域上形成华北地区公司形成主力快速上市扩容。

4. 控制人类型平均股本情况分析

按照控制人类型对我国上市公司进行分类，对比分析不同控制人类型的上市公司的平均股本数量情况，见图 6 - 4。

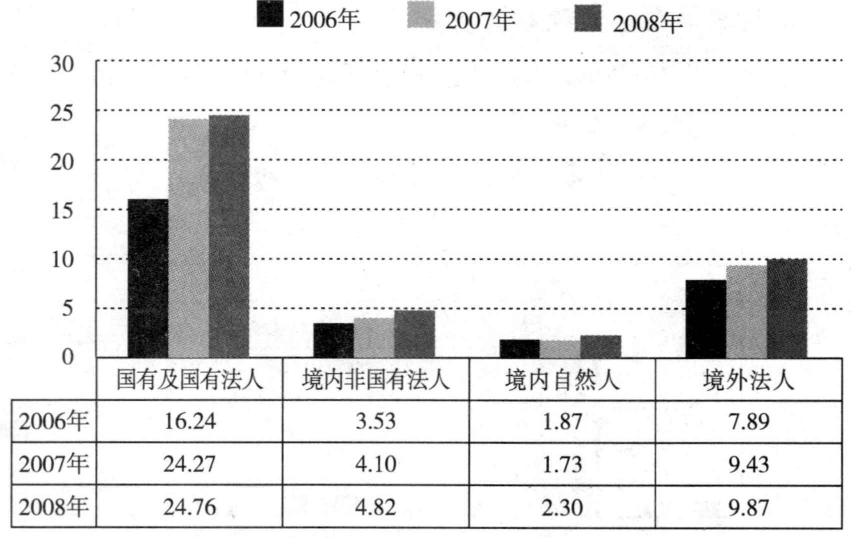

	国有及国有法人	境内非国有法人	境内自然人	境外法人
2006年	16.24	3.53	1.87	7.89
2007年	24.27	4.10	1.73	9.43
2008年	24.76	4.82	2.30	9.87

图 6－4　按控制人类型分类 2006～2008 年上市公司平均股本数

从图 6－4 可以看出，国有及国有法人为实际控制人的上市公司平均股本数远高于其他类型上市公司，2008 年平均每家企业的股本总数达到 24.76 亿股；其余各控制人类型的上市公司平均股本数均未超过 10 亿股。2008 年境外法人为实际控制人的平均每家上市公司的股本总数为 9.87 亿股；然后是境内非国有法人平均每家上市公司的股本总数为 4.82 亿股。国有及国有法人、境内非国有法人和境外法人上市公司 2006～2008 年平均股本数均呈现逐年增加的趋势。境内自然人上市公司的平均股本总数较低，其中 2007 年最低，平均每家企业仅为 1.73 亿股。

上述数据相联系的是，只有国有及国有法人企业才有如此的规模实力，以巨量股本发行上市。

5. 资产规模类型平均股本情况分析

按照资产规模类型对我国上市公司进行分类，对比分析不同资产规模类型的上市公司的平均股本数量情况，见图 6－5。

从图 6－5 可以看出，随企业规模的增大上市公司的股本总数明显增多，且大型企业的平均股本总数要远远高于中小型企业的平均股本总数。2008 年资产规模为大型企业的上市公司平均股本数最高，达到 56.81 亿股；其次是资产规模为中型企业的平均每家上市公司的股本总数为 3.37 亿股；中型企业

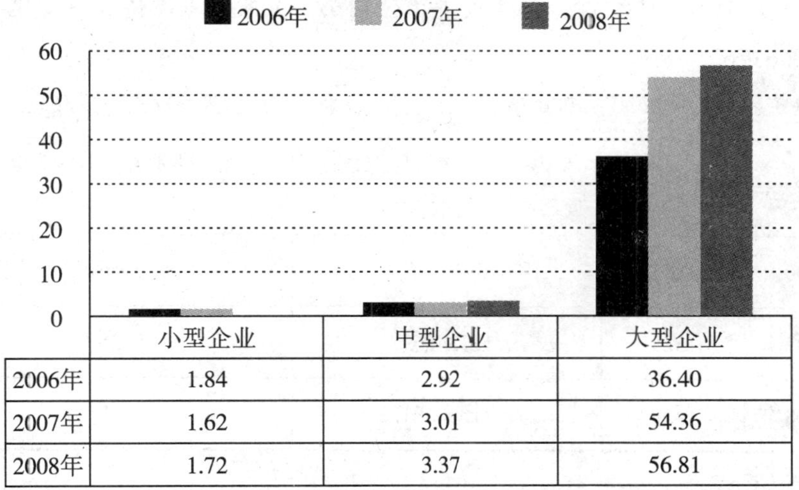

	小型企业	中型企业	大型企业
2006年	1.84	2.92	36.40
2007年	1.62	3.01	54.36
2008年	1.72	3.37	56.81

图6－5　按资产规模类型分类2006～2008年我国上市公司平均股本数

和大型企业上市公司2006～2008年平均股本总数均呈现逐年增加的趋势；资产规模为小型企业的上市公司平均每家企业的股本总数呈现先减少后增加的趋势，其中2007年最低，仅为1.62亿股。

在资产规模上这是一组显而易见的数字，大型企业股本资产规模远远超过中小企业。

二、第一大股东持股数量分析

顾名思义第一大股东持股数量是上市公司所有股东中持股最多的股东，这项指标主要表明的是上市公司的主导者，因为第一大股东往往决定公司权益分配和董事会经营者的选择权力，是公司治理纲领性的指标，它的变化会带来公司权力的变化。

1. 第一大股东持股数量总体情况分析

我们通过对2006～2008年境内A股上市公司的第一大股东持股数量进行统计，分析我国上市公司的股东行为治理情况。2006～2008年上市公司第一大股东持股数量情况见表6－4。

从表6－4可以看出，2006年我国的1257家上市公司的第一大股东持股总数为6858.06亿股；2007年的1328家上市公司的第一大股东持股总数为11134.69亿股；2008年的1439家上市公司的第一大股东持股总数为 11680.91 亿股。各年度上市公司第一大股东平均持股数变化趋势见图 6－6。

表 6－4　　2006～2008 年上市公司第一大股东持股数量情况表

年份	上市公司数	第一大股东持股总数/亿股	第一大股东平均持股数/亿股
2006 年	1257	6858.06	5.46
2007 年	1328	11134.69	8.38
2008 年	1439	11680.91	8.12

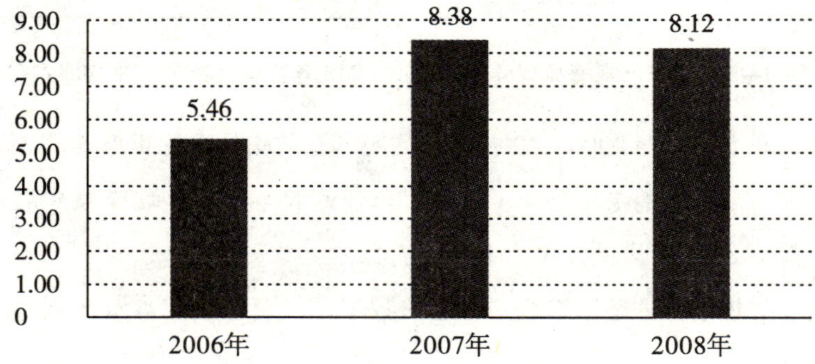

图 6－6　2006～2008 年上市公司第一大股东平均持股数

从图 6－6 可以看出，2006～2008 年我国上市公司的第一大股东平均持股数呈现先增加后减少的趋势。2006 年平均每家上市公司的第一大股东持股数为 5.46 亿股；2007 年平均每家上市公司的第一大股东持股数明显增加，达到 8.38 亿股，相比 2006 年平均每家上市公司的第一大股东持股数增加了 2.92 亿股；2008 年平均每家上市公司的第一大股东持股数又略有降低，为 8.12 亿股，相比 2007 年平均每家上市公司的第一大股东持股数减少了 0.26 亿股。

2007～2008 年第一大股东平均持股数上升较大仍然是巨型金融企业上市的缘故，这些企业的国有股占有很大比例。

2. 行业类型第一大股东平均持股情况分析

按照行业类型对我国上市公司进行分类，对比分析不同行业的上市公司的第一大股东平均持股数量情况，见图 6－7。

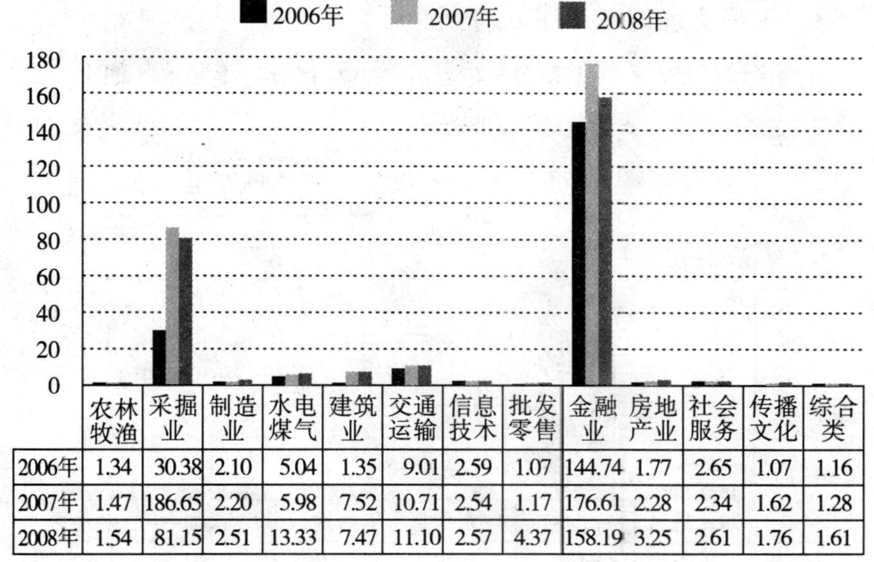

	农林牧渔	采掘业	制造业	水电煤气	建筑业	交通运输	信息技术	批发零售	金融业	房地产业	社会服务	传播文化	综合类
2006年	1.34	30.38	2.10	5.04	1.35	9.01	2.59	1.07	144.74	1.77	2.65	1.07	1.16
2007年	1.47	186.65	2.20	5.98	7.52	10.71	2.54	1.17	176.61	2.28	2.34	1.62	1.28
2008年	1.54	81.15	2.51	13.33	7.47	11.10	2.57	4.37	158.19	3.25	2.61	1.76	1.61

图 6－7　按行业类型分类 2006～2008 年上市公司第一大股东平均持股数

从图 6－7 可以看出，金融业和采掘业上市公司第一大股东平均持股数远远高于其他行业，其中金融业平均每家企业的第一大股东持股数最高，其中 2007 年达到 176.61 亿股；其次是采掘业上市公司，在 2007 年和 2008 年平均每家企业的第一大股东持股数均超过 80 亿股。另外交通运输仓储业在 2007 年和 2008 年平均每家上市公司的第一大股东持股数均超过 10 亿股，剩余其他行业的上市公司第一大股东平均持股数均低于 10 亿股。在所有行业中，农林牧渔业、制造业、水电煤气业、交通运输仓储业、批发零售业、房地产业、传播文化业和综合类上市公司平均每家企业的第一大股东平均持股数 2006～2008 年均呈现逐年增加的趋势；采掘业、建筑业和金融业上市公司的第一大股东平均持股数呈现先增加后减少的趋势；信息技术业和社会服务业上市公司的第一大股东平均持股数呈现则先减少后增加的趋势。2006 年所有行业中，批发零售业和传播文化业上市公司的第一大股东平均持股数最少，均为 1.07 亿股；2007 年所有行业中是批发零售业上市公司的第一大股东平均持股数最少，为 1.17 亿股；2008 年所有行业中也是批发零售业上市公司的第一大股东平均持股数最少，为 1.37 亿股。

这组数据说明了金融业和采掘业的一股独大现象。

3. 区域类型总股本情况分析

按照区域类型对我国上市公司进行分类，对比分析不同地区的上市公司的第一大股东平均持股数量情况，见图6－8。

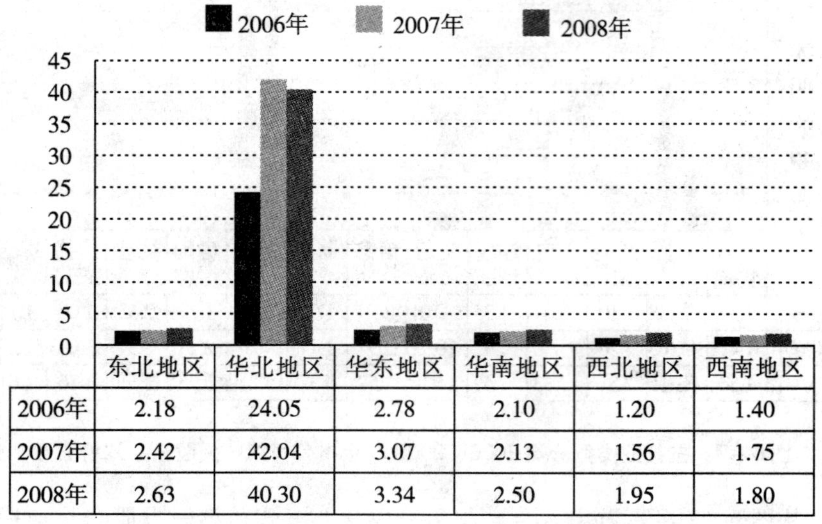

	东北地区	华北地区	华东地区	华南地区	西北地区	西南地区
2006年	2.18	24.05	2.78	2.10	1.20	1.40
2007年	2.42	42.04	3.07	2.13	1.56	1.75
2008年	2.63	40.30	3.34	2.50	1.95	1.80

图6－8　按区域类型分类2006～2008年上市公司第一大股东平均持股数

从图6－8可以看出，华北地区上市公司的第一大股东平均持股数远远高于其他地区，其中2007年和2008年平均每家企业的第一大股东持股数均超过40亿股；其他地区各年度上市公司的第一大股东平均持股数均未超过5亿股。2008年华东地区平均每家上市公司的第一大股东持股数为3.34亿股；其次是东北地区平均每家上市公司的第一大股东持股数为2.63亿股；在所有地区中，华北地区、华东地区、华南地区、西北地区和西南地区上市公司2006～2008年的第一大股东平均持股数均呈现逐年增加的趋势，而华北地区上市公司第一大股东平均持股总数2006年最低，为24.05亿股，2007年显著增加，达到42.04亿股，2008年又略有降低，为40.30亿股。

这组数字显示的同上一部分的结论相同。

4. 控制人类型总股本情况分析

按照控制人类型对我国上市公司进行分类，对比分析不同控制人类型的上市公司的第一大股东平均持股数量情况，见图6－9。

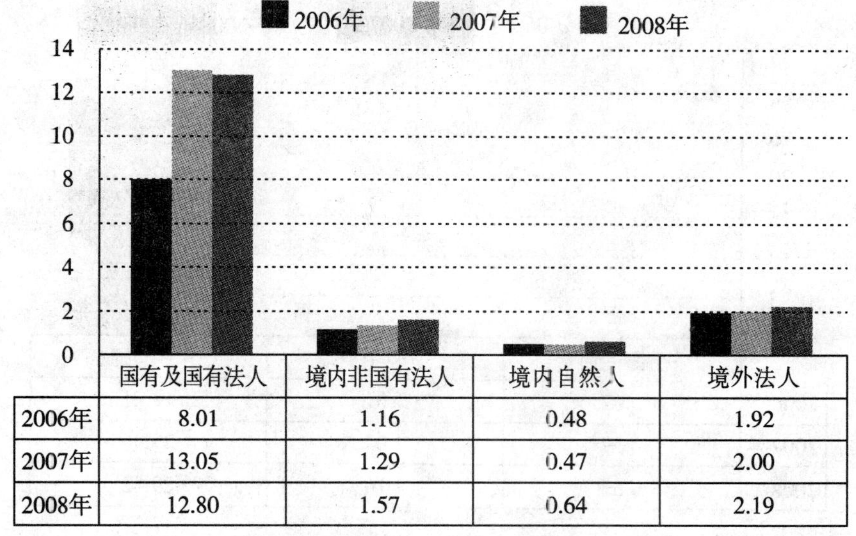

	国有及国有法人	境内非国有法人	境内自然人	境外法人
2006年	8.01	1.16	0.48	1.92
2007年	13.05	1.29	0.47	2.00
2008年	12.80	1.57	0.64	2.19

图6－9　按控制人类型分类2006～2008年上市公司第一大股东平均持股数

从图6－9可以看出，国有及国有法人为实际控制人的上市公司第一大股东平均持股数远高于其他类型上市公司，2007年平均每家企业的第一大股东持股数达到13.05亿股；其余各控制人类型的上市公司第一大股东平均持股数均较低。2008年境外法人为实际控制人的平均每家上市公司的第一大股东持股数为2.19亿股；然后是境内非国有法人平均每家上市公司的第一大股东持股数为1.57亿股。境内非国有法人和境外法人上市公司2006～2008年第一大股东平均持股数均呈现逐年增加的趋势。境内自然人上市公司的第一大股东平均持股总数较低，其中2007年最低，平均每家企业仅为0.47亿股。

5. 资产规模类型总股本情况分析

按照资产规模类型对我国上市公司进行分类，对比分析不同资产规模类型的上市公司的第一大股东平均持股数量情况，见图6－10。

从图6－10可以看出，随企业规模的增大上市公司的第一大股东持股数明显增多，且大型企业的第一大股东平均持股总数要远远高于中小型企业的第一大股东平均持股总数。2008年资产规模为大型企业的上市公司第一大股东平均持股数最高，达到29.42亿股；其次是资产规模为中型企业的平均每家上市公司的第一大股东持股数为1.16亿股；中型企业和大型企业上市公司

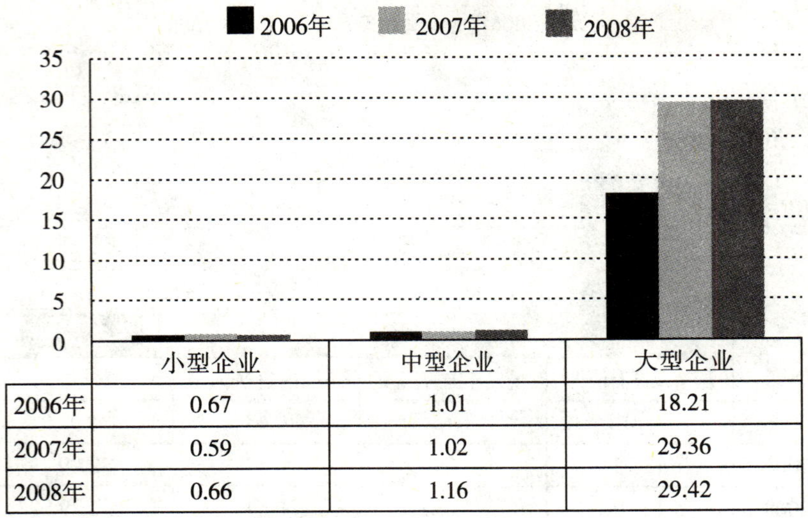

	小型企业	中型企业	大型企业
2006年	0.67	1.01	18.21
2007年	0.59	1.02	29.36
2008年	0.66	1.16	29.42

图 6 – 10　按资产规模类型分类 2006 ~ 2008 年

我国上市公司第一大股东平均持股数

2006 ~ 2008 年第一大股东平均持股总数均呈现逐年增加的趋势；资产规模为小型企业的上市公司平均每家企业的第一大股东持股数呈现先减少后增加的趋势，其中 2007 年最低，仅为 0. 59 亿股。

总之，这部分的数据与上部分的数据相互得到印证，这两年我国股市资产规模的变化完全由于若干巨型国有金融企业上市所致。

股东结构分析

股东结构按照股东持股情况分类，一般可分为：国家持股、国有法人持股、境内非国有法人持股、境内自然人持股、境外法人持股和境外自然人持股。通过细分股东类型并进行数量统计，可以分析了解上市公司的具体权力分配与治理结构。有利于加深对上市公司的认识。

一、第一大股东性质分析

第一大股东的性质分类为：国有及国有法人、境内非国有法人、境内自然人、境外法人和境外自然人五大类型。按此类型进行统计分析可看出上市公司的性质结构，左右股市的主要力量。

1. 第一大股东性质总体情况分析

按照第一大股东性质分类2009年我国境内A股上市的1439家上市公司数量总体分布情况见图6-11。

从图6-11可以看出，2009年国有及国有法人为第一大股东的上市公司数量为846家，占上市公司总数的比例为58.79%；境内非国有法人为第一大股东的上市公司数量为446家，占上市公司总数的比例为30.99%；境内自然人和境外法人为第一大股东的上市公司数量分别为106家和40家，占比分别为7.37%和2.78%；2009年的1439家上市公司中境外自然人为第一大股东的上市公司仅有1家。

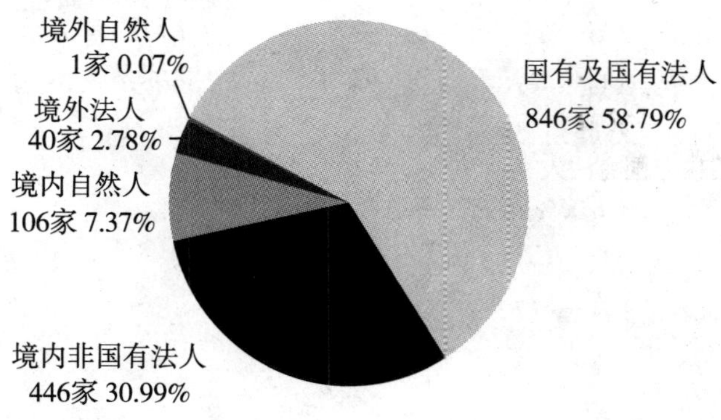

图6-11 2009年上市公司第一大股东性质情况

从图6-11可以看出国内上市公司境内法人和自然人占主流，市场基本上是面对国内。

2. 行业类型第一大股东性质分析

按照行业类型分析2009年的1439家上市公司的第一大股东性质情况。

(1) 农林牧渔业

2009 年农林牧渔业上市公司的第一大股东性质情况见图 6－12。

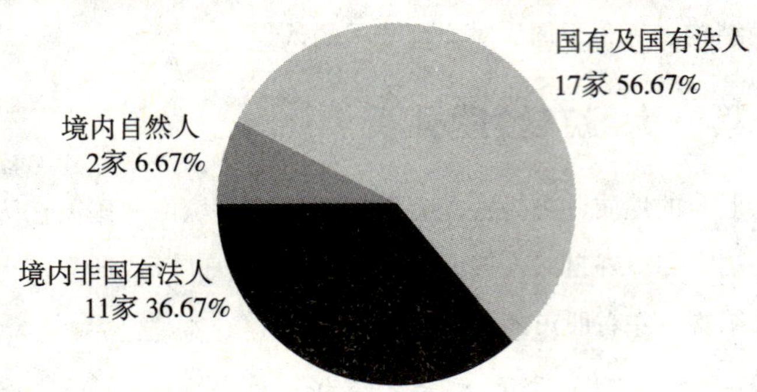

图 6－12　农林牧渔业上市公司第一大股东性质

从图 6－12 可以看出，30 家农林牧渔业上市公司中国有及国有法人为第一大股东的企业数量最多，共有 17 家，占该行业上市公司总量的比例为 56.67%；其次是境内非国有法人为第一大股东的上市公司共有 11 家，占比为 36.67%；然后是境内自然人为第一大股东的上市公司共有 2 家，占该行业上市公司总量的比例为 6.67%。

(2) 采掘业

2009 年采掘业上市公司的第一大股东性质情况见图 6－13。

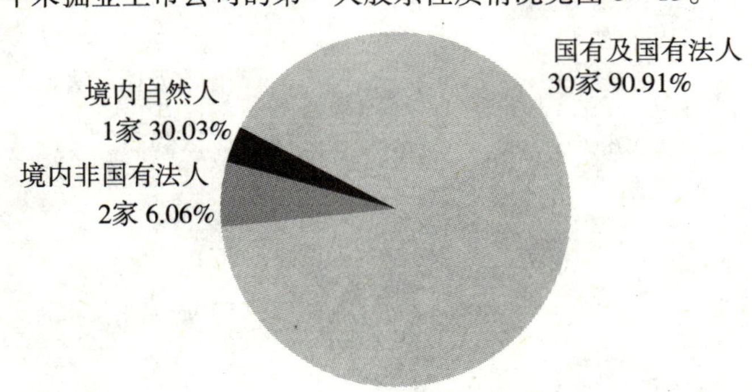

图 6－13　采掘业上市公司第一大股东性质

从图 6－13 可以看出，33 家采掘业上市公司中国有及国有法人为第一大股东的企业数量占绝大多数，共有 17 家，占该行业上市公司总量的比例为 90.91%；其次是境内非国有法人为第一大股东的上市公司共有 2 家，占比为 6.06%；然后是境内自然人为第一大股东的上市公司有 1 家，占该行业上市公司总量的比例为 3.03%。

(3) 制造业

2009 年制造业上市公司的第一大股东性质情况见图 6－14。

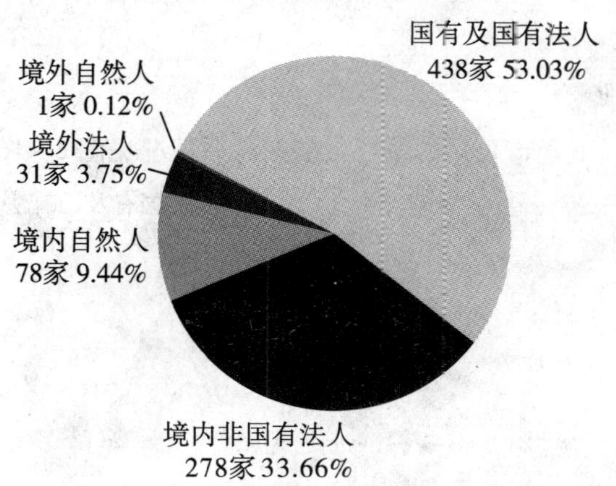

图 6－14 制造业上市公司第一大股东性质

从图 6－14 可以看出，826 家制造业上市公司中国有及国有法人为第一大股东的上市公司最多，共有 438 家，占该行业上市公司总数的 53.03%；其次是境内非国有法人为第一大股东的上市公司共有 278 家，占比为 33.66%；然后是境内自然人为第一大股东的采掘业上市公司共有 78 家，占比为 9.44%；境外法人为第一大股东的上市公司共有 31 家，占比为 3.75%；境外自然人为第一大股东的制造业上市公司有 1 家，占该行业上市公司总量的比例为 0.12%。

(4) 水电煤气业

2009 年水电煤气业上市公司的第一大股东性质情况见图 6－15。

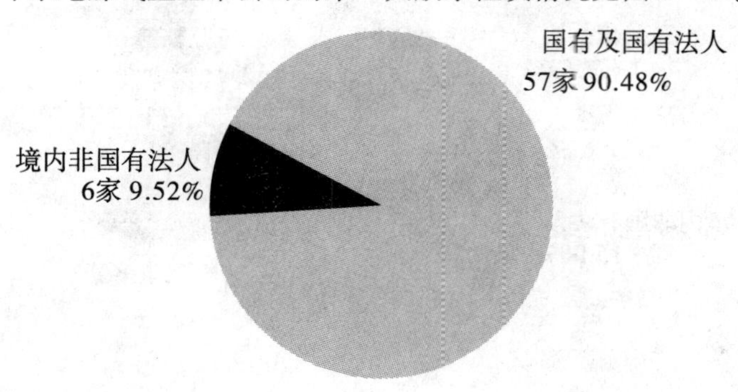

图 6－15 水电煤气业上市公司第一大股东性质

从图 6－15 可以看出，63 家水电煤气业上市公司中国有及国有法人为第一大股东的上市公司占绝大多数，共有57家，占该行业上市公司总量的比例为90.48%；境内非国有法人为第一大股东的水电煤气业上市公司有6家，占比为9.52%。

(5) 建筑业

2009年建筑业上市公司的第一大股东性质情况见图2－16。

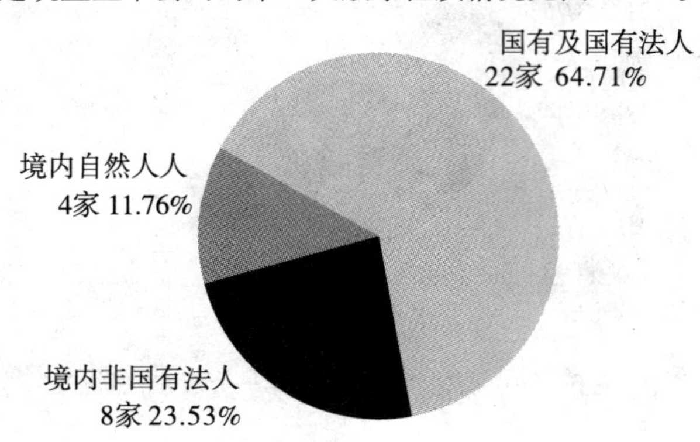

图6－16 建筑业上市公司第一大股东性质

从图6－16可以看出，34家建筑业上市公司中国有及国有法人为第一大股东的上市公司占绝大多数，共有22家，占该行业上市公司总量的比例为64.71%；境内非国有法人为第一大股东的建筑业上市公司共有8家，占比为23.53%；境内自然人为第一大股东的建筑业上市公司有4家，占该行业上市公司总量的比例为11.76%。

(6) 交通运输仓储业

2009年交通运输仓储业上市公司的第一大股东性质情况见图6－17。

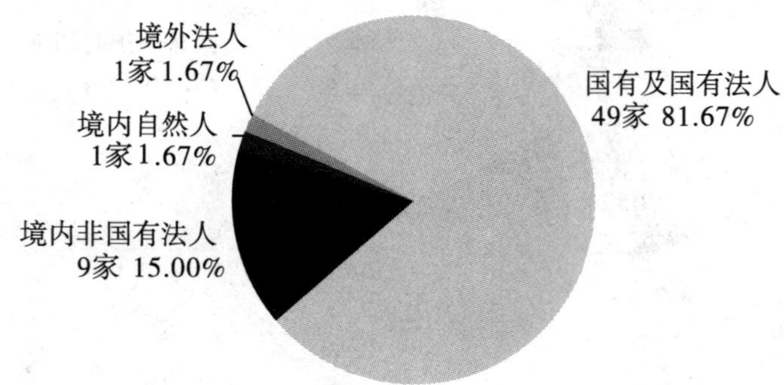

图6－17 交通运输仓储业上市公司第一大股东性质

从图6－17可以看出，60家交通运输仓储业上市公司中国有及国有法人为第一大股东的上市公司占绝大多数，共有 49 家，占该行业上市公司总量的比例为 81.67%；境内非国有法人为第一大股东的上市公司共有 9 家，占比为 15%；境内自然人和境外法人为第一大股东的交通运输仓储业上市公司均各有 1 家，占该行业上市公司总量的比例为 1.67%。

（7）信息技术业

2009 年信息技术业上市公司的第一大股东性质情况见图 6－18。

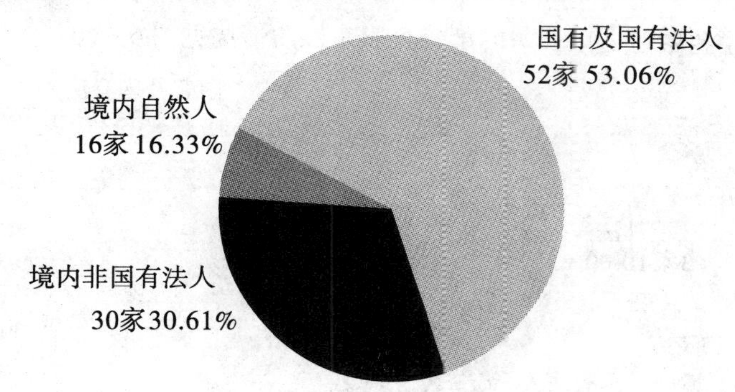

图 6－18　信息技术业上市公司第一大股东性质

从图 6－18 可以看出，98 家信息技术业上市公司中国有及国有法人为第一大股东的上市公司最多，共有 52 家，占该行业上市公司总量的比例为 53.06%；境内非国有法人为第一大股东的信息技术业上市公司共有 30 家，占该行业上市公司总量的比例为 30.61%；境内自然人为第一大股东的信息技术业上市公司有 16 家，占该行业上市公司总量的比例为 16.33%。

（8）批发零售业

2009 年批发零售业上市公司的第一大股东性质情况见图 6－19。

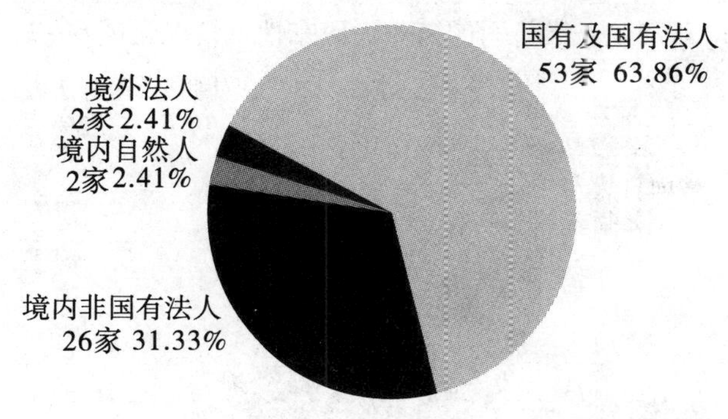

图 6－19　批发零售业上市公司第一大股东性质

从图 6－19 可以看出，83 家批发零售业上市公司中国有及国有法人为第一大股东的上市公司占绝大多数，共有 53 家，占该行业上市公司总量的比例为 63.86%；境内非国有法人为第一大股东的上市公司共有 26 家，占比为 31.33%；境内自然人和境外法人为第一大股东的批发零售业上市公司均各有 2 家，占该行业上市公司总量的比例为 2.41%。

（9）金融业

2009 年金融业上市公司的第一大股东性质情况见图 6－20。

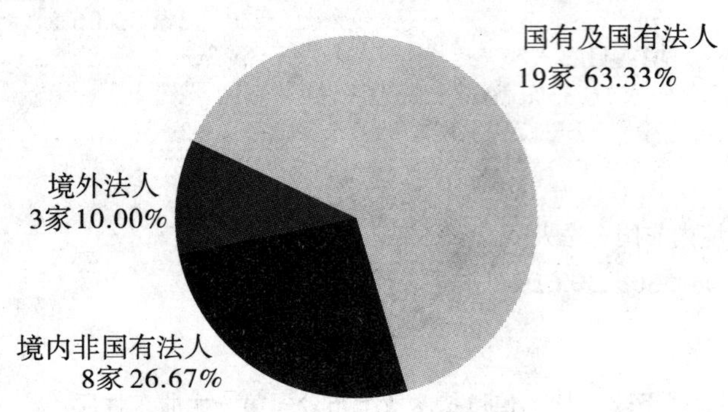

图 6－20　金融业上市公司第一大股东性质

从图 6－20 可以看出，30 家金融业上市公司中国有及国有法人为第一大股东的上市公司占绝大多数，共有 19 家，占该行业上市公司总量的比例为 63.33%；境内非国有法人为第一大股东的金融业上市公司共有 8 家，占该行业上市公司总量的比例为 26.67%；境外法人为第一大股东的金融业上市公司有 3 家，占比为 10%。

（10）房地产业

2009 年房地产业上市公司的第一大股东性质情况见图 6－21。

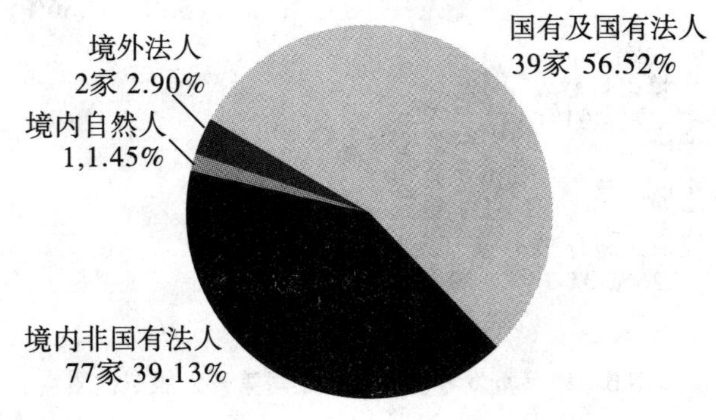

图 6－21　房地产业上市公司第一大股东性质

从图 6－21 可以看出，69 家房地产业上市公司中国有及国有法人为第一大股东的上市公司最多，共有 39 家，占该行业上市公司总量的比例为 56.52%；境内非国有法人为第一大股东的上市公司共有 27 家，占该行业上市公司总量的比例为 39.13%；境内自然人和境外法人为第一大股东的房地产业上市公司分别各有 1 家和 2 家，占比分别为 1.45% 和 2.90%。

（11）社会服务业

2009 年社会服务业上市公司的第一大股东性质情况见图 6－22。

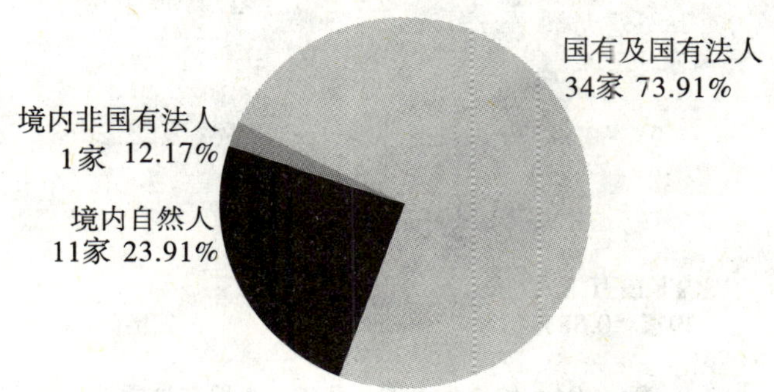

图 6－22 社会服务业上市公司第一大股东性质

从图 6－22 可以看出，46 家社会服务业上市公司中国有及国有法人为第一大股东的上市公司占绝大多数，共有 34 家，占该行业上市公司总量的比例为 73.91%；境内非国有法人为第一大股东的社会服务业上市公司共有 11 家，占该行业上市公司总量的比例为 23.91%；境内自然人为第一大股东的社会服务业上市公司有 1 家，占比为 2.17%。

（12）传播文化业

2009 年传播文化业上市公司的第一大股东性质情况见图 6－23。

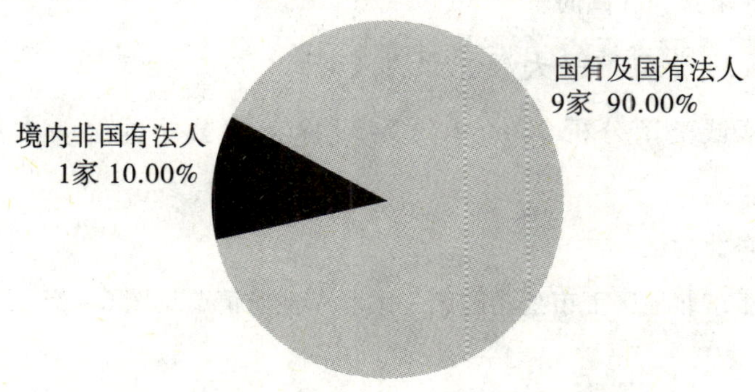

图 6－23 传播文化业上市公司第一大股东性质

从图 6 – 23 可以看出，10 家传播文化业上市公司中国有及国有法人为第一大股东的上市公司占绝大多数，共有 9 家，占该行业上市公司总量的比例为 90%；境内非国有法人为第一大股东的传播文化业上市公司有 1 家，占比为 10%。

（13）综合类

2009 年综合类上市公司的第一大股东性质情况见图 6 – 24。

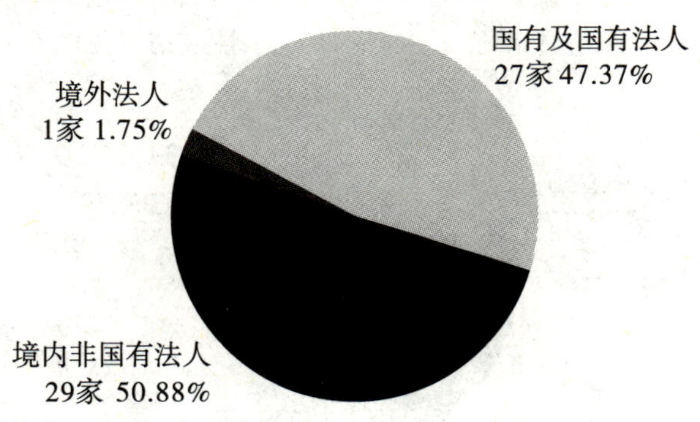

图 6 – 24　综合类上市公司第一大股东性质

从图 6 – 24 可以看出，57 家综合类上市公司中境内非国有法人为第一大股东的上市公司最多，共有 29 家，占该类上市公司总量的比例为 50.88%；其次是国有及国有法人为第一大股东的综合类上市公司共有 27 家，占该类上市公司总量的比例为 47.37%；境外法人为第一大股东的综合类上市公司有 1 家，占比为 1.75%。

上述数据显示，除农林牧副渔行业、机械行业、电子信息行业和综合类外，其他行业上市公司的国有第一大股东公司占绝大多数。这说明了国有上市公司的战略布局和倾向。

3. 区域类型第一大股东性质分析

按照区域类型分析 2009 年的 1439 家上市公司的第一大股东性质情况。

（1）东北地区

2009 年东北地区上市公司的第一大股东性质情况见图 6 – 25。

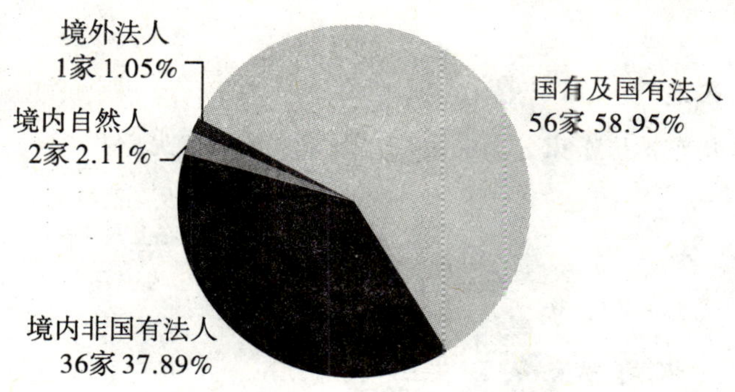

图6－25　东北地区上市公司第一大股东性质

从图6－25可以看出，95家东北地区上市公司中国有及国有法人为第一大股东的上市公司最多，共有56家，占该地区上市公司总量的比例为58.95%；境内非国有法人为第一大股东的东北地区上市公司共有36家，占该地区上市公司总量的比例为37.89%；境内自然人和境外法人为第一大股东的东北地区上市公司分别各有2家和1家，占比分别为2.11%和1.05%。

（2）华北地区

2009年华北地区上市公司的第一大股东性质情况见图6－26。

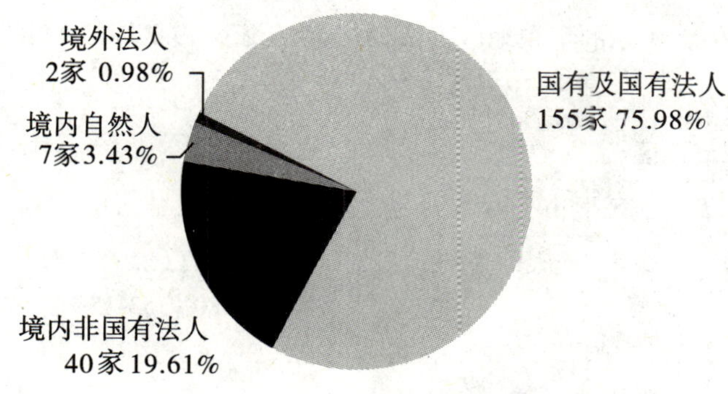

图6－26　华北地区上市公司第一大股东性质

从图6－26可以看出，204家华北地区上市公司中国有及国有法人为第一大股东的上市公司占绝大多数，共有155家，占该地区上市公司总量的比例为75.98%；境内非国有法人为第一大股东的华北地区上市公司共有40家，占该地区上市公司总量的比例为19.61%；境内自然人和境外法人为第一大股东的华北地区上市公司分别各有7家和2家，占比分别为3.43%

和0.98%。

(3) 华东地区

2009年华东地区上市公司的第一大股东性质情况见图6-27。

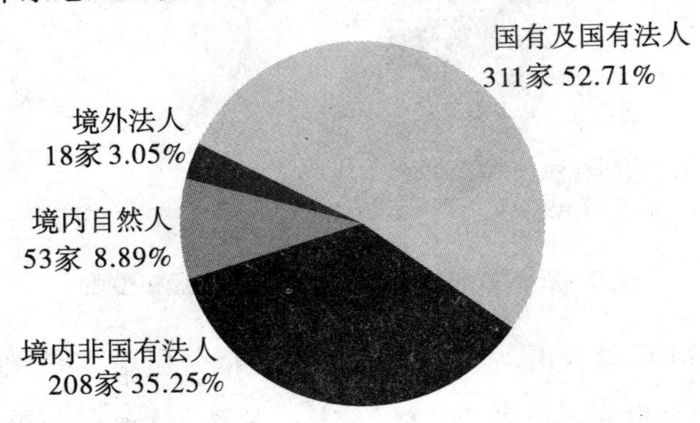

图6-27 华东地区上市公司第一大股东性质

从图6-27可以看出，590家华北地区上市公司中国有及国有法人为第一大股东的上市公司数量最多，共有311家，占该地区上市公司总量的比例为52.71%；其次是境内非国有法人为第一大股东的上市公司共有208家，占该地区上市公司总量的比例为35.25%；然后是境内自然人为第一大股东的华东地区上市公司有53家，占该地区上市公司总量的比例为8.98%；境外法人为第一大股东的华东地区上市公司有18家，占该地区上市公司总量的比例为3.05%。

(4) 华南地区

2009年华南地区上市公司的第一大股东性质情况见图6-28。

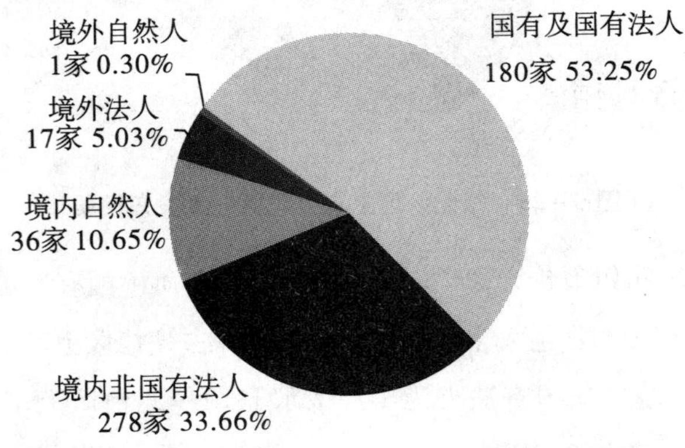

图6-28 华南地区上市公司第一大股东性质

从图 6－28 可以看出，338 家华南地区上市公司中国有及国有法人为第一大股东的上市公司数量最多，共有 180 家，占该地区上市公司总量的比例为 53.25%；其次是境内非国有法人为第一大股东的上市公司共有 104 家，占该地区上市公司总量的比例为 30.77%；然后是境内自然人为第一大股东的上市公司有 36 家，占比为 10.65%；境外法人为第一大股东的上市公司有 17 家，占比为 5.03%；另外境外自然人为第一大股东的华南地区上市公司有 1 家，占该地区上市公司总量的比例为 0.30%。

（5）西北地区

2009 年西北地区上市公司的第一大股东性质情况见图 6－29。

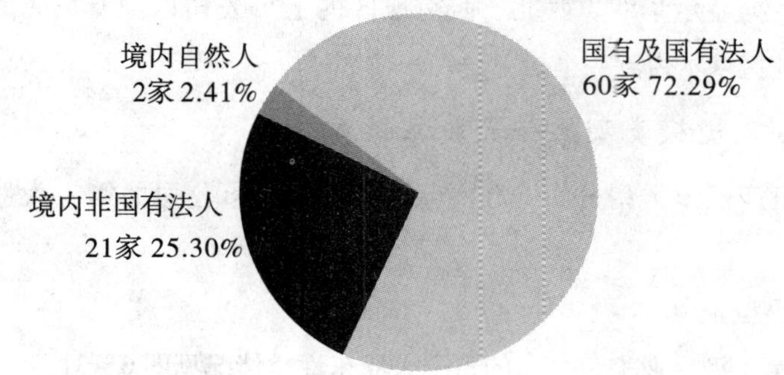

图 6－29 西北地区上市公司第一大股东性质

从图 6－29 可以看出，83 家西北地区上市公司中国有及国有法人为第一大股东的上市公司占绝大多数，共有 60 家，占该地区上市公司总量的比例为 72.29%；境内非国有法人为第一大股东的西北地区上市公司共有 21 家，占该地区上市公司总量的比例为 25.30%；境内自然人为第一大股东的西北地区上市公司有 2 家，占该地区上市公司总量的比例为 2.41%。

（6）西南地区

2009 年西南地区上市公司的第一大股东性质情况见图 6－30。

从图 6－30 可以看出，129 家西南地区上市公司中也是国有及国有法人为第一大股东的上市公司占绝大多数，共有 84 家，占该地区上市公司总量的比例为 65.12%；其次是境内非国有法人为第一大股东的西南地区上市公司共有 37 家，占该地区上市公司总量的比例为 28.68%；然后是境内自然人为第一大股东的西南地区上市公司有 6 家，占比为 4.65%；境外法人为第一大股东的西南地区上市公司有 2 家，占比为 1.55%。

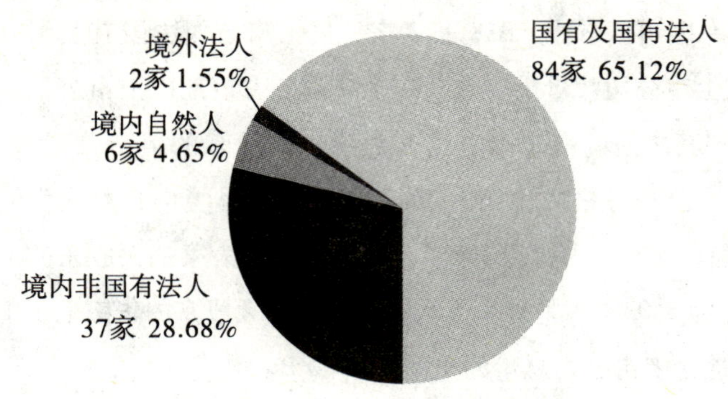

图 6－30　西南地区上市公司第一大股东性质

上述数据显示华北、西北、西南地区的上市公司以国有第一大股东为主，其他地区基本占到一半。

4. 资产规模类型第一大股东性质分析

按照资产规模类型分析 2009 年的 1439 家上市公司的第一大股东性质情况。

（1）小型企业

2009 年小型企业上市公司的第一大股东性质情况见图 6－31。

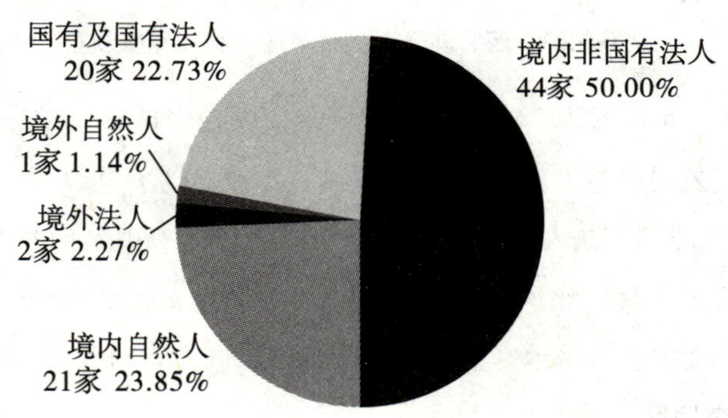

图 6－31　小型企业上市公司第一大股东性质

从图 6－31 可以看出，88 家小型企业上市公司中境内非国有法人为第一大股东的上市公司最多，共有 44 家，占该类上市公司总量的一半；其次是境内自然人和国有及国有法人为第一大股东的上市公司数量分别为 21 家和 20 家，占比分别为 23.86% 和 22.73%；然后是境外法人和境外自然人为第一大股东的上市公司数量分别有 2 家和 1 家，占该地区上市公司总量的比例分别为 2.27% 和 1.14%。

（2）中型企业

2009 年中型企业上市公司的第一大股东性质情况见图 6－32。

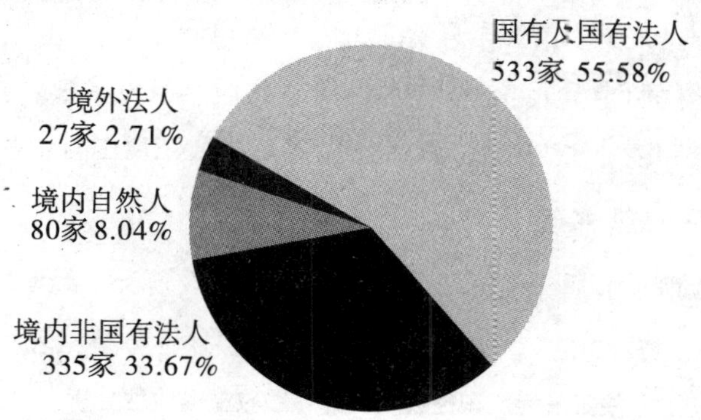

图 6－32 中型企业上市公司第一大股东性质

从图 6－32 可以看出，995 家中型企业上市公司中国有及国有法人为第一大股东的上市公司最多，共有 553 家，占该类上市公司总量的比例为 55.58%；其次是境内非国有法人为第一大股东的上市公司数量有 335 家，占该类上市公司总量的比例为 33.67%；然后是境内自然人为第一大股东的上市公司数量有 80 家，占比为 8.04%；境外法人为第一大股东的上市公司数量有 27 家，占该类上市公司总量的比例为 2.71%。

（3）大型企业

2009 年大型企业上市公司的第一大股东性质情况见图 6－33。

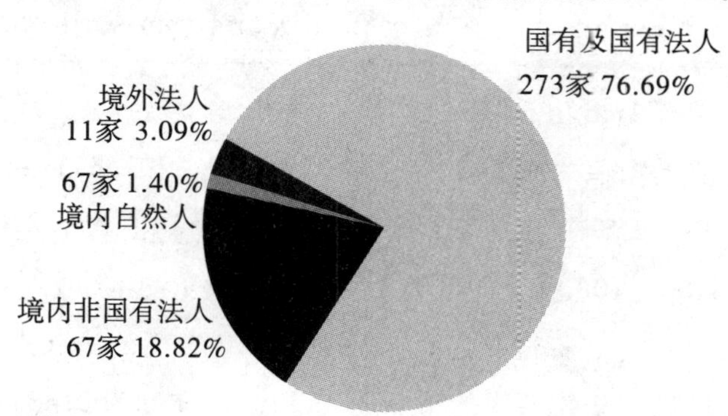

图 6－33 大型企业上市公司第一大股东性质

从图 6－33 可以看出，356 家大型企业上市公司中国有及国有法人为第一大股东的上市公司占绝大多数，共有 273 家，占该类上市公司总量的比例为 76.69%；其次是境内非国有法人为第一大股东的上市公司数量有 67 家，占该类上市公司总量的比例为 18.82%；然后是境外法人为第一大股东的上市公司数量有 11 家，占比为 3.09%；境内自然人为第一大股东的上市公司数量有 5 家，占该类上市公司总量的比例为 1.40%。

上面数字说明小型上市公司中国有第一大股东只占少数，大多是非国有法人、自然人和境外法人。而大中型企业第一大股东以国有企业占大多数。

5. 第一大股东性质与经营绩效分析

按第一大股东性质分类分析上市公司经营绩效情况，经营绩效的指标包括每股收益和净资产收益率。每股收益情况的描述性分析见表 6 – 5。

表 6 – 5　　按第一大股东性质分类的每股收益描述性分析

第一大股东性质	样本数	最小值	最大值	平均值	中位数	标准差	方差
国有及国有法人	846	–2. 7204	6. 2781	0. 243078	0. 168300	0. 5201584	0. 271
境内非国有法人	446	–1. 2044	5. 8932	0. 270132	0. 189300	0. 5176180	0. 268
境内自然人	106	–. 7117	1. 5588	0. 400229	0. 368300	0. 3448282	0. 119
境外法人	40	–. 3771	2. 3184	0. 314830	0. 169100	0. 4379465	0. 192
境外自然人	1	0. 1022	0. 1022	0. 102200	0. 102200	0	0
总计	1439	–2. 7204	6. 2781	0. 264936	0. 192500	0. 5074570	0. 258

由表 6 – 5 可以看出，846 家国有及国有法人为第一大股东的上市公司每股收益的平均值为 0. 243078，标准差为 0. 5201584；446 家境内非国有法人为第一大股东的上市公司每股收益的平均值为 0. 270132，标准差为 0. 5176180；106 家境内自然人为第一大股东的上市公司每股收益的平均值为 0. 400229，标准差为 0. 5176180；40 家境外法人为第一大股东的上市公司每股收益的平均值为 0. 314830，标准差为 0. 4379465。境外自然人为第一大股东的上市公司仅有 1 家，因此不做比较。由此可见，境内自然人为第一大股东上市公司的平均每股收益最高，其次是境外法人上市公司，然后是境内非国有法人上市公司；国有及国有法人为第一大股东上市公司的平均每股收益最低。

上市公司的净资产收益率情况的描述性分析见表 6 – 6。

表 6 – 6　　按第一大股东性质分类的净资产收益率描述性分析

第一大股东性质	样本数	最小值	最大值	平均值	中位数	标准差	方差
国有及国有法人	846	–1. 7347	5. 8583	0. 60583	0. 64200	0. 2532432	0. 064
境内非国有法人	446	–2. 9261	8. 3960	0. 78606	0. 71100	0. 4855363	0. 236
境内自然人	106	–. 1488	0. 2702	0. 101275	0. 103550	0. 722253	0. 005
境外法人	40	–. 2151	0. 2656	0. 67597	0. 61250	0. 855593	0. 007
境外自然人	1	0. 344	0. 344	0. 34400	0. 34400	0	0
总计	1439	–2. 9261	8. 3960	0. 69343	0. 69200	0. 3337154	0. 111

由表 6 – 6 可以看出，846 家国有及国有法人为第一大股东的上市公司净资产收益率的平均值为 0. 60583，标准差为 0. 2532432；446 家境内非国有法人为第一大股东的上市公司净资产收益率的平均值为 0. 78606，标准差为 0. 4855363；106 家境内自然人为第一大股东的上市公司净资产收益率的平均值为 0. 101275，标准差为 0. 722253；40 家境外法人为第一大股东的上市公司净资产收益率的平均值为 0. 67597，标准差为 0. 855593。由此可见，境内自然人为第一大股东上市公司的平均净资产收益率最高，其次是境内非国有法人上市公司，然后是境外法人上市公司；国有及国有法人为第一大股东上市公司的平均净资产收益率最低。

通过数据分析可以得出，境内自然人为第一大股东上市公司的经营绩效最好，而国有及国有法人为第一大股东上市公司的经营绩效最差。从效益的角度讲自然人第一大股东有更灵活有效的治理机制和经营效率。

二、第一大股东持股情况分析

第一大股东持股情况主要考量的是第一大股东的控股比例。第一大股东超过 50% 的股权就形成控股股东，基本上可以完全控制企业，第一大股东的持股比例表明了公司治理结构的合理性，一般在 30% 左右。一些大型公司在控制链上用现金流控制不需要很大的持股比例就可易控制企业。前面理论篇中提及国际上股权分散和集中的趋势变化，在实践中各自有各自的优缺点，股权分散化应是主流。

1. 第一大股东持股总体情况分析

我们通过对2006~2008年境内A股上市公司的第一大股东持股比例进行统计，分析我国上市公司的股东行为治理情况。上市公司第一大股东持股比例情况见表6-7。

表6-7　2006~2008年上市公司第一大股东持股比例情况表

年份	企业数	第一大股东持股数/亿股	股本总数/亿股	第一大股东持股比例/%
2006年	1257	6858.06	14526.58	47.21%
2007年	1328	11134.69	21670.14	51.38%
2008年	1439	11680.91	23728.74	49.23%

从表6-7可以看出，2006年我国的1257家上市公司的股本总数为14526.58亿股，其中的第一大股东持股总数为6858.06亿股；2007年的1328家上市公司的股本总数为21670.14亿股，其中的第一大股东持股总数为11134.69亿股；2008年的1439家上市公司的股本总数为23728.74亿股，其中的第一大股东持股总数为11680.91亿股。各年度上市公司的第一大股东持股比例变化趋势见图6-34。

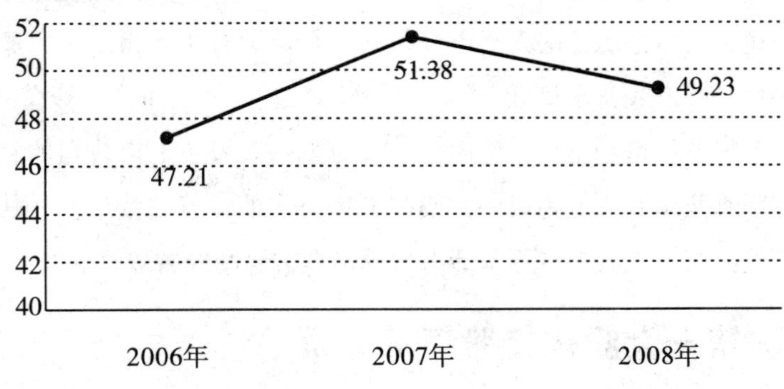

图6-34　2006~2008年上市公司第一大股东持股比例（%）

从图6-34可以看出，2006~2008年我国上市公司的第一大股东持股比例呈现先增加后减少的趋势。2006年上市公司的第一大股东持股比例最低，为47.21%；2007年上市公司的第一大股东持股比例明显增加，达到51.38%，相比2006年增加了4.17个百分点；2008年上市公司的第一大股东持股比例又有所降低，为 49.23%。

按照第一大股东持股比例进行分段统计，分析的在各分段内的上市公司数量，以 2008 年的 1439 家上市公司为例，第一大股东持股比例分段分布情况见图 6－35。

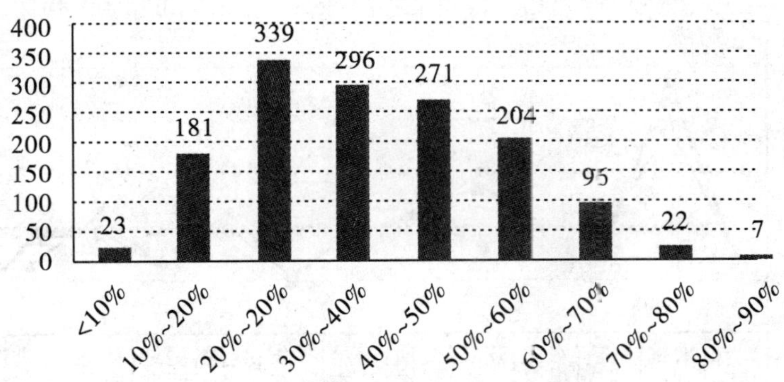

图 6－35　2008 年上市公司第一大股东持股比例分布

从图 6－35 可以看出，2008 年我国上市公司第一大股东持股比例在 20%～30% 的企业数量最多，共有 339 家；其次是第一大股东持股比例在 30%～40% 的上市公司有 296 家；然后是第一大股东持股比例在 40%～50% 的上市公司有 271 家。在所有 1439 家上市公司中第一大股东持股比例超过 50% 的上市公司共有 329 家，占上市公司总数量的 22.86%；另外第一大股东持股比例小于 10% 的上市公司仅有 23 家。

上述数据从统计学上看第一大股东持股比例有一个正态分布，超过 50% 以上的控股股东并不多，这说明大多数上市公司的股权结构较为合理。

2. 行业类型第一大股东持股情况分析

按照行业类型对我国上市公司进行分类，对比分析不同行业的上市公司的第一大股东持股比例情况。以 2008 年上市公司为例，对比情况见图6－36。

从图 6－36 可以看出，采掘业上市公司第一大股东持股比例远远高于其他行业，2007 年最高达到 79.54%；其次是建筑业上市公司的第一大股东持股比例在 2007 年和 2008 年也均超过 50%。其他行业上市公司各年度的第一大股东持股比例均未超过 50%，其中制造业、水电煤气业、交通运输仓储业、信息技术业、金融业和社会服务业上市公司的第一大股东持股比例均在 40%～50%；农林牧渔业、批发零售业和房地产业上市公司的第一大股东持股比例均在 30% ~40%；传播文化业的第一大股东持股比例 2006 年为 37.20%，2007 年和 2008 年均超过 40%。综合类上市公司的第一大股东持股比例最低，各年度均低于30%，2006 年最低仅为 26.04%。

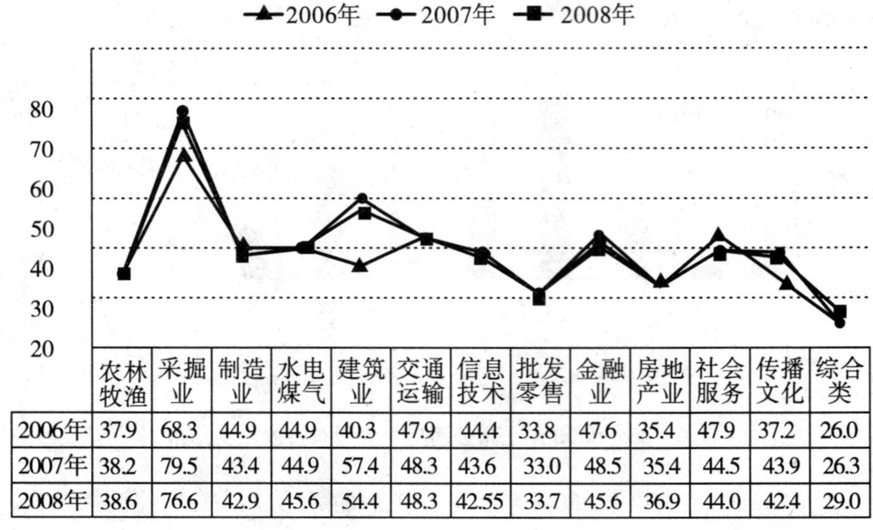

	农林牧渔	采掘业	制造业	水电煤气	建筑业	交通运输	信息技术	批发零售	金融业	房地产业	社会服务	传播文化	综合类
2006年	37.9	68.3	44.9	44.9	40.3	47.9	44.4	33.8	47.6	35.4	47.9	37.2	26.0
2007年	38.2	79.5	43.4	44.9	57.4	48.3	43.6	33.0	48.5	35.4	44.5	43.9	26.3
2008年	38.6	76.6	42.9	45.6	54.4	48.3	42.55	33.7	45.6	36.9	44.0	42.4	29.0

图 6 -36　按行业类型分类 2006 ~2008 年我国上市公司第一大股东持股比例（%）

2006 ~2008 年所有行业中，农林牧渔业、交通运输仓储业和综合类上市公司的第一大股东持股比例呈现逐年增高的趋势；制造业、信息技术业和社会服务业上市公司的第一大股东持股比例呈现逐年降低的趋势；采掘业、建筑业、金融业和传播文化业上市公司的第一大股东持股比例呈现先增高后降低的趋势；水电煤气业、批发零售业和房地产业上市公司的第一大股东持股比例呈现先降低后增高的趋势；

下面是按具体行业分析 2008 年我国各行业上市公司的第一大股东持股比例分段分布情况，详见表 6 -8。

表 6 -8　按行业类型分类 2008 年上市公司第一大股东持股比例分布

	≤10%	10% ~20%	20% ~30%	30% ~40%	40% ~50%	50% ~60%	60% ~70%	70% ~80%	80% ~90%
农林牧渔	1	4	7	4	6	7	1	0	0
采掘业	1	1	3	0	5	14	4	4	1

续表

	≤10%	10% ~ 20%	20% ~ 30%	30% ~ 40%	40% ~ 50%	50% ~ 60%	60% ~ 70%	70% ~ 80%	80% ~ 90%
制造业	10	87	205	195	156	110	51	9	3
水电煤气	1	8	11	12	10	13	6	2	0
建筑业	1	4	2	11	8	6	2	0	0
交通运输	0	4	9	7	20	13	6	1	0
信息技术	0	20	23	19	19	14	3	0	0
批发零售	1	19	22	15	12	9	4	0	1
金融业	3	11	5	5	2	0	4	0	0
房地产业	1	6	16	10	15	9	7	4	1
社会服务	0	4	10	10	10	5	6	0	1
传播文化	0	0	4	2	1	1	1	1	0
综合类	4	13	22	6	7	3	1	1	0
合计	23	181	339	296	271	204	96	22	7

从表 6－8 可以看出，2008 年 30 家农林牧渔业上市公司第一大股东持股比例分布均小于 70%。其中分布在 20% ~30% 和 50% ~60% 的上市公司数量最多，均各有 7 家；其次是第一大股东持股比例分布在 40% ~50% 的上市公司有 6 家；然后是第一大股东持股比例在 10% ~20% 和 30% ~40% 的上市公司均各有 4 家；第一大股东持股比例小于 10% 和在 60% ~70% 的上市公司均各有 1 家。

33 家采掘业上市公司第一大股东持股比例分布主要集中于 50% 以上。其中分布在 50% ~60% 的上市公司数量最多，共有 14 家；其次是第一大股东持股比例分布在 40% ~50% 的上市公司有 5 家；然后是第一大股东持股比例在 60% ~70% 和 70% ~80% 的上市公司均各有 4 家。采掘业上市公司第一大股东持股比例超过 50% 的企业共有 23 家，占该类上市公司总数的 69. 70%。

826 家制造业上市公司第一大股东持股比例分布主要集中于 20% ~60%。

其中分布在20%～30%的上市公司数量最多，共有205家；其次是第一大股东持股比例分布在30%～40%的上市公司有195家；然后是第一大股东持股比例在40%～50%的上市公司有156家；第一大股东持股比例在50%～60%的上市公司共有110家。第一大股东持股比例小于20%的上市公司共有97家；第一大股东持股比例大于60%的上市公司共有63家。

63家水电煤气业上市公司第一大股东持股比例分布主要集中于10%～70%。其中分布在50%～60%的上市公司数量最多，共有13家；其次是第一大股东持股比例分布在30%～40%的上市公司有12家；然后是第一大股东持股比例在20%～30%和40%～50%的上市公司分别各有11家和10家；第一大股东持股比例在10%～20%和60%～70%的上市公司分别各有8家和6家。

34家建筑业上市公司第一大股东持股比例分布主要集中于30%～60%。其中分布在30%～40%的上市公司数量最多，共有11家；其次是第一大股东持股比例分布在40%～50%的上市公司有8家；然后是第一大股东持股比例在50%～60%的上市公司有6家。第一大股东持股比例小于30%的上市公司共有7家；第一大股东持股比例大于60%的上市公司共有2家。

60家交通运输仓储业上市公司第一大股东持股比例分布于10%～80%。其中分布在40%～50%的上市公司数量最多，共有20家；其次是第一大股东持股比例分布在50%～60%的上市公司有13家；然后是第一大股东持股比例在20%～30%的上市公司有9家；第一大股东持股比例在30%～40%和60%～70%的上市公司分别各有7家和6家。

98家信息技术业上市公司第一大股东持股比例主要集中分布于10%～60%，且各分段内分布较为平均。其中分布在20%～30%的上市公司数量最多，共有23家；其次是第一大股东持股比例分布在10%～20%的上市公司有20家；然后是第一大股东持股比例在30%～40%和40%～50%的上市公司均各有19家；第一大股东持股比例在50%～60%的上市公司有14家。另外，还有3家上市公司的第一大股东持股比例在60%～70%。

83家批发零售业上市公司第一大股东持股比例主要集中分布于10%～60%。其中分布在20%～30%的上市公司数量最多，共有22家；其次是第一大股东持股比例分布在10%～20%的上市公司有19家；然后是第一大股东持股比例在30%～40%和40%～50%的上市公司分别各有15家和12家；第一大股东持股比例在50%～60%的上市公司有9家。另外有1家上市公司的第一大股东持股比例小于10%；第一大股东持股比例超过60%的上市公司有5家。

30家金融业上市公司第一大股东持股比例均分布在70%以下的区间。其中分布在10%～20%的上市公司数量最多，共有11家；其次是第一大股东持股比例分布在20%～30%和30%～40%的上市公司均各有5家；然后是第一大股东持股比例在60%～70%的上市公司有4家；第一大股东持股比例在小于10%和40%～50%的上市公司分别各有3家和2家。

69家房地产业上市公司第一大股东持股比例分布主要集中于20%～60%。其中分布在20%～30%的上市公司数量最多，共有16家；其次是第一大股东持股比例分布在40%～50%的上市公司有15家；然后是第一大股东持股比例在30%～40%和50%～60%的上市公司分别各有10家和9家。另外，第一大股东持股比例小于20%的房地产业上市公司有7家；第一大股东持股比例超过60%的房地产业上市公司有12家。

46家房地产业上市公司第一大股东持股比例分布也是主要集中于20%～50%。其中分布在20%～30%、30%～40%和40%～50%的上市公司数量均各有10家；其次是第一大股东持股比例分布在60%～70%的上市公司有6家；然后是第一大股东持股比例在50%～60%和10%～20%的上市公司分别各有5家和4家。

10家传播文化业上市公司第一大股东持股比例分布主要集中于20%～40%。其中分布在20%～30%的上市公司数量最多，共有4家；其次是第一大股东持股比例分布在30%～40%的上市公司有2家；然后是第一大股东持股比例在40%～50%、50%～60%、60%～70%和70%～80%的上市公司均各有1家。

57家综合类上市公司第一大股东持股比例分布主要集中于10%～30%。其中分布在20%～30%的上市公司数量最多，共有22家；其次是第一大股东持股比例分布在10%～20%的上市公司有13家；然后是第一大股东持股比例在40%～50%和30%～40%的上市公司分别各有7家和6家；第一大股东持股比例小于10%和在50%～60%的上市公司分别各有4家和3家；第一大股东持股比例超过60%的上市公司有2家。

上述数据表明，按行业类型划分统计，第一大股东的持股比例分布接近，在20% ~30%的为多，而采掘业第一大股东持股比例较高，说明国家对资源型的企业的控制。

3. 区域类型第一大股东持股情况分析

按照区域类型对我国上市公司进行分类，对比分析不同地区的上市公司的第一大股东持股比例情况，见图6－37。

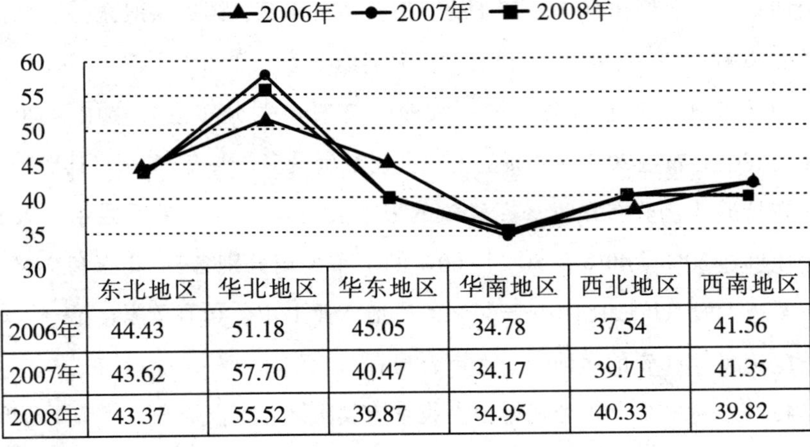

	东北地区	华北地区	华东地区	华南地区	西北地区	西南地区
2006年	44.43	51.18	45.05	34.78	37.54	41.56
2007年	43.62	57.70	40.47	34.17	39.71	41.35
2008年	43.37	55.52	39.87	34.95	40.33	39.82

图6－37　按区域类型分类2008年我国上市公司第一大股东持股比例（%）

从图6－37可以看出，华北地区上市公司第一大股东持股比例远远高于其他地区，2007年最高达到57.70%，也是所有地区中上市公司第一大股东持股比例唯一超过50%的地区；其次是东北地区上市公司的第一大股东持股比例2006~2008年均超过40%；华东地区和西南地区上市公司2006和2007年的第一大股东持股比例也均超过了40%。华南地区上市公司的第一大股东持股比例最低，各年度均未超过35%，2007年最低仅为34.17%。

在所有地区中，东北地区、华东地区和西南地区上市公司的第一大股东持股比例均呈现逐年降低的趋势；西北地区上市公司的第一大股东持股比例均呈现逐年增高的趋势；华北地区上市公司的第一大股东持股比例均呈现先增高后降低的趋势；华南地区上市公司的第一大股东持股比例均呈现先降低后增高的趋势。

下面将按具体区域类型分析2008年各地区上市公司的第一大股东持股比例分段分布情况。

表6-9　按区域类型分类2008年上市公司第一大股东持股比例分布

	≤10%	10%～20%	20%～30%	30%～40%	40%～50%	50%～60%	60%～70%	70%～80%	80%～90%
东北地区	1	17	21	15	18	15	6	1	1
华北地区	1	15	35	42	35	44	23	6	3
华东地区	10	65	145	135	103	92	30	9	1
华南地区	7	52	92	66	67	23	25	5	1
西北地区	2	15	19	11	21	8	6	1	0
西南地区	2	17	27	27	27	22	6	0	1
合计	23	181	339	296	271	204	96	22	7

从表6-9可以看出，2008年我国东北地区95家上市公司第一大股东持股比例分布主要集中于10%～60%。其中分布在20%～30%的上市公司数量最多，共有21家；其次是第一大股东持股比例分布在40%～50%和10%～20%的上市公司分别各有18家和17家；然后是第一大股东持股比例在30%～40%和50%～60%的上市公司均各有15家。第一大股东持股比例在超过60%的上市公司共有8家；也有1家上市公司的第一大股东持股比例小于10%。

2008年我国华北地区204家上市公司第一大股东持股比例分布主要集中于20%～70%。其中分布在50%～60%的上市公司数量最多，共有44家；其次是第一大股东持股比例分布在30%～40%的上市公司有42家；然后是第一大股东持股比例在20%～30%和40%～50%的上市公司均各有35家；第一大股东持股比例在60%～70%的上市公司有23家。另外第一大股东持股比例在超过70%的上市公司共有9家；还有16家华北地区上市公司的第一大股东持股比例小于20%。

2008年我国华东地区590家上市公司第一大股东持股比例分布主要集中于20%～60%。其中分布在20%～30%的上市公司数量最多，共有145家；其次是第一大股东持股比例分布在30%～40%的上市公司有135家；然后是第一大股东持股比例在40%～50%的上市公司有103家；第一大股东持股比例在50%～60%的上市公司有92家。另外第一大股东持股比例在超过60%

的上市公司共有40家；还有10家华东地区上市公司的第一大股东持股比例小于10%。

2008年我国华南地区338家上市公司第一大股东持股比例主要集中分布于10%～50%。其中分布在20%～30%的上市公司数量最多，共有92家；其次是第一大股东持股比例分布在40%～50%和30%～40%的上市公司分别各有67家和66家；然后是第一大股东持股比例在10%～20%的上市公司有52家；第一大股东持股比例在60%～70%和50%～60%的上市公司分别各有25家和23家。另外第一大股东持股比例在超过70%的上市公司共有6家；还有7家华南地区上市公司的第一大股东持股比例小于10%。

2008年我国西北地区83家上市公司第一大股东持股比例也是主要集中分布于10%～50%。其中分布在40%～50%的上市公司数量最多，共有21家；其次是第一大股东持股比例分布在20%～30%的上市公司有19家；然后是第一大股东持股比例在10%～20%的上市公司有15家；第一大股东持股比例在30%～40%的上市公司有11家。另外第一大股东持股比例在超过50%的西北地区上市公司共有15家；还有2家上市公司的第一大股东持股比例小于10%。

2008年我国西南地区129家上市公司第一大股东持股比例主要集中分布于10%～60%。其中分布在20%～30%、30%～40%和40%～50%的上市公司数量最多，均各有27家；其次是第一大股东持股比例分布在50%～60%的上市公司有22家；然后是第一大股东持股比例在10%～20%的上市公司有17家。另外第一大股东持股比例在超过60%的西南地区上市公司共有7家；同时也有2家上市公司的第一大股东持股比例小于10%。

同样，华北地区地矿发达，采掘业集中在此，提升了上市公司的第一大股东的控股比例。

4. 制人类型第一大股东持股情况分析

按照控制人类型对我国上市公司进行分类，对比分析各类上市公司的第一大股东持股比例情况，见图6-38。

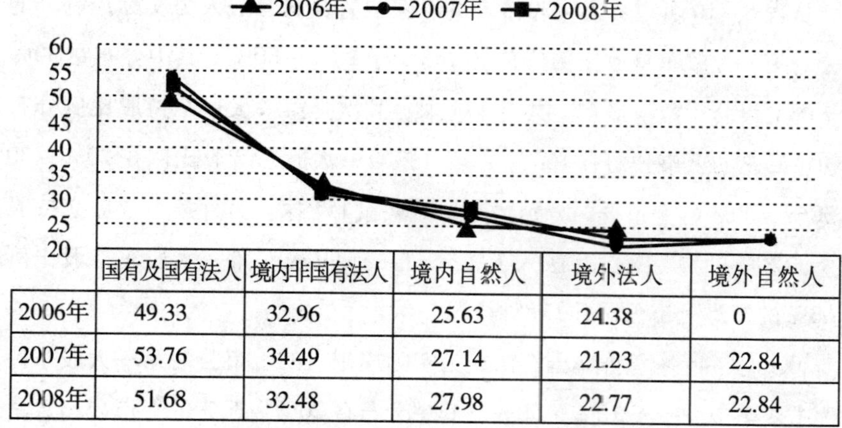

	国有及国有法人	境内非国有法人	境内自然人	境外法人	境外自然人
2006年	49.33	32.96	25.63	24.38	0
2007年	53.76	34.49	27.14	21.23	22.84
2008年	51.68	32.48	27.98	22.77	22.84

图 6－38　按控制人类型分类 2006～2008 年我国上市公司第一大股东持股比例（%）

从图 6－38 可以看出，国有及国有法人上市公司第一大股东持股比例最高，在 2007 年最高达到 53.76%，也是所有控制人类型的上市公司中第一大股东持股比例唯一超过 50% 的；其次是境内非国有法人上市公司的第一大股东持股比例在各年度也均超过了 30%；其他控制人类型的上市公司第一大股东持股比例均在 20%～30%。

境内自然人上市公司的第一大股东持股比例呈现逐年增高的趋势；国有及国有法人上市公司的第一大股东持股比例呈现先增高后降低的趋势；境内非国有法人和境外法人上市公司的第一大股东持股比例呈现先降低后增高的趋势。

下面将按具体控制人类型分析 2008 年各控制人类型上市公司的第一大股东持股比例分段分布情况。

表 6－10　按控制人类型分类 2008 年上市公司第一大股东持股比例分布

	≤10%	10%～20%	20%～30%	30%～40%	40%～50%	50%～60%	60%～70%	70%～80%	80%～90%
国有及国有法人	9	90	161	173	168	157	67	17	4
境内非国有法人	10	68	129	87	83	39	22	5	3
境内自然人	3	17	40	24	14	3	5	0	0
境外法人	1	6	8	12	6	5	2	0	0
境外自然人	0	0	1	0	0	0	0	0	0
合计	23	181	339	296	271	204	96	22	7

从表 6 - 10 可以看出，2008 年 846 家国有及国有法人为实际控制人的上市公司第一大股东持股比例分布主要集中于 20% ~60%。其中分布在 30% ~40% 的上市公司数量最多，共有 173 家；其次是第一大股东持股比例分布在 40% ~50% 的上市公司有 168 家；然后是第一大股东持股比例在 20% ~30% 和 50% ~60% 的上市公司分别各有 161 家和 157 家。另外第一大股东持股比例小于 20% 的国有及国有法人上市公司共有 99 家；第一大股东持股比例超过 60% 的该类上市公司共有 88 家。

2008 年 446 家境内非国有法人为实际控制人的上市公司第一大股东持股比例主要集中分布于 10% ~50%。其中分布在 20% ~30% 的上市公司数量最多，共有 129 家；其次是第一大股东持股比例分布在 30% ~40% 和 40% ~50% 的上市公司分别各有 87 家和 83 家；然后是第一大股东持股比例在 10% ~20% 的上市公司有 68 家。另外第一大股东持股比例小于 10% 的境内非国有法人上市公司有 10 家；第一大股东持股比例超过 50% 的该类上市公司共有 69 家。

2008 年 106 家境内自然人为实际控制人的上市公司第一大股东持股比例也是主要集中分布于 10% ~50%。其中分布在 20% ~30% 的上市公司数量最多，共有 40 家；其次是第一大股东持股比例分布在 30% ~40% 的上市公司有 24 家；然后是第一大股东持股比例在 10% ~20% 和 40% ~50% 的上市公司分别各有 17 家和 14 家。另外第一大股东持股比例小于 20% 的境内自然人上市公司有 3 家；第一大股东持股比例超过 50% 的该类上市公司共有 8 家。

2008 年 40 家境外法人为实际控制人的上市公司第一大股东持股比例主要集中分布于 10% ~60%。其中分布在 30% ~40% 的上市公司数量最多，共有 12 家；其次是第一大股东持股比例分布在 20% ~30% 的上市公司有 8 家；然后是第一大股东持股比例在 10% ~20% 和 40% ~50% 的上市公司均各有 6 家；第一大股东持股比例在 50% ~60% 的上市公司数量有 5 家。另外第一大股东持股比例小于 10% 的境外法人上市公司有 1 家；第一大股东持股比例超过 60% 的该类上市公司有 2 家。

国有法人企业第一大股东控股占比较高，说明国家对国有企业的控制力较大。

5. 资产规模类型第一大股东持股情况分析

按照资产规模类型对我国上市公司进行分类，对比分析各类上市公司的第一大股东持股比例情况，见图 6－39。

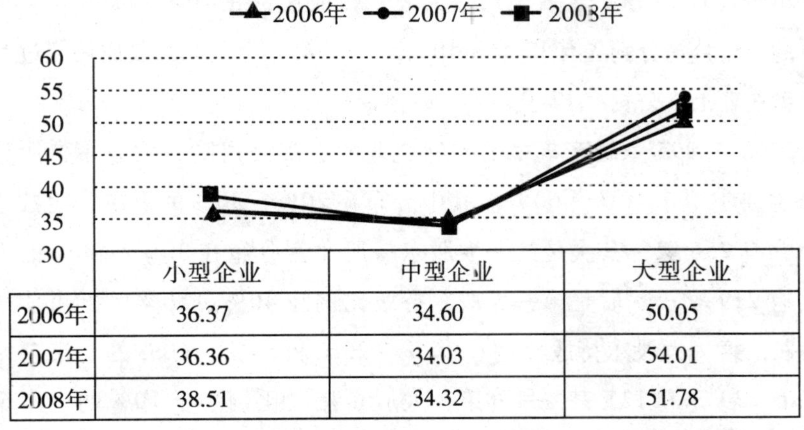

	小型企业	中型企业	大型企业
2006年	36.37	34.60	50.05
2007年	36.36	34.03	54.01
2008年	38.51	34.32	51.78

图 6－39　按资产规模类型分类 2006～2008 年我国上市公司第一大股东持股比例（%）

从图 6－39 可以看出，资产规模为大型企业的上市公司第一大股东持股比例远高于中小型上市公司，2007 年最高达到 54.01%，而且 2006～2008 年第一大股东持股比例均超过 50%；小型企业和中型企业上市公司的第一大股东持股比例均在 30%～40%，其中小型企业略高。

2006～2008 年小型企业和中型企业上市公司的第一大股东持股比例均呈现先降低后增高的趋势；大型企业上市公司的第一大股东持股比例则呈现先增高后降低的趋势。

下面是按具体资产规模类型分析 2008 年各资产规模类型上市公司的第一大股东持股比例分段分布情况，见表 6－11。

表 6－11　按资产规模类型分类 2008 年上市公司第一大股东持股比例分布

	≤10%	10%～20%	20%～30%	30%～40%	40%～50%	50%～60%	60%～70%	70%～80%	80%～90%
小型企业	0	12	30	24	10	8	4	0	0
中型企业	15	134	256	219	190	121	48	10	2
大型企业	8	35	53	53	71	75	44	12	5
合计	23	181	339	296	271	204	96	22	7

从表6－11可以看出，2008年88家资产规模为小型企业的上市公司第一大股东持股比例分布主要集中于20%～40%。其中分布在20%～30%的上市公司数量最多，共有30家；其次是第一大股东持股比例分布在30%～40%的上市公司有24家；然后是第一大股东持股比例在10%～20%和40%～50%的上市公司分别各有12家和10家。另外第一大股东持股比例超过50%的小型企业上市公司有12家。

2008年995家资产规模为中型企业的上市公司第一大股东持股比例分布主要集中于10%～60%。其中分布在20%～30%的上市公司数量最多，共有256家；其次是第一大股东持股比例分布在30%～40%的上市公司有219家；然后是第一大股东持股比例在40%～50%的上市公司有190家，第一大股东持股比例在10%～20%和50%～60%的上市公司分别各有134家和121家。另外第一大股东持股比例小于10%的中型企业上市公司有15家；第一大股东持股比例超过60%的该类上市公司共有60家。

2008年356家资产规模为大型企业的上市公司第一大股东持股比例分布主要集中于10%～70%。其中分布在50%～60%的上市公司数量最多，共有75家；其次是第一大股东持股比例分布在40%～50%的上市公司有71家；然后是第一大股东持股比例在20%～30%和30%～40%的上市公司均各有53家，第一大股东持股比例在60%～70%和10%～20%的上市公司分别各有44家和35家。另外第一大股东持股比例小于10%的大型企业上市公司有8家；第一大股东持股比例超过70%的该类上市公司共有17家。

大型企业第一大股东控股比例相对较高，说明大型公司的资产总量高，分散不容易。

6. 第一大股东持股比例与经营绩效分析

按第一大股东持股比例分析上市公司经营绩效情况，经营绩效的指标包括每股收益和净资产收益率。每股收益情况的描述性分析见表6－12和图6－40。

由图6－40和表6－12可以看出，第一大股东持股比例小于10%的上市公司每股收益的平均值最低，为0.142517，标准差为0.2375241；第一大股东持股比例在60% ~70% 的上市公司每股收益的平均值最高，为0.542265，标准差为0.8821539。第一大股东持股比例在70% ~80% 和50% ~60% 的上市公司平均每股收益也均超过0.3。

表6-12　　按第一大股东持股比例分类的每股收益描述性分析

持股比例分段	样本数	最小值	最大值	平均值	中位数	标准差	方差
≤10%	23	-0.4113	0.5711	0.142517	0.106500	0.2375241	0.056
10% ~20%	181	-1.4364	5.8932	0.194513	0.121100	0.5605131	0.314
20% ~30%	339	-0.9514	2.3184	0.235717	0.152300	0.4272689	0.183
30% ~40%	296	-1.5075	1.7775	0.193255	0.162900	0.3988504	0.159
40% ~50%	271	-2.7204	2.4531	0.278354	0.220100	0.4549327	0.207
50% ~60%	204	-2.2219	2.4926	0.335870	0.273300	0.5346563	0.286
60% ~70%	96	-0.2861	6.2781	0.542265	0.338300	0.8821539	0.778
70% ~80%	22	-0.9429	1.445	0.348045	0.355600	0.4134724	0.171
80% ~90%	7	-0.1393	0.8769	0.282886	0.203500	0.3612477	0.130
总计	1439	-2.7204	6.2781	0.264936	0.192500	0.5074570	0.258

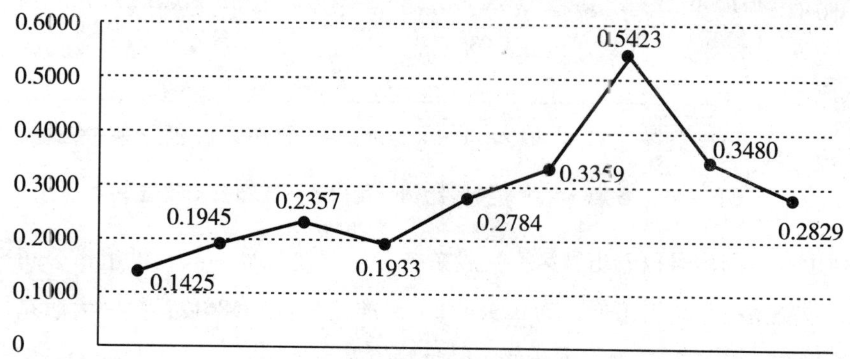

图6-40　各第一大股东持股比例分段内的平均每股收益

按第一大股东持股比例分段分析上市公司净资产收益率的描述性分析见表6-13和图6-41。

表 6-13　按第一大股东持股比例分类的净资产收益率描述性分析

持股比例分段	样本数	最小值	最大值	平均值	中位数	标准差	方差
≤10%	23	-0.1345	0.2702	0.54596	0.52500	0.900764	0.008
10% ~20%	181	-1.765	5.8583	0.54964	0.48000	0.4706379	0.222
20% ~30%	339	-2.9261	8.3960	0.71819	0.64900	0.5056041	0.256
30% ~40%	296	-1.7347	0.4749	0.36671	0.57850	0.1758612	0.031
40% ~50%	271	-0.8737	3.5462	0.83540	0.77200	0.2481281	0.062
50% ~60%	204	-0.7822	0.6739	0.83418	0.82200	0.1430516	0.020
60% ~70%	96	-0.2136	0.7505	0.120909	0.108050	0.1173290	0.014
70% ~80%	22	-1.232	0.5699	0.72655	0.85750	0.2866305	0.082
80% ~90%	7	-0.169	0.2270	0.73871	0.65300	0.873602	0.008
总计	1439	-2.9261	8.3960	0.69343	0.69200	0.3337154	0.111

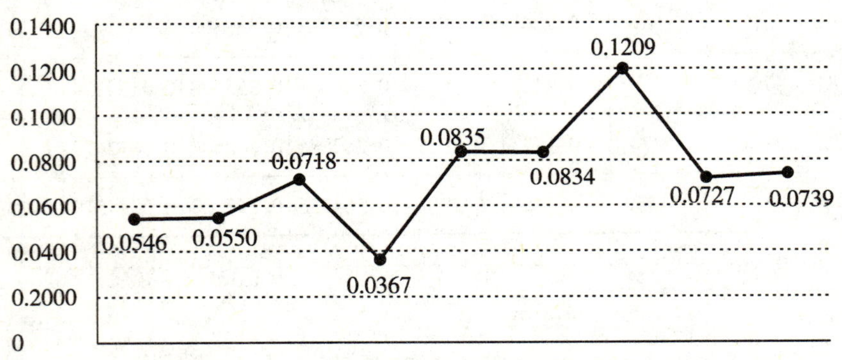

图 6-41　各第一大股东持股比例分段内的平均净资产收益率

由以上图表可以看出，第一大股东持股比例在 30% ~40% 的上市公司净资产收益率的平均值最低，为 0.36671，标准差为 0.1758612；第一大股东持股比例在 60% ~70% 的上市公司每股收益的平均值最高，为 0.120909，标准差为 0.1173290。

通过数据分析我们可以得出，第一大股东持股比例在 60% ~70% 的上市公司的经营绩效最好，第一大股东持股比例小于 40% 的上市公司的经营绩效较差。这说明在企业经营方面第一大股东绝对控股，在经营决策效率上比较高，有利于企业经营的稳定性。而在第一大股东在 30%～40%之间持股的公司，位置较容易被第二大股东夺取，因而会产生博弈降低效率，前面理论部分已有解释。

营运独立性分析

营运独立性的分析主要包括对上市公司人员独立性、股权控制阶层和业务控制阶层的分析。其中人员独立性的分析通过分析上市公司的董事、监事和高级管理人员在股东单位担任职务的人数；股权控制阶层是指上市公司的实际控制人的控制层级；业务控制阶层反映的是上市公司的经营业务与股东单位和子公司业务范围的关系。

一、高管在股东单位任职人数分析

本节中的高管包括：董事会、监事会和经营团队的高级管理人员。企业交叉持股已经成为普遍的现象，高管交叉任职则会影响公司经营的独立性。通过对我国 2009 年境内 A 股上市公司的高管在股东单位任职人数进行统计分析，研究我国上市公司的股东行为治理情况。所选取的样本包括 2009 年年报中披露的 1229 家上市公司的董事、监事和高级管理人员在股东单位任职的人数。

1. 高管在股东单位任职人数总体情况分析

2009 年在 1229 家上市公司的高管在股东单位任职人数统计中，综合来看高管在股东单位任职的平均人数为 4.82 人。有很多企业没有高管在股东单位任职，也有相当数量的企业高管在股东单位任职人数超过 10 人，人数最多的两家企业的高管在股东单位任职人数达到 17 人。具体分布情况见图 6－42。

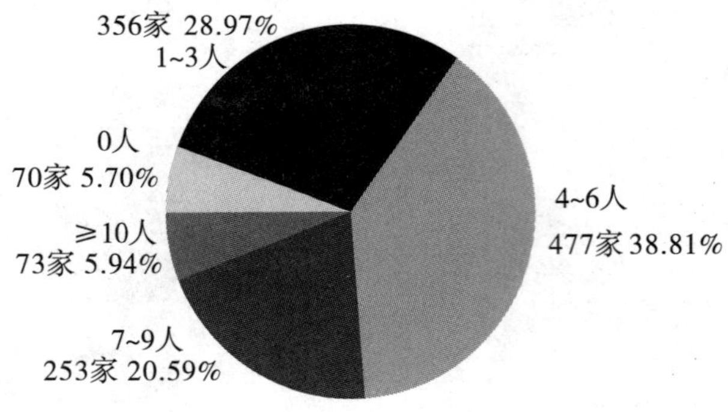

图 6－42　2009 年上市公司高管在股东单位任职人数分布情况

从图 6－42 可以看出，高管在股东单位任职的人数在 4～6 人的上市公司数量最多，共有 477 家，占 2009 年上市公司总量的比例为 38.81%；其次是高管在股东单位任职的人数在 1～3 人的上市公司有 356 家，占上市公司总量的比例为 28.97%；然后是高管在股东单位任职的人数在 7～9 人的上市公司有 253 家，占比为 20.59%。另外，高管在股东单位任职的人数超过 10 人的上市公司有 73 家，占比为 5.94%；没有高管在股东单位任职情况的上市公司有 70 家，占比为 5.70%。由此可知，高管在股东单位任职是普遍现象。

2. 行业类型高管在股东单位任职人数分析

按行业类型分类上市公司高管在股东单位任职的平均人数情况见图6－43。

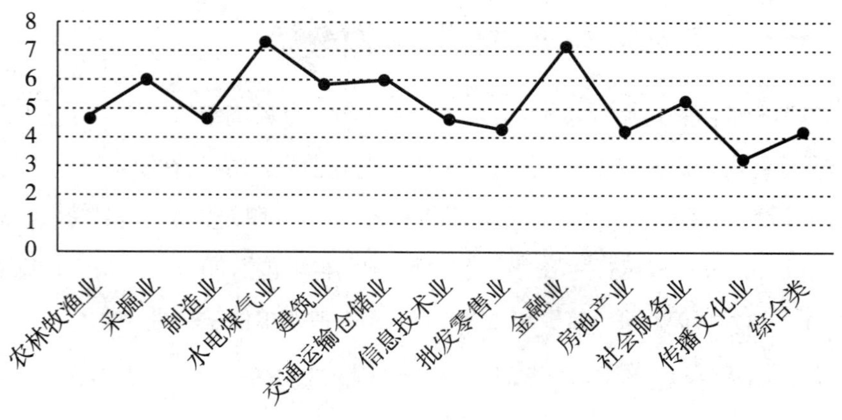

图 6－43　按行业类型分类 2009 年上市公司高管在股东单位任职人数

从图 6－43 可以看出，水电煤气业上市公司高管在股东单位任职的平均人数最多，达到 7.27 人；其次是金融业上市公司高管在股东单位任职的平均人数为 7.13 人；然后是交通运输仓储业和采掘业上市公司高管在股东单位任职的平均人数分别为 6.14 人和 6.10 人；建筑业和社会服务业上市公司高管在股东单位任职的平均人数分别为 5.81 人和 5.24 人。农林牧渔业、制造业、信息技术业、批发零售业、房地产业、传播文化业和综合类上市公司高管在股东单位任职的平均人数均在 5 人以下。在所有行业中，传播文化业上市公司高管在股东单位任职的平均人数最少，为 3.29 人。

下面将按具体行业分析 2009 年各行业上市公司高管在股东单位任职的人数分布，总体情况见表 6－14。

表 6－14　2009 年各行业上市公司高管在股东单位任职人数分布情况表

区域类型	0 人		1～3 人		4～6 人		7～9 人		≥10 人		合计
	数量	占比/%	数量	占比/%	数量	占比/%	数量	占比/%	数量	占比/%	数量
农林牧渔	3	11.54	6	23.08	9	34.62	7	26.92	1	3.85	26
采掘业	0	0	10	34.48	7	24.14	8	27.59	4	13.79	29
制造业	45	6.49	222	32.03	271	39.11	123	17.75	32	4.62	693
水电煤气	0	0	8	14.29	12	21.43	23	41.07	13	23.21	56
建筑业	2	6.25	3	9.38	16	50.00	9	28.13	2	6.25	32
交通运输	2	3.57	9	16.07	17	30.36	22	39.29	6	10.71	56
信息技术	5	5.95	28	33.33	32	38.10	14	16.67	5	5.95	84
批发零售	3	4.05	25	33.78	33	44.59	12	16.22	1	1.35	74
金融业	0	0	5	20.83	6	25.00	7	29.17	6	25.00	24
房地产业	4	7.27	17	30.91	24	43.64	10	18.18	0	0	55
社会服务	0	0	12	29.27	13	31.71	14	34.15	2	4.88	41
传播文化	1	14.29	2	28.57	4	57.14	0	0	0	0	7
综合类	5	9.62	9	17.31	33	63.46	4	7.69	1	1.92	52
合计	70	5.70	356	28.97	477	38.81	253	20.59	73	5.94	1229

从表6－14可以看出，农林牧渔业上市公司中高管在股东单位任职的人数主要集中在4～6人，占为34.62%；其次是在7～9人和1～3人的上市公司占比均为23.08%。采掘业上市公司中高管在股东单位任职的人数在1～3人的上市公司数量最多，共有10家，占比为34.48%；另外，也有4家企业高管在股东单位任职的人数超过10人，占比为13.79%。制造业上市公司中高管在股东单位任职的人数在4～6人的上市公司数量最多，共有271家，占比为39.11%；其次是在1～3人的上市公司有222家，占比为32.03%。水电煤气业上市公司中高管在股东单位任职的人数在7～9人的上市公司数量最多，共有23家，占比为41.07%；任职的人数在1～3人的上市公司有8家，占比为14.29%。建筑业上市公司中高管在股东单位任职的人数在4～6人的上市公司数量最多，共有16家，占该行业上市公司总量的一半；同时也有2家企业的高管在股东单位任职的人数超过10人，占比为6.25%。交通运输仓储业上市公司中高管在股东单位任职的人数在7～9人的上市公司数量最多，占比为39.29%；其次是任职的人数在4～6人的上市公司有17家，占比为30.36%。信息技术业上市公司中高管在股东单位任职的人数在4～6人的上市公司数量最多，共有32家，占比为38.10%；其次是任职人数在1～3人的上市公司有28家，占比为33.33%。批发零售业上市公司中高管在股东单位任职的人数在4～6人的上市公司数量最多，占比为44.59%；其次是任职人数在1～3人的上市公司有25家，占比为33.78%。金融业上市公司中高管在股东单位任职的人数在7～9人的上市公司数量最多，共有7家，占比为29.17%；其次是任职人数在4～6人和超过10人的上市公司均各有6家，占比均为25.00%；然后是任职人数在1～3人的上市公司有5家，占比为20.83%。房地产业上市公司中高管在股东单位任职的人数在4～6人的上市公司数量最多，共有24家，占比为43.64%；其次是任职人数在1～3人的上市公司有17家，占比为30.91%。社会服务业上市公司中高管在股东单位任职的人数在7～9人和在4～6人的上市公司数量较多，占比分别为34.15%和31.71%；然后是任职人数在1～3人的上市公司也有12家，占比为29.27%。传播文化业上市公司中高管在股东单位任职的人数在4～6人的上市公司数量最多，占比达到57.14%；其次是任职人数在1～3人的上市公司占比为28.57%。综合类上市公司中高管在股东单位任职的人数在4～6人的上市公司数量最多，共有33家，占比为63.46%；其次是任职人数在1～3人的上市公司占比为17.31%。

各行业上市公司高管在股东单位任职人数各分段的占比情况见图6－44。

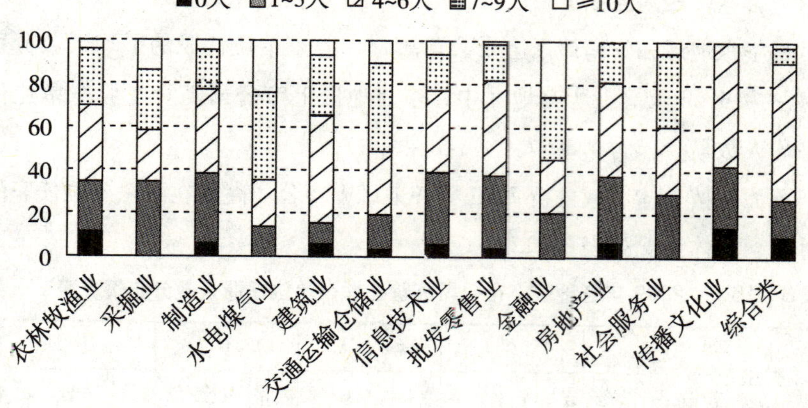

图6－44 高管在股东单位任职人数的行业对比图（%）

从行业间的数据对比可以看出，金融业和水电煤气业上市公司中高管在股东单位任职人数较多，任职人数超过10人的公司占比均超过了20%；而农林牧渔业、传播文化业和综合类上市公司中高管在股东单位任职的人数较少，有10%左右的上市公司不存在高管在股东单位任职的情况。

3. 区域类型高管在股东单位任职人数分析

按区域类型分类上市公司高管在股东单位任职的平均人数情况见图6－45。

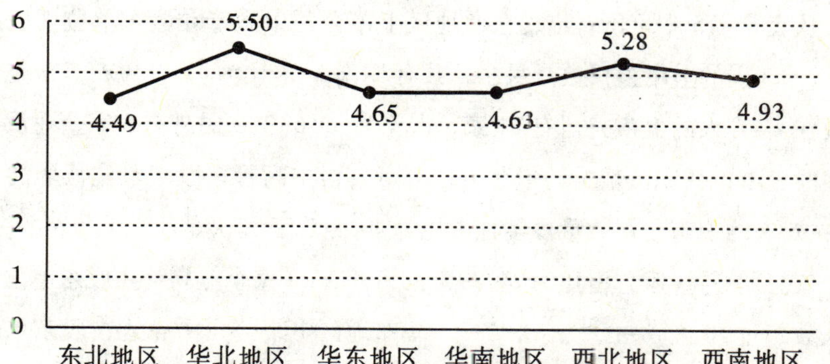

图6－45 按区域类型分类2009年上市公司高管在股东单位任职人数

从图 6－45 可以看出，华北地区上市公司高管在股东单位任职的平均人数最多，达到 5.50 人；其次是西北地区上市公司高管在股东单位任职的平均人数为 5.28 人。其他地区的上市公司高管在股东单位任职的平均人数均在 5 人以下，其中西南地区上市公司高管在股东单位任职的平均人数为 4.93 人；然后是华东地区和华南地区上市公司高管在股东单位任职的平均人数分别为 4.64 人和 4.63 人。在所有地区中，东北地区上市公司高管在股东单位任职的平均人数最少，为 4.49 人。

下面将按具体区域分析 2009 年各地区上市公司高管在股东单位任职的人数分布，总体情况见表 6－15。

表 6－15　2009 年各地区上市公司高管在股东单位任职人数分布情况表

区域类型	0 人		1～3 人		4～6 人		7～9 人		≥10 人		合计
	数量	占比/%	数量	占比/%	数量	占比/%	数量	占比/%	数量	占比/%	数量
东北地区	5	6.17	34	41.98	24	29.63	10	12.35	8	9.88	81
华北地区	5	2.82	40	22.60	71	40.11	43	24.29	18	10.17	177
华东地区	25	4.91	148	29.08	222	43.61	98	19.25	16	3.14	509
华南地区	28	10.14	80	28.99	95	34.42	56	20.29	17	6.16	276
西北地区	2	2.78	23	31.94	21	29.17	17	23.61	9	12.50	72
西南地区	5	4.39	31	27.19	44	38.60	29	25.44	5	4.39	114
合计	70	5.70	356	28.97	477	38.81	253	20.59	73	5.94	1229

从表 6－15 中可以看出，东北地区上市公司中高管在股东单位任职的人数在 1～3 人的上市公司数量最多，共有 34 家，占比为 41.98%；其次是任职人数在 4～6 人的上市公司有 24 家，占比为 29.63%；另外有 5 家企业没有高管在股东单位任职的情况。华北地区上市公司中高管在股东单位任职的人数在 4～6 人的上市公司数量最多，占比为 40.11%；其次是任职人数在 7～9 人的上市公司有 43 家，占比为 24.29%；另外有 18 家企业高管在股东单位任职的人数超过 10 人，占比为 10.17%。华东地区上市公司中高管在股东单位任职的人数在 4～6 人的上市公司数量最多，共有 222 家，占比为 43.61%；其次是职人数在 1～3 人的上市公司有 148 家，占比为 29.08%。华南地区上市公司中高管在股东单位任职的人数在 4～6 人的上市公司数量最多，占比为

34.42%；其次是任职人数在1～3人的上市公司有80家，占比为28.99%；另外有28家企业没有高管在股东单位任职的情况，占比为10.14%，是所有地区中没有高管在股东单位任职的企业数量占比最高的地区。西北地区上市公司中高管在股东单位任职的人数在1～3人的上市公司数量最多，共有23家，占比为31.94%；其次是任职人数在4～6人的上市公司有21家，占比为29.17%；还有9家企业高管在股东单位任职的人数超过10人，占比为12.50%，是所有地区中高管在股东单位任职人数超过10人的企业数量占比最高的地区。西南地区上市公司中高管在股东单位任职的人数在4～6人的上市公司数量最多，共有44家，占比为38.60%；其次是任职人数在1～3人的上市公司有31家，占比为27.19%；然后是高管在股东单位任职的人数在7～9人的上市公司29家，占比为25.44%。

各地区上市公司高管在股东单位任职人数各分段的占比情况见图6－46。

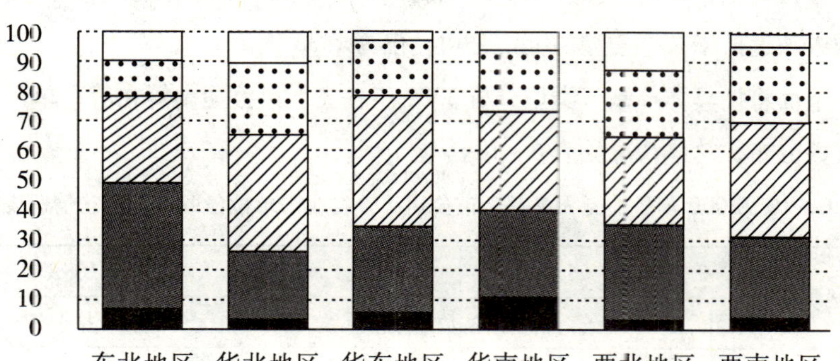

图6－46　高管在股东单位任职人数的区域对比图（%）

从不同地区间的数据对比可以看出，东北地区、华北地区和西北地区上市公司中高管在股东单位任职人数较多，任职人数超过10人的公司占比均在10%左右；而华南地区上市公司中高管在股东单位任职的人数较少，有超过10%的上市公司不存在高管在股东单位任职的情况。

4. 控制人类型高管在股东单位任职人数分析

按控制人类型分类上市公司高管在股东单位任职的平均人数情况见图6－47。

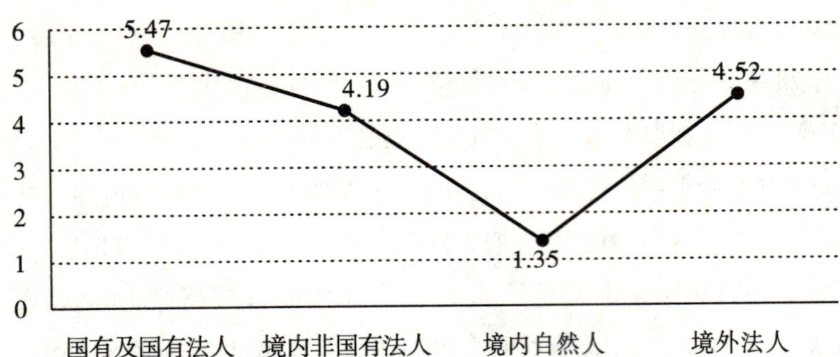

图 6－47　按控制人类型分类 2009 年上市公司高管在股东单位任职人数

从图 6－47 可以看出，国有及国有法人为实际控制人的上市公司高管在股东单位任职的平均人数最多，达到 5.47 人；其次是境外法人为实际控制人的上市公司高管在股东单位任职的平均人数为 4.52 人；然后是境内非国有法人为实际控制人的上市公司高管在股东单位任职的平均人数为 4.19 人。在所有上市公司中，境内自然人为实际控制人的上市公司高管在股东单位任职的平均人数远低于其他类型的上市公司，仅为 1.35 人。

下面将按具体控制人类型分析 2009 年各类上市公司高管在股东单位任职的人数分布，总体情况见表 6－16。

表 6－16　2009 年各控制人类型上市公司高管在股东单位任职人数分布情况表

区域类型	0 人		1～3 人		4～6 人		7～9 人		≥10 人		合计
	数量	占比/%	数量	占比/%	数量	占比/%	数量	占比/%	数量	占比/%	数量
国有及国有法人	22	2.93	172	22.93	300	40.00	197	26.27	59	7.87	750
境内非国有法人	15	3.94	143	37.53	161	42.26	49	12.86	13	3.41	381
境内自然人	32	46.38	30	43.48	4	5.80	3	4.35	0	0	69
境外法人	1	3.45	11	37.93	12	41.38	4	13.79	1	3.45	29
合计	70	5.70	356	28.97	477	38.81	253	20.59	73	5.94	1229

从表 6－16 中可以看出，国有及国有法人为实际控制人的上市公司中高管在股东单位任职的人数在 4～6 人的上市公司数量最多，共有 300 家，占比为 40.00%；其次是任职人数在 7～9 人的上市公司有 197 家，占比为 26.27%；然后是任职人数在 1～3 人的上市公司有 172 家，占比为 22.93%；

另外在有59家企业高管在股东单位任职的人数超过10人，占该类上市公司总量的比例为7.87%。境内非国有法人为实际控制人的上市公司中高管在股东单位任职的人数在4~6人的上市公司数量最多，共161家，占比为42.26%；其次是任职人数在1~3人的上市公司有143家，占比为37.53%。境内自然人为实际控制人的上市公司中共有32家企业没有高管在股东单位任职的情况，占比为46.38%；其次是高管在股东单位任职的人数在1~3人的上市公司有30家，占比为43.48%。境外法人为实际控制人的上市公司中高管在股东单位任职的人数在4~6人的上市公司数量最多，共12家，占比为41.38%；其次是任职人数在1~3人的上市公司有11家，占比为37.93%。

各控制人类型上市公司高管在股东单位任职人数各分段的占比情况见图6-48。

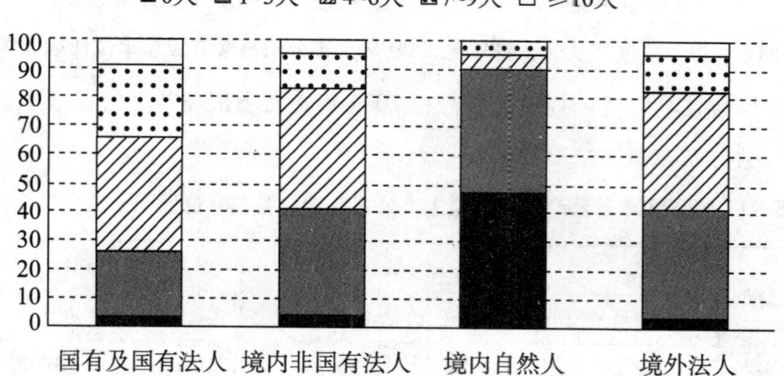

图6-48 高管在股东单位任职人数的控制人类型对比图（%）

从不同控制人类型上市公司间的数据对比可以看出，国有及国有法人为实际控制人的上市公司中高管在股东单位任职人数较多，任职人数超过10人的公司占比为7.87%，任职人数在7~9的公司占比也超过25%；而境内自然人上市公司中高管在股东单位任职的人数较少，有超过40%的上市公司不存在高管在股东单位任职的情况，也有超过40%的境内自然人上市公司高管在股东单位任职人数在1~3人，说明境内自然人相当数目的企业高管与股东单位关系紧密度不高，有着经营独立性，经营者与所有者分离程度较高。

5. 资产规模类型高管在股东单位任职人数分析

按资产规模类型分类上市公司高管在股东单位任职的平均人数情况见图6-49。

从图 6－49 可以看出，随着企业资产规模增大上市公司高管在股东单位任职的平均人数呈现逐步增高的趋势。资产规模为大型企业的上市公司高管在股东单位任职的平均人数最多，达到 6.03 人；其次是资产规模为中型企业的上市公司高管在股东单位任职的平均人数为 4.48 人；然后是资产规模为小型企业的上市公司高管在股东单位任职的平均人数为 3.56 人。

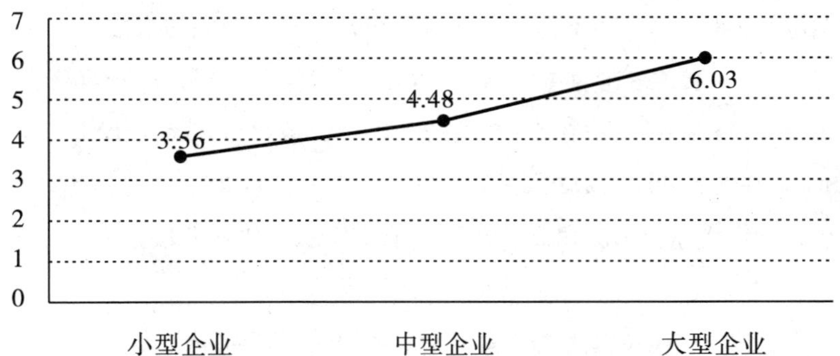

图 6－49　按资产规模类型分类 2009 年上市公司高管在股东单位任职人数

下面将按具体资产规模类型分析 2009 年各类上市公司高管在股东单位任职的人数分布，总体情况见表 6－17。

表 6－17　2009 年各资产规模类型上市公司高管在股东单位任职人数分布情况表

区域类型	0 人		1～3 人		4～6 人		7～9 人		≥10 人		合计
	数量	占比/%	数量	占比/%	数量	占比/%	数量	占比/%	数量	占比/%	数量
小型企业	6	9.09	29	43.94	22	33.33	7	10.61	2	3.03	66
中型企业	53	6.21	266	31.18	358	41.97	144	16.88	32	3.75	853
大型企业	11	3.55	61	19.68	97	31.29	102	32.90	39	12.58	310
合计	70	5.70	356	28.97	477	38.81	253	20.59	73	5.94	1229

从表 6－17 可以看出，资产规模为小型企业的上市公司中高管在股东单位任职的人数在 1～3 人的上市公司数量最多，共有 29 家，占比为 43.94%；其次是任职人数在 4～6 人的上市公司有 22 家，占比为 33.33%；另外在所有小型企业上市公司中，有 6 家企业没有高管在股东单位任职的情况，占比为 9.09%。中型企业上市公司中高管在股东单位任职的人数在 4～6 人的上市公司数量最多，共有 358 家，占比为 41.97%；其次是任职人数在 1～3 人的上市公司有 266 家，占比为 31.18%。大型企业的上市公司中高管在股东单位任职的人数在 7～9 人的上市公司数量最多，共有 102 家，占比为 32.90%；

其次是任职人数在4～6人的上市公司有97家，占比为31.29%；有39家企业高管在股东单位任职的人数超过10人，占比为12.58%。

各资产规模类型上市公司高管在股东单位任职人数各分段的占比情况见图6－50。

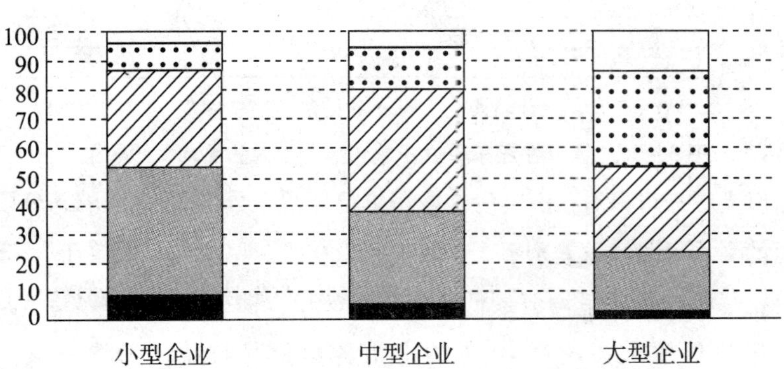

图6－50　高管在股东单位任职人数的资产规模类型对比图（%）

从不同资产规模类型上市公司间的数据对比可以看出，资产规模为大型企业的上市公司中高管在股东单位任职人数较多，任职人数超过10人的公司占比超过10%；而小型上市公司中高管在股东单位任职的人数较少，不存在高管在股东单位任职情况的上市公司数量占比也接近10%。由此可见，随着企业规模的增大高管在股东单位任职人数呈现逐步增多的趋势。

6. 高管在股东单位任职人数与经营绩效分析

按上市公司高管在股东单位兼职人数分析上市公司经营绩效情况，经营绩效的指标包括每股收益和净资产收益率。每股收益情况的描述性分析见下表6－18和图3－10。

表6－18　按高管在股东单位任职人数分类的每股收益描述性分析

任职人数分段	样本数	最小值	最大值	平均值	中位数	标准差	方差
0人	70	－0.5710	0.8333	0.230504	0.215750	0.2840216	0.081
1～3人	356	－1.4364	2.4531	0.230012	0.165250	0.4143525	0.172
4～6人	477	－1.3986	5.8932	0.248161	0.180300	0.4618255	0.213
7～9人	253	－2.7204	6.2781	0.258721	0.198000	0.6186690	0.383
≥10人	73	－1.4916	4.257	0.439058	0.318500	0.7851711	0.616
总计	1229	－2.7204	6.2781	0.255411	0.192300	0.5037658	0.254

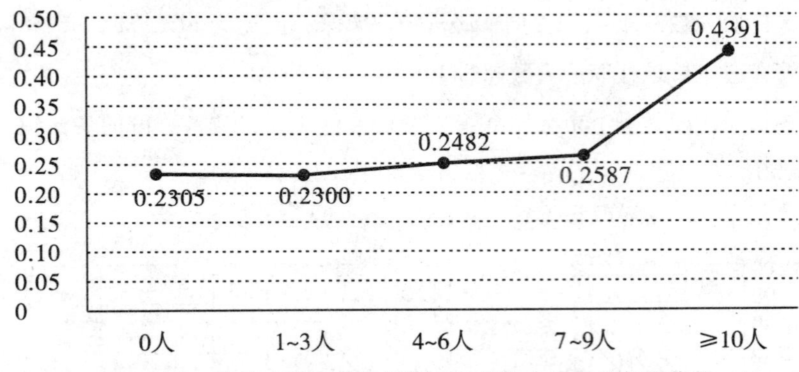

图 6－51　高管在股东单位任职人数分段内的平均每股收益

由以上图表可以看出，高管在股东单位任职人数小于10人的各分段内上市公司的平均每股收益差别不大，其中高管在股东单位任职人数在1～3人的上市公司每股收益的平均值最低，为0.230012，标准差为0.4143525。高管在股东单位任职人数超过10人的上市公司每股收益的平均值最高，为0.439058，标准差为0.7851711。

按高管在股东单位任职人数分段分析上市公司净资产收益率的描述性分析见表6－19和图6－59。

表 6－19　按高管在股东单位任职人数分类的净资产收益率描述性分析

任职人数分段	样本数	最小值	最大值	平均值	中位数	标准差	方差
0人	70	－0.3565	0.2473	0.58221	0.73500	0.1055499	0.011
1～3人	356	－1.765	8.3960	0.76534	0.62950	0.4659518	0.217
4～6人	477	－2.9261	0.5699	0.53454	0.68100	0.2067649	0.043
7～9人	253	－1.7347	0.3926	0.53860	0.69300	0.1969124	0.039
≥10人	73	－0.6167	0.3752	0.60860	0.89300	0.1892139	0.036

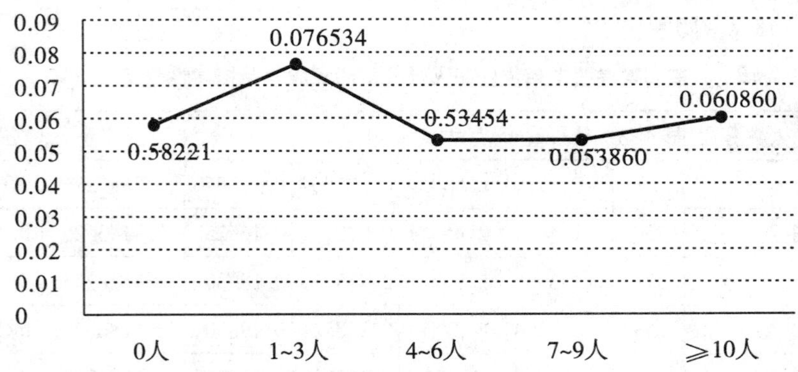

图 6－52　高管在股东单位任职人数分段内的平均净资产收益率

由以上图表可以看出，高管在股东单位任职人数在4人到6人之间的上市公司净资产收益率的平均值最低，为0.53454，标准差为0.2067649；高管在股东单位任职人数在1～3人的上市公司净资产收益率的平均值最高，为0.76534，标准差为0.4659518。

通过数据分析我们可以得出，从每股收益上看，随着高管在股东单位任职人数的增加，上市公司的平均每股收益呈现增加的趋势；从净资产收益率上看，并没有呈现规律性的差异。

综合上述数据分析，金融、水电煤气和机械行业的高管在股东单位兼职的多，且超过10人以上的比例高，其每股收益率明显比其他类型的企业高，究其原因这类企业高管兼职股东单位，可以较好的实施股东单位的战略，且有一定的关联交易，使业绩得以提升。股东单位考虑兼职高管应从多方面来考虑。

二、股权控制阶层分析

股权控制阶层反映的是上市公司实际控制人对公司的控制关系。对上市公司股权控制阶层的统计方法是，从公司年报资料中披露的上市公司与第一大股东之间的产权及控制关系得出。如果该上市公司没有子公司也没有集团公司或公司年报中明确说明无控股股东，则为1层；如果该上市公司有控股股东，但控股股东上面没有其控股股东，是该上市公司的实际控制人，则为2层；如果该上市公司有控股股东，而且该控股股东（公司）上面仍然有其控股股东，则为3层；以此类推，通过统计控制层链的级数，可以分析控制人的控制能力及效果。

1. 股权控制阶层总体情况分析

通过对我国2007年1328家A股上市公司和2008年1439家A股上市公司的股权控制阶层数进行统计分析，研究我国上市公司的股东行为治理情况。总体情况见表6－20。

表6－20　　2007～2008年我国上市公司股权控制阶层情况

年份	上市公司数	平均股权控制阶层数
2007年	1328	3.27
2008年	1439	3.32

从表 6－20 可以看出，我国上市公司的平均股权控制阶层数呈现增长的趋势，从 2007 年的 3.27 层增加到 2008 年的 3.32 层。

按照具体的股权控制阶层数分类，2008 年我国上市公司的数量分布情况见图 6－53。

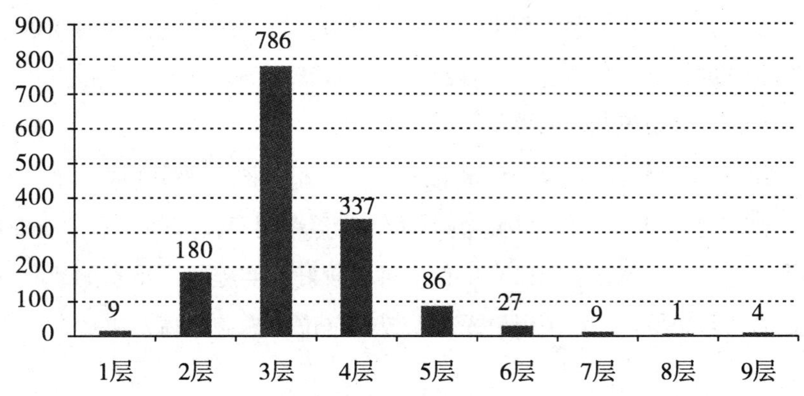

图 6－53　按股权控制阶层分类 2008 年上市公司分布数量情况

从 2008 年我国上市公司的股权控制阶层分布情况来看，股权控制阶层最高为 9 层，最低为 1 层；主要集中于 2～4 层。股权控制阶层为 3 层的上市公司数量最多，共计 786 家，超过所有上市公司总数的半数；其次是股权控制阶层为 4 层的上市公司数量为 337 家；然后是股权控制阶层为 2 层的上市公司有 180 家。在所有上市公司中，有 9 家企业的股权控制阶层仅为 1 层；另外，股权控制阶层超过 5 层的上市公司数量也仅有 41 家，占总量的比例为 2.85%。

直方图直观的显示出态分布的规律，大多数上市公司的控制层级在3～4层，这比较符合一般企业的控制力。

2. 行业类型股权控制阶层分析

首先，按行业类型分类上市公司的股权控制阶层情况见图 6－54。

从图 6－54 数据中可以看出，大部分行业的平均股权控制阶层数在 2008 年均比 2007 年高，只有交通运输仓储业、信息技术业和传播文化业上市公司 2008 年平均股权控制阶层数比 2007 年略低。农林牧渔业、采掘业、制造业和建筑业上市公司 2008 年平均股权控制阶层数也仅仅是比 2007 年略有增高。在所有行业中，水电煤气业、批发零售业、金融业、房地产业、社会服务业和综合类上市公司 2008 年平均股权控制阶层数比 2007 年增高的幅度较为明显，其中金融业上市公司的平均股权控制阶层数增长幅度最大，2008 年相比 2007 年增加了 0.48 层。

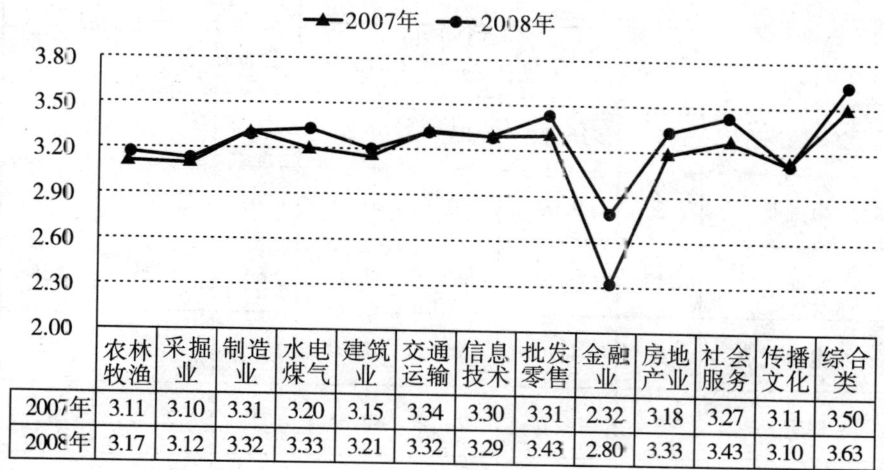

	农林牧渔	采掘业	制造业	水电煤气	建筑业	交通运输	信息技术	批发零售	金融业	房地产业	社会服务	传播文化	综合类
2007年	3.11	3.10	3.31	3.20	3.15	3.34	3.30	3.31	2.32	3.18	3.27	3.11	3.50
2008年	3.17	3.12	3.32	3.33	3.21	3.32	3.29	3.43	2.80	3.33	3.43	3.10	3.63

图 6－54　按行业类型分类上市公司平均股权控制阶层数

从同一年度不同行业间的对比情况来看，以 2008 年的上市公司为例，综合类上市公司的平均股权控制阶层数最高，达到 3. 63 层；其次是批发零售业和社会服务业上市公司的平均股权控制阶层数均为 3. 43 层；除了金融业外的其他行业上市公司的平均股权控制阶层数也均超过了 3 层。在所有行业中，金融业上市公司的平均股权控制阶层数最低，仅为 2. 80 层。

下面将按股权控制阶层数进行分类，分析 2008 年各行业上市公司的分布数量情况，见表 6－21。

由表 6－21 可以看出，各行业上市公司的股权控制阶层数基本都是集中于 3 层或 4 层，占比均达到或超过 50%。其中采掘业、社会服务业和传播文化业上市公司的股权控制阶层在 3～4 层的占比达到 90% 以上；水电煤气业、建筑业、交通运输仓储业和房地产业的占比也均超过了 80%。金融业上市公司的股权控制阶层在 3～4 层的占比最低，为 50%；然后是信息技术业的占比也仅为 61. 22%。在所有行业中，社会服务业上市公司没有 1 家的股权控制阶层数在 1 层或 2 层，而金融业则有 40% 的企业的股权控制阶层数在 1 层或 2 层。信息技术业上市公司股权控制阶层数在 1 层或 2 层的占比也超过 20%；农林牧渔业、制造业、建筑业、房地产业和传播文化业上市公司股权控制阶层数在 1 层或 2 层的占比超过 10%。

表 6－21　按行业类型分类 2008 年上市公司股权控制阶层数分段分布情况

区域类型	1～2 层		3～4 层		≥5 层		合计数量
	数量	占比/%	数量	占比/%	数量	占比/%	
农林牧渔业	5	16.67	23	76.67	2	6.67	30
采掘业	3	9.09	30	90.91	0	0	33
制造业	113	13.68	644	77.97	69	8.35	826
水电煤气业	3	4.76	55	87.30	5	7.94	63
建筑业	5	14.71	28	82.35	1	2.94	34
交通运输仓储业	5	8.33	51	85.00	4	6.67	60
信息技术业	22	22.45	60	61.22	16	16.33	98
批发零售业	8	9.64	66	79.52	9	10.84	83
金融业	12	40.00	15	50.00	3	10.00	30
房地产业	7	10.14	57	82.61	5	7.25	69
社会服务业	0	0	43	93.48	3	6.52	46
传播文化业	1	10.00	9	90.00	0	0	10
综合类	5	8.77	42	73.68	10	17.54	57
合计	189	13.13	1123	78.04	127	8.83	1439

采掘业和传播文化业上市公司没有股权控制阶层数达到或超过 5 层的情况。在所有行业中，综合类上市公司股权控制阶层数达到或超过 5 层的占比最高，达到 17.54；另外的信息技术业、批发零售业和金融业上市公司股权控制阶层数达到或超过 5 层的占比也均超过 10%。

3. 区域类型股权控制阶层分析

按区域类型分类上市公司的股权控制阶层情况见图 6－55。

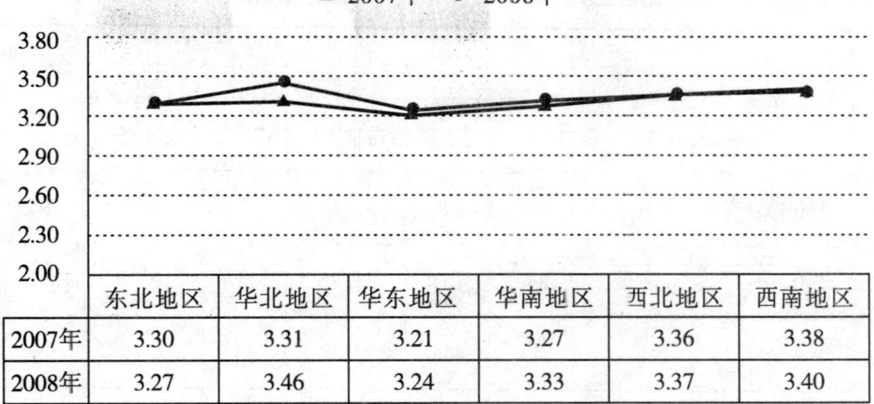

	东北地区	华北地区	华东地区	华南地区	西北地区	西南地区
2007年	3.30	3.31	3.21	3.27	3.36	3.38
2008年	3.27	3.46	3.24	3.33	3.37	3.40

图 6－55　按区域类型分类上市公司平均股权控制阶层数

从图 6－55 数据中可以看出，2008 年我国除东北地区外所有地区上市公司的平均股权控制阶层数均比 2007 年高，只有东北地区上市公司 2008 年平均股权控制阶层数比 2007 年略低。华东地区、华南地区、西北地区和西南地区上市公司 2008 年平均股权控制阶层数也仅仅是比 2007 年略有增高。在所有地区中，华北地区上市公司在 2008 年平均股权控制阶层数比 2007 年增高的幅度较为明显，2008 年相比 2007 年增加了 0.15 层。

从同一年度不同地区间的对比情况来看，2008 年我国所有地区的上市公司平均股权控制阶层数均超过 3 层，其中华北地区上市公司的平均股权控制阶层数最高，达到 3.46 层；其次是西南地区上市公司的平均股权控制阶层数为 3.40 层；然后是西北地区上市公司的平均股权控制阶层数为 3.37 层。在所有地区中，华东地区上市公司的平均股权控制阶层数最低，为 3.24 层。

下面将按股权控制阶层数进行分类，分析 2008 年各地区上市公司的分布数量情况，见表 6－22。

由表 6－22 可以看出，各地区上市公司股权控制阶层数在 3 层或 4 层的数量占比均超过 70%，其中西北地区的占比最高，达到 93.98%；东北地区、华北地区和西南地区上市公司股权控制阶层数在 3 层或 4 层的占比超过了 80%；华南地区占比最低，为 71.30%。在所有地区中，股权控制阶层数在 1 层或 2 层的上市公司数量占比最高的是华南地区，达到 17.75%，其次是华东地区，占比达到 15.42%；西北地区上市公司

表 6-22　按区域类型分类 2008 年上市公司股权控制阶层数分段分布情况

区域类型	1~2层		3~4层		≥5层		合计数量
	数量	占比/%	数量	占比/%	数量	占比/%	
东北地区	8	8.42	78	82.11	9	9.47	95
华北地区	16	7.84	167	81.86	21	10.29	204
华东地区	91	15.42	455	77.12	44	7.46	590
华南地区	60	17.75	241	71.30	37	10.95	338
西北地区	2	2.41	78	93.98	3	3.61	83
西南地区	12	9.30	104	80.62	13	10.08	129
合计	189	13.13	1123	78.04	127	8.83	1439

股权控制阶层数在 1 层或 2 层的占比最低，仅为 2.41%。上市公司的股权控制阶层数达到或超过 5 层的占比最高的是华南地区，达到 10.95%；另外的华北地区和西南地区占比也均超过 10%；西北地区上市公司的股权控制阶层数达到或超过 5 层的占比最低，为 3.61%。按区域划分上市公司控制层级没有显著差别。

4. 控制人类型股权控制阶层分析

按控制人类型分类上市公司的股权控制阶层情况见图 6-56。

从图 6-56 数据中可以看出，国有及国有法人、境内非国有法人和境外法人为实际控制人的上市公司的平均股权控制阶层数 2008 年均略高于 2007 年的数据，而境内自然人为实际控制人的上市公司 2008 年平均股权控制阶层数比 2007 年略低。其中境外法人和国有及国有法人为实际控制人的上市公司 2008 年平均股权控制阶层数比 2007 年增高的幅度分别为 0.09 层和 0.08 层。

从同一年度不同控制人类型间的对比情况来看，以 2008 年上市公司数据为例，境外法人为实际控制人的上市公司的平均股权控制阶层数最高，达到 4.23 层；其次是境内非国有法人为实际控制人的上市公司的平

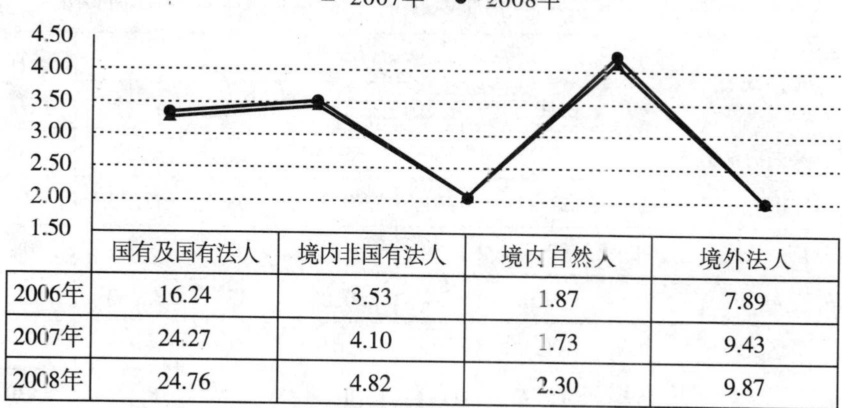

	国有及国有法人	境内非国有法人	境内自然人	境外法人
2006年	16.24	3.53	1.87	7.89
2007年	24.27	4.10	1.73	9.43
2008年	24.76	4.82	2.30	9.87

图6－56　按控制人类型分类上市公司平均股权控制阶层数

均股权控制阶层数为3.50层；然后是国有及国有法人为实际控制人的上市公司的平均股权控制阶层数为3.34层。境内自然人和境外自然人上市公司的平均股权控制阶层数均较低，分别为2.09层和2.00层。由此可见，自然人为实际控制人的上市公司相比法人为实际控制人的上市公司平均股权控制阶层数更低；在法人为实际控制人的上市公司中，境外法人为实际控制人的上市公司平均股权控制阶层数要高于境内法人为实际控制人的上市公司平均股权控制阶层数。

下面将按股权控制阶层数进行分类，分析2008年各控制人类型上市公司的分布数量情况，见表6－23。

由表6－23可以看出，境内自然人上市公司的股权控制阶层数在1层或2层的占对大多数，占比达到92.45%；其余的国有及国有法人、境内非国有法人和境外法人上市公司股权控制阶层数在1层或2层的占比均低于10%。国有及国有法人上市公司的股权控制阶层数在3层或4层的占比最高，达到86.29%；境内非国有法人上市公司的占比也超过80%；境内自然人上市公司股权控制阶层数在3层或4层的占比最低，仅为7.55%。股权控制阶层数达到或超过5层的占比最高的是境外法人上市公司，达到32.50%；境内自然人上市公司没有股权控制阶层数达到或超过5层的情况。

境内自然人控制层级的少，显示出其控制能力较弱，公司纵向扩展有限；而境外法人的控制层级多，显示出其跨境控制能力的优势。

表 6 – 23　按控制人类型分类 2008 年上市公司股权控制阶层数分段分布情况

区域类型	1 ~2 层		3 ~4 层		≥5 层		合计
	数量	占比/%	数量	占比/%	数量	占比/%	数量
国有及国有法人	61	7. 21	730	86. 29	55	6. 50	846
境内非国有法人	26	5. 83	361	80. 94	59	13. 23	446
境内自然人	98	92. 45	8	7. 55	0	0	106
境外法人	3	7. 50	24	60. 00	13	32. 50	40
境外自然人	1	100. 00	0	0	0	0	1
合计	189	13. 13	1123	78. 04	127	8. 83	1439

5. 资产规模类型股权控制阶层分析

按资产规模类型分类上市公司的股权控制阶层情况见图 6 – 57。

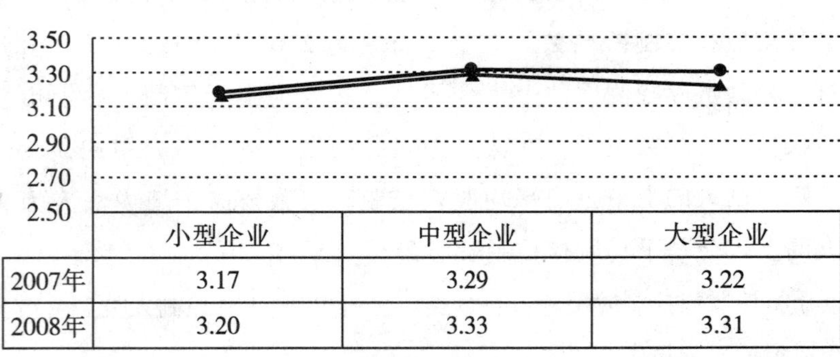

	小型企业	中型企业	大型企业
2007年	3.17	3.29	3.22
2008年	3.20	3.33	3.31

图 6 – 57　按资产规模类型分类上市公司平均股权控制阶层数

从图 6 – 57 数据中可以看出，按照资产规模类型分类 2008 年各类上市公司的平均股权控制阶层数均高于 2007 年数据。其中资产规模为大型企业的上市公司 2008 年平均股权控制阶层数比 2007 年增高的幅度为 0. 09 层；资产规模为中型企业和小型企业的上市公司 2008 年平均股权控制阶层数比 2007 年增高的幅度相对较小，分别为 0. 04 层和 0. 03 层。

从同一年度不同资产规模类型间的对比情况来看，以 2008 年上市公司数据为例，中型企业的上市公司的平均股权控制阶层数最高，达到 3. 33 层；其次是大型企业的上市公司的平均股权控制阶层数为 3. 31 层；然后是小型企业的上市公司的平均股权控制阶层数为 3. 20 层。

下面将按股权控制阶层数进行分类，分析 2008 年各资产规模类型上市公司的分布数量情况，见表6－24。

表6－24　　按资产规模类型分类2008年上市公司股权控制阶层数分段分布情况

区域类型	1～2层		3～4层		≥5层		合计
	数量	占比/%	数量	占比/%	数量	占比/%	数量
小型企业	22	25.00	56	63.64	10	11.36	88
中型企业	130	13.07	774	77.79	91	9.15	995
大型企业	37	10.39	293	82.30	26	7.30	356
合计	189	13.13	1123	78.04	127	8.83	1439

由表6－24可以看出，资产规模为小型企业上市公司的股权控制阶层数在1层或2层的占比最高，达到25%；而中型企业和大型企业的占比分别为13.07%和10.39%。随着企业规模的增大，股权控制阶层数在3层或4层的上市公司占比呈现逐步增高的趋势，其中大型企业上市公司的占比最高，达到82.30%，其次是中型企业的77.79%，然后是小型企业的63.64%。股权控制阶层数达到或超过5层的上市公司占比呈现逐步降低的趋势，小型企业上市公司的股权控制阶层数达到或超过5层的占比也是最高的，达到11.36%，其次是中型企业的9.15%，然后是大型企业的7.30%。

统计数据显示控制层级与企业规模的大小差别不大。

6. 股权控制阶层数与经营绩效分析

按上市公司股权控制阶层数分析上市公司经营绩效情况，经营绩效的指标包括每股收益和净资产收益率。每股收益情况的描述性分析见表6－25和图6－58。

表6－25　　按股权控制阶层数分类的每股收益描述性分析

股权控制阶层	样本数	最小值	最大值	平均值	中位数	标准差	方差
1～2层	189	－0.7117	1.5588	0.355152	0.309100	0.3391006	0.115
3～4层	1123	－2.7204	6.2781	0.257915	0.173800	0.5427891	0.295
≥5层	127	－0.7782	1.6967	0.192761	0.122300	0.3548568	0.126
总计	1439	－2.7204	6.2781	0.264936	0.192500	0.5074570	0.258

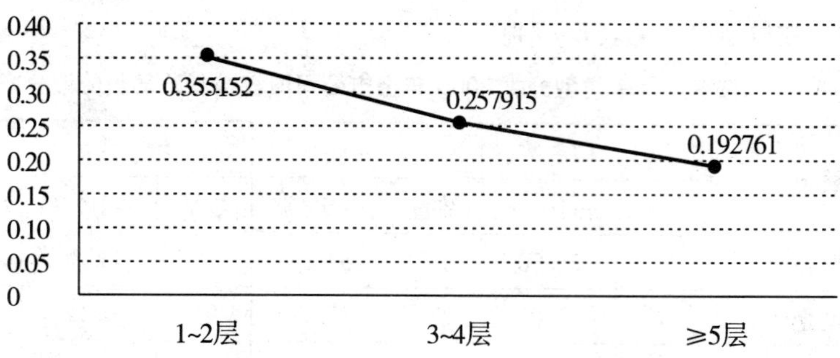

图 6－58　股权控制阶层数分段内的平均每股收益

由以上图表可以看出，股权控制阶层数为 1 层或 2 层的上市公司的每股收益的平均值最高，为 0. 355152，标准差为 0. 3391006。股权控制阶层数为 3 层或 4 层的上市公司每股收益的平均值居中，为 0. 257915，标准差为 0. 5427891。股权控制阶层数达到或超过 5 层的上市公司的每股收益的平均值最低，为 0. 192761，标准差为 0. 3548568。

按股权控制阶层数分段分析上市公司净资产收益率的描述性分析见表 6－26和图 6－59。

表 6－26　按股权控制阶层数分类的净资产收益率描述性分析

股权控制阶层	样本数	最小值	最大值	平均值	中位数	标准差	方差
1 ~2 层	189	－0. 4372	0. 3640	0. 90390	0. 103900	0. 973789	0. 009
3 ~4 层	1123	－2. 9261	5. 8583	0. 59629	0. 66400	0. 2558698	0. 065
≥5 层	127	－0. 5746	3. 5462	0. 60929	0. 49300	0. 3505064	0. 123
总计	1439	－2. 9261	5. 8583	0. 63784	0. 69200	0. 2513846	0. 063

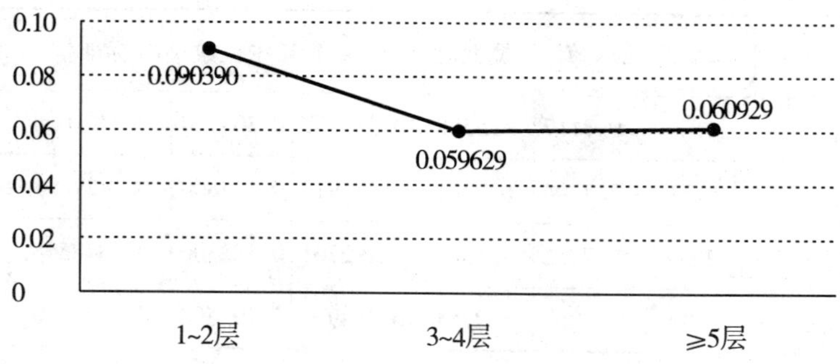

图 6－59　股权控制阶层数分段内的平均净资产收益率

由上图表可以看出，股权控制阶层数为1层或2层的上市公司的净资产收益率的平均值最高，为0.90390，标准差为0.973789。股权控制阶层数为3层或4层和达到或超过5层的上市公司的净资产收益率平均值相差不大，分别为0.59629和0.60929，标准差分别为0.2558698和0.3505064。

通过数据分析可以得出，从每股收益上看，随着股权控制阶层数的增加，上市公司的平均每股收益呈现降低的趋势；从净资产收益率上看，股权控制阶层数为1层或2层的上市公司的净资产收益率明显好于股权控制阶层数为3层及以上的上市公司。因此，可以大致认定股权控制阶层数越低，即上市公司的股权独立性越好，上市公司的经营绩效越好。

三、业务控制阶层分析

业务控制阶层反映的是上市公司的业务独立性，即与其控股股东和子公司的业务是否存在重复性。对上市公司业务控制阶层的统计方法是：最高为3，即目标公司与母公司/控股股东在业务方面有重复；居中为2，即目标公司与控股子公司在业务方面有重复；最低为1，即目标公司与母公司和控股子公司在业务方面均没有重复业务。

1. 业务控制阶层总体情况分析

通过对我国2007年1328家A股上市公司和2008年1439家A股上市公司的业务控制阶层数进行统计分析，研究我国上市公司的股东行为治理情况。总体情况见表6－27。

表6－27　　2007～2008年我国上市公司业务控制阶层情况

年份	上市公司数	平均股权控制阶层数
2007	1328	2.57
2008	1439	2.52

从表6－27可以看出，我国上市公司的平均业务控制阶层数呈现降低的趋势，从2007年的2.57层降低到2008年的2.52层。

按照具体的业务控制阶层数分类，2008年我国上市公司的数量分布情况见图6－60。

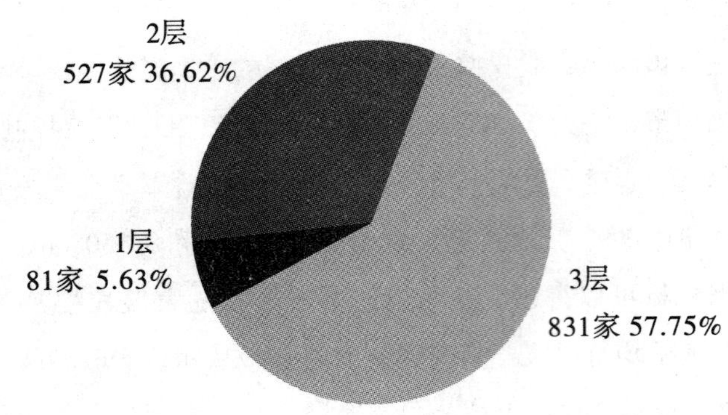

图 6－60　按业务控制阶层分类 2008 年上市公司分布数量情况

从 2008 年我国上市公司的业务控制阶层分布情况来看，业务控制阶层最高为 3 层，最低为 1 层。业务控制阶层为 3 层的上市公司数量最多，共计 831 家，占 2008 年上市公司总量的 57. 75%；其次是业务控制阶层为 2 层的上市公司数量为 527 家，占上市公司总量的比例为 36. 62%；然后是业务控制阶层为 1 层的上市公司数量最少，共有 81 家，占 2008 年上市公司总量的比例为 5. 63%。大多数公司与母公司或子公司有业务联系。

2. 行业类型业务控制阶层分析

首先，按行业类型分类上市公司的业务控制阶层情况见图 6－61。

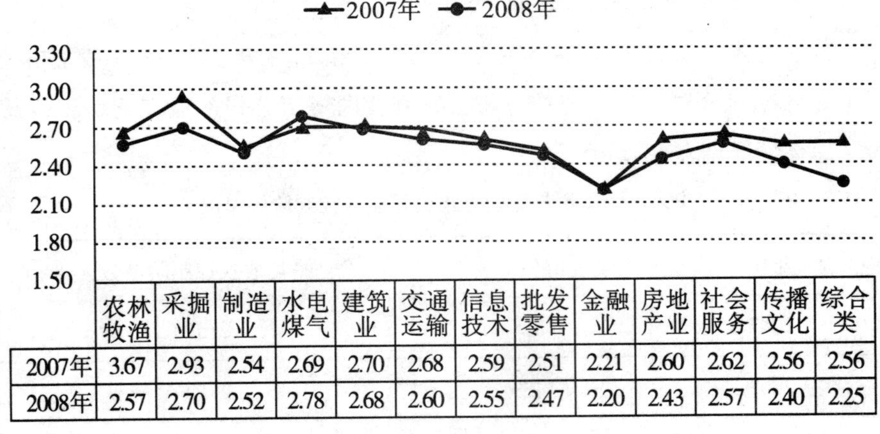

	农林牧渔	采掘业	制造业	水电煤气	建筑业	交通运输	信息技术	批发零售	金融业	房地产业	社会服务	传播文化	综合类
2007年	3.67	2.93	2.54	2.69	2.70	2.68	2.59	2.51	2.21	2.60	2.62	2.56	2.56
2008年	2.57	2.70	2.52	2.78	2.68	2.60	2.55	2.47	2.20	2.43	2.57	2.40	2.25

图 6－61　按行业类型分类上市公司平均业务控制阶层数

从图 6－61 数据中可以看出，大部分行业的平均业务控制阶层数 2008 年均比 2007 年低，只有水电煤气业上市公司 2008 年平均业务控制阶层数高于 2007 年数据。在所有行业中，制造业、建筑业、信息技术业、批发零售业、金融业和社会服务业上市公司2008年平均业务控制阶层数也仅仅是比2007年略有增高。另外的农林牧渔业、采掘业、交通运输仓储业、房地产业、传播文化业和综合类上市公司2008年平均业务控制阶层数比2007年增高的幅度较为明显，其中综合类上市公司的平均业务控制阶层数增长幅度最大，2008年相比2007年增加了0.31层。从同一年度不同行业间的对比情况来看，以2008年的上市公司为例，水电煤气业上市公司的平均业务控制阶层数最高，达到2.78层；其次是采掘业和建筑业上市公司的平均业务控制阶层数分别为为2.70层和2.68层；另外的农林牧渔业、制造业、交通运输仓储业、信息技术业和社会服务业上市公司的平均业务控制阶层数也均超过了2.5层。在所有行业中，金融业上市公司的平均业务控制阶层数最低，为2.20层。

下面将按业务控制阶层数进行分类，分析2008年各行业上市公司的分布数量情况。

(1) 农林牧渔业

2008年农林牧渔业上市公司业务控制阶层数分布情况见图6-62。

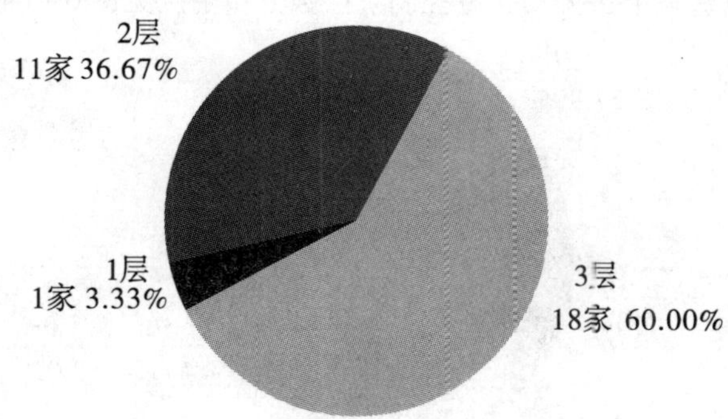

图6-62 按业务控制阶层数分类2008年农林牧渔业上市公司数量

从图6-62可以看出，在30家农林牧淮业上市公司中业务控制阶层为3层的上市公司占绝大多数，共有18家，占该行业上市公司总数的60%；其次是业务控制阶层为2层的上市公司有11家，占该行业上市公司总量的比例为36.67%；业务控制阶层为1层的农林牧渔业上市公司数量最少，仅有1家，占比也仅为3.33%。

(2) 采掘业

2008年采掘业上市公司业务控制阶层数分布情况见图6-63。

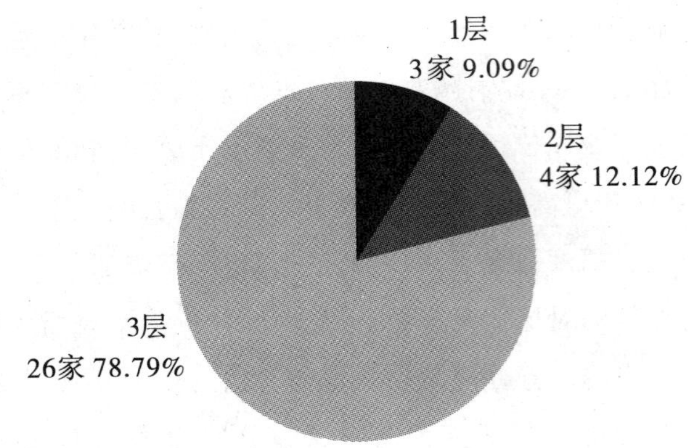

图 6－63　按业务控制阶层数分类 2008 年采掘业上市公司数量

从图 6－63 可以看出，在 33 家采掘业上市公司中也是业务控制阶层为 3 层的上市公司占绝大多数，共有 26 家，占该行业上市公司总数的 78.79%；其次是业务控制阶层为 2 层的上市公司有 4 家，占比为 12.12%；然后是业务控制阶层为 1 层的采掘业上市公司数量最少，有 3 家，占比为 9.09%。

（3）制造业

2008 年制造业上市公司业务控制阶层数分布情况见图 6－64。

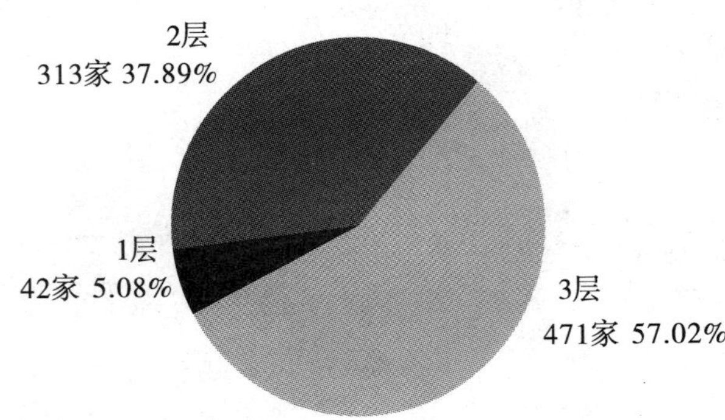

图 6－64　按业务控制阶层数分类 2008 年制造业上市公司数量

从图 6－64 可以看出，在 826 家制造业上市公司中业务控制阶层为 3 层的上市公司数量占绝大多数，共有 471 家，占该行业上市公司总数的 78.79%；其次是业务控制阶层为 2 层的上市公司有 313 家，占该行业上市公司总量的比例为 37.89%；然后是业务控制阶层为 1 层的上市公司数量最少，共有 42 家，占比也仅为 5.08%。

（4）水电煤气业

2008 年水电煤气业上市公司业务控制阶层数分布情况见图 6－65。

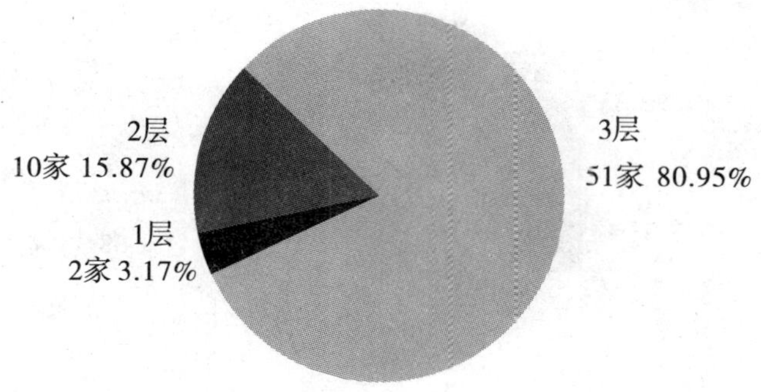

图 6-65　按业务控制阶层数分类 2008 年水电煤气业上市公司数量

从图 6-65 可以看出，63 家水电煤气业上市公司中也是业务控制阶层为 3 层的上市公司数量占绝大多数，共有 51 家，占该行业上市公司总数的比例为 80.95%；其次是业务控制阶层为 2 层的上市公司有 10 家，占该行业上市公司总量的比例为 15.87%；业务控制阶层为 1 层的水电煤气业上市公司数量最少，仅有 2 家，占比为 3.17%。

（5）建筑业

2008 年建筑业上市公司业务控制阶层数分布情况见图 6-66。

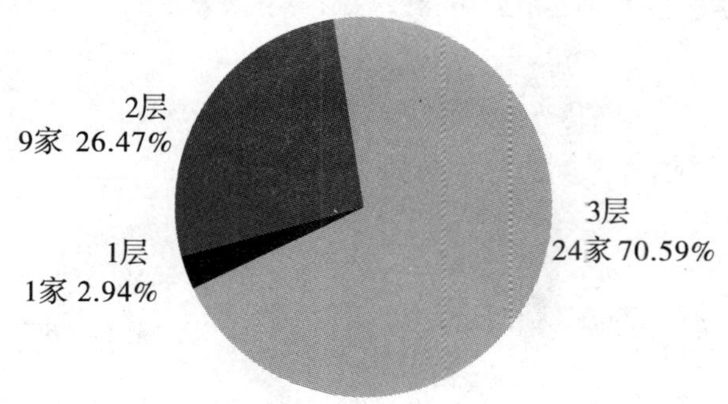

图 6-66　按业务控制阶层数分类 2008 年建筑业上市公司数量

从图 6-66 可以看出，34 家建筑业上市公司中也是业务控制阶层为 3 层的上市公司数量占绝大多数，共有 24 家，占该行业上市公司总数的比例为 70.59%；其次是业务控制阶层为 2 层的上市公司有 9 家，占该行业上市公司总量的比例为 26.47%；业务控制阶层为 1 层的建筑业上市公司数量最少，仅有 1 家，占比也仅为 2.94%，是所有行业中业务控制阶层为 1 层的上市公司数量占比最少的一个行业。

（6）交通运输仓储业

2008 年交通运输仓储业上市公司业务控制阶层数分布情况见图 6-67。

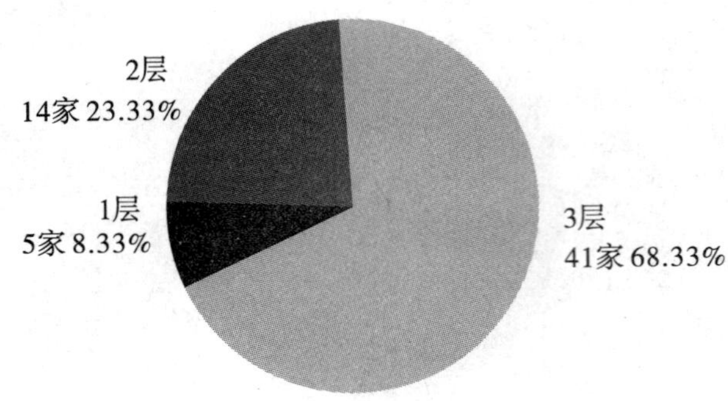

图 6-67　按业务控制阶层数分类 2008 年交通运输仓储业上市公司数量

从图 6-67 可以看出，60 家交通运输仓储业上市公司中同样是业务控制阶层为 3 层的上市公司数量占绝大多数，共有 41 家，占该行业上市公司总数的比例为 68.33%；其次是业务控制阶层为 2 层的上市公司有 14 家，占该行业上市公司总量的比例为 23.33%；业务控制阶层为 1 层的交通运输仓储业上市公司数量最少，有 5 家，占比为 8.33%。

（7）信息技术业

2008 年信息技术业上市公司业务控制阶层数分布情况见图 6-68。

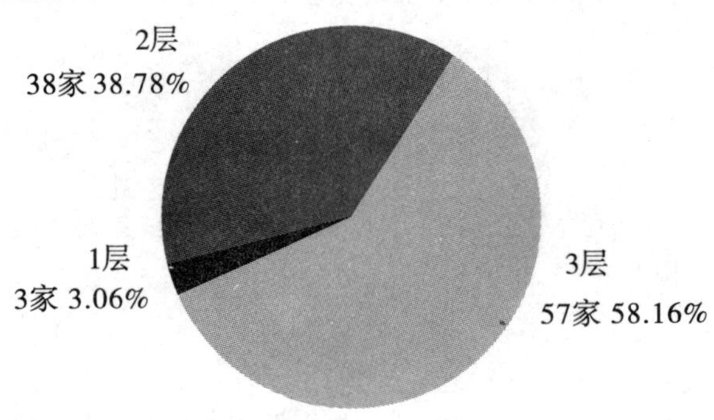

图 6-68　按业务控制阶层数分类 2008 年信息技术业上市公司数量

从图 6-68 可以看出，98 家信息技术业上市公司中业务控制阶层为 3 层的上市公司数量占绝大多数，共有 57 家，占该行业上市公司总数的比例为 58.16%；其次是业务控制阶层为 2 层的上市公司有 38 家，占该行业上市公司总量的比例为 38.78%；业务控制阶层为 1 层的信息技术业上市公司数量最少，有 3 家，占比为 3.06%。

（8）批发零售业

2008 年批发零售业上市公司业务控制阶层数分布情况见下图 6-69。

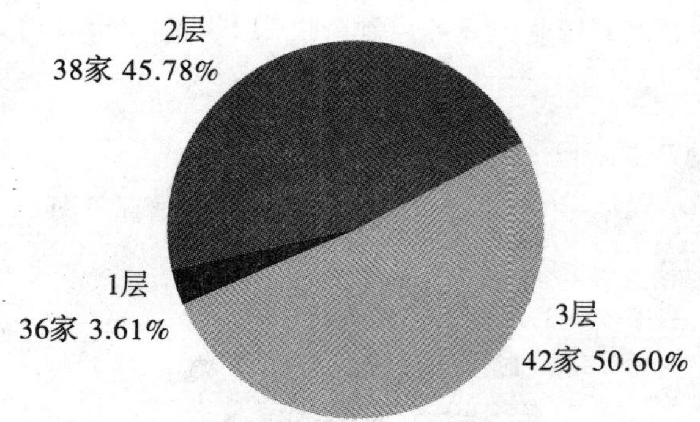

图 6-69　按业务控制阶层数分类 2008 年批发零售业上市公司数量

从图 6-69 可以看出，83 家批发零售业上市公司中业务控制阶层为 3 层的上市公司数量最多，共有 42 家，占该行业上市公司总数的比例为 50.60%；其次是业务控制阶层为 2 层的上市公司有 38 家，占该行业上市公司总量的比例为 45.78%；业务控制阶层为 1 层的批发零售业上市公司数量最少，有 3 家，占比为 3.61%。

（9）金融业

2008 年金融业上市公司业务控制阶层数分布情况见图 6-70。

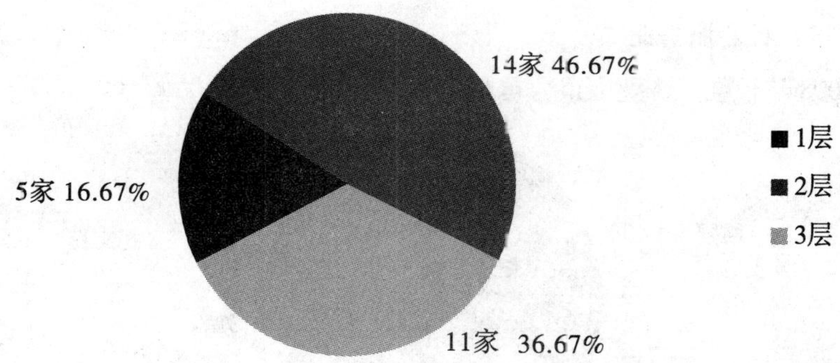

图 6-70　按业务控制阶层数分类 2008 年金融业上市公司数量

从图 6-70 可以看出，30 家金融业上市公司中业务控制阶层为 2 层的上市公司数量最多，共有 14 家，占该行业上市公司总数的比例为 46.67%；其次是业务控制阶层为 3 层的上市公司有 11 家，占该行业上市公司总量的比例为 36.67%；业务控制阶层为 1 层的金融业上市公司数量最少，有 5 家，占比为16.67%，也是所有行业中业务控制阶层为1层的上市公司数量占比最高的一个行业。

(10) 房地产业

2008年房地产业上市公司业务控制阶层数分布情况见图6－71。

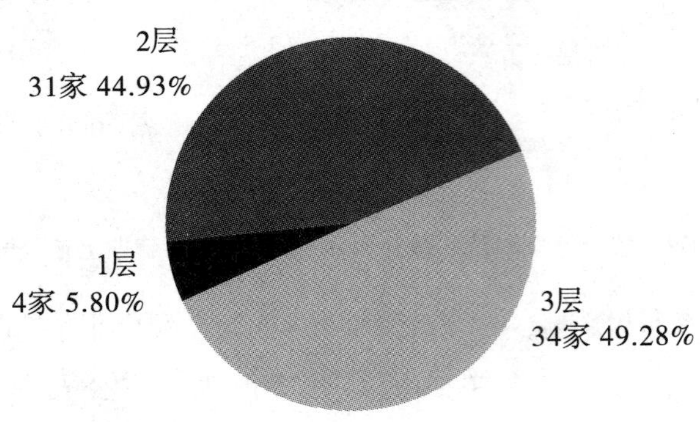

图6－71　按业务控制阶层数分类2008年房地产业上市公司数量

从图6－71可以看出，69家房地产业上市公司中业务控制阶层为3层的上市公司数量最多，共有34家，占该行业上市公司总数的比例为49.28%；其次是业务控制阶层为2层的上市公司有31家，占该行业上市公司总量的比例为44.93%；业务控制阶层为1层的房地产业上市公司数量最少，有4家，占比为5.80%。

(11) 社会服务业

2008年社会服务业上市公司业务控制阶层数分布情况见图6－72。

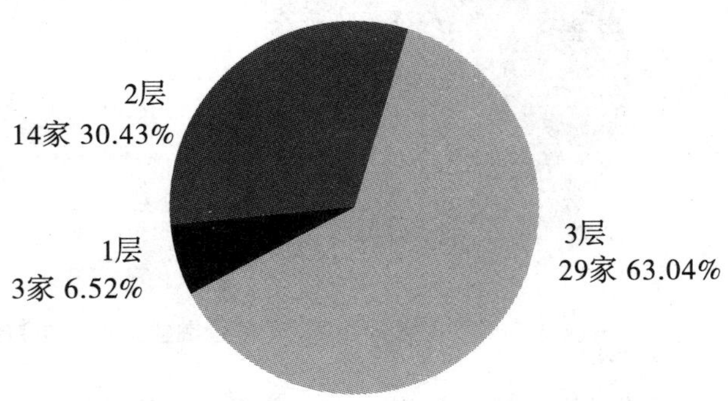

图6－72　按业务控制阶层数分类2008年社会服务业上市公司数量

从图6－72可以看出，46家社会服务业上市公司中业务控制阶层为3层的上市公司数量占绝大多数，共有29家，占该行业上市公司总数的比例为

63.04%；其次是业务控制阶层为2层的上市公司有14家，占该行业上市公司总量的比例为30.43%；业务控制阶层为1层的社会服务业上市公司数量最少，有3家，占比为6.52%。

（12）传播文化业

2008年传播文化业上市公司业务控制阶层数分布情况见图6－73。

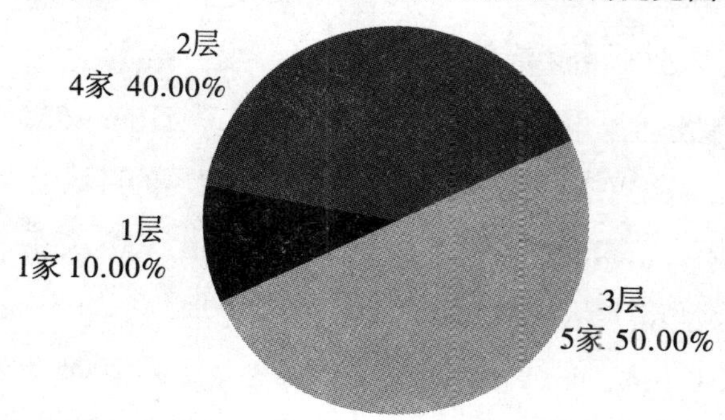

图6－73　按业务控制阶层数分类2008年传播文化业上市公司数量

从图6－73可以看出，10家传播文化业上市公司中业务控制阶层为3层的上市公司数量最多，共有5家，刚好占该行业上市公司总数一半；其次是业务控制阶层为2层的上市公司有4家，占该行业上市公司总量的比例为40%；业务控制阶层为1层的传播文化业上市公司数量最少，有1家，占比为10%。

（13）综合类

2008年综合类上市公司业务控制阶层数分布情况见图6－74。

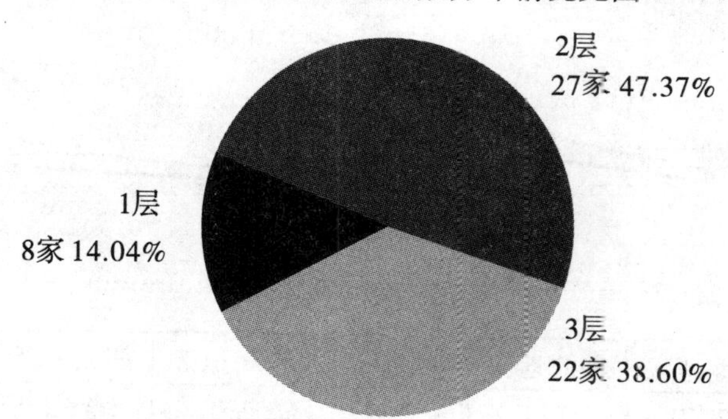

图6－74　按业务控制阶层数分类2008年综合类上市公司数量

从图6－74可以看出，57家综合类上市公司中业务控制阶层为2层的上市公司数量最多，共有27家，占该类上市公司总数的比例为47.37%，是所有行业中业务控制阶层为 2 层的上市公司数量占比最高的；其次是业务控制阶层为 3 层的上市公司有 22 家，占该类上市公司总量的比例为 38. 60%；业务控制阶层为 1 层的综合类上市公司数量最少，有 8 家，占比为 14. 04%。

上述各行各业的分类统计显示，上市公司与母子公司业务有关联的比例接近，大多数有关联交易。

3. 区域类型业务控制阶层分析

按区域类型分类上市公司的业务控制阶层情况见图 6 - 75。

从图 6 - 75 数据中可以看出，按照上市公司所属的区域类型分类 2008 年我国所有地区上市公司的平均业务控制阶层数均比 2007 年低。其中东北地区、华东地区、华南地区和西南地区上市公司 2008 年平均业务控制阶层数和 2007 年相比变化不大。华北地区和西北地区上市公司 2008 年平均业务控制阶层数比 2007 年降低的幅度较为明显，其中华北地区上市公司 2008 年平均业务控制阶层数比 2007 年降低了 0. 15 层；西北地区上市公司 2008 年平均业务控制阶层数比 2007 年降低了 0. 13 层。从同一年度不同地区间的对比情况来看，2008 年我国所有地区的上市公司平均业务控制阶层数差距并不大，均在 2. 4 层到 2. 7 层之间，其中华北地区上市公司的平均业务控制阶层数最高，达到 2. 62 层；其次是西南地区上市公司的平均业务控制阶层数为 2. 58 层；然后是东北地区和华东地区上市公司的平均业务控制阶层数均为 2. 51 层。在所有地区中，华南地区上市公司的平均业务控制阶层数最低，为 2. 47 层，和平均业务控制阶层数最高的华北地区相比低了 0. 15 层。

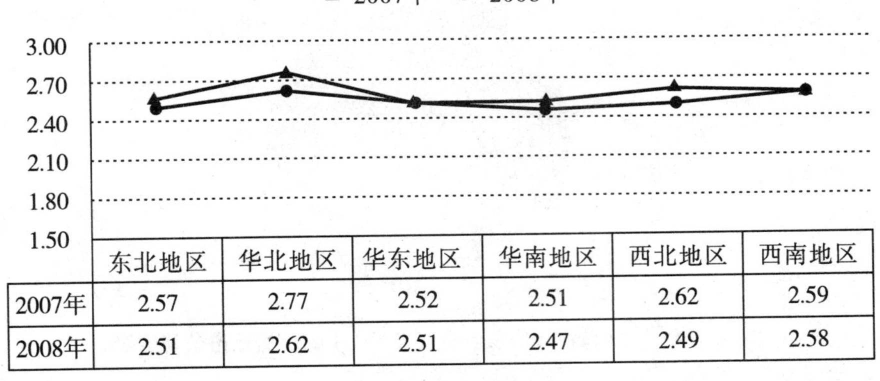

	东北地区	华北地区	华东地区	华南地区	西北地区	西南地区
2007年	2.57	2.77	2.52	2.51	2.62	2.59
2008年	2.51	2.62	2.51	2.47	2.49	2.58

图 6 - 75　按区域类型分类上市公司平均业务控制阶层数

下面将按业务控制阶层数进行分类，分析2008年各地区上市公司的分布数量情况。

（1）东北地区

2008年我国东北地区上市公司业务控制阶层数分布情况见图6－76。

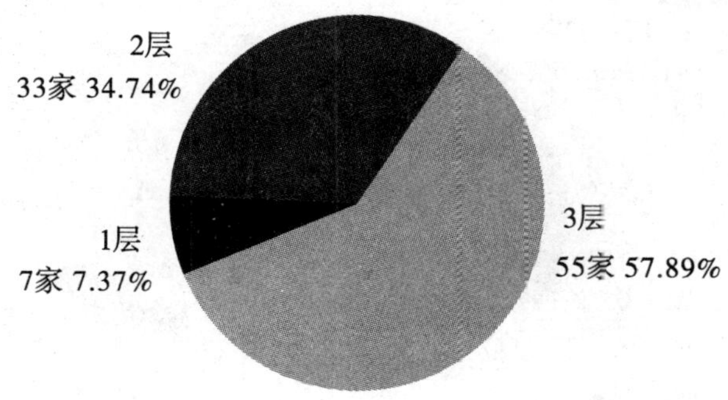

图6－76 按业务控制阶层数分类2008年东北地区上市公司数量

从图6－76可以看出，95家东北地区上市公司中业务控制阶层为3层的上市公司数量占绝大多数，共有55家，占该地区上市公司总数的比例为57.89%；其次是业务控制阶层为2层的上市公司有33家，占该地区上市公司总量的比例为34.74%；业务控制阶层为1层的东北地区上市公司数量最少，共有7家，占比为7.37%。

（2）华北地区

2008年我国华北地区上市公司业务控制阶层数分布情况见图6－77。

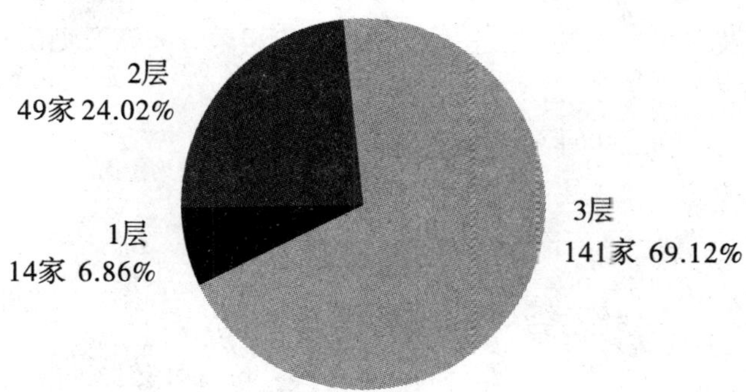

图6－77 按业务控制阶层数分类2008年华北地区上市公司数量

从图6－77可以看出，204家华北地区上市公司中也是业务控制阶层为3层的上市公司数量占绝大多数，共有141家，占该地区上市公司总数的比例为69.12%；其次是业务控制阶层为2层的上市公司有49家，占该地区上市公司总量的比例为24.02%；业务控制阶层为1层的华北地区上市公司数量最少，共有14家，占比为6.86%。

（3）华东地区

2008年我国华东地区上市公司业务控制阶层数分布情况见图6－78。

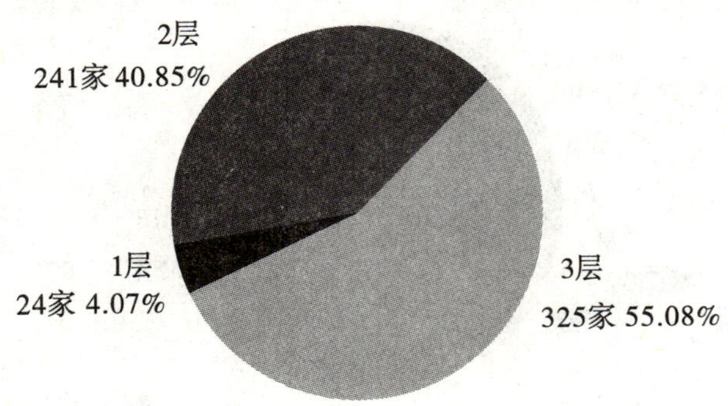

图6－78 按业务控制阶层数分类2008年华东地区上市公司数量

从图6－78可以看出，590家华东地区上市公司中业务控制阶层为3层的上市公司数量最多，共有325家，占该地区上市公司总数的比例为55.08%；其次是业务控制阶层为2层的上市公司有241家，占该地区上市公司总量的比例为40.85%，也是所有地区中业务控制阶层为2层的上市公司数量占比最高的地区；业务控制阶层为1层的华东地区上市公司数量最少，共有24家，占比为4.07%。

（4）华南地区

2008年我国华南地区上市公司业务控制阶层数分布情况见图6－79。

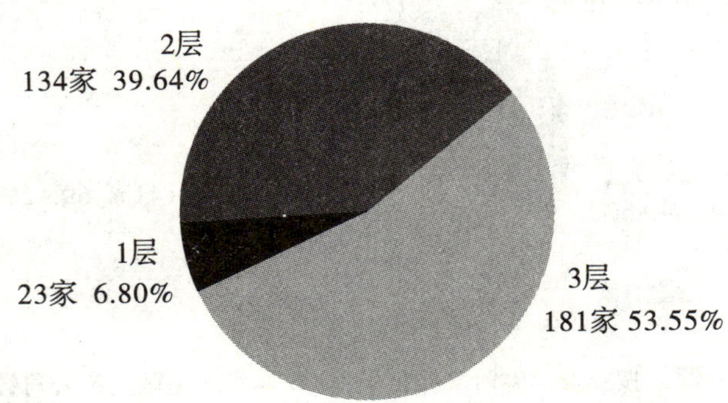

图6－79 按业务控制阶层数分类2008年华南地区上市公司数量

从图6－79可以看出，338家华南地区上市公司中也是业务控制阶层为3

层的上市公司数量最多，共有 181 家，占该地区上市公司总数的比例为 53.55%；其次是业务控制阶层为 2 层的上市公司有 134 家，占该地区上市公司总量的比例为 39.64%；业务控制阶层为 1 层的华南地区上市公司数量最少，共有 23 家，占比为 6.80%。

（5）西北地区

2008 年我国西北地区上市公司业务控制阶层数分布情况见图 6－80。

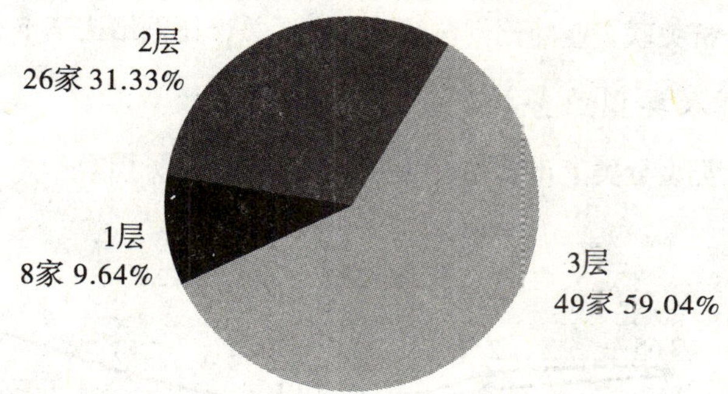

图 6－80 按业务控制阶层数分类 2008 年西北地区上市公司数量

从图 6－80 可以看出，83 家西北地区上市公司中业务控制阶层为 3 层的上市公司数量占绝大多数，共有 49 家，占该地区上市公司总数的比例为 59.04%；其次是业务控制阶层为 2 层的上市公司有 26 家，占该地区上市公司总量的比例为 31.33%；业务控制阶层为 1 层的西北地区上市公司数量最少，共有 8 家，占比为 9.64%，是所有地区中业务控制阶层为 1 层的上市公司数量占比最高的地区。

（6）西南地区

2008 年我国西南地区上市公司业务控制阶层数分布情况见图 6－81。

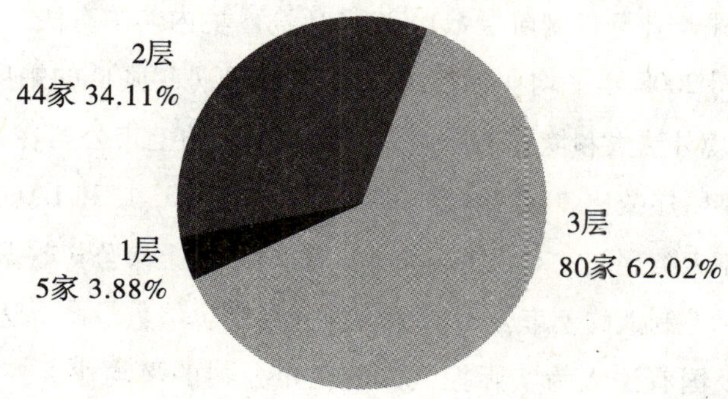

图 6－81 按业务控制阶层数分类 2008 年西南地区上市公司数量

从图 6－81 可以看出，129 家西南地区上市公司中也是业务控制阶层为 3 层的上市公司数量占绝大多数，共有 80 家，占该地区上市公司总数的比例为 62.02%；其次是业务控制阶层为 2 层的上市公司有 44 家，占该地区上市公司总量的比例为 34.11%；业务控制阶层为 1 层的西南地区上市公司数量最少，共有 5 家，占比为 3.88%，是所有地区中业务控制阶层为 1 层的上市公司数量占比最低的地区。

按区域分析关联企业的比例与区域分布无关，比例结构基本相似。

4. 控制人类型业务控制阶层分析

按控制人类型分类上市公司的业务控制阶层情况见图 6－82。

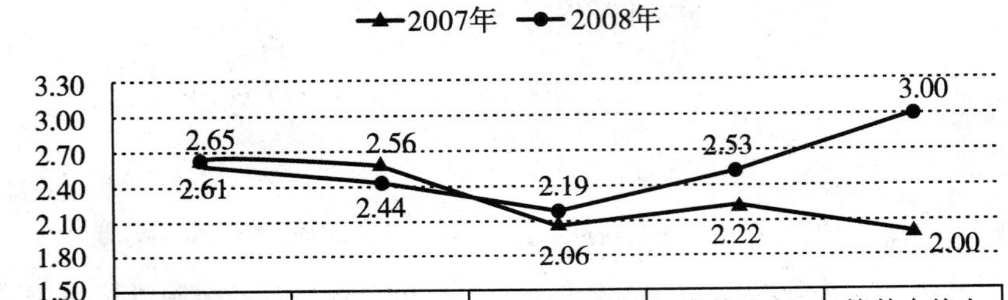

	国有及国有法人	境内非国有法人	境内自然人	境外法人	境外自然人
2007年	2.65	2.56	2.06	2.22	2.00
2008年	2.61	2.44	2.19	2.53	3.00

图 6－82 按控制人类型分类上市公司平均业务控制阶层数

从图 6－82 数据中可以看出，按照控制人类型分类，国有及国有法人和境内非国有法人为实际控制人的上市公司的平均业务控制阶层数 2008 年低于 2007 年的数据，而境内自然人、境外法人和境外自然人为实际控制人的上市公司 2008 年平均业务控制阶层数比 2007 年高。境内非国有法人为实际控制人的上市公司 2008 年平均业务控制阶层数比 2007 年降低的幅度较为明显，为 0.12 层。境外法人和境外自然人为实际控制人的上市公司在 2008 年时的平均业务控制阶层数比 2007 年增加的幅度分别为 0.31 层和 1.00 层。从同一年度不同控制人类型间的对比情况来看，以 2008 年上市公司数据为例，境外自然人为实际控制人的上市公司的平均业务控制阶层数最高，达到 3.00 层；其次是国有及国有法人为实际控制人的上市公司的平均业务控制阶层数为 2.61 层；然后是境外法人为实际控制人的上市公司的平均业务控制阶层数为 2.53 层；境内非国有法人为实际控制人的上市公司的平均业务控制阶层数为

2.44 层。境内自然人上市公司的平均业务控制阶层数最低，为 2.19 层。

下面将按业务控制阶层数进行分类，分析 2008 年各控制人类型上市公司的分布数量情况。

（1）国有及国有法人

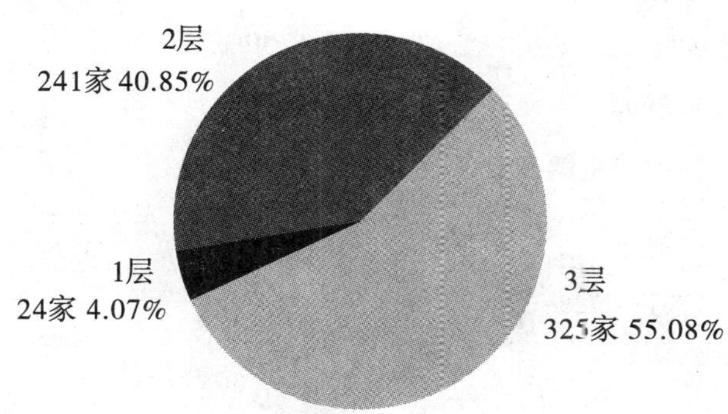

图 6－83　按业务控制阶层数分类 2008 年国有及国有法人上市公司数量

2008 年我国国有及国有法人上市公司业务控制阶层数分布情况见图6－83。

从图 6－83 可以看出，846 家国有及国有法人为实际控制人的上市公司中业务控制阶层为 3 层的上市公司数量占绝大多数，共有 550 家，占该类上市公司总数的比例为 65.01%；其次是业务控制阶层为 2 层的上市公司有 258 家，占该类上市公司总量的比例为 30.50%；业务控制阶层为 1 层的国有及国有法人上市公司数量最少，共有 38 家，占比为 4.49%。

（2）境内非国有法人

2008 年我国境内非国有法人上市公司业务控制阶层数分布情况见图6－84。

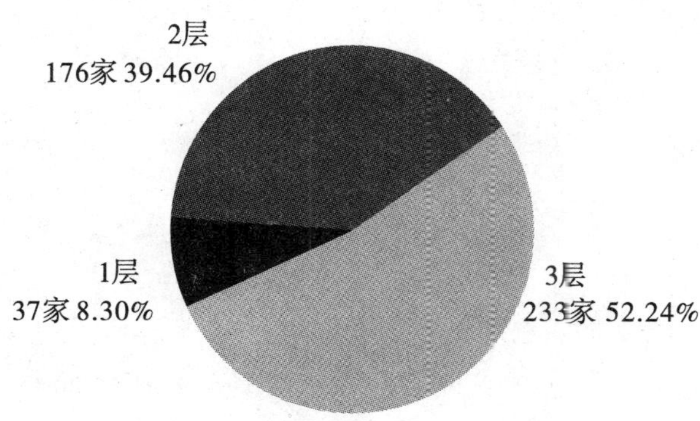

图 6－84　按业务控制阶层数分类 2008 年境内非国有法人上市公司数量

从图 6－84 可以看出，446 家境内非国有法人为实际控制人的上市公司中业务控制阶层为 3 层的上市公司数量最多，共有 233 家，占该类上市公司总数的比例为 52.24%；其次是业务控制阶层为 2 层的上市公司有 176 家，占该类上市公司总量的比例为 39.46%；业务控制阶层为 1 层的境内非国有法人上市公司数量最少，共有 37 家，占比为 8.30%。

（3）境内自然人

2008 年我国境内自然人上市公司业务控制阶层数分布情况见图 6－85。

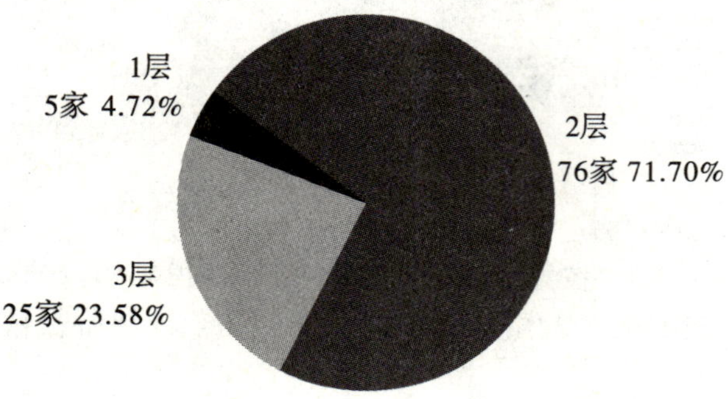

图 6－85　按业务控制阶层数分类 2008 年境内自然人上市公司数量

从图 6－85 可以看出，106 家境内自然人为实际控制人上市公司中业务控制阶层为 2 层的上市公司数量占绝大多数，共有 76 家，占该类上市公司总数的比例为 71.70%；其次是业务控制阶层为 3 层的上市公司有 25 家，占该类上市公司总量的比例为 23.58%；业务控制阶层为 1 层的境内自然人上市公司数量最少，共有 5 家，占比为 4.72%。

（4）境外法人

2008 年我国境内自然人上市公司业务控制阶层数分布情况见图 6－86。

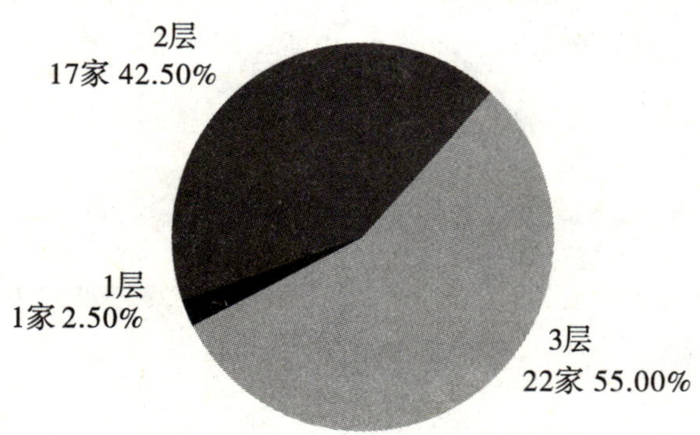

图 6－86　按业务控制阶层数分类 2008 年境外法人上市公司数量

从图 6 - 86 可以看出，40 家境外法人为实际控制人上市公司中业务控制阶层为 3 层的上市公司数量最多，共有 22 家，占该类上市公司总数的比例为 55.00%；其次是业务控制阶层为 2 层的上市公司有 17 家，占该类上市公司总量的比例为 42.50%；业务控制阶层为 1 层的境内非国有法人上市公司数量最少，仅有 1 家，占比为 2.50%。

境内自然人、境外法人、境外自然人上市公司与母子公司的业务关联度由低开始升高，说明关联业务有一定竞争力。

5. 资产规模类型业务控制阶层分析

按资产规模类型分类上市公司的业务控制阶层情况见图 6 - 87。

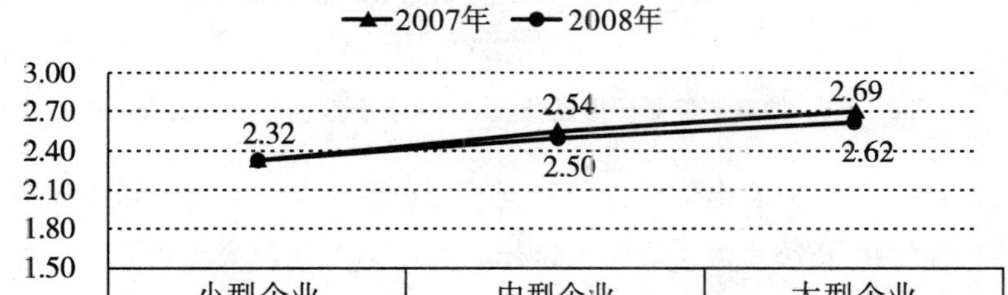

	小型企业	中型企业	大型企业
2007年	3.17	3.29	3.22
2008年	3.20	3.33	3.31

图 6 - 87　按资产规模类型分类上市公司平均业务控制阶层数

从图 6 - 87 数据中可以看出，按照资产规模类型分类 2008 年资产规模为小型企业的上市公司的平均业务控制阶层数和 2007 年相同，均为 2.32 层。资产规模为中型企业和大型企业的上市公司 2008 年平均业务控制阶层数均比 2007 年更低；而且随着企业规模的增到，降低的幅度越大。资产规模为中型企业和大型企业的上市公司 2008 年平均业务控制阶层数比 2007 年降低的幅度分别为 0.04 层和 0.07 层。从同一年度不同资产规模类型间的对比情况来看，以 2008 年上市公司数据为例，大型企业的上市公司的平均业务控制阶层数最高，达到 2.62 层；其次是中型企业的上市公司的平均业务控制阶层数为 2.54 层；然后是小型企业的上市公司的平均业务控制阶层数为 2.32 层。由此可见，随着企业规模的增大上市公司的平均业务控制阶层数呈现逐步增高的趋势。

下面将按业务控制阶层数进行分类，分析 2008 年各资产规模类型上市公司的分布数量情况。

（1）小型企业

2008 年资产规模为小型企业的上市公司业务控制阶层数分布情况见图6－88。

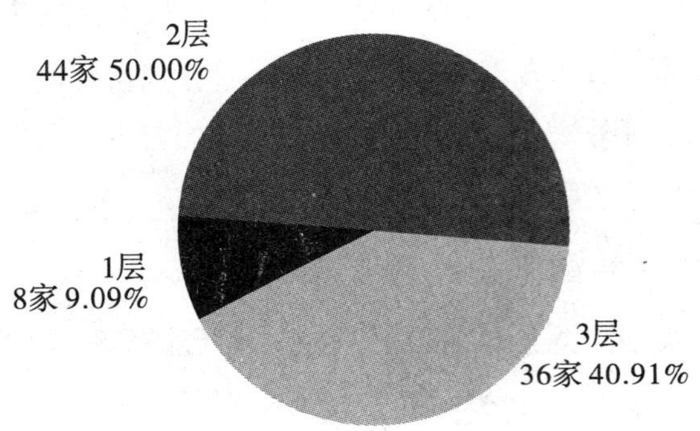

图 6－88　按业务控制阶层数分类 2008 年小型企业上市公司数量

从图 6－88 可以看出，88 家资产规模为小型企业的上市公司中业务控制阶层为 2 层的上市公司数量最多，共有 44 家，刚好占该类上市公司总数的一半；其次是业务控制阶层为 3 层的上市公司有 36 家，占该类上市公司总量的比例为 40.91%；业务控制阶层为 1 层的小型企业上市公司数量最少，共有 8 家，占比为 9.09%。

（2）中型企业

2008 年资产规模为中型企业的上市公司业务控制阶层数分布情况见图6－89。

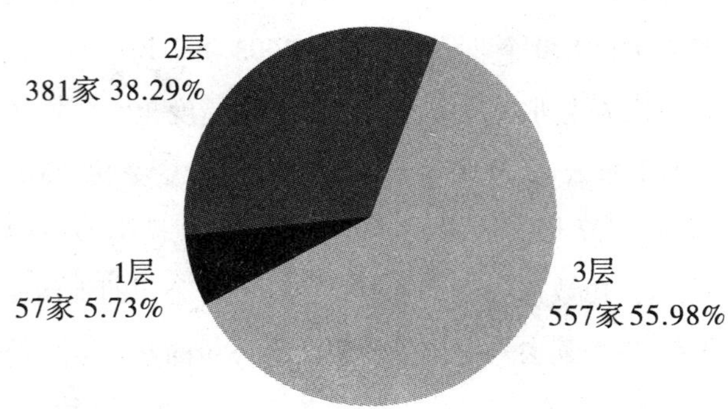

图 6－89　按业务控制阶层数分类 2008 年中型企业上市公司数量

从图 6－89 可以看出，995 家资产规模为中型企业的上市公司中业务控制阶层为3层的上市公司数量最多，共有557家，占该类上市公司总数的比例为55.98%；其次是业务控制阶层为2层的上市公司有381家，占该类上市公司总量的比例为38.29%；业务控制阶层为1层的中型企业上市公司数量最少，共有57家，占比为5.73%。

（3）大型企业

2008年资产规模为大型企业的上市公司业务控制阶层数分布情况见图6－90。

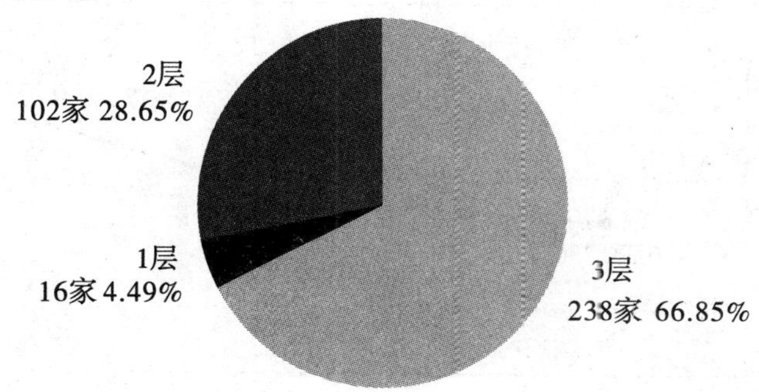

图6－90 按业务控制阶层数分类2008年大型企业上市公司数量

从图6－90可以看出，356家资产规模为大型企业的上市公司中业务控制阶层为3层的上市公司数量占绝大多数，共有238家，占该类上市公司总数的比例为66.85%；其次是业务控制阶层为2层的上市公司有102家，占该类上市公司总量的比例为28.65%；业务控制阶层为1层的中型企业上市公司数量最少，共有16家，占比为4.49%。

很明显大型企业与母子公司的业务关联度比小型企业大。

6. 业务控制阶层数与经营绩效分析

按上市公司业务控制阶层数分析上市公司经营绩效情况，经营绩效的指标包括每股收益和净资产收益率。每股收益情况的描述性分析见表6－28和图6－91。

表6－28 按业务控制阶层数分类的每股收益描述性分析

业务控制阶层	样本数	最小值	最大值	平均值	中位数	标准差	方差
1层	81	－0.6203	2.2770	0.245736	0.150600	0.4574208	0.209

续表

业务控制阶层	样本数	最小值	最大值	平均值	中位数	标准差	方差
2 层	527	-1.4364	5.8932	0.252254	0.193000	0.4692973	0.220
3 层	831	-2.7204	6.2781	0.274849	0.195700	0.5349495	0.286
总计	1439	-2.7204	6.2781	0.264936	0.192500	0.5074570	0.258

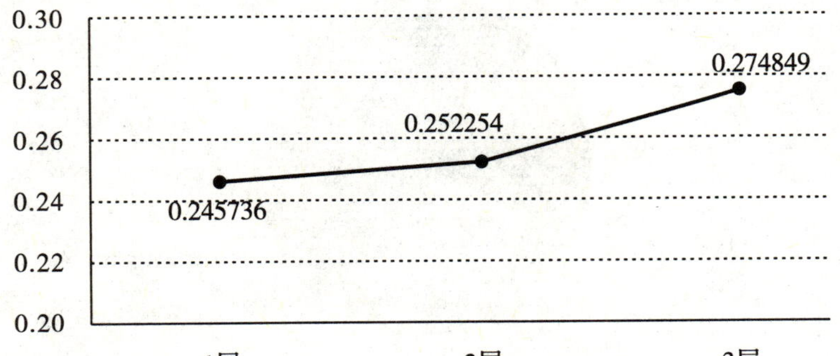

图 6-91　业务控制阶层数分段内的平均每股收益

由以上图表可以看出，业务控制阶层数为 1 层的上市公司的每股收益的平均值最低，为 0.245736，标准差为 0.4574208。业务控制阶层数为 2 层的上市公司每股收益的平均值居中，为 0.252254，标准差为 0.4692973。业务控制阶层数为 3 层的上市公司的每股收益的平均值最高，为 0.274849，标准差为 0.5349495。

按业务控制阶层数分段分析上市公司净资产收益率的描述性分析见下表 6-29 和图 6-92。

表 6-29　按业务控制阶层数分类的净资产收益率描述性分析

业务控制阶层	样本数	最小值	最大值	平均值	中位数	标准差	方差
1 层	81	-0.6114	0.5405	0.47586	0.57600	0.1773048	0.031
2 层	527	-1.765	5.8583	0.67531	0.69500	0.2906549	0.084
3 层	831	-2.9261	3.5462	0.62986	0.70200	0.2299621	0.053
总计	1439	-2.9261	5.8583	0.63784	0.69200	0.2513846	0.063

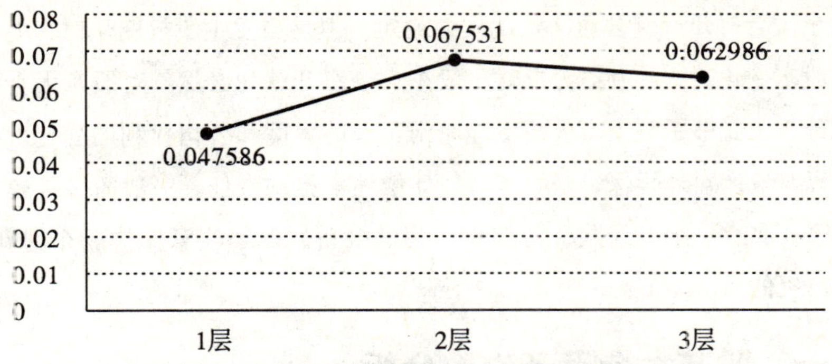

图 6-92　业务控制阶层数分段内的平均净资产收益率

由以上图表可以看出，业务控制阶层数为 1 层的上市公司的净资产收益率的平均值最低，为 0.47586，标准差为 0.1773048。业务控制阶层数为 2 层净资产收益率平均值最高，达到 0.67531，标准差为 0.2906549。业务控制阶层数为 3 层净资产收益率平均值也达到 0.62986，标准差为 0.2299621。

通过数据分析我们可以得出，从每股收益上看，随着业务控制阶层数的增加，上市公司的平均每股收益呈现增高的趋势；从净资产收益率上看，业务控制阶层数为 2 层或 3 层的上市公司的净资产收益率明显好于业务控制阶层数为 1 层的上市公司。因此，我们可以认为业务控制阶层数越高，上市公司的经营绩效越好。这是由于业务控制关联大对市场的竞争更有力，经营业绩也会较好。

第四节 股东大会情况及对外担保分析

股东大会作为公司的最高权力机关，由全体股东组成，对公司重大事项进行决策，有权选任和解除董事，并对公司的经营管理有广泛的决定权。股东大会的召开情况反映了股东的变化及对企业经营管理的权利调整。上市公司股东大会召开有《公司法》的法律规定，但是当发生股权变化时，尤其是控股股东变化时，和利益分配时，股东大会召开就为必然。对股东大会召开情况分析，能够了解上市公司治理原则实现的程度和公司权利的变化。上市公司以其资产对外担保，是股东对债务偿还承担的责任，一般而言是较为慎重的事，具有一定的风险，对担保行为的分析，能够注意保护股东的利益，减低出资的风险。

一、股东大会召开次数分析

股东大会有三种：法定大会、年度大会和临时大会。股东大会的召开次数也是公司治理的一部分，因为股东大会往往涉及股东的根本利益。以股东大会每年召开次数作为测量变量，可以观察分析各类股东的行为。公司法规定每年度至少召开 1 次，召开频率太大，对董事会的企业经营干扰也大。召开少了，不及时调整董事会，也会出现权力真空而影响企业的经营决策。因而适当的召开股东大会是上市公司因地制宜来考虑的。

1. 股东大会召开次数总体情况分析

在国内上市公司中，以其股东大会召开次数为例，对其股东大会情况进行分析研究。

2008 年数据库中所有 1439 家上市公司中，2008 年股东大会召开次数的平均值为 2.79 次。上市公司股东大会召开次数详细分布分布如图 6－93 和图 6－94 所示：

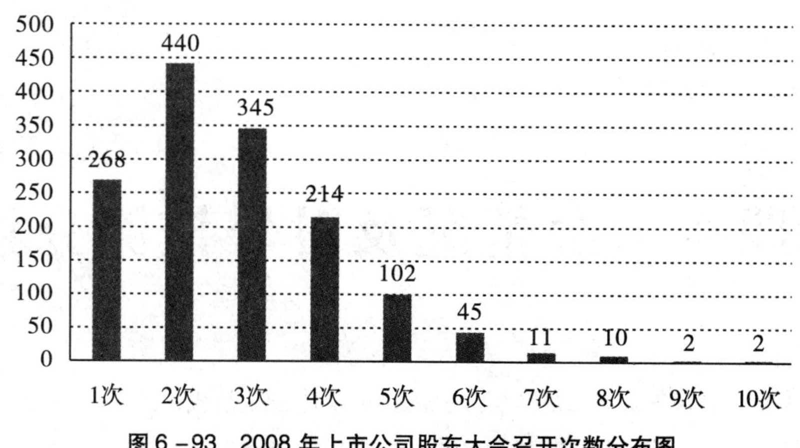

图 6－93　2008 年上市公司股东大会召开次数分布图

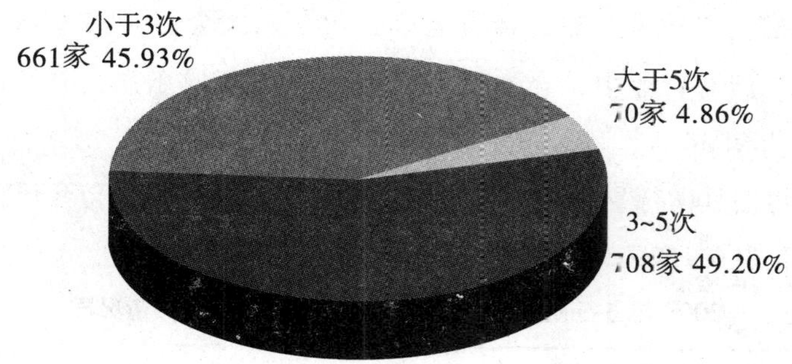

图 6－94　2008 年上市公司股东大会召开次数分段占比情况

由图 6－94 可以看出，2008 年上市公司股东大会召开次数小于 3 次的企业有 708 家，占了当时所有 1257 家上市公司中的 49.20%，召开次数在 3～5 次的上市公司有 661 家，所占比例 45.93%，召开次数大于 5 次的上市公司有 70 家，所占比例为 4.86% 。数字显示上市公司每年召开 1～4 次股东大会是大多数企业的常态。

2. 行业类型股东大会召开次数分析

按行业类型分类上市公司股东大会召开的平均次数情况见图 6－95。

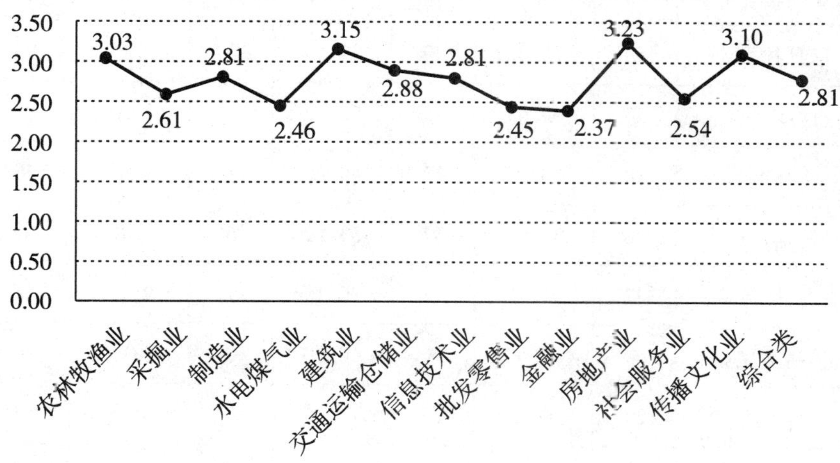

图 6－95　按行业类型分类 2008 年上市公司股东大会召开平均次数对比图

从图 6－95 可以看出，我国 2008 年所有行业上市公司召开股东大会的平均次数均超过了 2 次，其中房地产业上市公司股东大会召开的平均次数最多，达到 3.23 次；其次是建筑业、传播文化业和农林牧渔业上市公司股东大会召开的平均次数也均超过了 3 次；另外的制造业、交通运输仓储业、信息技术业和综合类上市公司股东大会召开的平均次数也接近3次。在所有行业中，金融业上市公司2008年股东大会召开的平均次数最少，为2.37人。

下面将按具体行业分析2008年各行业上市公司股东大会召开次数分布，总体情况见表6－30。

表6－30　2008年各行业上市公司股东大会召开次数分布情况表

行业类型	小于3次		3～5次		大于5次		合计
	数量	占比/%	数量	占比/%	数量	占比/%	数量
农林牧渔业	14	46.67	13	43.33	3	10.00	30
采掘业	13	39.39	19	57.58	1	3.03	33
制造业	398	48.18	387	46.85	41	4.96	826
水电煤气业	36	57.14	27	42.86	0	0	63
建筑业	10	29.41	22	64.71	2	5.88	34
交通运输仓储业	28	46.67	31	51.67	1	1.67	60
信息技术业	53	54.08	39	39.80	6	6.12	98
批发零售业	52	62.65	25	30.12	6	7.23	83
金融业	18	60.00	12	40.00	0	0	30
房地产业	26	37.68	37	53.62	6	8.70	69
社会服务业	27	58.70	18	39.13	1	2.17	46
传播文化业	4	40.00	6	60.00	0	0	10
综合类	29	50.88	25	43.86	3	5.26	57
合计	708	49.20	661	45.93	70	4.86	1439

从表6－30可以看出，2008年的农林牧渔业上市公司中，股东大会召开次数小于3次的企业最多，共有14家，占比为46.67%；其次是召开次数在3～5次的上市公司有13家，占比为43.33%；股东大会召开次数大于5次的上市公司占比为10.00%。

采掘业上市公司中，股东大会召开次数在3～5次的企业最多，有19家，占比为57.58%；其次是召开次数小于3次的上市公司有13家，所占比例为39.39%；股东大会召开次数大于5次的该行业上市公司最少1家，占比为3.03%。

制造业上市公司中，股东大会召开次数小于3次的上市公司最多，达到398家，占比为48.18%；其次是召开次数在3～5次的上市公司有387家，占比为46.85%；股东大会召开次数大于5次的上市公司最少，有41家，占比为4.96%。

水电煤气业上市公司中，股东大会召开次数小于3次的上市公司最多，有36家，占比为57.14%；其次是召开次数在3～5次的上市公司占比为42.86%；水电煤气业上市公司在2008年没有股东大会召开次数大于5次的情况。

建筑业上市公司中，股东大会召开次数在3～5次的上市公司最多，达到22家，占比为64.71%；其次是召开次数小于3次的上市公司，所占比例为29.41%；股东大会召开次数大于5次的上市公司最少，仅有2家，占比为5.88%。

交通运输仓储业上市公司中，股东大会召开次数在3～5次的上市公司最多，达到31家，占比为56.06%；其次是召开次数小于3次的上市公司占比为42.42%；股东大会召开次数大于5次的上市公司最少，仅有1家，占比为1.52%。

信息技术业上市公司中，股东大会召开次数小于3次的上市公司最多，达到53家，占比为54.08%；其次是召开次数在3～5次的上市公司有39家，占比为39.80%；股东大会召开次数大于5次的上市公司最少，所占比例为6.12%。

批发零售业上市公司中，股东大会召开次数小于3次的上市公司最多，达到52家，占比为62.65%；其次是股东大会召开次数在3～5次的上市公司，有25家，占比为30.12%；召开次数大于5次的上市公司最少，所占比例为7.23%。

金融业上市公司中，股东大会召开次数小于3次的上市公司最多，达到18家，占比为60.00%；其次是召开次数在3～5次的上市公司，有12家，占比为40.00%；2008年金融业上市公司也不存在股东大会召开次数大于5

次情况。

房地产业上市公司中，股东大会召开次数在 3 到 5 之间的上市公司最多，达到 37 家，占比为 53.62%；其次是召开次数小于 3 次的上市公司，所占比例为 37.68%；股东大会召开次数大于 5 次的上市公司最少，仅有 6 家，占比为 8.70% 。

社会服务业上市公司中，股东大会召开次数小于 3 次的上市公司最多，有 27 家，占比为 58.70%；其次是召开次数在 3 ~ 5 次的上市公司有 18 家，占比为 39.13%；股东大会召开次数大于 5 次的企业最少，仅有 1 家，占比为 2.17% 。

传播文化业上市公司中，股东大会召开次数在 3 ~ 5 次的上市公司最多，占比为 60.00%；其次是股东大会召开次数小于 3 次的上市公司，占比为 40.00%；另外该行业上市公司没有股东大会召开次数大于 5 次的情况。

综合类上市公司中，股东大会召开次数小于 3 次的上市公司最多，达到 29 家，占比为 50.88%；其次是股东大会召开次数在 3 ~ 5 次的上市公司有 25 家，占比为 43.86%；股东大会召开次数大于 5 次的上市公司最少，占比为 5.26%。

各行业上市公司股东大会召开次数的各分段占比情况见下图 4 - 4。

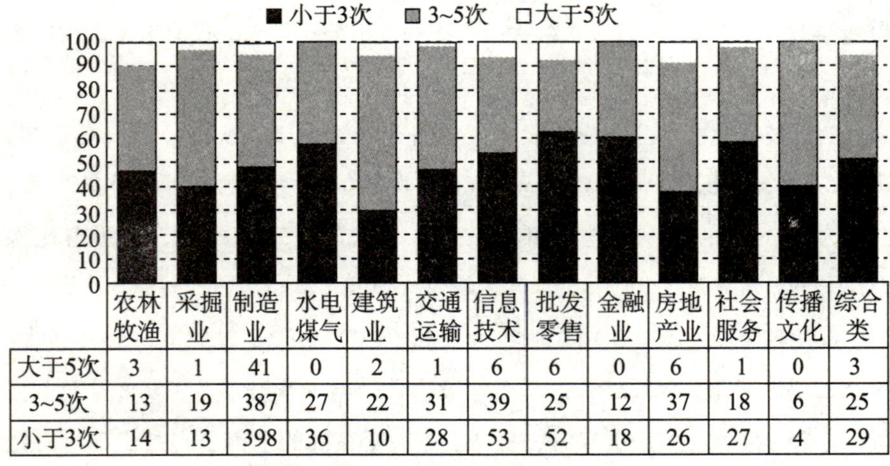

	农林牧渔	采掘业	制造业	水电煤气	建筑业	交通运输	信息技术	批发零售	金融业	房地产业	社会服务	传播文化	综合类
大于5次	3	1	41	0	2	1	6	6	0	6	1	0	3
3~5次	13	19	387	27	22	31	39	25	12	37	18	6	25
小于3次	14	13	398	36	10	28	53	52	18	26	27	4	29

图 6 - 96　股东大会召开次数的行业对比图

从行业间的数据对比可以看出，农林牧渔业、批发零售业和房地产业上市公司中股东大会召开次数较多，2008 年召开次数大于 5 次的公司占比均接近10%；而水电煤气业、金融业和传播文化业上市公司中股东大会召开次数较少，在2008年均不存在股东大会召开次数大于5次的情况。

3. 区域类型股东大会召开次数分析

按区域类型分类上市公司股东大会召开的平均次数情况如图6－97所示。

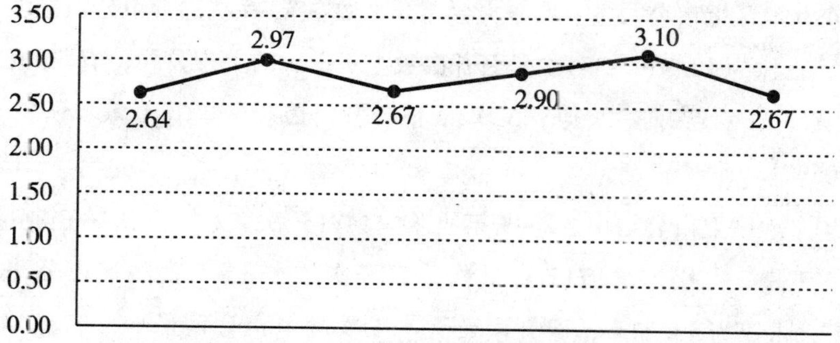

图6－97　按区域类型分类2008年上市公司股东大会召开平均次数对比图

根据图6－97可以得出，西北地区上市公司在2008年召开的股东大会平均次数最多，达到3.10次，也是所有地区中股东大会平均次数唯一超过3次的地区；其次是华北地区上市公司召开的股东大会平均次数也达到2.97次；然后是华南地区上市公司召开的股东大会平均次数为2.90次。东北地区、华东地区和西南地区上市公司召开的股东大会次数相差不大，其中东北地区最低，为2.64次。

下面将按具体区域分析2008年各地区上市公司股东大会召开次数分布，总体情况见表6－31。

表6－31　2008年各地区上市公司股东大会召开次数分布情况表

区域类型	小于3次		3～5次		大于5次		合计数量
	数量	占比/%	数量	占比/%	数量	占比/%	
东北地区	46	48.42	48	50.53	1	1.05	95
华北地区	92	45.10	96	47.06	16	7.84	204
华东地区	311	52.71	255	43.22	24	4.07	590
华南地区	158	46.75	160	47.34	20	5.92	338
西北地区	35	42.17	42	50.60	6	7.23	83
西南地区	66	51.16	60	46.51	3	2.33	129
合计	708	49.20	661	45.93	70	4.86	1439

从表6－31中可以看出，华北地区上市公司中，股东大会召开次数在3～5次的上市公司最多，有96家，占比为47.06%；其次是召开次数小于3次的上市公司有92家，占比为45.10%；股东大会召开次数大于5次的上市公司最少，有16家，占比为7.84%。

东北地区上市公司中，股东大会召开次数在3～5次的上市公司最多，有48家，占比为50.53%；其次是召开次数小于3次的上市公司，有46家，占比为48.42%；召开次数大于5次的上市公司最少，仅有1家，所占比例为1.05%。

华东地区上市公司中，2008年股东大会召开次数小于3次的企业最多，达到311家，占比为52.71%；其次是召开次数在3～5次的上市公司，有255家，占比为43.22%；召开次数大于5次的上市公司最少，仅有24家，占比为4.07%。

华南地区上市公司中，股东大会召开次数在3～5次的上市公司最多，有160家，占比为47.34%；其次是召开次数小于3次的上市公司，有158家，占比为46.75%；召开次数大于5次的上市公司最少，仅有20家，占比为5.92%。

西北地区上市公司中，股东大会召开次数在3～5次的上市公司最多，有42家，占比为50.60%；其次是召开次数小于3次的上市公司，有35家，占比为42.17%；召开次数大于5次的上市公司最少，仅有6家，所占比例为7.23%。

西南地区上市公司中，股东大会召开次数小于3次的上市公司最多，达到66家，占比为51.16%；其次是召开次数在3～5次的上市公司，有60家，占比为46.51%；股东大会召开次数大于5次的上市公司最少，所占比例为2.33%。

各地区上市公司股东大会召开次数的各分段占比情况见图6－98。

从区域间的数据对比可以看出，华北地区和西北地区上市公司中股东大会召开次数较多，2008年召开次数大于5次的公司占比均超过7%；而华东地区和西南地区上市公司中股东大会召开次数较少，2008年股东大会召开次数小于3次的上市公司占比均超过50%。

■小于3次 ▨3~5次 □大于5次

	东北地区	华北地区	华东地区	华南地区	西北地区	西南地区
大于5次	1	16	24	20	6	3
3~5次	48	96	255	160	42	60
小于3次	46	92	311	158	35	66

图 6－98　股东大会召开次数的区域对比图

4. 控制人类型股东大会召开次数分析

按控制人类型分类上市公司股东大会召开次数情况如图 6－99 所示。

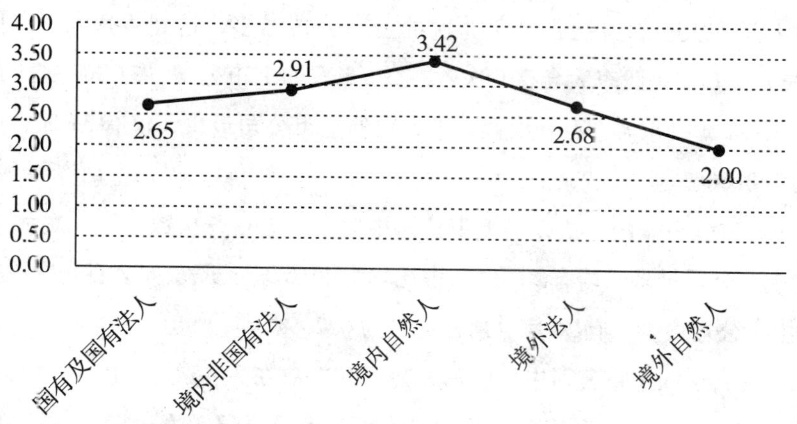

图 6－99　按控制人类型分类 2008 年上市公司股东大会召开平均次数对比图

根据图 6－99 可以得出，境内自然人为实际控制人的上市公司 2008 年召开股东大会的平均次数远高于其他控制人类型的上市公司，达到 3. 42 次；其次是进内非国有法人上市公司召开股东大会的平均次数为 2. 91 次；境外法人和国有及国有法人上市公司在 2008 年召开的股东大会次数分别为 2. 68 次和 2. 65 次；境外自然人上市公司仅有 1 家，在 2008 年召开的股东大会次数为 2 次。

下面将按具体控制人类型分析 2008 年各类上市公司股东大会召开次数分

布，总体情况见表6－32。

表6－32　　2008年各控制人类型上市公司股东大会召开次数分布情况表

控制人类型	小于3次		3~5次		大于5次		合计数量
	数量	占比/%	数量	占比/%	数量	占比/%	
国有及国有法人	448	52.96	367	43.38	31	3.66	846
境内非国有法人	208	46.64	208	46.64	30	6.73	446
境内自然人	29	27.36	70	66.04	7	6.60	106
境外法人	22	55.00	16	40.00	2	5.00	40
境外自然人	1	100.00	0	0	0	0	1
合计	708	49.20	661	45.93	70	4.86	1439

从表6－32中可以看出，控制人类型为国有及国有法人的上市公司中，2008年股东大会召开次数小于3次的上市公司最多，达到448家，占比为52.96%，其次是股东大会召开次数在3~5次的上市公司，有367家，占比为43.38%，股东大会召开次数大于5次的上市公司最少，仅有31家，所占比例为3.66%。

446家境内非国有法人的上市公司中股东大会召开次数小于3次和3~5次的上市公司最多，均有208家，占比均为46.67%，股东大会召开次数大于5的上市公司最少，有30家，所占比例为6.73%。

境内自然人上市公司中，股东大会召开次数在3~5次的上市公司最多，达到70家，占比为66.04%，其次是召开次数小于3次的上市公司，有29家，占比为27.36%，召开次数大于5次的上市公司最少，有7家，占比为6.60%。

境外法人上市公司中，2008年股东大会召开次数小于3次的上市公司最多，达到22家，占比为55.00%，其次是股东大会召开次数在3~5次的该类上市公司，有16家，所占比例为40.00%，股东大会召开次数大于5次的该类上市公司最少，仅有2家，所占比例为5.00%。

各控制人类型上市公司股东大会召开次数的各分段占比情况见图6－100。

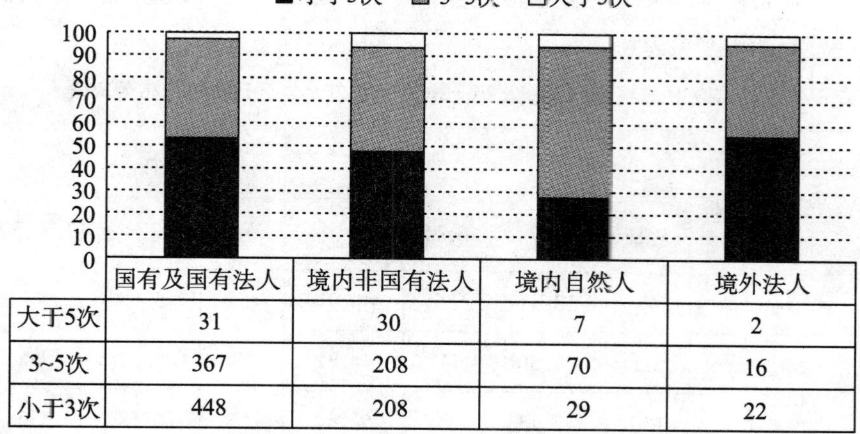

	国有及国有法人	境内非国有法人	境内自然人	境外法人
大于5次	31	30	7	2
3~5次	367	208	70	16
小于3次	448	208	29	22

图 6－100 股东大会召开次数的控制人类型对比图

从上面数据对比可以看出，境内自然人上市公司中股东大会召开次数较多，2008 年召开股东大会次数小于 3 次的公司占比低于 30%；而国有及国有法人和境外法人上市公司中股东大会召开次数较少，2008 年股东大会召开次数小于 3 次的上市公司占比均超过 50%。

5. 资产规模类型股东大会召开次数分析

按资产规模类型分类上市公司股东大会召开次数情况如图 6－101 所示。

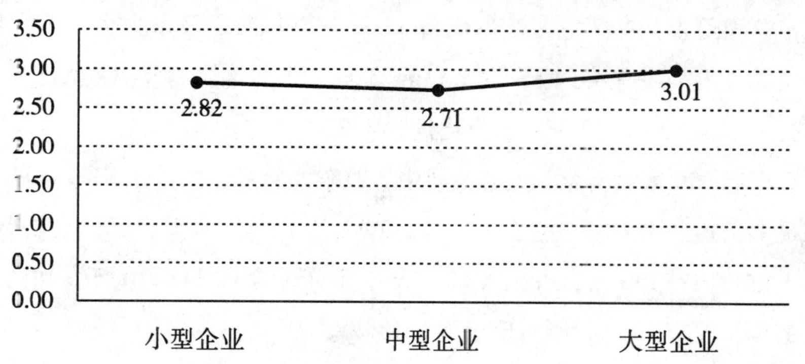

图 6－101 按资产规模类型分类 2008 年上市公司股东大会召开平均次数对比图

根据图 6－101 可以看出，2008 年资产规模类型为大型企业的上市公司召开股东大会的次数最多，达到 3.01 次；其次是小型企业上市公司召开股东大会的次数为 2.82 次；中型企业上市公司召开股东大会的次数最少，为 2.71 次。

下面将按具体资产规模类型分析2008年各类上市公司股东大会召开次数分布，总体情况见表6－33。

表6－33　2008年各资产规模类型上市公司股东大会召开次数分布情况表

资产规模类型	小于3次		3～5次		大于5次		合计数量
	数量	占比/%	数量	占比/%	数量	占比/%	
小型企业	47	53.41	36	40.91	5	5.68	88
中型企业	511	51.36	441	44.32	43	4.32	995
大型企业	150	42.13	184	51.69	22	6.18	356
合计	708	49.20	661	45.93	70	4.86	1439

从表6－33中可以看出，在所有88家小型企业上市公司中，2008年股东大会召开次数次数小于3次的上市公司最多，达到47家，占比为53.41%，其次是股东大会召开次数在3～5次的上市公司有36家，所占比例为40.91%，股东大会召开次数大于5次的上市公司最少，仅有5家，所占比例为5.68%。

在所有995家中型企业上市公司中，2008年股东大会召开次数小于3次的上市公司最多，有511家，占比为51.36%，其次是股东大会召开次数在3～5次的上市公司有441家，占比为44.32%，股东大会召开次数大于5次的上市公司最少，仅有43家，所占比例为4.32%。

在所有356家大型企业上市公司中，股东大会召开次数在3～5次的上市公司最多，达到184家，占了比为51.69%，其次是股东大会召开次数小于3次的上市公司有150家，占比为42.13%，股东大会召开次数大于5次的上市公司最少，仅有22家，所占比例为6.18%。

各资产规模类型上市公司股东大会召开次数的各分段占比情况见图6－102。

从图6－102数据对比可以看出，大型企业上市公司中股东大会召开次数较多，2008年召开股东大会次数小于3次的公司占比最低；而小型企业和中型企业上市公司中股东大会召开次数较少，2008年股东大会召开次数小于3次的上市公司占比均超过50%。

■小于3次 ▨3~5次 □大于5次

	小型企业	中型企业	大型企业
大于5次	5	43	22
3~5次	36	441	184
小于3次	47	511	150

图6－102　股东大会召开次数的资产规模类型对比图

6. 股东大会次数与经营绩效分析

按上市公司股东大会的召开次数分析上市公司经营绩效情况，经营绩效的指标包括每股收益和净资产收益率。每股收益情况的描述性分析见表6－34和图6－103。

表6－34　　按股东大会次数分类的每股收益描述性分析

股东大会次数	样本数	最小值	最大值	平均值	中位数	标准差	方差
小于3次	708	－1.3986	5.8932	0.245211	0.182750	0.4805041	0.231
3~5次	661	－2.7204	6.2781	0.279591	0.191500	0.5437934	0.296
大于5次	70	－0.3329	1.8947	0.326046	0.254150	0.4032428	0.163
总计	1439	－2.7204	6.2781	0.264936	0.192500	0.5074570	0.258

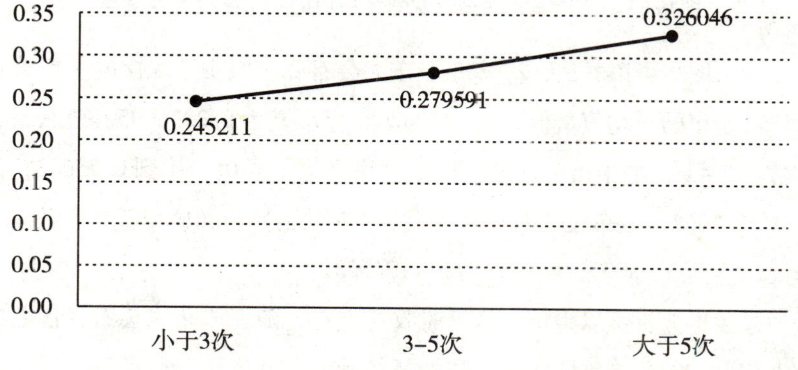

图6－103　股东大会召开次数分段内的平均每股收益

由以上图表可以看出，2008年股东大会召开次数小于3次的上市公司的每股收益的平均值最低，为0.245211，标准差为0.4805041。股东大会召开次数在3次到5次之间的上市公司每股收益的平均值居中，为0.279591，标准差为0.5437934。股东大会召开次数大于5次的上市公司的每股收益的平均值最高，为0.326046，标准差为0.4032428。

按股东大会召开次数分段分析上市公司净资产收益率的描述性分析见表6－35和图6－104。

表6－35　按股东大会召开次数分类的净资产收益率描述性分析

股东大会次数	样本数	最小值	最大值	平均值	中位数	标准差	方差
小于3次	708	－2.9261	3.5462	0.50420	0.63850	0.2396605	0.057
3～5次	661	－1.765	5.8583	0.75003	0.74400	0.2725967	0.074
大于5次	70	－0.2695	0.4695	0.93007	0.90850	0.1174533	0.014
总计	1439	－2.9261	5.8583	0.63784	0.69200	0.2513846	0.063

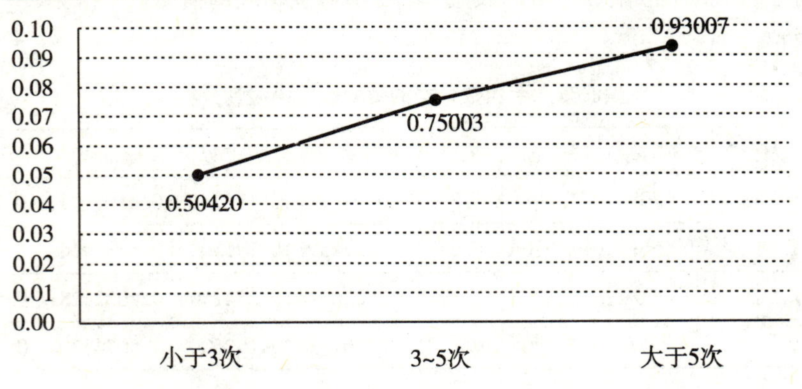

图6－104　股东大会召开次数分段内的平均净资产收益率

由以上图表可以看出，2008年股东大会召开次数小于3次的上市公司的净资产收益率的平均值最低，为0.50420，标准差为0.2396605。股东大会召开次数在3～5次的上市公司净资产收益率平均值居中，达到0.75003，标准差为0.2725967。股东大会召开次数大于5次的上市公司的净资产收益率平均值最高，达到0.93007，标准差为0.1174533。

通过数据分析可以得出，从每股收益上看，随着股东大会召开次数的增加，上市公司的平均每股收益呈现增高的趋势；从净资产收益率上看，也是随着股东大会召开次数的增加，上市公司的净资产收益率逐渐增高。因此，可以认为上市公司股东大会召开次数越多，企业的经营绩效越好。说明股东大会的监督行为还是比较有效的，股东能够及时将对经营业绩不满之处反馈到股东大会，而使得董事会迫于压力改善经营。

二、对外担保分析

上市公司经常会发生担保业务，包括对外担保（不包括对子公司的担保）和对子公司的担保。通过担保公司总数、担保资金总额、平均担保额度和担保资金占净资产总额的比例几项指标来描述上市公司担保的情况和风险承担情况。一般而言考虑担保的财务困境和风险，上市公司应注意不轻易对外进行担保。前些年我国上市公司由于股权结构不完善，公司治理水平不高，资本市场不完善，企业融资渠道不通畅，产生了众多的上市公司担保行为，出现了担保资金链断裂的问题对股东利益产生了损害。因此，在这里作为规范公司治理结构，维护股东利益，尤其是大股东同意的担保行为可能侵害小股东的利益，在实证上进行量化分析，提供给企业作为参考。

1. 对外担保总体情况分析

我们以 2007 年和 2008 年境内 A 股上市公司对外担保发生情况为例进行分析。另外金融行业上市公司对外担保业务是其主要业务内容，因此不包含在此次分析范围内。总体情况见表 6 – 36。

表 6 – 36　　2007 年 ~2008 年上市公司担保总体情况表

年份	担保公司数	公司总数	担保总额/亿元	平均担保额/亿元	净资产/亿元	担保额占净资产比例
2007 年	290	1300	627.6702	2.1644	–	–
2008 年	302	1409	633.7091	2.0984	119.3498	5.31%

由表 6 – 36 可以看出，2007 年共有 290 家上市公司存在对外担保情况，担保总额为 627.6702 亿元，平均担保额为 2.1644 亿元。2008 年共有 302 家上市公司存在对外担保情况，担保总额为 633.7091 亿元，平均担保额相比 2007 年有所降低，为 2.0984 亿元；302 家存在担保的上市公司总净资产额为 119.3498 亿元，因此我们得出，2008 年上市公司担保额占净资产的比例为 5.31%。

存在对外担保情况的上市公司占比情况见图 6－105。

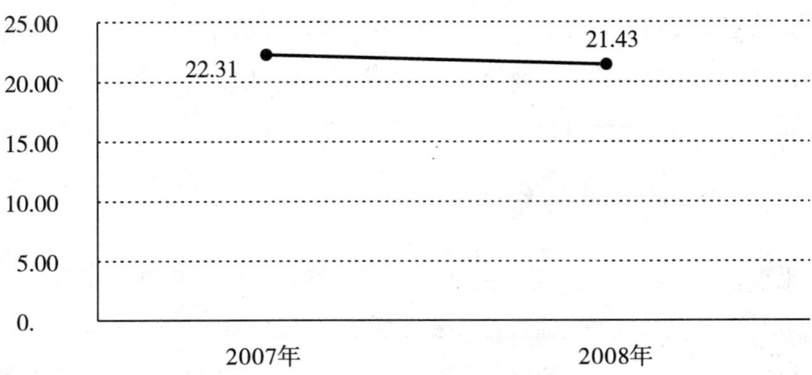

图 6－105 2007～2008 年上市公司存在对外担保情况占比（%）

从图 6－105 可以看出，2007 年和 2008 年我国上市公司存在对外担保情况的企业数量占比均超过了 20%，其中 2007 年占比为 22.31%，2008 年略有降低，为 21.43%。

2008 年存在对外担保的 302 家上市公司，担保额占净资产比例的分布情况见图 6－106。

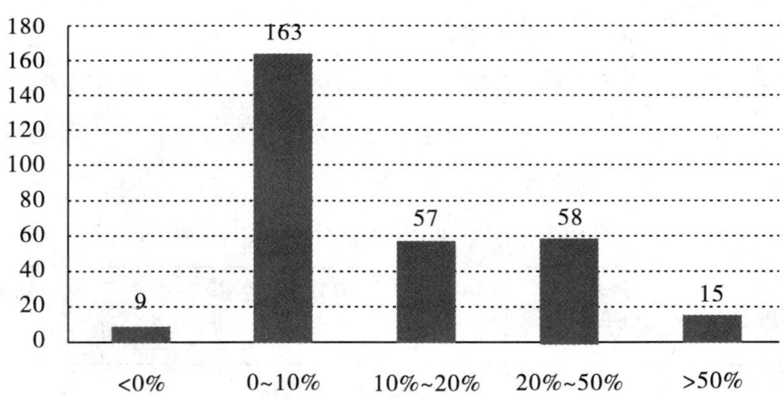

图 6－106 2008 年按担保额占净资产比例分段的上市公司分布情况

从图 6－106 可以看出，上市公司对外担保额占净资产的比例主要集中在 0～10%，共有 163 家上市公司，占总数的一半以上；另外有 57 家上市公司对外担保额占净资产的比例在 10%～20%；有 58 家上市公司对外担保额占净资产的比例在 20% 到 50% 之间；有 15 家上市公司对外担保额占净资产的比例超过 50%，最高的一家上市公司占比达到 83.45%；另外有 9 家上市公司对外担保额占净资产的比例小于 0 的情况。

总体来看 2007、2008 年上市公司提供担保的企业已经远不如前些年多，而且担保额度大多维持在占净资产比例较低的水平，说明国家规范公司治理的措施已经产生一定的效果，上市公司的担保行为逐渐规范化了。

2. 行业类型对外担保情况分析

按行业类型分类 2007 ~ 2008 年我国各行业上市公司对外担保总体情况见表 6 – 37。

由表 6 – 37 可以看出，农林牧渔业上市公司 2008 年的对外担保额相比 2007 年有较大幅度的增加，平均每家企业的对外担保额从 2007 年的 0.3728 亿元增加到 2008 年的 2.1140 亿元。采掘业上市公司 2008 年的对外担保额相比 2007 年则有较大幅度的降低，平均每家企业的对外担保额从 2007 年的 24.9248 亿元减少到 2008 年的 2.6343 亿元。制造业上市公司在 2007 年和 2008 年的对外担保额呈现增加的趋势，平均每家企业的对外担保额从 2007 年的 1.5567 亿元增加到 2008 年的 2.2350 亿元。水电煤气业上市公司 2008 年的对外担保额相比 2007 年也有较大幅度的增加，平均每家企业的对外担保额从 2007 年的 0.7880 亿元增加到 2008 年的 2.0607 亿元。建筑业上市公司 2008 年的对外担保额相比 2007 年则有较大幅度的降低，平均每家企业的对外担保额从 2007 年的 9.7940 亿元减少到 2008 年的 1.0234 亿元。交通运输仓储业上市公司 2008 年的对外担保额相比 2007 年也是有所降低，平均每家企业的对外担保额从 2007 年的 1.5343 亿元减少到 2008 年的 1.0262 亿元。信息技术业上市公司在 2007 年和 2008 年的对外担保额基本稳定，平均担保额从 2007 年的 0.9024 亿元增加到 2008 年的 1.1928 亿元。批发零售业和房地产业上市公司在 2007 年和 2008 年的对外担保额也是基本稳定，呈现小幅增加的趋势。社会服务业上市公司 2008 年的对外担保额相比 2007 年有所增加，平均每家企业的对外担保额从 2007 年的 0.2519 亿元增加到 2008 年的 0.7616 亿元。传播文化业上市公司在 2007 年和 2008 年的对外担保额没有变化，对外担保额均为 0.12 亿元。综合类上市公司 2008 年的对外担保额相比 2007 年呈现明显的降低趋势，平均每家企业的对外担保额从 2007 年的 2.5085 亿元减少到 2008 年的 1.5791 亿元。

表 6－37　按行业类型分类 2007 年－2008 年上市公司担保总体情况

行业类型	2007 年			2008 年		
	公司数	担保总额/亿元	平均担保额/亿元	公司数	担保总额/亿元	平均担保额/亿元
农林牧渔	5	1.8639	0.3728	8	16.9118	2.1140
采掘业	4	99.6992	24.9248	5	13.1713	2.6343
制造业	168	261.5268	1.5567	174	388.8851	2.2350
水电煤气	17	13.3964	0.7880	24	49.4571	2.0607
建筑业	10	97.9403	9.7940	6	6.1401	1.0234
交通运输	11	16.8770	1.5343	10	10.2624	1.0262
信息技术	21	18.9499	0.9024	18	21.4702	1.1928
批发零售	14	22.9599	1.6400	12	23.2370	1.9364
房地产业	15	47.6720	3.1781	18	68.7196	3.8178
社会服务	6	1.5116	0.2519	7	5.3313	0.7616
传播文化	1	0.1200	0.1200	1	0.1200	0.1200
综合类	18	45.1533	2.5085	19	30.0031	1.5791
合计	290	627.6702	2.1644	302	633.7091	2.0984

另外，按行业类型分类存在对外担保的上市公司占公司总数的比例情况见图 6－107。

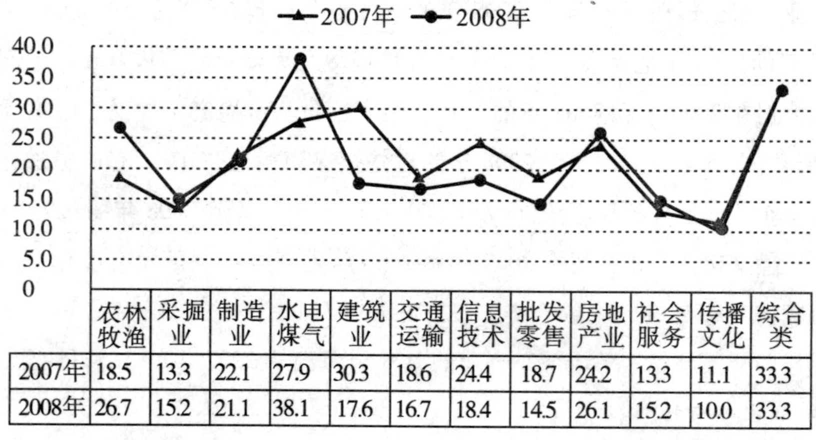

	农林牧渔	采掘业	制造业	水电煤气	建筑业	交通运输	信息技术	批发零售	房地产业	社会服务	传播文化	综合类
2007年	18.5	13.3	22.1	27.9	30.3	18.6	24.4	18.7	24.2	13.3	11.1	33.3
2008年	26.7	15.2	21.1	38.1	17.6	16.7	18.4	14.5	26.1	15.2	10.0	33.3

图 6－107　按行业类型分类 2007 年－2008 年存在对外担保的上市公司占比（%）

从图 6－107 可以看出，2007 年综合类上市公司存在对外担保的情况较多，对外担保的企业占比为 33.3%；然后是建筑业上市公司的占比也超过 30%；制造业、水电煤气业、信息技术业和房地产业存在对外担保的上市公司占比也超过 20%；传播文化业占比最低，仅为 11.1%。2008 年水电煤气业上市公司存在对外担保的情况最多，占比达到 38.1%；然后是综合类的 33.3%；农林牧渔业、制造业和房地产业存在对外担保的上市公司占比也超过 20%；建筑业上市公司存在对外担保的企业数量有明显减少，占比减为 17.6%。

按行业类型分类，2008 年存在对外担保情况的上市公司的对外担保额占净资产比例对比见图 6－108。

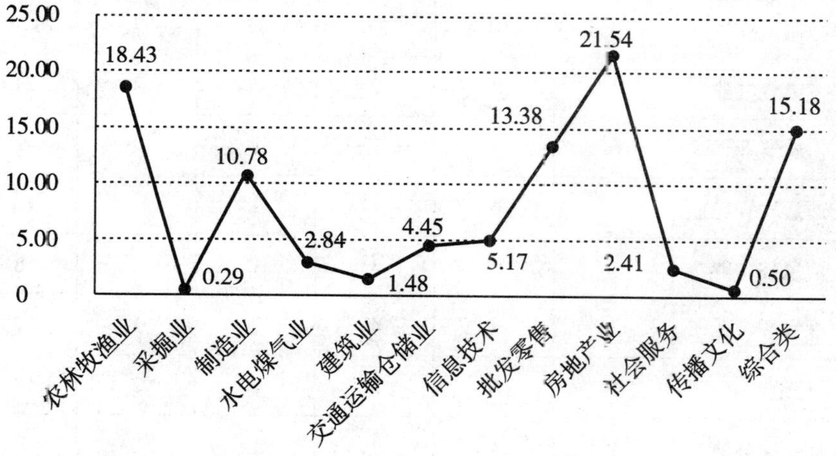

图 6－108　按行业类型分类 2008 年上市公司对外担保额占净资产比例（%）

从图 6－108 可以看出，房地产业上市公司 2008 年对外担保额占净资产比例最高，达到 21.54%；其次是农林牧渔业，占比也达到 18.43%；另外的制造业、批发零售业和综合类上市公司对外担保额占净资产比例也均超过了 10%。在所有行业中，采掘业和传播文化业上市公司对外担保额占净资产比例较低，其中采掘业占比最低，仅为 0.29%。

按行业类型分类 2008 年存在对外担保的 302 家上市公司对外担保额占净资产比例分段分布情况见表 6－38。

从表 6－38 中可以看出，农林牧渔业上市公司中有 5 家外担保额占净资产比例在 20% ~50%。5 家存在对外担保的采掘业上市公司中有 4 家外担保额占净资产比例在 0～10%。制造业也是有 91 家上市公司外担保额占净资产比例在 0～10%，占该类上市公司对外担保企业的半数以上。另外的水电煤气业、建筑业、交通运输仓储业、信息技术业、社会服务业和综合类上市公司外担保额占净资产比例也是主要集中于 0～10%。

表 6－38　按行业类型分类 2008 年上市公司对外担保额占净资产比例分段分布情况表

行业类型	<0%	0～10%	10%～20%	20%～50%	>50%	合计
农林牧渔业	0	2	1	5	0	8
采掘业	0	4	1	0	0	5
制造业	4	91	37	35	7	174
水电煤气业	1	18	0	3	2	24
建筑业	0	4	1	1	0	6
交通运输仓储业	0	6	1	2	1	10
信息技术业	1	11	3	1	2	18
批发零售业	1	4	4	2	1	12
房地产业	1	8	5	2	2	18
社会服务业	1	4	1	1	0	7
传播文化业	0	1	0	0	0	1
综合类	0	10	3	6	0	19
合计	9	163	57	58	15	302

上述按行业分类上市公司担保数据显示了一个重要信息，金融业没有对外担保的公司，这说明金融业的资本是较敏感的资本，对外担保是慎之又慎的。

3. 区域类型对外担保情况分析

按区域类型分类 2007～2008 年我国各地区上市公司对外担保总体情况见表 6－39。

表 6-39 按区域类型分类 2007~2008 年上市公司担保总体情况

区域类型	2007 年			2008 年		
	公司数	担保总额/亿元	平均担保额/亿元	公司数	担保总额/亿元	平均担保额/亿元
东北地区	21	19.8919	0.9472	16	56.2490	3.5156
华北地区	45	294.2586	6.5391	45	132.1051	2.9357
华东地区	133	186.4129	1.4016	145	301.7140	2.0808
华南地区	50	79.3915	1.5878	48	96.0936	2.0020
西北地区	23	20.4480	0.8890	23	25.1848	1.0950
西南地区	18	27.2674	1.5149	25	22.3625	0.8945
合计	290	627.6702	2.1644	302	633.7091	2.0984

由表 6-39 可以看出，东北地区上市公司 2008 年的对外担保额相比 2007 年有较大幅度的增加，平均每家企业的对外担保额从 2007 年的 0.9472 亿元增加到 2008 年的 3.5156 亿元。华北地区上市公司 2008 年的对外担保额相比 2007 年则有较大幅度的降低，平均每家企业的对外担保额从 2007 年的 6.5391 亿元减少到 2008 年的 2.9357 亿元。华东地区上市公司在 2007 年和 2008 年的对外担保额呈现增加的趋势，平均每家企业的对外担保额从 2007 年的 1.4016 亿元增加到 2008 年的 2.0808 亿元。华南地区上市公司在 2007 年和 2008 年的对外担保额也呈现增加的趋势，平均每家企业的对外担保额从 2007 年的 1.5878 亿元增加到 2008 年的 2.0020 亿元。西北地区上市公司在 2007 年和 2008 年的对外担保额也略有增加，平均每家企业的对外担保额从 2007 年的 0.8890 亿元增加到 2008 年的 1.0950 亿元。西南地区上市公司 2008 年的对外担保额相比 2007 年呈现明显的降低趋势，平均每家企业的对外担保额从 2007 年的 1.5149 亿元减少到 2008 年的 0.8945 亿元。

另外，按区域类型分类存在对外担保的上市公司占公司总数的比例情况见图 6-109。

从图 6-109 可以看出，2007 年西北地区上市公司存在对外担保的情况较多，对外担保的企业占比为 30.26%；然后是华东地区、东北地区和华北地区存在对外担保的上市公司占比也均超过 20%；华南地区和西南地区上市公司存在对外担保的情况较少，其中华南地区占比最低，为16.03%。2008年依然是西北地区上市公司存在对外担保的情况最多，占比为28.40%；然后是华东地区、华北地区和西南地区存在对外担保的上市公司占比也均达到或超过20%；东北地区上市公司存在对外担保的企业数量有明显减少，占比减为17.02%；华南地区2008年存在对外担保的上市公司占比依然最低，仅为14.41%。

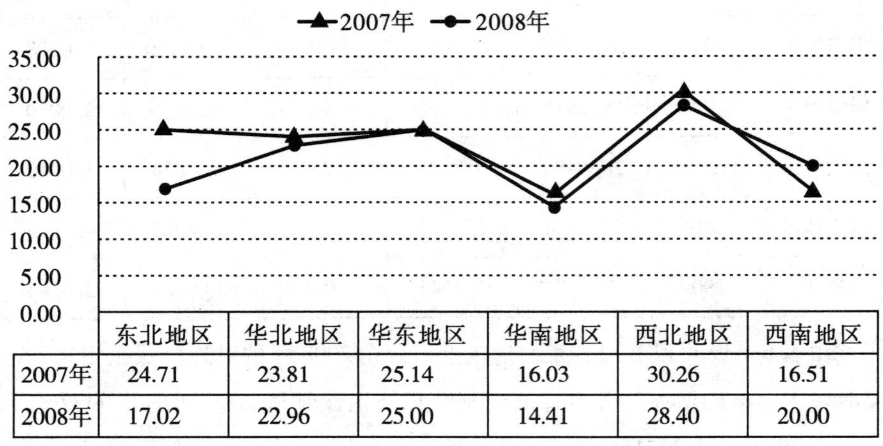

	东北地区	华北地区	华东地区	华南地区	西北地区	西南地区
2007年	24.71	23.81	25.14	16.03	30.26	16.51
2008年	17.02	22.96	25.00	14.41	28.40	20.00

图6－109　按区域类型分类2007～2008年存在对外担保的上市公司占比（%）

按区域类型分类，2008年存在对外担保情况的上市公司的对外担保额占净资产比例对比见图6－110。

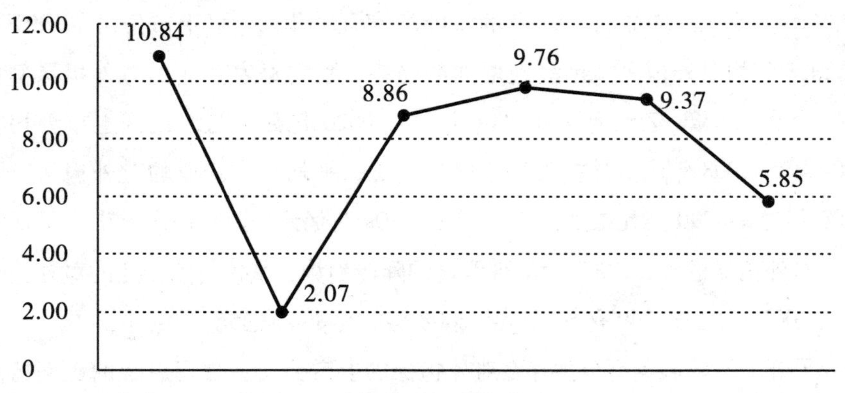

图6－110　按区域类型分类2008年上市公司对外担保额占净资产比例（%）

从图6－110可以看出，东北地区上市公司2008年对外担保额占净资产比例最高，达到10.84%；其次是华南地区、西北地区和华东地区上市公司对外担保额占净资产比例也均接近10%。在所有地区中，西南地区和华北地区上市公司对外担保额占净资产比例较低，其中华北地区占比最低，仅为2.07%。

按区域类型分类2008年存在对外担保的302家上市公司对外担保额占净资产比例分段分布情况见表6－40。

表6－40　按区域类型分类2008年上市公司对外担保额占净资产比例分段分布情况表

区域类型	<0%	0～0%	10%～20%	20%～50%	>50%	合计
东北地区	0	8	4	2	2	16
华北地区	1	31	3	6	4	45
华东地区	2	76	32	28	7	145
华南地区	4	23	7	12	2	48
西北地区	1	12	3	7	0	23
西南地区	1	13	8	3	0	25
合计	9	163	57	58	15	302

从表6－40中可以看出，东北地区上市公司中有8家企业对外担保额占净资产比例在0%～10%，占该类上市公司对外担保企业的一半。45家存在对外担保的华北地区上市公司中有31家外担保额占净资产比例在0～10%。华东地区有76家上市公司外担保额占净资产比例在0～10%，占该类上市公司对外担保企业的半数以上。另外的华南地区、西北地区、和西南地区上市公司外担保额占净资产比例在0～10%的企业数量均占各自地区存在担保的企业半数左右。

4. 控制人类型对外担保情况分析

按控制人类型分类2007～2008年我国各类上市公司对外担保总体情况见表6－41。

由表6－41可以看出，国有及国有法人上市公司2008年的对外担保额相比2007年有所降低，平均每家企业的对外担保额从2007年的2.5445亿元减少到2008年的2.2307亿元。境内非国有法人上市公司2008年的对外担保额相比2007年则有明显的增加，平均每家企业的对外担保额从2007年的1.5271亿元增加到2008年的2.0202亿元。境内自然人上市公司在2007年和2008年的对外担保额变化不大，平均每家企业的对外担保额从2007年的0.4354亿元增加到2008年的0.5075亿元。境外法人上市公司在2007年和2008年的对外担保额则呈现大幅度减少的趋势，平均每家企业的对外担保额从2007年的4.6450亿元减少到2008年的0.3143亿元。境外自然人上市公司仅有1家，2007年对外担保额为20亿元，2008年则没有对外担保情况。

表6-41　按控制人类型分类2007~2008年上市公司担保总体情况

控制人类型	2007年			2008年		
	公司数	担保总额/亿元	平均担保额/亿元	公司数	担保总额/亿元	平均担保额/亿元
国有及国有法人	194	493.6263	2.5445	193	430.5329	2.2307
境内非国有法人	77	117.5879	1.5271	98	197.9804	2.0202
境内自然人	16	6.9661	0.4354	9	4.5672	0.5075
境外法人	2	9.2900	4.6450	2	0.6286	0.3143
境外自然人	1	0.2000	0.2000	0	0	0
合计	290	627.6702	2.1644	302	633.7091	2.0984

另外，按控制人类型分类存在对外担保的上市公司占公司总数的比例情况见图6-111。

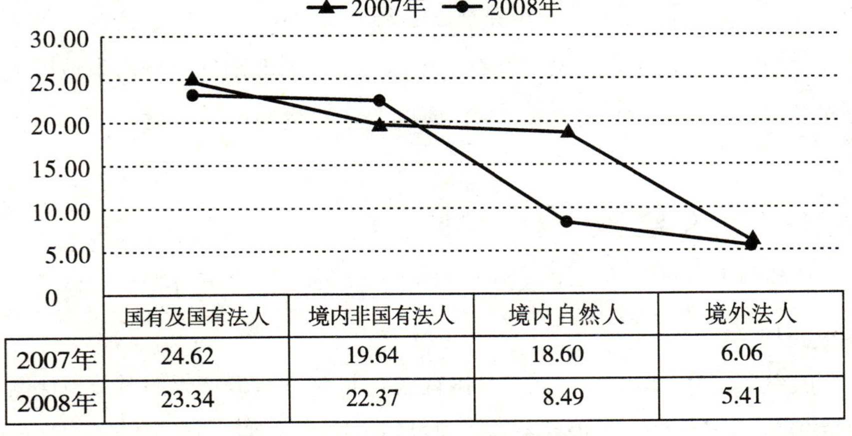

图6-111　按控制人类型分类2007~2008年存在对外担保的上市公司占比（%）

从图 6－111 可以看出，2007 年国有及国有法人上市公司存在对外担保的情况较多，对外担保的企业占比为 24. 62%；然后是境内非国有法人和境内自然人上市公司存在对外担保的企业占比分别为 19. 64% 和 18. 60%；境外法人上市公司存在对外担保的情况较少，占比仅为 6. 06%。2008 年依然是国有及国有法人上市公司存在对外担保的情况最多，占比为 23. 34%；境内非国有法人上市公司存在对外担保的企业占比有所增加，占比达到 22. 37；境内自然人上市公司存在对外担保的企业数量有明显减少，占比减为 8. 49%；境外法人上市公司 2008 年存在对外担保的上市公司占比依然最低，仅为 5. 41%。

按控制人类型分类，2008 年存在对外担保情况的上市公司的对外担保额占净资产比例对比见图 6－112。

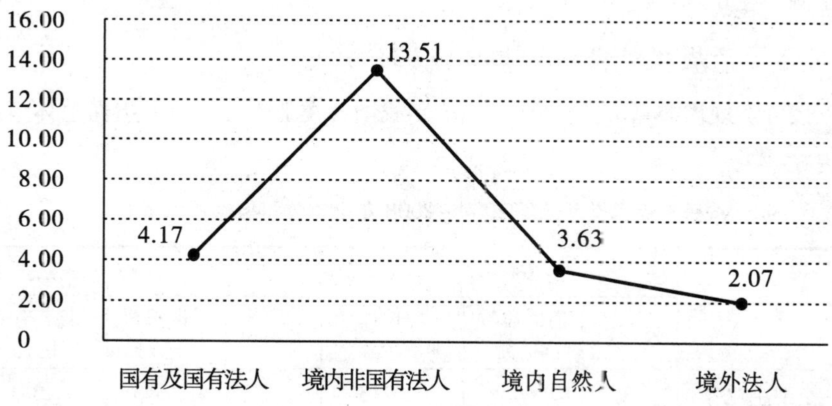

图 6－112　按控制人类型分类 2008 年上市公司对外担保额占净资产比例（%）

从图 6－112 可以看出，境内非国有法人上市公司 2008 年对外担保额占净资产比例远高于其他类型上市公司，达到 13. 51%；国有及国有法人和境内自然人上市公司对外担保额占净资产比例分别为 4. 17% 和 3. 63%。境外法人上市公司对外担保额占净资产比例最低，仅为 2. 07%。

按控制人类型分类 2008 年存在对外担保的 302 家上市公司对外担保额占净资产比例分段分布情况见表 6－42。

表 6－42　按控制人类型分类 2008 年上市公司对外担保额占净资产比例分段分布情况表

控制人类型	<0%	0～10%	10%～20%	20%～50%	>50%	合计
国有及国有法人	7	102	34	42	8	193
境内非国有法人	2	52	21	16	7	98

续表

控制人类型	<0%	0~10%	10%~20%	20%~50%	>50%	合计
境内自然人	0	7	2	0	0	9
境外法人	0	2	0	0	0	2
合计	9	163	57	58	15	302

从表6-42中可以看出，国有及国有法人上市公司中有102家企业对外担保额占净资产比例在0%~10%，占该类上市公司对外担保企业数量的一半以上。98家存在对外担保的境内非国有法人上市公司中有52家外担保额占净资产比例在0~10%。境内自然人上市公司有7家企业外担保额占净资产比例在0~10%。2家存在对外担保的境外法人上市公司中外担保额占净资产比例均在0~10%。

5. 资产规模类型对外担保情况分析

按资产规模类型分类2007~2008年我国各类上市公司对外担保总体情况见表6-43。

表6-43 按资产规模类型分类2007~2008年上市公司担保总体情况

资产规模类型	2007年			2008年		
	公司数	担保总额/亿元	平均担保额/亿元	公司数	担保总额/亿元	平均担保额/亿元
小型企业	5	1.6065	0.3213	5	0.6653	0.1331
中型企业	203	243.9757	1.2019	204	260.2383	1.2757
大型企业	82	382.0881	4.6596	93	372.8054	4.0087
合计	290	627.6702	2.1644	302	633.7091	2.0984

由表6-43可以看出，资产规模类型为小型企业的上市公司2008年的对外担保额相比2007年有明显降低，平均每家企业的对外担保额从2007年的0.3213亿元减少到2008年的0.1331亿元。中型企业上市公司在2007年和2008年的对外担保额变化不大，平均每家企业的对外担保额从2007年的1.2019亿元增加到2008年的1.2757亿元。大型企业市公司在2007年和2008年的对外担保额则有所降低，平均每家企业的对外担保额从2007年的4.6596亿元减少到2008年的4.0087亿元。

另外，按资产规模类型分类存在对外担保的上市公司占公司总数的比例情况见图 6 - 113。

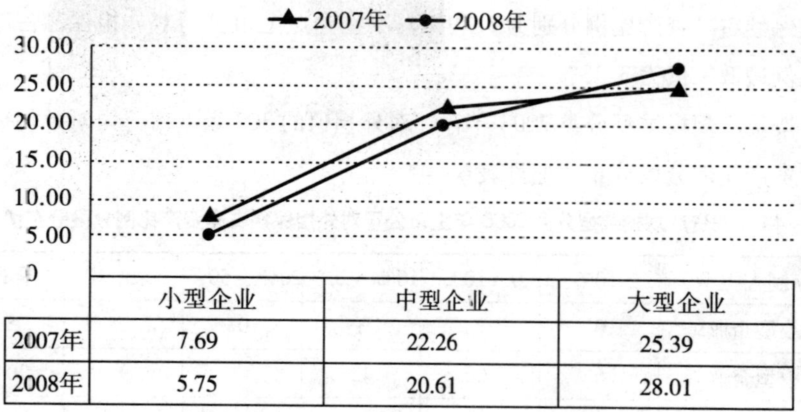

	小型企业	中型企业	大型企业
2007年	7.69	22.26	25.39
2008年	5.75	20.61	28.01

图 6 - 113　按资产规模类型分类 2007 ~2008 年存在对外担保的上市公司占比（%）

从图 6 - 113 可以看出，2007 年大型企业上市公司存在对外担保的情况较多，对外担保的企业占比为 225. 39%；然后是中型企业上市公司存在对外担保的企业占比为 22. 26%；小型企业上市公司存在对外担保的情况较少，占比仅为 7. 69%。2008 年依然是大型企业上市公司存在对外担保的情况最多，占比为 28. 01%，相比 2007 年是有所增高；中型企业上市公司存在对外担保的企业占比为 20. 61%；小型企业上市公司 2008 年存在对外担保的上市公司占比相比 2007 年进一步降低，仅为 5. 75%。

按资产规模类型分类，2008 年存在对外担保情况的上市公司的对外担保额占净资产比例对比见图 6 - 114。

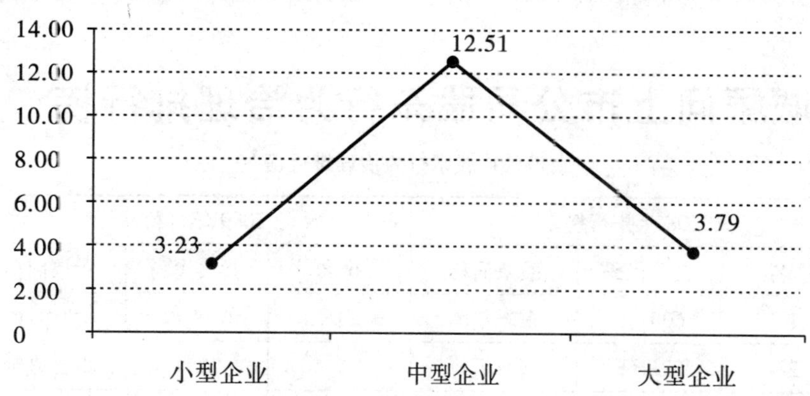

图 6 - 114　按资产规模类型分类 2008 年上市公司对外担保额占净资产比例（%）

从图 6 - 114 可以看出，中型企业上市公司 2008 年对外担保额占净资产比例远高于其他类型上市公司，达到 12.51%；然后是大型企业上市公司对外担保额占净资产比例分别为 3.79%。小型企业上市公司对外担保额占净资产比例最低，仅为 3.23%。

按资产规模类型分类 2008 年存在对外担保的 302 家上市公司对外担保额占净资产比例分段分布情况见表 6-44。

表 6-44　按资产规模类型分类 2008 年上市公司对外担保额占净资产比例分段分布情况表

控制人类型	<0%	0~10%	10%~20%	20%~50%	>50%	合计
小型企业	0	2	3	0	0	5
中型企业	6	100	42	47	9	204
大型企业	3	61	12	11	6	93
合计	9	163	57	58	15	302

从表 6-44 中可以看出，5 家存在对外担保的小型企业上市公司中有 2 家企业对外担保额占净资产比例在 0~10%，3 家企业对外担保额占净资产比例在 10%~20%。204 家存在对外担保的中型企业上市公司中有 100 家外担保额占净资产比例在 0~10%。大型企业上市公司有 61 家企业外担保额占净资产比例在 0~10%，占该类上市公司的绝大多数。

上面关于上市公司担保的数量和总额变化分析可看出，企业对外担保变得慎重了，平均担保额度的下降，担保额占净资产比例维持在低位说明企业注意了债务的风险，更加关注股东的资产风险质量。大中型国有企业担保占大部分说明国有企业的资本实力雄厚。

连城顾问上市公司股东行为治理排行榜

表 6-45　上市公司股东行为治理排行榜

2008 年排行榜			2009 年排行榜		
排名	股票代码	股票简称	排名	股票代码	股票简称
1	600718	东软集团	1	600249	两面针
2	601166	兴业银行	2	2254	烟台氨纶
3	601398	工商银行	3	600519	贵州茅台
4	600016	民生银行	4	600216	浙江医药

续表

2008 年排行榜			2009 年排行榜		
排名	股票代码	股票简称	排名	股票代码	股票简称
5	600036	招商银行	5	869	张 裕 A
6	600190	锦州港	6	568	泸州老窖
7	600383	金地集团	7	2242	九阳股份
8	600837	海通证券	8	2212	南洋股份
9	601009	南京银行	9	2003	伟星股份
10	987	广州友谊	10	600664	哈药股份
11	2142	宁波银行	11	600323	南海发展
12	2213	特 尔 佳	12	2186	全 聚 德
13	2214	大立科技	13	2251	步 步 高
14	2219	独 一 味	14	2249	大洋电机
15	2266	浙富股份	15	600383	金地集团
16	600249	两面针	16	600388	龙净环保
17	600320	振华重工	17	900	现代投资
18	600661	交大南洋	18	2213	特 尔 佳
19	601390	中国中铁	19	2153	石基信息
20	504	赛迪传媒	20	2229	鸿博股份
21	534	汕电力 A	21	600446	金证股份
22	552	靖远煤电	22	2258	利尔化学
23	566	海南海药	23	600779	水井坊
24	593	大通燃气	24	2252	上海莱士
25	594	国恒铁路	25	2187	广百股份
26	632	三木集团	26	601003	柳钢股份
27	665	武汉塑料	27	601009	南京银行
28	668	荣丰控股	28	2274	华昌化工
29	695	滨海能源	29	987	广州友谊
30	721	西安饮食	30	2200	绿 大 地
31	752	西藏发展	31	2147	方圆支承
32	753	漳州发展	32	2216	三全食品

续表

2008 年排行榜			2009 年排行榜		
排名	股票代码	股票简称	排名	股票代码	股票简称
33	766	通化金马	33	600563	法拉电子
34	777	中核科技	34	2028	思源电气
35	880	潍柴重机	35	600276	恒瑞医药
36	976	春晖股份	36	2088	鲁阳股份
37	996	中国中期	37	2256	彩虹精化
38	2137	实 益 达	38	2024	苏宁电器
39	2155	辰州矿业	39	2230	科大讯飞
40	2186	全 聚 德	40	600120	浙江东方
41	2209	达 意 隆	41	600712	南宁百货
42	2220	天宝股份	42	2219	独 一 味
43	2247	帝龙新材	43	600962	国投中鲁
44	600053	中江地产	44	2250	联化科技
45	600112	长征电气	45	2214	大立科技
46	600120	浙江东方	46	2194	武汉凡谷
47	600146	大元股份	47	516	开元控股
48	600202	哈空调	48	2148	北纬通信
49	600210	紫江企业	49	2217	联合化工
50	600216	浙江医药	50	2106	莱宝高科

连城顾问点评

上市公司股东行为治理排行榜的评分依据包括上市公司的控制阶层、现金分红情况和关联交易情况三个主要指标，另外上市公司出现非经营性资金占用和违规担保情况时作为扣分项计算。控制阶层包括股权控制阶层和业务控制阶层，控制阶层越多，得分越低；现金分红情况主要看每股分红额；关联交易情况主要看关联交易额占营业收入和总资产的比例，占比越低，得分越高。

我们以 2009 年的排行榜为例，前 50 名上市公司中大部分企业的股权控制阶层在3层及以下，业务控制阶层在2层及以下。每股现金分红额有“烟台氨纶”、“贵州茅台”、“张裕A”和“伟星股份”四家上市公司超过1元。另外，排行榜前50名的上市公司中有6家企业不存在关联交易情况，另外存在关联交易的上市公司，关联交易额占营业收入和总资产的比例也大部分低于1%。排行榜前50名的上市公司中没有一家企业存在非经营性资金占用和违规担保情况。

综合以上主要指标，2008年上市公司股东行为治理排行榜中的“东软集团”、“兴业银行”和“工商银行”位居前三名；2009年的上市公司股东行为治理排行榜中的“两面针”、“烟台氨纶”和“贵州茅台”位居前三名。

参考文献

[1] 王保树，崔勤之. 中国公司法原理. 北京：社会科学文献出版社，1998

[2] 杨桢. 英美契约法论. 北京：北京大学出版社，2000

[3] 方静. 关于西方产权理论的研究综述. 今日财富，2009（12）

[4] 刘结霞，王琳. 中西产权理论比较的启示（1）. http：//www.lunwenda.com 论文下载网，2009-06-02

[5] 朱巧玲. 寻租理论：产权理论的一个扩展——兼论新产权理论的构架及其现实意义. 中南财经政法大学学报，2006（4）

[6] [美] 约瑟夫·费尔德. 科斯定理1-2-3. 经济社会体制比较，2002（5），72~79

[7] [美] 道格拉斯.C. 诺思. 制度、制度变迁与经济绩效. 上海：上海三联书店，上海人民出版社，1991

[8] [美] 道格拉斯.C. 诺思. 新制度经济学及其发展. 经济社会体制比较，2002（5），5~10

[9] 埃瑞克.G. 菲吕博顿等. 新制度经济学. 上海：上海财经大学出版社，1998

[10] E.G·菲吕博腾. S·配杰威齐. 产权与经济理论：近期文献的一个综述. 经济文献杂志，1972（10）

[11] [德] 柯武刚，史漫飞，韩朝华译. 制度经济学——经济秩序与公共政策. 南京：商务印书馆，2000

[12] [秘鲁] 赫尔南多·德·索托著，王晓冬译. 资本的秘密. 南京：江苏人民出版社，2001

[13] [英] 马尔科姆·卢瑟福. 经济学中的制度——老制度主义和新制度主义. 北京：中国社会科学出版社，1999

[14] 曼瑟尔·奥尔森. 集体行动的逻辑. 上海：上海人民出版社，2003

[15] 曼瑟尔·奥尔森. 权力与繁荣. 上海：上海人民出版社，2005

[16] 李清池. 美国的公司法研究：传统、革命与展望. 中国民商法律网，2009-4-23

[17] 仲继银. 董事会与公司治理. 北京：中国发展出版社，2009

[18] 石淑华. 论产权问题的几个认识误区. 经济学动态，2009（1）

[19] 詹麒. 超产权理论与国有企业改革. 江汉论坛，2003（3）

[20] 何骏，张祥建. 公司治理前沿研究综述——大股东控制、隧道行为、隐性收益与投资者保护. 经济管理，2008（23/24），165~171

[21] 甄红线. 终极所有权与公司绩效研究述评. 经济学动态，2009（2），121~125

[22] 马永强，胡国柳. 投资者保护效率测度研究述评. 经济学动态，2009（2）131~134

[23] 王保树，梁上上. 论股东表决权——以公司控制权争夺为中心展开. 北京：法律出版社，2005

[24] 高洁. 公司代理权争夺问题新探. 财经科学，2004（5）

[25] 刘芍佳等. 终极产权论、股权结构及公司绩效. 经济研究，2003（4）

[26] 罗伯特·孟克斯（Robert Monks）·尼尔·米诺（Nell Minow）著，杨介棒译. 监督监督人：21 世纪的公司治理. 北京：中国人民大学出版社，2006

[27] 何永芳. 现代公司制度前沿研究. 成都：西南财经大学出版社，2006

[28] 孙杰. 资本结构、治理结构和代理成本：理论、经验和启示. 北京：社会科学文献出版社，2006

[29] 蔫晓发. 公司治理：所有权机制与投资者保护. 北京：经济科学出版社，2007 年

[30] 赵曾海，江涛. 股东的权利. 北京：法律出版社，2007

[31] 俞雷. 现代公司经营权与控制权的内涵界定及区别. 企业管理，2010（1）

[32] 何自力. 公司治理：理论、机制和模式. 天津：天津人民出版社，2006

[33] 龙卫球. 民法总论. 北京：中国法制出版社，2002

[34] 美国法律研究院著，楼建波译. 公司治理原则：分析与建议. 北京：法律出版社，2006

[35] 许小年，王燕. 中国上市公司的所有制结构与公司治理. 公司治理结构：中国的实践和美国的经验. 北京：中国人民大学出版社，2000

[36] 王书江等. 日本商法典. 北京：中国法制出版社，2000

[37] 金邦贵译. 法国商法典. 北京：中国法制出版社，2000

[38] 刘俊海译. 欧盟公司法指令全译. 北京：法律出版社，2000

[39] 贾红梅，郑冲译. 德国股份公司法. 北京：法律出版社，1999

[40] 袁淳，刘思淼，高雨. 大股东控制与利益输送方式选择——关联交易还是现金股利. 经济管理，2010（5）

[41] 何一鸣，罗必良. 产权管制放松与中国经济转轨绩效. 经济理论与经济管理，2009（9）

[42] 李海英，刘志远. 终极控制权、机构持股与投资者保护. 经济与管理研究，2009（2）

[43] 魏秀丽. 股权多元化的国有控股公司治理结构特点及其构建. 经济与管理研究，2008（2）

[44] 王英英，潘爱玲. 控股股东对企业投资行为的影响机理分析. 经济与管理研究，2008（9）

[45] 张小茜，汪炜. 持股结构：决议机制与上市公司控制权. 经济研究，2008（11）

[46] 梅慎实. 现代公司机关权力构造论. 北京：中国政法大学出版社，1996

[47] 中华人民共和国公司法. 北京：中国法制出版社，2008